인생 공부가 되는 중국 오천년의 지혜

사기열전

# 史記列傳
## 사기열전

한문하면서 읽어야 할 책이 매우 많지만 읽을 만한 것은 육예(六藝), 즉 육경(六經: 시경, 서경, 역경, 춘추, 예기, 악경)이라고 생각한다. 〈시경〉과 〈서경〉에도 빠진 부분이 있기는 하지만 그래도 순임금이나 우임금의 역사는 이 두 책을 통해서 알 수 있다. 요순, 임금은 임금 자리를 순舜에게 물려주었다. 순임금은 우禹에게 물려주었다. 이렇게 왕위를 물려줄 때는 현명하고 공정한 관리들의 추천을 받았고, 양위를 받은 임금들은 모두 수십 년 동안, 관직에서 일했고 이럴게 수양을 쌓은 뒤 비로소 정치를 맡았다. 이것은 임금이 된다는 것이 얼마나 중하고 어려운 일인지를 보여 주는 것이다.

● 홍문숙 박은교 엮음

청아출판사

머리말

# 열전의 인물들에게 배우는
# 인생의 지혜와 인간관계의 모든 것!

《사기史記》는 사마천이 중국의 상고 시대부터 한무제까지 3천 년의 역사를 기록한 것으로 인물들의 전기가 중심이다. 《사기》 이전의 역사서들은 모두 사실史實 기록이나 간략한 연대기적 서술에 불과했다. 그런 상황에서 사마천이 수많은 문헌과 답사를 통해 자신의 역사관을 투영시킨 《사기》를 저술했다. 인물 중심의 역사기술 형태인 기전체紀傳體를 창조해 낸 것이다. 기전체의 '기紀'는 '세월, 기록하다'라는 의미이며, '전傳'은 '전하다, 전기'를 뜻한다. 그러므로 기전이란 지나간 세월의 역사를 기록하면서 인간의 삶을 전한다는 뜻이다. 이후 중국의 정사는 모두 《사기》의 형식을 따랐고, 우리나라의 대표적인 역사책 《삼국사기》와 《고려사》도 《사기》의 영향을 받았다.

《사기》는 본기本紀 12편, 표表 10권, 서書 8편, 세가世家 30편, 열전列傳 70편 등 모두 130편으로 구성되었다. 그중 〈본기〉는 제왕들에 대한 역사적 사실을 기록한 것이고, 〈열전〉에는 왕이나 제후는 아니지만 역사에 뚜렷한 업적을 남긴 인물들의 이야기가 실려 있다.

〈열전〉에 등장하는 인물들은 유학자, 충신, 간신, 모사꾼, 은둔자, 장군, 자객, 점쟁이, 의사, 상인 등 매우 다양하다. 이는 보편적인 시각에서 본 인물의 업적이나 공적이 아니라 사마천 개인의 세계관과 인생관에 빗대어 인물을 취사선택하고, 거기에 그들의 이야기를 박진감 있고 생동감 넘치게 묘사한 것이다. 그렇게 함으로써 그들이 먼 과거의 박제된 인물들이 아니라 지금 시대에도 흔히 만날 수 있는 우리 주변의 인물이라고 여기게 만든다. 게다가 이들 대부분은 모범적으로 성공을 향해 나간 인물이라기보다는 시대를 잘못 만나 고생하기도 하고, 세 치 혀로 아첨과 모략을 통해 출세하기도 하며, 주변 사람들의 배신으로 졸지에 모함당해 죽음을 맞기도 하며, 참을 수 없는 굴욕을 견딘 끝에 영광을 얻기도 하는 등 세상의 온갖 풍파를 겪고 있다. 그래서 《사기》를 읽다 보면 어느새 세상의 모진 굴곡을 간접 체험 했다는 느낌마저 든다. 이것이 사람들이 오래도록 《사기열전》을 읽어 온 이유가 아닐까 생각한다.

사마천은 단순한 기록을 나열하는 데 그치는 것이 아니라 그 사람의 일생과 역사적 의미에 대해 끊임없이 의문을 던진다. 이는 보다 깊이 있는 이유를 찾기 위해 그가 고민한 흔적으로 보인다. 그래서 독자들 역시 나태하게 읽는 것에만 그치지 못하게 하는 것이다.

하지만 〈본기〉도 그렇거니와 〈열전〉 역시 만만치 않은 분량이라 많은 독자들이 완독에 번번이 실패했으리라 여겨진다. 그래서 《사기열전》 중에서도 독자들이 꼭 한 번쯤 읽어 봐야 할 인물들을 정리하였는데, 그 결과물이 바로 이 책이다.

이 책은 인물의 이야기를 통해 인간관계와 삶의 지혜를 얻을 수 있는 부분에 중점을 두어 구성했다. 그런 의미에서 각 편의 말미에 사회생활과 인간관계에 도움이 될 만한 내용을 첨언했다. 독자들이 이 글을 통해 각자의 삶에 필요한 부분을 스스로 선택하고 인생의 지혜를 얻을 수 있기를 바란다.

때론 사마천의 뜻과 달리 자신만의 인물 평가를 내릴 수도 있을 것이며, 무릎을 치는 촌철살인寸鐵殺人의 명구를 발견할 수도 있을 것이다. 또 인물들의 파란만장한 스토리를 읽으며 곳곳에서 '나라면 어떻게 했을까?' 하는 자문자답을 할 수도 있을 것이다.

사마천이 역사를 기록한 이유는 옳은 세상이란 어떤 것이며 어떤 삶이 올바른 삶인지 알기 위해서였다. 실제로 존재했던 수많은 사람들의 삶을 통해 그 해답을 얻고자 한 것이다. 과연 어떤 삶이 올바른 삶인지 판단하는 것은 각자의 몫이다. 이것이 또한 우리가 《사기열전》을 읽는 묘미이기도 하다.

2011년 여름 글쓴이

차례

머리말   열전의 인물들에게 배우는 인생의 지혜와 인간관계의 모든 것! — 4

## 제1장
# 의리에 살고 의리에 죽는다

- 백이 열전 — 12
- 사마 양저 열전 — 19
- 상군 열전 — 25
- 전단 열전 — 43
- 범저·채택 열전 — 51
- 유협 열전 — 97
- 계포·난포 열전 — 110
- 노중련·추양 열전 — 121
- 전담 열전 — 147

## 제2장
# 세상을 움직이는 권력의 힘

- 여불위 열전 — 160
- 이사 열전 — 170
- 몽염 열전 — 211
- 경포 열전 — 221
- 양후 열전 — 238
- 백기·왕전 열전 — 249
- 평원군·우경 열전 — 265
- 원앙·조조 열전 — 287

## 제3장
## 사람을 알아보는 눈

노자·한비 열전 — 310
맹상군 열전 — 324
춘신군 열전 — 347
위공자 열전 — 366
역생·육고 열전 — 383
관중·안자 열전 — 409
손자·오기 열전 — 417
장의 열전 — 432
저리자·감무 열전 — 475
염파·인상여 열전 — 496

## 제4장
## 굴욕을 어떻게 견딜 것인가

오자서 열전 — 522
소진 열전 — 542
악의 열전 — 586
회음후 열전 — 600

제 1 장

# 의리에 살고, 의리에 죽는다

● 의리와 배반의 한가운데 섰던 인물들

백이, 사마 양저, 손군, 전단, 범저·채택,
유협, 계포·난포, 노중련, 추양, 전담

탐욕스러운 사람은 재물에 목숨을 걸고
의로운 사람은 이름에 목숨을 걸기 때문이다.
사람은 때를 만나야 큰 인물이 될 수 있고,
때를 만나려면 각기 자기의 뜻대로
살아가는 길이 현명하다.

— 백이 열전 중에서

## 【 백이 열전 】

● ─────── 학문하면서 읽어야 할 책이 매우 많지만 믿을 만한 것은 육예(六藝), 즉 육경(六經, 시경, 서경, 역경, 춘추, 예기, 악경)이라고 생각한다. 《시경》과 《서경》에도 빠진 부분이 있기는 하지만 그래도 순(舜)임금이나 우(禹)임금의 역사는 이 두 책을 통해서 알 수 있다.

요(堯)임금은 순에게 순임금은 우에게 임금 자리를 물려주었다. 왕위를 물려줄 때는 현명하고 공정한 관리들의 추천을 받았다. 양위를 받은 임금은 모두 수십 년 동안 관직에서 일했고, 이렇게 수양을 쌓은 뒤에야 비로소 정치를 맡았다. 이것은 임금이 된다는 것이 얼마나 중하고 어려운 일인지를 보여 주는 것이다.

그러나 이렇게 말하는 사람도 있다.

제1장 의리에 살고, 의리에 죽는다

"요임금이 허유許由에게 임금 자리를 물려주려고 하자, 허유가 받지 않았다. 그런 이야기를 들은 것조차도 부끄럽게 여기고 달아나 숨었다. 하夏나라 때에도 변수卞隨와 무광(務光, 상나라 탕왕이 하나라의 걸왕을 치고 난 뒤 천하를 물려주려 하자 치욕스럽게 여기고 강에 빠져 죽은 인물들) 같은 사람들이 있었다."

하지만 이런 이야기는 기록에는 없으니, 어떻게 이해해야 좋은 것일까?

내가 기산箕山에 올랐을 때 산 위에는 무덤이 하나 있었다. 소문으로는 허유의 무덤이라고 했다. 공자는 옛날의 인자仁者, 성인聖人, 현인賢人들을 기록하면서 오나라의 태백太伯이나 백이伯夷 같은 사람에 관해서만 자세히 밝혀 놓았다. 내가 듣기로는 허유나 무광 등도 고결한 뜻을 품은 훌륭한 인물인데, 왜 《시경》이나 《서경》에는 그들에 대한 기록은 한 줄도 보이지 않는 것일까?

공자는 이렇게 말한다.

"백이와 숙제는 남의 지난날의 허물을 생각하지 않았으며, 남을 원망하는 일이 드물었다. 그들은 인仁을 추구했고, 마침내 뜻하던 인을 얻었으니 무슨 원망이 있겠느냐."

그러나 나로서는 백이의 일생이 너무도 안타깝던 중에 《시경》에는 나오지 않는 〈채미가采薇歌〉를 읽게 되었는데 공자가 한 말과는 다른 내용이었다. 경전에는 기록되어 있지 않으나 그들의 행적을 정리하면 이렇다.

백이와 숙제叔齊는 둘 다 고죽군孤竹君의 아들이다. 아버지는 아우인 숙제를 임금으로 세우려 했지만 아버지가 죽자 숙제는 형인 백이에게 임금 자리를 양보했다. 백이는 숙제가 임금이 되는 것이 아버지의 명이라며 멀리 달아났다. 숙제도 임금 자리에 오르기 싫어 형을 따라 달아났다. 할 수 없이 고죽국孤竹國 사람들은 가운데 아들을 임금으로 세웠다. 백이와 숙제는 서백창(西伯昌, 주 문왕)이 노인들을 잘 모신다는 소문을 듣고 그곳으로 가서 의탁하려 했다. 그러나 그곳에 가 보니 서백창은 이미 죽고 그의 아들 무왕武王은 아버지의 시호를 문왕文王이라 붙이고 그 위패를 수레에 싣고 동쪽 은나라로 가 주왕紂王을 치려고 했다. 이에 백이와 숙제가 그의 말고삐를 끌어당기며 간곡히 말했다.

"아버지가 세상을 떴는데 장례도 치르기 전에 전쟁을 벌이는 것을 효孝라 할 수 있겠습니까? 신하로서 임금을 없애려 하는 것을 인仁이라 할 수 있겠습니까?"

그러자 무왕 좌우에 있던 신하들이 두 사람을 베려고 했다. 이때 무왕을 따르던 여상呂尙이 그들을 두둔하며 나섰다.

"이 사람들은 의인義人이다."

그렇게 해서 백이와 숙제는 무왕 앞에서 무사히 물러났다.

무왕이 끝내 은나라를 치고 주나라를 세웠다. 백이와 숙제는 고죽국의 종주국이었던 은나라가 망하자 이를 부끄럽게 여겼다. 그래서 의롭게 주나라의 곡식을 먹지 않고 수양산首陽山에 몸을 숨기고 고사리를 캐 먹고 살았다. 그러나 굶주림으로 죽음 앞에 이르자 이런 노래를 지었다.

>  수양산에 올라
>  고사리를 캤도다
>  폭력을 없앤다고 폭력을 쓰고도
>  그 잘못을 모르는구나
>  신농씨神農氏, 순임금의 태평성대가
>  홀연히 사라졌으니
>  우리는 이제 어디로 가야 하나
>  아, 돌아가야지
>  목숨도 쇠잔했으니

결국 이들은 수양산에서 굶어 죽었다. 이 노래를 본다면 백이와 숙제는 과연 남을 원망한 것일까, 원망하지 않은 것일까?

어떤 사람들은 이렇게 말한다.

"천도天道는 공평무사해 언제나 착한 사람의 편이다."

그렇다면 백이와 숙제 같은 사람을 착한 사람이라 말할 수 없는 것인가? 그들은 이처럼 어진 덕을 쌓고 깨끗하게 살다가 굶어죽었다. 또한 공자는 뛰어난 제자 70명 가운데 오직 안회顏回만을 배우기 좋아하는 사람이라고 내세웠다. 그러나 안회는 쌀뒤주가 자주 비었으며 술지게미나 쌀겨도 배불리 먹지 못해 일찍 죽었다. 하늘은 착한 사람에게 복을 베푼다더니 이것은 어찌된 일인가.

　도척盜跖은 날마다 죄 없는 사람을 죽이고 사람의 간을 회쳐 먹었다. 사납고 악해 수천 무리를 모아 천하를 제멋대로 돌아다녔지만 끝내 하늘이 준 목숨을 다 살고 죽었다. 도대체 어떤 덕을 쌓았기에 이렇게 잘 살 수 있었던 것일까.

　이는 가장 극단적인 경우이다. 그러나 최근에 살펴보면 온갖 나쁜 짓을 저지르고도 죽을 때까지 편안하고 즐겁게 지내며 부귀가 자손대대로 끊이지 않는 사람이 있다. 그런가 하면 올바른 땅을 골라서 딛고 올바른 말을 해야 할 때만 하고, 지름길로 가로질러 가지 않고 공명정대한 일이 아니면 성내지 않는데도 오히려 재앙을 당하는 사람들이 이루 헤아릴 수 없이 많다. 이런 일은 어떻게 설명해야 할까. 과연 천도天道라는 것은 옳은 것인가, 그른 것인가.

　공자는 이렇게 말했다.

　"도를 같이 하지 않은 사람끼리는 서로 논하지 않는다."

　각자 자기의 소신에 따라 살라는 말이다. 또 이런 말도 했다.

　"부귀가 원하는 대로 얻어질 수 있는 것이라면 나는 말채찍을 잡는 하인 노릇이라도 하겠다. 그러나 구해도 얻어질 수 없다면 내가 좋아하는 도를 행하겠다."

　"추운 겨울이 되어야 소나무와 잣나무가 다른 나무들보다 늦게 시드는 것을 알 수 있다."

세상이 혼탁해지면 청렴한 선비가 드러나게 마련이다. 세속 사람들은 부귀를 중히 여기나, 청렴한 선비들은 이를 가벼이 여기기 때문이다.

공자는 또 이렇게 말했다.

"군자는 세상을 마친 뒤에도 이름이 칭송되지 못하는 것을 부끄럽게 여긴다."

한나라의 시인 가자賈子는 이렇게 말했다.

"탐욕스러운 사람은 재물에 목숨을 걸고, 의로운 선비는 이름에 목숨을 건다. 권세욕이 강한 사람은 권세에 목숨을 걸지만, 보통 사람들은 목숨을 아낄 뿐이다."

《역경》에서는 또 이렇게 말하고 있다.

"같은 빛끼리는 서로 비춰 주고, 같은 종류끼리는 서로 찾는다."

"구름은 용을 따라 일어나고 바람은 범을 따라 일어난다. 성인이 나타나면 만물이 우러러본다."

백이와 숙제가 비록 현인이기는 하지만 공자 덕분에 그 이름이 더욱 드러났고, 안회顔回 역시 학문을 좋아하기는 했지만 공자를 통해 더 알려졌다. 숨어 사는 선비들은 때를 봐서 세상에 나가거나 물러난다. 그러나 이처럼 시운에 맞았다 하더라도 그 이름이 묻혀 칭송되지 못하는 경우가 많으니 슬픈 일이다. 시골에 살면서 덕행을 닦아 이름을 떨치고 싶어 하더라도 공자와 같은 성현에 의해 칭송되지 않는다면 어찌 그 이름을 후세에 남길 수 있겠는가.

나라를 양보하고 굶어 죽은 백이와 숙제를 천하가 칭송했다고 하나 사마천은 그들이 과연 정말 착한 사람이었는지 의심을 품는다. 그렇다면 왜 덕을 쌓고 깨끗한 삶을 살아간 이들이 굶어 죽어야만 했을까. 그것은 탐욕스러운 사람은 재물에 목숨을 걸고 의로운 선비는 이름에 목숨을 걸기 때문일 것이다. 더불어 사람은 때를 만나야 큰 인물이 될 수 있고, 때를 만나려면 각기 자기의 뜻대로 꿋꿋하게 살아야 한다는 사실 또한 말해 주고 있다.

제1장 의리에 살고, 의리에 죽는다

## 【 사마 양저 열전 】

사마 양저司馬穰苴는 전완田完의 후손이다. 제齊나라 경공景公 때 진晉나라가 아阿, 견甄을 치고 연燕나라가 하상河上에 쳐들어와 제나라 군대가 패했다. 경공이 걱정하자 안영晏嬰이 전양저田穰苴를 추천했다.

"양저가 비록 전씨의 첩에게서 태어났지만 그 문장이 뭇사람들에게 감동을 주고, 힘으로는 적들에게 겁을 줄 만한 인물입니다. 임금께서 한번 써 보시지요."

이에 경공이 양저를 불러 군대에 관해 이야기해 보더니 크게 기뻐하며 장군으로 삼았다. 군사를 주고 연나라와 진나라의 군대를 막아 달라고 부탁하자 양저가 이렇게 말했다.

"신은 근본이 비천한 몸입니다. 병졸들 가운데서 임금께서 저를 발탁해 대부의 자리에 올려 주셨지만 병졸들이 아직 따르지 않고 백성들도 믿지 않습니다. 그러기에 인물도 미미하고 권위도 가볍습니다. 바라건대 임금께서 총애하고 백성들도 존경하는 신하를 가려 내 군대를 감독하게 하는 것이 좋겠습니다."

경공이 이를 허락하고 장고莊賈에게 따라가게 했다. 양저는 장고와 약속했다.

"내일 정오에 군문軍門에서 만납시다."

다음 날 사마 양저는 먼저 군문으로 달려가서 해시계와 물시계를 세운 다음 장고를 기다렸다. 장고는 교만한 사람이어서 사마 양저가 이미 군영軍營에 갔으므로 자신은 서둘 것이 없다고 생각했다. 그래서 친척과 친구들이 송별연을 베풀어 주자 느긋하게 술을 마셨다.

정오가 지났지만 장고는 오지 않았다. 사마 양저는 해시계를 엎어 버리고 물시계를 쏟아 버린 다음 군영으로 들어왔다. 군영을 순시하고 병졸들을 단속하며 군령을 시달했다. 저녁이 다 될 무렵 장고가 도착했다. 사마 양저가 물었다.

"어째서 약속 시간보다 늦었소?"

"친구들과 친척들이 송별연을 베풀어 주는 바람에 늦었습니다."

장고가 사과했다.

"장군은 출전의 명령을 받은 그날부터 자기 집을 잊어버려야 하오. 군령이 내려지면 육친도 잊어야 하고 진군의 북이 울리면 자신의 몸마저도 잊어야 하오. 지금 적이 깊이 쳐들어와 온 나라가 소동이고 병졸들이 국경에서 비바람을 무릅쓰고 싸우는 중이오. 임금은 자리에 누워도 잠을 편히 이루지 못하고 음식을 먹어도 맛을 모를 지경이오. 백성들의 앞날이 모두 그대에게 달려 있소. 이런 상황에서 송별연이 웬 말이오?"

사마 양저는 이렇게 말한 후 군정軍正을 불러 물었다.

"군법에 약속 시간보다 늦게 온 자를 어떻게 다스리라고 되어 있는가?"

"목을 베라고 했습니다."

장고가 두려워하면서 종자從者를 급히 경공에게 보내 목숨을 구해 달라고 청했다. 그 종자가 달려갔다가 돌아오기도 전에 사마 양저는 장고의 목을 베어 삼군에 돌려 본보기를 보였다. 삼군의 병사들이 모두 두려워 떨었다. 얼마 뒤 경공이 사자를 보내 장고를 용서해 주라고 했다. 사자가 말을 달려 급히 군영 안으로 들어오자 사마 양저가 말했다.

"장군이 군영에 있을 때에는 임금의 명령이라도 듣지 않을 것이 있다."

양저가 다시 군정에게 물었다.

"군영 안으로 말을 달려 들어온 자에 대해 군법에서는 어떻게 다스리라고 되어 있는가?"

"목을 베라고 했습니다."

사자는 겁이 나서 몸을 떨었다. 그러자 사마 양저가 말했다.
"임금의 사자는 죽일 수 없다."
그러고는 사자의 말몰이 하인과 수레 왼편의 빗장대, 왼편의 곁마를 베어 삼군에 본보기로 돌린 후, 사자를 다시 경공에게 돌려보내 보고를 올리게 한 다음 싸움터로 떠났다.
그러나 사마 양저는 병졸의 막사, 우물, 취사장, 아궁이, 음식물에서부터 부상병 치료와 약품에 이르기까지 자상하게 마음을 썼다. 그리고 장군에게 주어지는 여비와 양식은 모두 병졸에게 나누어 주고 자신은 병졸과 똑같이 지냈다. 그는 가장 허약한 병졸과 같은 양의 음식을 먹었다. 그러자 사흘 만에 군기가 잡혔다. 부상당한 병졸들까지도 출전하기를 바랄 정도였다. 삼군의 사기는 하늘을 찌를 듯했다.
진나라 군대는 이런 소문을 듣고는 그만 돌아가 버렸다. 연나라 군대도 이 소문을 듣더니 황하를 건너 해산했다. 사마 양저는 이들을 추격해 잃었던 영토를 되찾고 군대를 이끌고 돌아왔다. 그는 도성에 도착하기 전에 군령을 거두고 임금에 대한 충성을 맹세한 다음 도성으로 들어왔다.
경공은 신하들과 함께 교외로 마중 나와 그를 맞았다. 경공은 병졸들의 노고를 위로하고 개선의 예를 행한 다음 궁궐로 돌아왔다. 그리고 사마 양저를 맞아 대사마로 승진시켰다. 그의 공으로 제나라에서 전씨는 존경받는 집안이 되었다.

그러자 대부 포씨鮑氏와 고자高子, 국자國子의 집안 사람들이 경공 앞에서 사마 양저를 헐뜯었다. 이에 경공이 사마 양저를 물러나게 하자 토사구팽을 당한 그는 병이 나서 죽어 버렸다. 이 일로 전걸田乞, 전표田豹의 무리들이 고자와 국자를 원망했다. 그러다 보니 뒤에 전상田常이 간공簡公을 죽일 때 고자와 국자의 집안까지 모두 죽여 없앴다. 그 후 전상의 증손 전화田和가 제나라 위왕威王이 되었다. 그가 군대를 거느리고 위엄을 보일 때 사마 양저의 방법을 본받자 제후들은 제나라에 조회하게 되었다. 제나라 위왕이 대부를 시켜 옛날의 《사마병법司馬兵法》을 연구하게 하고, 그 책 속에 양저의 병법을 덧붙여 《사마 양저병법》이라 일컫게 했다.

태사공은 말한다.

"내가 《사마병법》을 읽어 보니 넓고도 크고 깊어 설령 하·은·주 세 나라의 제왕들이 전쟁에 나섰다 해도 그 내용을 다 발휘하지는 못했을 것이다. 그러나 문장을 보면 조금 과장되어 보인다. 사마 양저가 제나라처럼 작은 나라를 위해 군대를 움직이면서 어느 겨를에 《사마병법》의 겸양의 예절을 지킬 수 있었겠는가. 《사마병법》은 이미 많이 알려져 있으므로 병법의 내용은 생략하고 양저의 열전만을 짓는다."

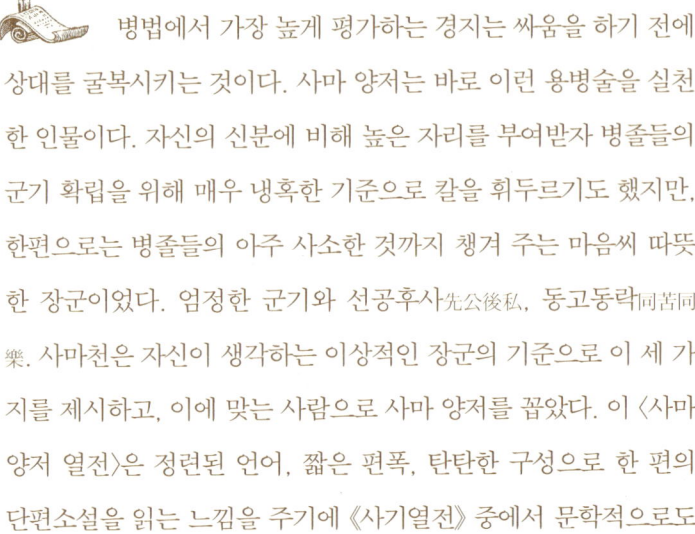

병법에서 가장 높게 평가하는 경지는 싸움을 하기 전에 상대를 굴복시키는 것이다. 사마 양저는 바로 이런 용병술을 실천한 인물이다. 자신의 신분에 비해 높은 자리를 부여받자 병졸들의 군기 확립을 위해 매우 냉혹한 기준으로 칼을 휘두르기도 했지만, 한편으로는 병졸들의 아주 사소한 것까지 챙겨 주는 마음씨 따뜻한 장군이었다. 엄정한 군기와 선공후사先公後私, 동고동락同苦同樂. 사마천은 자신이 생각하는 이상적인 장군의 기준으로 이 세 가지를 제시하고, 이에 맞는 사람으로 사마 양저를 꼽았다. 이 〈사마 양저 열전〉은 정련된 언어, 짧은 편폭, 탄탄한 구성으로 한 편의 단편소설을 읽는 느낌을 주기에 《사기열전》 중에서 문학적으로도 매우 훌륭한 작품으로 손꼽힌다.

제1장 의리에 살고, 의리에 죽는다

# 【 상군 열전 】

　　상군商君은 위衛나라 왕의 여러 첩이 낳은 공자 가운데 한 사람이다. 이름은 앙鞅이고 성은 공손公孫이며, 그 조상은 본래 성이 희姬였다. 공손앙은 젊었을 때부터 법가의 학문을 좋아하고 위魏나라 재상인 공숙좌公叔座를 섬겨 대부의 집안일을 맡아 보는 중서자中庶子의 벼슬을 얻었다.

　　공숙좌는 상앙이 현명하다는 것을 알았지만 임금에게 그를 추천할 기회가 없었다. 그러던 중 공숙좌가 병에 걸렸는데, 이때 위나라 혜왕惠王이 직접 찾아와 병문안하며 말했다.

　　"혹시 그대의 병이 낫지 않는다면 앞으로 나랏일을 누구에게 맡기는 게 좋겠소?"

　　공숙좌가 대답했다.

"제가 데리고 있는 중서자 공손앙이 나이는 어리지만 재능이 뛰어납니다. 임금께서는 나랏일을 그에게 맡기고 다스리는 이치를 들으십시오."

그러나 왕은 아무 말도 하지 않았다. 왕이 가려고 하자 공숙좌가 사람들을 물리게 하고 다시 말했다.

"만일 임금께서 공손앙을 쓰지 않으시려면 반드시 그를 죽여 국경 밖에 나가지 못하게 하십시오."

왕은 그렇게 하겠다고 약속하고 떠났다. 공숙좌가 공손앙을 불러 이렇게 사과했다.

"오늘 임금께서 재상이 될 만한 인물을 묻기에 내가 그대를 추천했지만 임금의 얼굴빛이 내 말을 받아들이는 것 같지 않았소. 나로서는 임금을 먼저 생각한 후에 부하를 생각할 수밖에 없었기에 임금에게 그대를 쓰지 않으려면 마땅히 죽여야 한다고 했소. 임금은 내게 그렇게 하시겠다고 했소. 그러니 그대는 이곳을 빨리 떠나는 것이 좋겠소. 그렇지 않으면 붙잡히고 말 거요."

"임금께서는 저를 쓰라는 상공의 말을 듣고도 쓰지 않았는데 죽이라는 말을 어찌 듣겠습니까?"

공손앙은 이렇게 말하면서 끝내 떠나지 않았다.

병문안을 하고 돌아온 혜왕은 주위 신하들에게 이렇게 말했다.

"공숙좌의 병이 매우 위독하니 슬픈 일이오. 과인에게 나라의 일을 공손앙에게 물으라고 하니 아무래도 병이 심해져 정신이 어지러워진 것 같소."

공숙좌가 세상을 떠난 뒤 공손앙은 진秦나라 효공孝公이 온 나라에 명령을 내려 현명한 사람을 찾아 장차 선조 목공穆公이 이룩한 위업을 다시 이룩하고 동쪽의 잃어버린 땅을 다시 찾으려 한다는 소문을 들었다. 공손앙은 서쪽의 진나라로 들어가 효공이 아끼는 신하 경감景監을 통해 효공을 만나려고 했다.

마침내 공손앙은 효공을 만나 나라를 다스리는 일에 대해 이야기했는데 효공은 이따금 졸면서 귀기울여 듣지 않았다. 이야기가 끝나자 효공은 경감을 불러 화를 내며 말했다.

"그대가 추천한 인물은 허망한 사람이던데 무엇이 쓸 만하다는 것인가?"

그 말을 들은 경감이 공손앙을 꾸짖자 그는 이렇게 말했다.

"제가 효공에게 제왕의 도를 설득했는데, 그 속뜻을 이해하지 못한 모양이군요."

그러고는 닷새가 지난 뒤 다시 한 번 더 효공을 만날 수 있도록 해 달라고 부탁했다.

공손앙은 효공을 만나 더 절실히 말했지만 효공의 마음을 움직이지는 못했다. 공손앙이 물러나오자 효공은 또 경감을 꾸짖었고 경감은 또 공손앙을 나무랐다. 공손앙이 말했다.

"제가 공에게 왕도王道를 설득했으나 아직 마음에 들지 않는 모양이군요. 다시 한 번 뵙도록 해 주십시오."

공손앙은 다시 효공을 만났다. 효공은 그를 좋게 평가하긴 했지만 등용하지는 않았다. 공손앙이 이야기를 마치고 가자 효공이 경감에게 말했다.

"그대가 추천한 인물은 괜찮은 사람이라 함께 이야기를 나눌 만하오."

이 말을 경감에게 전해 들은 공손앙은 이렇게 말했다.

"제가 공에게 패도(霸道)를 설득했더니 그 방법을 쓰고 싶어 하는 것 같았습니다. 아무쪼록 공을 한 번만 더 만나 뵙게 해 주십시오. 저는 공의 뜻이 어디에 있는지 알고 있습니다."

다시 공손앙이 효공을 만나 이야기를 하는데, 효공은 그의 이야기에 푹 빠져 무릎이 점점 앞으로 나가는 것도 모를 정도였다. 여러 날 동안 이야기를 나누었지만 싫증도 나지 않았다.

경감이 말했다.

"그대는 어떤 방법으로 우리 임금의 마음을 사로잡았는가? 우리 임금이 매우 기뻐하고 계신다네."

그러자 공손앙이 대답했다.

"제가 공에게 제왕의 도를 행하면 하·은·주 세 나라에 비길 만한 업적을 이룰 수 있다고 설득하자 공께서는 그 방법이 너무 오래되어 결과를 기다릴 수 없다고 하셨소. 게다가 어진 군주들은 모두 당대에 이름을 드러내는데 당신은 어찌 수백 년 뒤에 사업을 이루기를 기다려야 하느냐고 말씀하셨소. 그래서 제가 나라를 부강하게 하는 방법을 설득했더니 매우 기뻐하신 것뿐입니다. 하지만 나라를 부강하게 하는 방법을 써서는 은·주 시대 임금의 덕행에 비하기는 어렵습니다."

효공이 공손앙을 등용한 뒤에 공손앙이 법을 고치려 하자 효공은 세상 사람들이 자기를 비방할까 걱정이 되었다.

공손앙이 말했다.

"의심하면서 시행하면 이름을 낼 수 없고, 의심하면서 일을 하면 공을 이룰 수 없습니다. 대체로 남보다 뛰어난 행동을 하는 사람은 세상의 비난을 받게 마련이고, 혼자 아는 지혜를 지닌 사람은 반드시 경멸을 받게 마련입니다. 어리석은 자는 일의 성과에 대해 어둡지만, 슬기로운 사람은 일이 시작되기도 전에 미리 압니다. 백성과 함께 일의 시작을 계획할 수는 없지만 일의 성과를 함께 즐길 수는 있습니다. 지극한 덕을 논하는 사람은 세상 사람들과 어울릴 수 없고, 큰 공을 이루는 사람은 많은 사람들과 상의하지 않습니다. 그러므로 성인은 나라를 강하게 할 수 있는 것이면 굳이 그 옛 법을 따르지 않고, 백성을 이롭게 할 수 있는 것이 있으면 옛날의 예에 따르지 않는 것입니다."

효공이 말했다.

"그 말이 옳소."

그러자 신하 감룡(甘龍)이 이렇게 말했다.

"그렇지 않습니다. 성인은 풍속을 바꾸지 않고도 백성을 교화시키며 슬기로운 사람은 법을 바꾸지 않고도 백성을 다스립니다. 백성의 풍속에 따라 교화시키면 애쓰지 않고도 공을 이룰 수 있으며, 이미 시행되고 있는 법에 따라 백성을 다스리라 하면 관리들도 익숙하고 백성들도 편안해합니다."

공손앙이 대답했다.

"감룡이 하는 말은 세속적인 생각입니다. 평범한 사람들은 옛 풍속에 편안해하고 학자들은 머리로만 백성을 이끕니다. 그렇게 되면 법을 넘어선 일들을 함께 논할 수 없습니다. 하·은·주 세 나라는 왕과 백성의 예가 서로 같지 않았으나 천하에서 왕 노릇을 했고, 오패(五霸, 제나라 환공, 진나라 문공, 진나라 목공, 송나라 양왕, 초나라 장왕)가 되었습니다. 슬기로운 사람은 법을 만들고 어리석은 사람은 법의 제재를 받으며 현명한 사람은 법을 고치고 못난 사람은 예법에 얽매입니다."

두지(杜摯)가 말했다.

"백 가지의 이로움이 없으면 법을 바꾸지 않으며, 열 가지의 공이 없으면 그릇을 바꾸어서는 안 됩니다. 옛것을 본받으면 허물이 없고 예법을 따르면 잘못이 없습니다."

공손앙이 말했다.

"세상을 다스리는 데는 한 가지 길만 있는 것이 아니어서 나라에 이롭다면 옛 법만을 법으로 따를 필요가 없습니다. 그렇기에 은나라 탕왕과 주나라 무왕은 옛 법을 따르지 않고 스스로 임금이 되었으며, 하나라 걸왕과 은나라 주왕은 예전의 예를 바꾸지 않고도 멸망했습니다. 옛 법과 다르다고 해서 반대할 것도 아니고 예전의 법을 따른다고 해서 칭찬할 것도 못됩니다."

그 말을 듣고 효공이 대답했다.

"그 말이 옳소."

그러고는 공손앙을 좌서장左庶長으로 삼고 옛 법을 바꾸어 새로운 법을 정하도록 했다.

새 법은 백성들을 열 집이나 다섯 집씩 묶어서 서로 죄를 감시하고 또 이웃의 죄를 똑같이 책임지며, 죄 지은 사람을 고발하지 않는 사람은 허리를 베고 고발한 사람에게는 적의 머리를 베어 온 것과 같은 상을 주며, 죄인을 숨겨 주는 사람에게는 적에게 항복한 사람과 같은 벌을 주는 법을 만들었다. 두 아들을 두고도 분가하지 않으면 세금을 갑절로 매겼으며 군대에서 공이 있는 사람에게는 그 공의 정도에 따라 벼슬을 주고, 사사로운 싸움을 한 사람에게는 그 죄의 정도에 따라 크고 작은 형벌을 주었다. 어른이나 아이나 힘을 합쳐 밭을 갈고 베 짜는 일을 본업으로 하고 곡식과 베를 많이 바치는 사람에게는 부역을 면제했다. 그러나 상공업에 종사하면서 이익만을 꾀하는 사람과 게을러서 가난한 사람은 모두 밝혀 내어 종으로 삼도록 했다. 군주의 친척이라도 심사하여 군대에서의 공이 없는 사람은 공족公族의 특권을 누릴 수 없도록 했다. 높고 낮은 벼슬의 등급을 분명히 하여 차례가 있게 하며 논밭과 집, 신첩과 의복을 그 집안의 신분에 따라 정했다. 공이 있는 사람은 영화로운 생활을 했지만 공이 없는 사람은 비록 부유하더라도 화려한 생활을 하지 못하게 했다.

법령이 마련되었지만 아직 공포하기 전이었는데, 공손앙은 백성들이 이 법령을 믿지 않을까 걱정이 되었다. 그래서 세 길이나 되는 나무를 도성 저자 남문에 세워 두고 사람들에게 이렇게 말했다.

"이 나무를 북문으로 옮기는 사람이 있으면 십 금을 주겠다."

하지만 백성들은 의심스럽게 여기고 아무도 옮기려 하지 않았다. 그는 다시 말했다.

"이 나무를 옮기는 사람에게는 오십 금을 주겠다."

마침내 어떤 사람이 나무를 옮겨 놓자 공손앙은 그에게 오십 금을 주면서 나라에서 백성을 속이지 않는다는 것을 보여 주었다. 그러고는 마침내 새 법령을 내렸다.

그러나 이 법령을 시행하고 1년 동안 도성으로 찾아와 새 법령이 불편하다고 호소하는 사람들이 1천 명이나 될 정도였다. 그러던 중 태자가 법을 어겼다.

공손앙이 말했다.

"법이 제대로 시행되지 않는 까닭은 위에서부터 법을 어기기 때문이다."

그는 법에 따라 태자를 벌하려고 했다. 그러나 태자는 임금의 뒤를 이을 인물이었으므로 직접 처벌할 수가 없었다. 그래서 태자의 태부太傅로 있던 공자 건虔의 목을 베고 태사太師 공손고公孫賈의 이마에 글자를 새기는 형벌을 내렸다. 그다음 날부터 진나라 백성들은 불평 없이 새 법령에 따랐다.

새 법령을 시행한 지 10년이 지나자 진나라 백성들은 매우 만족해했다. 길에 떨어진 물건은 아무도 주워 가지 않았고 산에는 도둑이 없었으며 집집마다 넉넉하고 사람마다 풍족했다. 백성들이 나라를 위한 싸움에는 용감하고 사사로운 싸움에는 겁냈기 때문에 다스리기도 좋았다. 진나라 백성 가운데는 새 법령이 처음에는 불편했으나 지금은 편하다고 말하는 자가 있었는데, 공손앙은 이렇게 말했다.

"이러한 자들이 교화를 어지럽힌다."

그러고는 그들을 전부 변방 지역으로 쫓아 버렸다. 그 뒤로는 백성들이 감히 법령에 대해 이러니저러니 말하지 못했다.

이러한 공으로 공손앙은 대량조大良造에 올랐다. 그는 군사를 거느리고 위나라 안읍安邑을 포위하여 항복을 받았다. 3년 뒤 공사를 일으켜 함양咸陽에다가 기궐(冀闕, 새 법령을 써서 걸어놓은 궁궐문)과 궁정을 짓고 진나라 도읍을 옹雍에서 이곳으로 옮겼다. 그런 다음 영을 내려 아버지와 자식 또는 형제가 한집에 사는 것을 금지했다. 또 작은 도시와 시골 마을을 모아 현縣을 만들고 현에는 현령縣令, 현승縣丞을 두었다. 모두 31현이었다. 밭 사이로 동서남북 길을 열고 경계를 분명히 했으며 부역과 세금을 공평히 매겼다. 말과 되, 저울추와 저울대 등 도량형을 통일했다.

　이 법을 시행한 지 4년이 지나 공자건公子虔이 다시 법을 어기자 그를 의형(劓刑, 코를 베는 형벌)에 처했다. 이후로 5년이 지나자 진나라는 부강해졌다. 주나라 천자가 종묘의 제사에 쓴 고기를 효공에게 보내자 제후들이 모두 축하해 주었다.

　그 이듬해 제나라는 위魏나라 군대를 마릉馬陵에서 깨뜨리고 위나라 태자 신申을 사로잡았으며 장군 방연龐涓을 죽였다. 그다음 해에 공손앙은 효공을 이렇게 설득했다.

　"진나라와 위나라의 관계를 비유하자면 마치 사람의 배 속에 병이 있는 것과 같습니다. 위나라가 진나라를 삼키지 않으면 진나라가 위나라를 삼켜야만 합니다. 어째서 그렇겠습니까? 위나라는 험준한 산고개 서쪽에 있어 도성을 안읍에 정하고, 진나라와는 황하를 경계로 하여 산동山東의 이익을 독차지하고 있습니다. 그래서 유리할 때는 서쪽으로 진나라를 치고, 지쳐 힘에 겨우면 동쪽을 공격합니다. 지금 우리 진나라는 임금이 어질고 성스러운 덕에 힘입어 나라가 부강해졌습니다. 그런데 위나라는 지난해에 제나라에 크게 패해 제후들이 배반하고 있습니다. 이런 때를 이용해서 위나라를 치는 것이 좋습니다. 위나라는 진나라의 공격을 버텨 내지 못하고 반드시 동쪽으로 옮겨 갈 것입니다. 위나라가 동쪽으로 옮겨 가면 진나라는 황하와 산천의 험준한 지형을 차지하여 동쪽을 향해 제후들을 제압할 수가 있습니다. 이게 바로 제왕이 되는 길입니다."

효공은 고개를 끄덕이며 공손앙을 장군으로 삼아 위나라를 치게 했다. 위나라에서는 공자앙公子卬을 장군으로 삼아 맞싸우게 했다. 양쪽 군대가 쟁쟁하게 대치하자 공손앙은 위나라 장군 공자앙에게 편지를 보냈다.

"나는 예전에 공자와 친하게 지냈습니다. 이제는 다른 나라의 장군이 되었지만 차마 서로 공격할 수는 없습니다. 공자와 함께 얼굴을 맞대고 맹약한 후에 술이나 즐기다가 전쟁을 그치어 진나라와 위나라를 편안하게 하는 것이 좋겠습니다."

위나라 공자앙도 그렇게 생각했다. 그래서 서로 만나 맹약을 마치고 술을 마셨는데 공손앙이 무장한 병사들을 숨겨 두었다가 습격해 공자앙을 사로잡았다. 이어 그의 군대를 공격해 모두 깨뜨리고 진나라로 돌아왔다.

위나라 혜왕惠王은 자기 군대가 제나라와 진나라 군대에게 자주 패하자 나라의 힘이 사라지고 나날이 땅이 줄어드는 것에 두려움을 느꼈다. 그래서 사자를 보내 서쪽 땅을 갈라 진나라에게 바치고 강화를 맺었다. 위나라는 안읍을 떠나 대량으로 도읍을 옮겼다. 위나라 혜왕은 이렇게 말했다.

"과인이 일찍이 공숙좌의 말을 듣지 않은 것이 한스럽다."

공손앙이 위나라 군대를 치고 돌아오자 진왕은 그를 상商 땅의 15읍에 봉하고 상군商君이라고 불렀다. 상군이 진나라 재상으로 있던 10년 동안 종실과 외척 가운데 그를 원망하는 이들이 많아졌다. 조량趙良이 상군을 만나자 상군이 말했다.

"내가 당신을 만나게 된 것은 맹란고孟蘭皐의 소개가 있었기 때문입니다. 이제 나는 선생과 사귀고 싶습니다만 괜찮겠습니까?"

조량이 대답했다.

"저는 구태여 사귀고 싶지 않습니다. 공자의 말씀에 '어진 이를 밀어 주인으로 받드는 자는 반드시 성공하고 못난 이를 모아 왕 노릇을 하는 자는 몰락한다'라고 했습니다. 저는 못난 이이기에 감히 사귀자는 말을 따를 수 없습니다. 제가 또 들으니 '자기가 있을 만한 지위가 아닌데 그 지위에 있는 사람더러는 지위를 탐낸다 하고, 자기가 누릴 만한 명성이 아닌데 그 명성을 누리는 사람더러는 이름을 탐낸다고 한다'라더군요. 제가 군의 호의를 받아들이다가 지위를 탐내고 명성을 탐내는 사람이 될까 두렵습니다. 그러기에 감히 명령을 따를 수가 없습니다."

상군이 말했다.

"선생께서는 내가 진나라를 다스리는 방법을 싫어하십니까?"

조량이 말했다.

"남의 말을 반성하면서 듣는 것을 총聰이라 하고 상대방 속까지 꿰뚫어 보는 것을 명明이라 하고, 자신을 이기는 것을 강彊이라고 합니다. 순임금도 '스스로 낮추면 높아지게 된다'라고 말했습니다. 당신에게 가장 중요한 것은 당신이 과연 순임금의 도를 따랐는가를 반성하는 것입니다. 저의 의견 따위는 물을 필요가 없습니다."

상군이 말했다.

"처음에 진나라는 북쪽 오랑캐인 융적戎翟의 풍습을 받아들여 아버지와 아들의 구별 없이 한방에서 살았습니다. 이제는 내가 그런 풍속을 고쳐서 남녀의 구별이 있게 했으며 큰 궁궐을 지어 노나라나 위나라처럼 훌륭하게 만들었습니다. 내가 진나라 다스리는 솜씨를 선생께서 보셨으니, 오고대부五羖大夫와 저 중에 누가 더 현명하다고 생각합니까?"

조량이 말했다.

"양가죽 천 장이 여우 겨드랑이 가죽 한 장보다 못합니다. 천 사람의 아부는 한 사람의 올바른 말보다 못합니다. 주나라 무왕은 신하들의 올바른 직언으로 일어났고, 은나라 주왕은 신하들이 입을 다물었기 때문에 망했습니다. 군께서 만약 무왕을 그르다고 하지 않는다면 제가 온종일 바른말을 하더라도 벌주지 않으시겠지요? 그러실 수 있습니까?"

상군이 말했다.

"옛말에 이런 말이 있습니다. 겉치레 말은 화려하고 지극한 말은 절실하며 듣기 괴로운 말은 약이 되고 달콤한 말은 병이 된다고요. 선생께서 과연 온 종일 바른말을 해 주신다면 제게는 약이 되겠지요. 제가 장차 선생을 스승으로 섬기려는데 선생께서는 무엇을 사양하십니까?"

조량이 말했다.

"오고대부는 형虢나라의 미천한 사람이었습니다. 진나라 목공이 어질다는 말을 듣고 뵙기를 원했지만 찾아갈 노잣돈이 없었습니다. 그래서 진나라 나그네에게 몸을 팔아 진나라로 가서 누더기를 입고 소를 먹였습니다. 1년이 지나자 목공이 그를 알아보고 소를 먹이던 사람을 등용해 백성의 위에 앉혔습니다. 그러나 진나라 사람들은 아무도 원망하지 않았습니다. 그는 진나라 재상이 된 지 6, 7년 만에 동쪽으로 정鄭나라를 치고 진晉나라 임금을 세 번이나 세웠으며 형나라의 화액을 한 번 구했습니다. 국내에 교령敎令을 내리니 파巴 땅의 사람들까지 조공을 바쳤으며 제후들에게 덕을 베풀자 팔융八戎이 와서 복종했습니다. 서융西戎사람 유여由余가 이런 명성을 듣고 관문을 두드리며 뵙기를 청했습니다. 오고대부는 진나라 재상으로 있는 동안 아무리 피곤해도 수레에 편히 앉지 않았고 아무리 더워도 수레에 덮개를 씌우지 않았습니다. 나라 안을 다닐 때에도 수행원에게 수레를 따르게 하지 않았으며 창과 방패를 든 호위병도 거느리지 않았습니다. 그런데도 그의 공과 이름은 기록되어 나라 창고에 간직되었고 그의 덕행은 후세까지 베풀어졌습니다. 오고대부가 죽자 사람들은 눈물을 흘렸습니다. 아이들도 방아 찧던 사람들도 노래를 그쳤습니다. 이것이 바로 오고대부의 덕입니다. 그런데 군께서 처음 뵐 때에 총신 경감의 소개 덕분이었으니 그것이 명예일 수는 없습니다. 진나라 재상이 되어서도 백성을 위해 일하기는커녕 기궐이나 크게 지었으니 그것이 공일 수도 없습니다. 태자의 사師, 부博에게 형벌을 주고 백성들에게도 가혹한 형벌을 내려 죽고 다치게 했으니 백성들의 원망이 쌓이고 화가 모였습니다. 상군의 교화가 진왕의 명령보다 더 심하고 백성들이 상군의 처분을 따르는 것이 진왕의 명령보다 더 빠릅니다. 게다가 상군이 세운 제도는 도리에 어긋나고 바꾼 법령도 이치에 어긋나니, 교화라고 할 수도 없습니다. 상군께서는 또 임금처럼 남쪽을 바라보고 앉아 과인이라고 칭하면서 날마다 진나라 귀공자들을 규탄하고 있습니다. 《시경詩經》에서는 '쥐의 세계에도 체통이 있건만 사람에게 예가 없을까? 사람으로서 예가 없다면 어찌 빨리 죽지 않을까?'라고 했습니다. 이 시를 가지고 본다면 상군의 행동으로는 장수를 누릴 수 없습니다. 코를 베인 공자건이 문을 닫아걸고 나오지 않은 지가 벌써 8년이나 되었습니다. 상군께선 게다가 축환祝懽도 죽였고 공손가도 경형黥刑에 처했습니다. 《시경》에서는 또 '인심을 얻은 자는 흥하고, 인심을 잃은 자는 망한다'라고 했습니다. 상군이 행한 이 몇 가지 일들은 인심을 얻을 일은 아닙니다. 상군께서 나들이를 할 때 뒤따르는 수레만 열댓 대입니다. 수레에는 무장한 병사들이 타고 있는데 힘센 장사가 옆에 타고 있고, 창을 잡고 갈래창을 쥔 자들이 수레 곁에서 호위하며 달립니다. 이 가운데 하나라도 갖추지지 않으면 상군께서는 결코 나들이를 하지 않습니다.

　《시경》에 '덕이 있는 자는 창성하고 힘을 믿는 자는 망한다'라고 했습니다. 상군의 위태로움이 아침 이슬 같은데도 오히려 나이를

늘이고 목숨을 더하려 하십니까? 그렇다면 어째서 상商 땅의 15읍을 나라에 돌려주고 시골로 돌아가 농사나 짓지 않습니까? 진왕에게 권해 초야에 묻힌 선비들을 드러내 쓰며 늙은이를 봉양하고 고아를 돌보며 부모를 공경하고 공 있는 자를 벼슬에 앉히며 덕 있는 자를 높인다면 민심이 조금은 안정될 것입니다. 그런데도 군께서는 오히려 상商, 오吳의 부귀를 탐내고 진나라의 변법變法을 총애로 여겨 백성의 원망만을 쌓고 있습니다. 진왕이 하루아침에 세상을 버리고 조정에 서지 않는다면 진나라에서 군을 죄주려는 자들이 어찌 적겠습니까? 망하는 것은 잠깐입니다."

그러나 상군은 그 말을 듣지 않았다.

다섯 달 뒤, 효공이 죽고 태자가 임금이 되었다. 공자건의 무리가 '상군이 배반하려고 한다'라고 아뢰자 관리를 보내 상군을 잡으려고 했다. 상군은 달아나다가 함곡관 아래 이르자 객사客舍에 머물려고 했다. 객사 주인은 손님이 상군인 것을 알지 못한 채 말했다.

"상군의 법에 여행증이 없는 손님을 재우면 함께 처벌받는다고 했습니다."

그러자 상군은 서글피 탄식했다.

"아, 신법의 폐단이 나에게까지 이르렀구나."

상군은 위나라로 갔다. 위나라 사람들은 그가 공자앙을 속여 위나라 군대를 깨뜨린 것을 원망하며 받아들이지 않았다. 상군이 다른 나라로 가려고 하자 위나라 사람들이 말했다.

"상군은 진나라의 역적이다. 진나라는 강한 나라이니, 그 역적이 위나라에 들어온 이상 진나라로 돌려보내지 않으면 안 된다."

결국 상군은 진나라로 돌아가 상읍으로 달아났다. 그리고 그곳에서 자기 무리들과 함께 상읍의 군사를 동원해 북쪽으로 나가 정나라를 쳤다. 진나라에서도 상군을 치기 위해 군대를 동원해 정鄭나라 민지澠池에서 그를 죽였다. 진나라 혜왕은 상군의 시체를 수레로 찢어 죽여 백성들에게 돌려 보이며 경고했다.

"상앙처럼 배반자가 되지 마라."

그리고 상군의 집안을 멸족시켰다.

태사공은 말한다.

"상군은 천성이 각박한 사람이다. 그가 효공에게 벼슬을 얻으려고 설득했다는 제왕의 도리를 살펴보니 마음에도 없는 뜬 말일 뿐, 본심에서 나온 말은 아니다. 게다가 그가 의지한 사람은 총신寵臣이었으며 등용된 뒤에는 공자건에게 형벌을 주었고 위나라 장군 앙을 속였다. 조량의 말을 받아들이지 않은 것도 상군이 각박한 사람이란 것을 증명한다. 내가 일찍이 상군의 저서 《개색開塞》, 《경전耕戰》을 읽은 적이 있는데, 그 내용이 그 사람의 행위와 비슷했다. 상군이 진나라에서 악명이 높았던 것도 까닭이 있다고 하겠다."

진시황제가 비교적 수월하게 천하를 통일할 수 있었던 것은 그의 선조인 진秦 효공孝公이 기반을 닦아 둔 덕분이다. 그리고 진 효공의 개혁정치 배후에는 핵심 참모인 상앙이 있었다. 그러나 진나라가 15년 만에 멸망해 버림으로써 그 이후 정권을 잡은 사람들은 진나라의 통치 스타일을 반면교사反面敎師로 삼으려는 경향이 강했다. 그러면서 법가의 통치 방법이나 그의 이론은 죄악시되었다. 더구나 상앙은 인정사정없이 개혁을 밀어붙이다가 반란죄로 몰살당한 탓에 그를 변호하는 이는 찾아보기 힘들었다. 그러나 사마천은 이런 상앙의 역사적 공헌을 인정했다. 비록 그의 독선과 과욕을 나무라고 자업자득自業自得으로 마무리하기는 했으나 《사기열전》에 그의 이야기를 실었다.

## 【 전단 열전 】

전단田單은 제나라 전씨田氏 왕족의 먼 친척이다. 그는 제나라 민왕 때에 임치臨淄의 시장을 감독하는 관리였으나 인정받지는 못했다.

그 무렵 연나라는 악의樂毅를 시켜 제나라를 정벌하게 했는데, 이때 제나라의 민왕湣王은 수도를 버리고 거성莒城에 들어가 버렸다. 전단은 안평安平으로 달아나면서 전씨 집안사람들에게 수레바퀴 축 끝부분을 모두 잘라 버리고 그곳에 쇳조각을 대도록 했다. 연나라 군대가 안평을 공격하자 성은 무너지고 제나라 사람들은 앞 다투어 도망쳤다. 혼란 통에 수레바퀴 축 양끝은 부러지고 수레는 망가져 모두 연나라의 포로가 되었으나 오직 전단의 집안사람들은 무사히 달아났다. 수레바퀴 축 끝부분에 쇳조각을 댄 덕분이었다. 그들은 동쪽인 즉묵(卽墨)으로 가서 몸을 보존했다.

한편 연나라는 제나라의 성을 거의 다 함락시켰으나 유독 거(莒)와 즉묵만은 함락시키지 못했다. 요치(淖齒)는 거에서 민왕을 죽이고 굳게 수비를 해 연나라 군대에 저항했기 때문에 여러 해가 되도록 함락되지 않았다. 이에 연나라 군대는 제나라 왕이 거에 있다는 소문을 듣고 군사를 집결시켜 공격했다. 즉묵의 대부(大夫)는 성을 나와 연나라와 싸우다가 패해 전사했다. 그러자 성안에 있던 사람들은 모두 전단을 추천하면서 이렇게 말했다.

"안평 전투에서 전단의 집안사람들만이 쇠로 만든 수레바퀴 축으로 생명을 건졌다. 이것으로 볼 때 그들은 병법에도 능할 것이다."

그러고는 전단을 장군으로 추대하고 즉묵을 보루로 삼아 연나라에 저항하도록 했다. 시간이 흘러 연나라 소왕(昭王)이 죽고 혜왕이 즉위했는데, 그는 악의(樂毅)와 사이가 좋지 않았다. 이 소문을 들은 전단은 즉시 연나라에 첩자를 보내 이런 말을 퍼뜨리게 했다.

"제나라 왕도 죽고, 함락되지 않은 것은 두 개의 성뿐이다. 그런데도 악의는 죽을까 두려워 감히 귀국하지 못하고 제나라를 정벌한다는 구실을 내세우고 있다. 내심 군대를 연합해 제나라의 왕 노릇을 하려는 꿍꿍이도 있는 것이다. 하지만 제나라 사람들이 따르지 않는 까닭에 즉묵을 천천히 공격하면서 그 일이 성사되기를 기다리고 있다. 이런 이유로 제나라 사람들이 두려워하는 바는 연나라에서 다른 장수를 파견해 보내는 것이니, 다른 장수가 오면 즉묵은 쑥

밭이 될 것이다."

 이 소문을 믿은 연나라 왕은 악의 대신에 기겁騎劫을 장수로 임명했다.

 악의가 달아나 조나라로 망명하자 연나라 병사들은 분통을 터트렸다. 그러자 전단은 성안 사람들에게 영을 내려서 식사할 때에는 반드시 조상들에게 제사를 지내도록 했다. 그러자 새들이 모두 성안으로 훨훨 날아 들어와 제사 음식을 먹었다. 연나라 사람들이 이를 보고 괴이하게 여기자 전단은 이런 소문을 퍼뜨렸다.

 "신이 내려와서 우리를 가르치고 있는 것이다."

 그리고 성안 사람들에게 다음과 같은 명을 내렸다.

 "분명히 우리의 스승이 될 신인神人이 있을 것이다."

 그때 병사 하나가 나서며 말했다.

 "저도 그 스승이 될 수 있겠습니까?"

 그러더니 도망쳤다. 전단은 일어나서 그를 이끌고 돌아와 동쪽에 앉히고는 스승의 대우를 했다. 그러자 그 병사가 말했다.

 "저는 정말 아무 능력도 없습니다."

 전단이 말했다.

 "자네는 아무 말 말고 잠자코 있게."

 전단은 그를 스승으로 대우하고 명령을 내릴 때마다 반드시 신령스러운 병사 덕분이라고 칭송했다. 그리고 이런 소문을 퍼뜨렸다.

 "내가 두려워하는 것은 연나라 군대가 포로로 잡은 제나라 병사들의 코를 벤 채 그들을 앞세워 우리와 싸우게 하여 즉묵이 패하게 되는 것뿐이다."

연나라 사람들은 이 소문을 듣고서 그 말대로 했다. 성안에 있던 사람들은 코가 베인 제나라의 많은 병사들을 보고서 분노하면서도 혹시 사로잡힐까 두려워했다. 전단은 또 첩자를 파견해 이런 말을 하게 했다.

"연나라 사람들이 성 밖에 있는 무덤을 파내어 우리 조상을 욕보일 것이 두렵다. 생각만 해도 섬뜩하다."

그러고는 언덕의 무덤을 모두 파내어서 죽은 사람을 불태웠다. 즉묵 사람들은 성 위에서 그 현장을 바라보고는 눈물을 흘리면서 나가 싸우고자 했다. 그들은 이전보다 열 배나 더 분노해 있었다.

전단은 병사들이 이제 전투에 쓸 만해졌다고 생각하고 몸소 널판과 삽을 등에 지는 등 병사와 똑같이 일했다. 그리고 자신의 처와 첩까지 군대에 끼워 넣고 음식을 모두 풀어 병사들을 먹였다. 그러고는 정예 병사는 매복하게 하고 노인과 여인들은 성 위로 올려 세운 후 연나라 군영에 사자를 보내 항복하겠다고 약속했다. 그러자 연나라 군사들은 모두 만세를 불렀다.

전단은 백성들로부터 금 2만 4천 냥을 거두어 즉묵의 부호富戶를 통해 연나라 장수에게 바치게 하고 이렇게 말하게 했다.

"즉묵은 곧 항복하게 될 테니 그때 우리 가족과 처첩은 노략질하지 말고 편안하게 지낼 수 있도록 해 달라."

연나라 장수는 이러한 부탁을 받고 매우 기뻐하며 이를 허락했다. 그러나 연나라 군대는 이로 말미암아 더욱 해이해졌다.

전단은 그제야 성안에 있는 천 마리의 소를 모으고, 붉은 비단으로 옷을 만들어 그 위에 다섯 가지 색깔로 용의 무늬를 그리고, 소의 뿔에는 칼날을 매어 놓았으며, 소의 꼬리에는 기름칠한 갈대를 매어 놓았다. 한밤이 되자 소꼬리에 불을 붙이고 미리 뚫어 놓은 수십 개의 성벽 구멍으로 소들을 내몬 뒤 나뭇가지를 입에 문 채 장사 5천 명에게 뒤따르게 했다. 소는 꼬리가 뜨거워지자 미친 듯이 연나라 군영으로 뛰어들었다. 연나라 군사들이 일어나 보니 소의 꼬리는 횃불처럼 주위를 밝게 비추며 현란하게 타고 있었고, 자세히 보니 모두 용의 모습을 하고 있었다. 그들은 하나같이 소뿔에 죽거나 다쳤다. 성안에서는 북을 치거나 함성을 질렀는데, 그 소리는 노인과 여인들이 구리 기물을 두드리는 소리와 더불어 천지를 진동했다. 연나라 군대는 기겁하며 달아났다.

제나라 사람들이 마침내 연나라 장수인 기겁을 죽이자 연나라 군사들은 뿔뿔이 달아났다. 제나라 사람들은 도망하는 사람들을 추격했다.

그들이 지나가는 성읍마다 연나라에 반기를 들고 전단에게 귀속하자 군사는 날이 갈수록 불어나서 승리에 승리를 거듭했고, 연나라는 날마다 패해 마침내 하상까지 쫓겨났다. 이로써 제나라의 70여 개의 성이 모두 다시 제나라의 소유가 되었다. 제나라 사람들은 양왕襄王을 거 땅에서 맞이하고 임치로 모시고 들어가 정사를 맡겼다. 양왕은 전단을 안평군安平君에 봉했다.

태사공은 이렇게 말했다.
"싸움에서 군사를 부리는 방법으로는 정공법으로 맞서는 것과 허를 찌르는 것이 있다. 작전에 능한 자는 허를 찌르는 방식이 무궁무진하다. 맞서서 싸우는 것과 허를 찌르는 것을 적절히 섞으면 마치 끝이 없는 둥근 고리와 같다. 대체로 처음에는 처녀처럼 얌전하게 하면 적들은 문을 열어 줄 것이고, 그런 뒤에 도망가는 토끼처럼 하면 미처 대항하지 못한다. 이러한 것이 바로 전단의 용병법을 두고 하는 말일 것이다."

요치가 민왕을 시해했을 때 거 땅 사람들은 민왕의 아들인 법장法章을 태사교太史嬓의 집 안에서 찾아냈다. 법장은 그 집에서 정원에 물을 주는 일을 하고 있었다. 그때 태사교의 딸이 그를 가엾이 여겨 후히 대우해 주었다. 그 뒤에 법장은 은근한 애정을 그녀에게 드러냈고, 마침내 그녀는 법장과 정을 통했다. 거 땅 사람들이 함께 법장을 제나라 왕으로 세워서 거를 보루로 해 연나라에 저항했으므로 태사교의 딸은 왕후가 되었다. 이 여인이 군왕후君王后이다.
연나라 군사가 처음 제나라에 들어갔을 때 화읍畫邑의 왕촉王蠋이라는 사람이 현명하다는 소문을 듣고 법장은 군중에 이렇게 명령을 내렸다.

"화읍 주위 30리 안에는 들어가는 일이 없도록 하라."

이것은 왕촉을 존경했기 때문이었다. 그러고는 사람을 보내 왕촉에게 이렇게 전했다.

"제나라에 선생의 의로움을 높이 평가하는 사람이 많이 있었소. 내가 선생을 장수로 삼고 선생에게 1만 호(萬戶)의 봉토를 주려고 합니다."

그러나 왕촉은 한사코 사양했다. 그러자 연나라 사람이 말했다.

"선생이 우리 말을 듣지 않는다면 우리는 삼군을 이끌고 화읍을 쓸어 버리겠소."

왕촉은 다시 대답했다.

"충신은 두 군주를 섬기지 않고, 정숙한 여인은 두 지아비를 섬기지 않소. 제나라 왕께서 나의 간함을 듣지 않았기 때문에 나는 물러나와 들에서 밭갈이를 하고 있소. 지금 나라가 이미 패망했는데 살아서 무엇하겠습니까. 그런데 지금 내가 무력에 굴복해 그대 나라의 장수가 되라고 하니 이것은 걸(桀) 임금을 도와서 포악한 일을 하는 것입니다. 살아서 의롭지 못한 일을 하느니 삶아 죽이는 형벌을 받는 것이 낫겠소."

그러고는 나뭇가지에 목을 맸다. 도망치던 제나라의 대부들은 이 소식을 듣고 이렇게 말했다.

"왕촉은 벼슬도 없는 평민에 지나지 않는데 정의를 지키느라 자신의 목숨을 버렸다. 하물며 벼슬을 하고 녹을 받은 사람은 어찌해야 하겠는가?"

그런 뒤 모두 모여 거 땅으로 가 왕의 아들을 찾아서는 양왕으로 세웠다.

전단 열전은 《사기》의 열전 중에서 길이가 가장 짧다. 열전에 장수들의 이야기가 많이 등장하는 것은 그만큼 사마천이 살던 시대가 그들의 활약상에 의존하고 있기 때문일 것이다. 전단은 비상한 지혜와 병법으로 연나라를 치고 제나라를 지켜 냈다. 연나라의 공격으로 즉묵으로 피난 간 전단은 그곳에서 장군이 되자 연나라 왕과 상장군인 악의 사이를 이간질하고, 연나라에게 자기들의 포로가 된 제나라 병졸의 코를 베게 하고, 성 밖에 있는 제나라 사람들 조상의 무덤을 파헤치게 하면서 제나라 사람들의 분노를 끓어오르게 해 전투력을 갖추었다. '싸움이란 정면에서 맞서 싸우고 기병으로 적의 허를 찔러 이기는 것이다'라는 사마천의 용병에 대한 생각이 담겨 있는 대목이다.

제1장 **의리에 살고, 의리에 죽는다**

# 【 범저 · 채택 열전 】

　　●─────────── 범저(范雎의 이름에 대해서는 이견이 있다. 雎(저)냐, 雎(수)냐에 대해 서로 엇갈린 주장을 하고 있는데 여기에서는 武英殿本《사기》에 의거 雎(저)로 통일한다.)는 위魏나라 사람으로, 자는 숙叔이다. 그는 제후들에게 유세해 위나라 왕을 섬기고자 했으나 집안이 가난해 혼자서는 노잣돈을 마련할 수가 없어 위나라의 중대부中大夫인 수고須賈를 섬겼다.

　　수고는 위나라의 소왕을 위해 제나라에 사신으로 가게 되었는데, 이때 범저가 따라갔다. 그러나 여러 달 동안 머물러 있어도 이렇다 할 성과를 얻지 못했다. 그때 제나라의 양왕襄王은 범저가 변론에 능하다는 이야기를 듣고 사람을 보내 금 10근과 소고기와 술을 보냈다. 그렇지만 범저는 사양했다. 그런데 이 사실을 알게 된 수고는 범저가 위나라의 비밀을 제나라에 알려 주었기 때문에 이 같은 상을 받는다고 생각하고 크게 화를 내며 소고기와 술은 받되 금은 돌려주라고 했다.

위나라로 돌아온 수고는 범저를 괘씸하게 여겨 그 일을 위나라 재상에게 고했다. 당시 위나라 재상은 위나라의 공자 가운데 한 사람인 위제魏齊였다. 위제는 크게 화를 내면서 가신을 시켜 범저를 매질하게 했다. 범저는 갈비뼈가 부러지고, 이가 빠졌다. 범저가 죽은 체하자 사람들은 그를 멍석에 말아 변소에 내다 버렸다. 술에 취한 빈객들이 번갈아 가며 범저에게 오줌세례를 퍼부었다. 일부러 그에게 모욕을 줌으로써 함부로 나라의 비밀을 누설하는 사람이 없도록 경계하고자 한 것이다. 범저는 멍석에 싸인 채 자신을 지키는 사람에게 이렇게 부탁했다.

"나를 여기에서 구출해 준다면 반드시 후하게 사례를 하겠소."

그를 지키던 사람이 위제에게 멍석 속에서 죽은 사람을 내다 버리겠다고 하자 위제는 술에 취해서 그러라고 했다. 이렇게 하여 범저는 그 자리를 벗어날 수 있었다.

그 뒤 위제는 범저를 놓친 것을 후회하고 다시 그를 찾아오라고 했다. 위나라 사람인 정안평鄭安平이 이 소식을 듣고 범저와 함께 달아났다. 범저는 숨어 살면서 이름을 장록張祿이라고 바꾸었다.

그 무렵 진나라 소왕昭王이 알자(謁者, 왕의 명을 전달하는 관리)인 왕계王稽를 위나라에 사신으로 보냈다. 정안평은 신분을 속이고 왕계의 하인이 되었다.

어느 날 왕계가 그에게 이렇게 물었다.

"위나라에는 나와 함께 서쪽으로 가서 일을 도모할 만한 현인이 있는가?"

"저희 마을에 장록張祿 선생이라는 분이 계신데, 그분이 나리를 뵙고 천하의 일에 대해 말씀드리고 싶어 합니다. 그러나 그분에게는 원수가 있어서 낮에는 만날 수가 없습니다."

그러자 왕계가 대답했다.

"그렇다면 밤에 그와 함께 오도록 해라."

그날 밤 정안평은 장록과 함께 왕계를 만났다. 얼마 이야기를 나누기도 전에 왕계는 범저의 현명함을 확인하고 말했다.

"선생께서는 삼정三亭의 남쪽에서 나를 기다리시오."

왕계와 범저는 이렇게 약속하고 헤어졌다.

왕계는 위나라를 떠나는 길에 범저를 수레에 싣고 진나라로 들어갔다. 그들이 호湖 땅에 이르자 멀리 서쪽으로부터 수레와 기병이 달려오는 것이 보였다. 범저가 물었다.

"저기에 오는 사람은 누구입니까?"

"진나라 재상인 양후穰侯가 동쪽의 현읍을 순행하는 것입니다."

그러자 범저가 다시 말했다.

"양후는 진나라의 정권을 전횡하면서 다른 제후의 빈객들을 받아들이기를 싫어한다고 들었습니다. 아마 저를 욕보일 것 같으니 차라리 수레 안에 숨어 있는 것이 좋겠습니다."

잠시 후에 양후가 다가와 수레를 세우고는 물었다.

"함곡관 동쪽 나라에 무슨 변란이라도 있었소?"

"아무 일도 없었습니다."

"당신은 제후의 유세객들과 함께 오지는 않았겠지요? 그들은 아무 보탬도 되지 않는데다 남의 나라를 어지럽게만 할 뿐이오."

그러자 왕계가 말했다.

"감히 그럴 리가 있겠습니까?"

양후는 그대로 가 버렸다. 범저가 말했다.

"양후는 지혜가 있는 사람이라고 들었습니다. 그런데 일 처리는 꼼꼼하지 못하군요. 수레 안에 사람이 있는 것이라 미심쩍어 하면서도 뒤져 보지는 않으니 말입니다."

범저는 수레에서 내리고는 이렇게 말했다.

"그는 분명히 후회하고 있을 것입니다."

왕계의 수레가 10리쯤 갔을 때 과연 기병 한 명이 와서 수레를 뒤졌다. 그러나 아무도 찾을 수 없자 그냥 돌아갔다. 왕계는 범저와 함께 함양으로 들어갔다.

왕계는 진나라 소왕에게 사신으로 다녀온 일을 보고하면서 이렇게 말했다.

"위나라에 장록 선생이라는 사람이 있는데 천하에 으뜸가는 유세가입니다. 그 사람 말이 진나라는 계란을 겹쳐 쌓아 놓은 것과 같이 위태로운 상태에 놓여 있지만 자신을 얻는다면 무사할 것이며, 이러한 이야기는 글로 전할 수 없다고 했습니다. 그래서 신이 그를 수레에 태워 왔습니다."

그러나 소왕은 그 말을 믿지 아니하고 범저에게 거처만 마련해 주었을 뿐 형편없이 대우했다. 범저는 그렇게 1년 남짓 기회가 오기만을 기다렸다.

이 무렵 소왕은 즉위한 지 36년이나 되었다. 남으로는 초나라의 언(鄢)과 영(郢)을 함락시켰고, 초나라의 회왕은 진나라에 유폐되었다가 죽었다. 동쪽으로는 제나라를 격파했다. 제나라 민왕이 스스로를 황제라 칭했기 때문이다. 그 뒤로 제나라에서는 그런 일이 없었다. 진나라는 삼진(三晉)에게 여러 차례 시달린 일이 있는데다 천하의 유세가들을 싫어했으며 그들을 믿지 않았다.

양후와 화양군(華陽君)은 소왕의 어머니인 선태후(宣太后)의 동생이었고, 경양군(涇陽君)과 고릉군(高陵君)은 모두 소왕의 친형제였다. 양후가 재상의 자리를 차지하고, 나머지 세 사람은 번갈아 가면서 장수가 되어 봉함을 받은 읍을 차지하고 있었다. 태후의 배경 때문에 그들의 개인 재산은 왕실의 재산을 넘어설 정도였다.

이 무렵 양후는 진나라의 장군이 되어 한나라와 위나라를 건너 제나라의 강수(綱壽)를 정벌함으로써 자신의 도읍을 넓히려고 했다. 이때 범저는 이런 글을 올렸다.

"신이 듣건대, 현명한 군주가 나라를 다스리면 공을 세운 사람은 상을 주지 않을 수 없고, 능력이 있는 사람은 관리로 임명하지 않을 수 없으며, 공로가 큰 사람은 봉록이 후해야 하며, 공이 많은 사람은 벼슬이 높아야 하고, 백성을 잘 다스릴 수 있는 사람은 그 관직이 높아야 한다. 그러므로 능력이 없는 사람은 감히 관직에 임명될 수 없고, 능력을 가진 사람은 스스로 그 재능을 감출 수가 없다고 합니다. 만약 신의 말이 옳다면 부디 그렇게 실행하십시오. 옳지 않다면 신을 오래도록 이곳에 머물게 하더라도 아무런 도움이 되지 않을 것입니다.

용렬한 군주는 자기가 사랑하는 사람에게 상을 주고 미워하는 사람에게 벌을 내리지만, 현명한 군주는 반드시 공을 세운 사람에게 상을 주고, 죄를 지은 사람은 벌을 내린다고 했습니다. 지금 신의 가슴은 매질을 견딜 만큼 단단하지 않고, 허리는 도끼날을 용납할 만큼 굳세지도 못한데 어떻게 감히 확신도 없는 말로 왕을 시험하려 하겠습니까! 비록 저는 천하다 해 가볍게 여기실지라도 어찌 왕계마저 왕에게 믿음 없이 저를 천거했겠습니까.

또한 신이 들으니, 주나라에는 지액砥砨이 있고, 송나라에는 결록結綠이 있고, 양나라에는 현려縣藜가 있으며, 초나라에는 화박和朴이 있다고 했는데, 이 네 가지 보물은 땅에서부터 나온 것으로서 훌륭한 장인들조차 그 가치를 알아보지 못했으나 결국에는 천하의 이름난 물건이 되었습니다. 그렇다면 훌륭한 군주가 버린 사람이라고 하더라도 나라에 이익을 주는 데 충분하지 않다고 말할 수 있겠습니까?

또 대부의 집을 융성시킬 인재는 나라 안에서 찾고, 나라를 번창시킬 인재는 다른 나라에서 찾는다고 했습니다. 만약 천하에 현명한 군주가 있다면 다른 제후들은 뜻대로 인재를 활용하지 못합니다. 그것은 현명한 군주가 인재를 모두 얻어 가기 때문입니다. 명의는 환자의 생사를 알고 훌륭한 군주는 일의 성패에 밝습니다. 이익이 되면 실행을 하고, 해가 될 것 같으면 버리고, 의심스러우면 좀 더 시험해 봅니다. 이것은 비록 순임금, 우임금이 다시 태어난다 하더라도 고칠 수 없는 일입니다. 제가 하려는 말 중 중요한 것은 글로 적을 수 없으며, 가벼운 것은 또 왕께 들려 드릴 필요가 없습니다. 신을 지금까지 내버려 둔 것은 신이 어리석어 왕의 마음에 들지 않았기 때문입니까? 아니면 신을 추천한 자의 지위가 낮아 신의 말을 들어 볼 필요조차 없다고 생각하셨습니까? 만일 그렇지 않다면 구경하러 다니는 틈을 조금만 내어 왕을 멀리서 바라볼 수 있도록 해 주시기를 원합니다. 그때 신이 드리는 말 중에 하나라도 쓸 말이 없다면 무거운 형벌도 달게 받겠습니다."

진나라의 소왕은 이러한 글을 보고 크게 기뻐하며 왕계에게 사과하고, 수레를 보내 범저를 불러들였다. 범저는 그제야 왕이 임시로 머무는 이궁離宮에서 진나라 왕을 알현할 수 있었다. 그러나 범저는 모르는 척하며 곧장 후궁과 연결된 영항永恒으로 들어갔다. 마침 그때 왕이 도착했고, 환관宦官은 화를 내며 범저를 쫓아내려 했다.

"왕께서 납신다."

그러자 범저는 시치미를 떼며 말했다.

"진나라의 어디에서 왕을 만날 수 있겠느냐? 진나라에는 태후와 양후만 있을 뿐이다."

이렇게 범저는 소왕을 노엽게 만들려 했다. 그런데 소왕이 다가오다가 범저가 환관과 투닥거리는 말을 들었다. 왕은 드디어 그를 맞아들이고 사과했다.

"과인이 오래전에 선생의 가르침을 직접 받아야 마땅한데, 마침 의거義渠의 일이 급박해 아침저녁으로 태후의 지시를 받아야 했소. 지금은 의거의 일이 다 해결되어 이제야 선생의 말씀을 들을 수 있게 되었소. 과인이 사정에 어둡고 명민하지 못하나 삼가 손님과 주인의 관계로 예우하며 가르침을 받겠소."

그러나 범저는 사양했다. 이날 범저가 왕을 알현하는 모습을 바라본 신하들은 모두 숙연하게 얼굴빛을 바꾸고, 자세를 가다듬지 않는 사람이 없었다.

진나라 왕이 좌우의 신하들을 물러가게 하자 궁중은 텅텅 비었다. 진나라 왕은 무릎을 꿇고 범저에게 청했다.

"선생께서는 과인에게 가르침을 주시겠소?"

"글쎄요. 글쎄요."

잠시 후 진나라 왕이 무릎을 꿇은 채 다시 청했다.

"선생께서는 과인에게 가르침을 주시겠소?"

"글쎄요. 글쎄요."

이렇게 세 번이나 되풀이되었고 마지막으로 진나라 왕이 말했다.

"선생님께서는 끝내 과인에게 가르침을 주지 않을 생각이오?"

범저가 그제야 말했다.

"감히 그럴 리가 있겠습니까. 신은 이런 말을 들었습니다. 옛날에 강태공 여상이 문왕을 만났을 때 그는 어부였고, 위수의 물가에서 낚시 중이었습니다. 이것은 그때까지 두 사람 사이가 멀었기 때문입니다. 그러나 문왕이 그와 한 번 이야기를 나눈 다음에는 그를 태사로 삼아 수레를 타고 돌아왔습니다. 이는 여상이 한 말의 깊이를 가늠했기 때문입니다. 문왕은 여상의 도움을 받아 마침내 천하의 왕이 되었습니다. 만약 문왕이 여상을 멀리하고 그와 더불어 깊이 있는 이야기를 하지 않았다면 주나라는 천자의 덕을 갖추지 못했을 것이고, 문왕과 무왕은 그들의 왕업을 이룩할 수가 없었을 것입니다.

지금 신은 다른 나라에서 찾아온 나그네로 왕과는 가깝지 않습니다. 그런데 제가 말씀드리고자 하는 내용은 모두 왕의 과오를 바로잡으려 하는 것이며 왕의 혈육에 관한 일입니다. 어리석게도 충성을 다하고자 하는 마음은 간절하나 아직 왕의 마음을 알 수 없습니다. 그래서 세 번이나 물으셨어도 감히 대답하지 못한 까닭입니다.

신이 감히 두려움이 있어서 말씀드리지 않은 것은 아닙니다. 신은 이제 왕 앞에서 말씀을 드리고 내일 죽임을 당한다 하더라도 감히 피하지 않겠습니다. 왕께서 신의 말을 믿고 실행하신다면 죽음도 신이 걱정하는 바가 아니며, 망명도 신이 걱정하는 바가 아니며, 몸에 옻칠을 해 문둥이가 되고, 머리를 산발해 미치광이가 되는 것 또한 신이 부끄러워하는 바가 아닙니다. 오제五帝 같은 성인도 죽음을 면치 못했고, 삼왕三王 같은 어진 사람도 죽음을 면치 못했으며, 오백五伯 같은 현명한 사람도 죽음을 면치 못했고, 오획烏獲이나 임비任鄙 같은 힘센 사람도 죽음을 면치 못했으며, 성형成荊과 맹분孟賁, 왕경기王慶忌와 하육夏育 같은 용사도 죽음을 면치 못했습니다. 죽음이란 인간이 피할 수 없는 것입니다. 반드시 죽어야 할 목숨이라면 조금이라도 진나라에 보탬이 될 수 있었으면 하는 것이 신의 가장 큰 바람입니다. 그러니 무엇을 걱정하겠습니까?

오자서伍子胥는 가죽부대에 실려 소관昭關을 탈출했는데 밤에는 길을 걷고, 낮에는 숨어서 능수陵水에 도착했습니다. 그러나 먹을 것을 구하지 못해 무릎으로 기어다니고, 포복을 하고 다녔으며, 머리를 조아리고, 왼쪽 어깨를 드러내고, 배를 두드리고, 피리를 불면서 구걸했습니다. 그렇지만 그는 끝내 오나라를 흥하게 만들고, 합려闔閭를 천하의 패자로 만들었습니다. 만일 신으로 하여금 제 계획을 오자서와 같이 발휘할 수 있게 해 주신다면 제게 유폐幽閉를 시키는 형을 가해 종신토록 다시는 뵙지 못하더라도 신에게는 즐거운 일입니다. 그러니 신이 또 무엇을 걱정하겠습니까? 기자箕子와 접여接輿는 몸에 옻칠을 해 문둥이 노릇을 하거나 머리를 풀어 헤쳐 미친 사람 노릇을 했습니다만 그들의 군주에게는 아무런 도움을 주지 못했습니다. 만일 신이 기자와 같은 행동을 하더라도 현명하다고 생각하는 군주에게 보탬이 되는 일을 할 수 있도록 하는 것이 신으로서는 큰 영광입니다. 그러니 신이 무엇을 부끄러워하겠습니까? 신이 두려워하는 바는 오로지 신이 충성을 다 바쳤는데도 신이 죽음을 당함으로써 다른 사람들이 입을 다물고, 진나라로 가는 것을 달갑게 여기지 않을까 하는 것일 뿐입니다.

만일 왕께서 위로는 태후의 위엄을 두려워하고, 아래로는 간신들의 아첨에 빠져, 깊은 궁궐 속에서 미혹에 사로잡힌 채 현명한 신하와 간악한 신하를 가려내지 못한다면 크게는 종묘가 망하고 작게는 왕께서 고립되어 위태로워질 것입니다. 이것이 신이 두려워하는 바입니다. 신이 궁하게 되고, 욕을 당하는 것과 죽음을 당하는 환난은 신이 두려워할 만한 일이 아닙니다. 신의 죽음으로 진나라가 다스려진다면 신은 죽는 것이 사는 것보다 낫다고 여길 것입니다."

말을 마치자 진나라 왕은 무릎을 꿇고 말했다.

"선생은 무슨 말을 그리 하시오? 대저 진나라는 외지고, 중원에서 멀리 떨어져 있으며, 게다가 과인이 어리석고 뒤떨어진 사람인데도 선생께서 여기에 왕림해 주셨으니, 이것은 하늘이 과인으로 하여금 선생을 괴롭힘으로써 선왕의 종묘를 보존하도록 하신 것이오. 과인이 선생으로부터 가르침을 받을 수 있다면, 그것은 하늘이 선왕들에게 은덕을 베풀어서 나를 저버리지 않은 것이오. 그런데 선생께서는 어찌해 그런 말씀을 하시오? 정사에 있어서는 큰일, 작은 일 가릴 것 없이, 위로는 태후에서 아래로는 대신에 이르기까지 모두 과인에게 가르침을 주기 바라오. 과인을 의심하지 마시오."

이 말을 듣고 범저는 왕에게 절했고, 진나라 왕도 범저에게 절했다. 범저는 이야기를 계속했다.

"왕의 나라는 사방이 요새로서 튼튼합니다. 북으로는 감천산甘泉山과 곡구谷口가 있고, 남으로는 경수涇水와 위수渭水가 있으며, 오른쪽으로는 농隴과 촉蜀이 있고, 왼쪽으로는 함곡관函谷關과 상판商阪이 있습니다. 그리고 용감한 군사가 100만 명이고, 전차가 1천 대나 있어서 우리에게 유리하면 나가서 공격하고, 불리하면 들어와서 지키면 됩니다. 이곳은 왕의 대업을 이루기에 좋은 땅입니다. 백성들은 사사로운 싸움은 겁내지만 나라를 위한 싸움에서는 용감합니다. 이들은 바로 왕업을 이루기에 훌륭한 백성입니다. 왕께서는 이 두 가지를 모두 가지고 있습니다. 진나라의 용감한 병사와 수많은 전차를 이용하면 제후들을 평정할 수 있습니다. 이것은 마치 한로韓盧 같은 명견을 몰아 절름발이 토끼를 잡는 것과 같으므로, 천하의 우두머리가 되는 사업을 이룰 수 있습니다. 그런데 왕의 신하들 중 아무도 그러한 임무를 맡고 나서는 사람이 없습니다. 지금까지 15년 동안 함곡관을 닫아 놓고 감히 산동을 공략할 기회도 노리지 않고 있으니, 이것은 양후가 진나라를 위해 충성스럽게 계획하지 못한 것이고 왕의 계책에도 잘못된 데가 있다는 증거입니다."

이에 진나라 왕은 무릎을 꿇고서 말했다.

"과인은 그 잘못된 계책에 대해서 듣고 싶소."

그러나 좌우에서 몰래 엿듣는 사람이 많은 눈치였다. 범저는 두려움으로 나라 안의 일에 대해서는 말하지 못하고, 우선 나라 밖의 일에 대해서 말하고, 진나라 왕의 태도를 관찰하려 했다. 범저는 앞으로 다가앉으며 말했다.

"한나라와 위나라를 건너가서 제나라의 강수를 공격하는 양후의 계책은 잘못된 일입니다. 진나라에서 병력을 적게 파견한다면 제나라에 피해를 줄 수가 없을 것이고, 많이 파견하면 도리어 진나라에 손실이 생깁니다. 왕의 계획을 추측해 보면 군사를 최소한만 파견하고 한나라와 위나라의 병력으로 채우는 것인데 이것은 적절하지 못합니다. 지금 동맹국인 제나라와 친하지 않다고 해서 남의 나라를 지나가면서까지 치는 것이 옳은 일이겠습니까? 아무래도 허점이 많은 계책입니다.

옛날에 제나라의 민왕은 남쪽으로 초나라를 공격해 군대를 격파하고 장수를 죽이고서 1천 리의 땅을 차지하려고 했습니다. 그러나 제나라는 이 공격에서 한 치의 땅도 얻지 못했는데 그것은 제나라가 땅을 얻고 싶은 생각이 없어서가 아니었습니다. 그때의 형세가 땅을 차지할 수 없었기 때문입니다. 그 당시 각국의 제후들은 제나라가 초나라를 공격함으로써 피폐해지고, 군신 사이에 불화가 생긴 것을 보고 군대를 일으켜 제나라를 정벌해 크게 격파했습니다. 제나라 군대는 치욕을 당하고 군대의 사기는 꺾이고 말았습니다. 제나라에서는 그 잘못을 왕에게 돌렸습니다. 그러고는 '누가 이러한 계책을 생각해 냈느냐?'라고 물었습니다. 왕은 '문자文子가 생각해 냈다'라고 답했습니다. 그랬더니 대신들이 반란을 일으켜서 문자가 쫓겨나 도망하게 되었습니다. 제나라가 크게 진 것은 제나라가 초나라를 정벌함으로써 한나라와 위나라를 부강하게 만들어 준 데 있었습니다. 이것이 바로 도적에게 무기를 빌려 주고 식량을 주는 격입니다. 그러니 왕께서는 먼 곳에 있는 나라와는 친교를 맺고, 가까이에 있는 나라를 공격하는 것이 가장 좋을 것입니다. 그렇게 한다면, 한 치의 땅을 얻어도 바로 왕의 땅이 될 것이고, 한 자의 땅을 얻어도 바로 왕의 땅이 될 것입니다. 그런데 지금은 이러한 계략을 접어 둔 채 먼 곳에 있는 나라를 공격하려 하니 잘못된 것이 아니겠습니까?

또한 옛날에 중산中山이라는 나라는 사방이 500리가 되는 나라였는데 조나라가 혼자서 이 나라를 차지했습니다. 덕분에 조나라는 공도 이루고, 명성도 얻었으며, 이익도 얻었고, 천하의 다른 나라가 조나라를 해칠 수 없었습니다. 지금 한나라와 위나라는 중국의 중간 지대로서 천하의 중추입니다. 대왕께서 만일 패자가 되고자 하신다면 반드시 중국의 중간 지대에 있는 나라와 친교를 맺어서 천하의 중추가 되고, 그럼으로써 초나라와 조나라에 위협을 가하십시오. 이때 초나라가 강하면 조나라를 내 편으로 끌어들이고, 조나라가 강하면 초나라를 내 편으로 만드십시오. 초나라와 조나라가 모두 내 편이 되면 제나라는 분명히 두려워하면서 말을 겸손하게 하고, 예물을 후하게 갖추고 찾아와서 진나라를 섬기려 할 것입니다. 제나라가 우리 편이 되면 한나라와 위나라는 그냥 손에 넣을 수 있습니다."

이 말을 듣고 소왕이 물었다.

"과인은 일찍부터 위나라와 친교를 맺고자 했소. 그렇지만 위나라는 변덕스러워서 아무리 해도 가까워질 수가 없소. 그러니 어떻게 하는 게 좋겠소?"

"왕께서 겸손하게 대하며 예물을 후하게 주어 그들을 섬기십시오. 그렇게 해도 안 되면 땅을 뇌물로 주도록 하십시오. 그래도 안 되면 군사를 일으켜 그들을 치십시오."

"과인이 삼가 선생의 가르침에 따르겠소."

왕은 범저를 객경客卿에 임명하고 군사에 관한 일을 상의했다. 드디어 범저의 계략에 따라 오대부 관을 시켜 위나라를 정벌하고, 회懷 땅을 함락시켰다. 2년 뒤에는 형구邢丘를 함락시켰다.

객경이 된 범저가 다시 소왕에게 말했다.

"진나라와 한나라의 지형은 수를 놓은 것처럼 서로 엇갈려 있습니다. 그러므로 진나라에 한나라가 있다는 것은 나무에 좀벌레가 있는 것과 같으며, 사람의 내장에 병이 생긴 것과도 같습니다. 천하에 아무런 변란이 없다면 그만이겠지만 만약 무슨 변란이라도 생기면 진나라에 근심거리가 될 나라로는 한나라보다 더한 나라가 없습니다. 왕께서는 한나라를 취하시는 것이 좋겠습니다."

그러자 소왕이 말했다.

"나도 한나라를 꼭 취하고 싶지만 한나라가 말을 듣지 않으니 어떻게 하는 것이 좋겠소?"

이에 범저가 말했다.

"한나라가 어떻게 진나라의 말을 듣지 않을 수 있겠습니까? 왕께서 군대를 보내 형양滎陽을 공격하면 공鞏과 성고成皐로 가는 길이 막히고, 북으로 태항산太行山의 길을 끊어 놓으면 상당上黨의 군대가 아래로 내려오지 못할 것입니다. 그러므로 왕께서 군대를 한 번 일으켜 형양을 공격하면 그 나라는 세 조각으로 끊어질 것입니다. 한나라가 자신들이 분명히 망하리라는 것을 알고도 어떻게 진나라의 말을 듣지 않을 수 있겠습니까? 만일 한나라가 말을 듣는다면 패자가 되는 일은 생각해 볼 만합니다."

"좋은 말이오."

소왕은 이렇게 말하고 한나라에 사신을 보내려 했다.

범저는 날이 갈수록 진나라 왕과 가까워졌고, 자신의 계책이 받아들여져 시행된 지도 이미 여러 해가 지났다. 얼마 뒤 범저는 한가한 틈을 타서 이렇게 말했다.

"신이 산동에 머물 때 제나라에는 전문田文이 있다는 말만 듣고, 그 나라의 왕이 있다는 말은 듣지 못했으며, 진나라에는 태후, 양후, 화양군, 고릉군, 경양군이 있다는 이야기만 듣고, 진나라의 왕이 있다는 이야기는 듣지 못했습니다. 한 나라를 마음대로 할 수 있는 사람을 왕이라고 하며, 이로움과 해로움을 마음대로 좌우할 수 있는 사람을 왕이라고 하며, 죽이고 살리는 권리를 쥐고 있는 사람을 왕이라고 합니다. 그런데 지금 태후께서는 자신의 마음대로 거리낌 없이 행동하고 있고, 양후는 사신을 나가는 일을 보고도 하지 않으며, 화양군과 경양군 등은 사람을 때리고 죽이는 일을 두려움 없이 행하고 있으며, 고릉군은 나가고 들어옴에 대왕의 허가를 청하지도 않습니다. 이러한 네 종류의 일이 있는데도 나라가 위태롭게 되지 않는다는 것은 있을 수 없는 일입니다. 왕께서 이 네 종류의 존귀한 사람 밑에 계시기 때문에 다른 사람들이 왕이 없다고 하는 것입니다. 그렇다면 정권이 어찌 기울지 않을 수 있겠으며, 명령이 어떻게 왕으로부터 나오겠습니까?

　신이 들은 바로는, 나라를 잘 다스리는 사람은 안으로는 위세를 견고하게 세우고, 밖으로는 권력을 무겁게 사용한다고 했습니다. 그런데 양후의 사자는 왕의 무거운 권력을 가지고 제후들을 제어하는 일을 결정하고, 천하에 땅을 마음대로 나누어 사람을 봉하며, 적을 무찌르고 다른 나라를 치는 등 진나라의 국정에 관여하지 않는 것이 없습니다. 전쟁에 이겨 그 공적으로 땅을 얻으면 그 이익은 도(陶, 양후의 봉토) 땅으로 귀속됩니다. 그리고 전쟁에 패하면 백성들을 원망하고, 그 화근은 나라 탓으로 돌립니다. 옛 시(詩)에서도 '나무열

매가 많이 열리면 그 가지를 찢고, 그 가지를 찢으면 그 마음도 해친다'라고 했습니다. 수도를 지나치게 크게 만들면 그 나라는 위태로워지고, 신하를 지나치게 존중하면 그 군주가 낮아집니다.

최저崔杼와 요치淖齒가 제나라를 관장하자 그들은 제나라 민왕의 넓적다리 힘줄을 뽑아 종묘의 대들보에 밤새도록 매달아 놓아 죽였습니다. 이태李兌는 조나라를 관장하자 주부主父를 사구沙丘에 감금해 100일 만에 굶겨 죽였습니다. 지금 신은 진나라의 태후와 양후가 국정을 관장하고 있고, 고릉군과 화양군, 경양군이 그를 도와주고 있다는 이야기만 듣고, 진나라 왕에 대해서는 들을 수가 없으니 이들도 요치와 이태의 무리와 다를 바 없습니다.

하·은·주 삼대가 나라를 잃게 된 원인은 군주가 정사를 남에게 완전히 맡기고 술에 빠져서 말을 달려 사냥에 탐닉하느라 정사에 무관심했던 데 있습니다. 그리고 정권을 맡은 사람은 어진 사람을 질시하고 능력 있는 사람을 질투해 아랫사람은 억누르고, 윗사람은 가로막음으로써 사사로운 욕심을 채우기만 했지 군주를 위해 계획을 했던 것은 아닙니다. 그런데도 군주는 이를 깨닫지 못했기 때문에 나라를 잃어버린 것입니다. 지금 진나라는 관직을 가지고 있는 사람으로부터 여러 대신을 포함해, 아래로는 왕의 좌우에 보필하는 사람까지 모두 상국의 사람이 아닌 자가 없습니다. 이리하여 왕께서는 조정에 고립되어 있습니다. 이것이 신이 왕을 위해 크게 걱정하는 까닭입니다. 아마 왕께서 천수를 누리다 돌아가신 뒤 진나라를 차지하는 사람은 대왕의 자손이 아닐 것입니다."

소왕은 이 말을 듣자 크게 두려워하면서 말했다.

"옳은 말이다."

소왕은 태후를 폐출시키고 양후와 고릉군, 화양군, 경양군을 함곡관 밖으로 추방했다. 그리고 범저를 재상으로 삼았다. 또 양후에게서 재상의 봉인을 거두고, 도읍으로 돌아가도록 했다. 동시에 그 현의 관리에게는 수레와 소를 내주어 양후가 이사하는 것을 도와주도록 했는데 이때 동원된 수레가 1천 대가 넘었다. 그가 함곡관에 도착하자 관문을 지키는 관리가 귀중품을 살펴보았는데 왕실보다 많았다. 진나라는 범저를 응應이라는 땅에 봉하고, 응후應侯라 불렀다. 이때가 진나라 소왕 41년이다.

범저가 재상이 되었지만 진나라에서 그를 여전히 장록이라 불렀다. 그동안의 일을 알지 못하던 위나라는 범저는 이미 죽은 줄로 생각했다. 위나라는 진나라가 동쪽으로 한나라와 위나라를 공격하려 한다는 소문을 듣고서 수고를 진나라에 사신으로 보냈다. 범저가 이 소식을 듣고 아무도 모르게 밖을 나와 해진 옷을 입은 채 사신이 묵고 있는 객사에서 수고를 만났다. 수고는 그를 보고 깜짝 놀라 이렇게 말했다.

"범숙范叔이 아직 살아 있었구려!"

범저가 말했다.

"그렇습니다."

그러자 수고가 웃으며 말했다.

"범숙은 진나라에서 유세를 하고 있소?"

범저가 말했다.

"아닙니다. 제가 전날에 위나라의 재상에게 죄를 얻은 연고로 이곳에 도망해 온 것인데 어떻게 감히 유세를 할 수가 있겠습니까?"

수고가 말했다.

"그러면 범숙은 지금 무슨 일을 하고 있소?"

범저가 말했다.

"남의 집에서 날품을 팔고 있습니다."

수고는 내심 그를 가엾이 여기어 자리에 앉혀 함께 음식을 나누며 이렇게 말했다.

"범숙은 어쩌다 이리 딱한 신세가 된 것이오."

그러고는 거친 옷 한 벌을 내주었다. 수고는 다시 물었다.

"진나라의 재상인 장군(張君)에 대해서 아는 것이 있소? 나는 그가 왕에게 총애를 받아 천하의 일이 모두 그 재상에 의해 결정된다고 들었소. 지금 내 일의 성공 여부가 모두 장군에게 달려 있소. 그대는 혹시 그 재상과 친한 사람을 모르오?"

범저는 이렇게 대답했다.

"제 주인이 그를 잘 알고 있습니다. 저도 또한 그를 만난 적이 있습니다. 제가 나리를 장군에게 소개해 드릴까요?"

수고가 말했다.

"내 말은 병들었고, 수레는 차축이 부러졌소. 나는 네 마리의 말이 끄는 큰 수레가 아니면 절대 밖에 나가지 않소."

범저가 말했다.

"제가 나리를 위해 우리 주인께 네 마리 말이 끄는 큰 수레를 빌리도록 하지요."

범저는 그 길로 돌아가 네 마리 말이 끄는 큰 수레를 가지고 와서 수고를 위해 직접 말을 몰아 진나라 재상의 관저로 들어갔다. 관저의 사람들이 멀리서 재상을 알아보고 모두 피해 숨었다. 수고는 이것을 이상하게 여겼다. 그들이 재상의 관저에 도착하자 범저가 수고에게 말했다.

"여기에서 기다리시면 제가 먼저 들어가 재상께 면회를 청하겠습니다."

수고는 문 밖에서 기다렸다. 수레를 붙잡은 채 한참을 기다리다 그는 문지기에게 물었다.

"범숙이 나오지 않는데 무슨 일이오?"

문지기가 대답했다.

"범숙이란 사람은 없소."

수고가 말했다.

"방금 전에 나와 함께 수레를 타고 와서 들어간 사람 말이오."

문지기가 말했다.

"그분은 우리 나라의 재상인 장군이오."

수고는 자신이 속았음을 알고 깜짝 놀라 웃옷을 벗고 무릎으로 기어가 문지기를 통해 사죄를 청했다. 이윽고 범저가 휘장에 화려하게 둘러싸인 채 많은 시종들을 거느리고 나타났다. 수고는 머리를 조아리면서 죽을 죄를 지었다고 말했다.

"저는 나리께서 스스로의 힘으로 이처럼 출세할 줄은 생각지 못했습니다. 이렇게 사람 보는 눈이 없으니 앞으로 다시는 천하의 책을 읽을 수가 없으며, 천하의 일에 참여하지 못하겠습니다. 저의 죄는 가마솥에 삶겨 죽어 마땅하지만 청컨대 제 스스로 오랑캐의 땅으로 물러나도록 허락해 주십시오. 살리고 죽이는 일이 모두 나리께 달려 있습니다."

범저가 말했다.

"너의 죄가 몇 가지나 되는가?"

수고가 말했다.

"제 머리털을 다 뽑아 헤아린다 하더라도 제가 저지른 죄의 수를 세기에는 부족할 것입니다."

"너의 죄는 세 가지밖에 없다. 옛날 초나라 소왕 때 신포서申包胥는 초나라를 위해 오나라 군을 퇴각시켰다. 초나라 왕은 그에게 형荊 땅의 5천 호를 봉해 주었는데 그는 사양하고 받지 않았다. 왜냐하면 그가 초나라를 위해 싸운 것은 조상의 묘가 바로 초나라에 있기 때문이지 상을 받기 위해서는 아니었기 때문이었다. 지금 범저의 선인의 묘 또한 위나라에 있다. 그런데도 너는 전에 내가 제나라와 내통하려 한다고 생각하고 나를 위제에게 중상했다. 이것이 네가 지은 첫 번째 죄이다. 위제가 나를 변소에 버려 욕을 보일 때 공이 만류하지 않았는데, 이것이 네가 지은 두 번째 죄이다. 게다가 취한 사람들이 번갈아 나에게 오줌을 누었는데 너는 모르는 척했으므로 이것이 세 번째 죄이다. 그렇지만 너를 죽이지는 않겠다. 왜냐하면 네가 거친 옷을 내주며 옛 친구를 생각하는 정을 보여 주었기 때문이다. 그래서 너를 용서한다."

말을 끝낸 그는 궁으로 들어가 소왕에게 일어났던 일을 보고하고 수고를 숙소로 돌려보냈다. 수고가 범저를 찾아가 작별을 고하자 범저는 크게 잔치를 벌여 제후들의 사신을 모두 초청해 그들과 대청마루 위에 앉아 많은 음식을 대접했다. 그렇지만 수고만은 마루 아래에 앉게 하고 그 앞에 말죽을 놓고 이마에 먹물을 들인 두 명의 죄수로 하여금 수고를 양옆으로 끼고 말처럼 그 죽을 먹게 했다.

그러고는 이렇게 꾸짖었다.

"돌아가서 위나라 왕에게 나를 위해 위제의 머리를 가지고 오라고 말하라! 그렇지 않으면 내가 대량을 휩쓸어 버리겠다고 전하라."

수고는 돌아와 이 말을 위제에게 말했다. 그러자 위제는 두려워서 조나라로 도망해 평원군의 집에 숨었다. 범저가 재상이 된 뒤에 왕계王稽가 범저에게 이렇게 말했다.

"일에는 미리 알 수 없는 것이 세 가지가 있고, 안다 하더라도 어찌할 수 없는 것이 또 세 가지가 있습니다. 왕께서 어느 날 갑자기 돌아가시는 것이 알 수 없는 일 중의 첫 번째 것이며, 나리께서 갑자기 재상의 자리를 떠나시는 것이 알 수 없는 일의 두 번째 것이며, 제가 갑자기 구렁텅이에 빠져 죽을지 알 수 없는 것이 세 번째 일입니다. 왕께서 어느 날 갑자기 돌아가실 경우 나리께서 제게 대해 미안한 마음을 갖는다 하더라도 그때는 어찌할 수 없을 것이며, 나리께서 갑자기 재상의 자리를 떠나시는 경우 제게 대해 미안한 마음을 갖는다 하더라도 그때는 어찌할 수 없을 것이며, 제가 구렁텅이에 빠져 갑자기 죽는 경우에 나리께서 제게 미안한 마음을 갖는다 하더라도 그때는 어찌할 수 없을 것입니다."

이 말을 듣고 범저는 불쾌했으나 궁에 들어가 왕에게 말했다.

"왕계의 충성이 없었다면 신을 함곡관 안으로 들어오게 할 수 없었을 것이며, 왕의 현명하심과 성스러움이 없었다면 신을 귀하게 할 수 없었을 것입니다. 지금 신은 관직이 재상에까지 이르렀고 작위가 열후列侯에 봉해졌으나 왕계의 관직은 아직도 알자에 머무르고 있으니 이는 신을 들어오게 한 데 대한 보답이 아니라고 생각합니다."

소왕은 왕계를 불러 하동河東의 태수로 삼았다. 그러나 왕계는 태수가 된 지 3년이 되도록 한 번도 위로 보고를 올리지 않았다. 범저가 또 정안평을 추천하자 소왕은 그를 장군으로 삼았다. 이때 범저는 집안의 재물을 나누어 자신이 곤궁에 처했을 때 도와준 사람에게 모두 보답을 했다. 그는 자신에게 밥 한 끼의 은덕을 베푼 사람이라도 반드시 보답을 했고, 그와 눈을 흘겨볼 정도의 원수일지라도 반드시 보복을 했다.

범저가 진나라의 재상이 된 지 2년이 되는 해는 진나라 소왕 42년으로, 동쪽으로 한나라의 소곡少曲과 고평高平을 정벌해 함락시켰다. 진나라 소왕은 위제가 평원군의 집에 숨어 있다는 소문을 듣고 범저를 위해 기필코 그 원수를 갚아 주겠다고 마음을 먹고서 거짓으로 우호를 청하는 편지를 평원군에게 보냈다.

"과인은 그대의 높은 명성을 익히 들어 알고 있소. 그대와 더불어 선비로서의 벗을 맺기 원하니 그대는 과인을 한 번 방문해 주기 바라오. 과인은 그대와 더불어 며칠 정도 술자리를 함께하며 즐기고 싶소."

평원군은 진나라를 두려워하면서도 진나라가 편지대로 해 줄 것이라 생각해 진나라로 들어가 소왕을 알현했다. 소왕은 평원군과 며칠 동안 술을 마신 뒤 이렇게 말했다.

"옛날 주문왕周文王은 여상呂尙을 얻어서 그를 태공太公으로 삼았고, 제나라의 환공桓公은 관중管仲을 얻어서 중보仲父로 삼았소. 지금 범저는 과인의 숙부가 되었소. 그런데 범저의 원수가 그대의 집 안에 있으니 사람을 시켜 그의 머리를 가져오게 해 주시오. 만일 그러지 않는다면 나도 그대를 함곡관 밖으로 내보내지 않겠소."

평원군이 말했다.

"귀한 사람이 남과 더불어 친교를 맺는 것은 천하게 될 때를 위해서입니다. 부유하면서도 남과 더불어 친교를 맺는 것은 가난하게 될 때를 위해서입니다. 위제라는 사람은 저의 벗입니다. 그가 저의 집에 있다 하더라도 남에게 내주지 않을 터인데 하물며 지금은 저의 집에 있지도 않습니다."

그러자 소왕은 조나라 왕에게 편지를 보냈다.

"왕의 아우 평원군은 지금 진나라에 있소. 범군(范君)의 원수인 위제가 평원군의 집 안에 있으니 왕께서 사람을 보내 빨리 그의 머리를 베어 오도록 해 주시오. 만일 그러지 않는다면 나는 군대를 동원해 조나라를 칠 것이며, 왕의 아우도 함곡관 밖으로 내보내지 않을 것이오."

조나라의 효성왕은 병사를 보내 평원군의 집을 포위했다. 사정이 급박하자 위제는 어둠을 틈타 도주한 후 조나라의 재상인 우경(虞卿)을 만났다. 우경은 조나라 왕을 설득해도 소용없는 일이라고 판단하고, 스스로 재상의 인수를 풀어놓고 위제와 함께 도망을 하기로 했다. 그들은 몰래 도망치다가 제후들 중에는 의탁할 만한 사람이 없다고 생각하고 다시 대량으로 되돌아가서 신릉군(信陵君)을 통해 초나라로 달아나려고 했다. 그러나 신릉군은 이 소문을 듣고 진나라를 두려워해 차일피일 미루고 만나 주려 하지 않으면서 이렇게 물었다.

"우경이란 사람은 어떠한 사람이오?"

그때 후영侯嬴이 곁에 있다가 이렇게 답했다.

"남이 나를 알아주는 것도 쉽지 않은 일이지만 내가 남을 아는 것도 쉬운 일이 아닙니다. 저 우경이란 사람은 짚신을 신고 챙이 긴 갓을 쓰고 조나라 왕을 알현했는데 첫 번째 알현했을 때에 조나라 왕은 그에게 백벽白璧 10쌍과 황금 1천 일鎰을 하사했고, 두 번째 알현했을 때는 상경으로 임명했으며, 세 번째 알현했을 때는 그에게 재상의 직인을 주고 만호후萬戶侯에 봉했습니다. 그때 천하에서는 앞을 다투어 그와 사귀려고 했습니다. 위제라는 사람이 곤곤한 지경에 처해 우경을 찾아가니 우경은 벼슬과 봉록이 높다는 사실을 존중하지 않고 재상의 인을 풀어놓고, 만호후의 신분을 버리고 그와 함께 이곳을 찾아왔습니다. 그는 남의 곤궁함을 위급하게 생각해 공자를 의지하러 온 것입니다. 그런데 공자께서는 '어떠한 사람들이냐?'라고 물었습니다. 사람이란 본래 알기가 힘들지만 다른 사람의 됨됨이를 아는 것도 쉬운 일이 아닙니다."

신릉군은 이 말을 듣고 크게 부끄러워하며, 수레를 이끌고 들판에 나가 그들을 맞이했다. 그러나 위제는 이미 신릉군이 그들을 맞이하는 것을 주저한다는 소식을 듣고 화가 나서 스스로 목을 찔러 죽었다. 조나라 왕은 위제가 자살했다는 소식을 듣고 그의 머리를 진나라에 보냈다. 진나라 소왕은 평원군을 조나라로 돌려보냈다.

소왕 43년에 진나라는 한나라의 분汾과 형陘을 공격해 함락시키고 황하 근처 광무廣武에 성을 쌓았다. 그로부터 5년 뒤에 소왕은 응후의 계책을 받아들여 첩자를 보내 조나라를 속였다. 이 일을 계기로 조나라는 염파 대신에 마복군馬服君 조사趙奢의 아들 조괄趙括을 장수로 삼았다. 진나라가 장평에서 조나라를 크게 격파하고 드디어 한단을 포위했다. 얼마 후 범저는 무안군武安君 백기白起와 사이가 벌어져 소왕에게 말해 그를 죽이고 정안평을 천거해 그로 하여금 조나라를 치게 했다. 그러나 정안평은 조나라 군에게 포위되자 군사 2만과 함께 항복하고 말았다. 그러자 범저는 멍석을 깔고 그 위에 앉아 그의 죄를 청했다. 원래 진나라의 법에 천거한 사람이 좋지 못한 일을 저지르면 그를 천거한 사람도 똑같은 죄로 처벌받게 되어 있었다. 이 경우 범저는 삼족을 멸해야만 했다. 그러나 진나라 소왕은 그의 마음을 상하게 할까 걱정되어 나라 안에 다음과 같은 명을 내렸다.

"감히 정안평 사건에 대해서 말하는 자가 있으면 정안평이 지은 죄와 같이 다스리겠다."

그리고 보통 때보다 더 많은 음식을 내려 그의 마음을 달랬다. 2년 뒤에 왕계는 하동의 태수로서 제후들과 내통하다가 법망에 걸려 죽임을 당했다. 그러자 범저는 날이 갈수록 불안해졌다.

소왕이 조정에 나와 크게 한숨을 쉬자 응후應侯가 앞으로 나아가 아뢰었다.

"신이 듣건대, '군주가 근심에 쌓이면 신이 욕을 당한 것이요, 군주가 욕을 당하면 신은 죽어야 한다'라고 했습니다. 지금 왕께서 조정 한가운데서 근심을 하시니 신은 감히 저의 죄를 청합니다."

그러자 소왕이 말했다.

"내가 들으니, 초나라의 철검鐵劍은 날카롭지만 광대는 시원찮다고 했소. 철검이 날카로우면 병사가 용감할 것이요, 광대가 졸렬하면 생각이 깊을 것이오. 원대한 생각을 가지고 용감한 병사를 이끈다고 할 때 나는 초나라가 우리 진나라를 도모하려 할까 두려워하는 것이오. 모든 일은 평소에 갖추어 놓지 않는다면 갑작스러운 경우에 대처할 수가 없소. 그런데 지금 무안군이 이미 죽었고, 정안평 등은 반란을 일으키고 있으니, 안으로는 좋은 장수가 없는 처지에 밖으로는 적국이 많으므로 과인은 이 걱정을 하고 있었소."

소왕은 이런 말로 응후를 자극하고 격려할 생각이었다. 그러나 응후는 이 말을 듣고 두려워서 어찌할 바를 몰랐다. 채택이란 사람이 이 소문을 듣고서 진나라로 찾아왔다.

채택蔡澤은 연나라 사람이다. 그는 일찍이 여러 제후들을 찾아다니며 벼슬을 얻으려고 했으나 그를 알아주는 사람을 만나지 못했다. 그래서 당거唐擧라는 관상쟁이에게 자신의 관상을 봐 달라고 하면서 이렇게 물었다.

"내가 들으니, 선생은 이태의 관상을 보면서 100일 안에 나라의 권세를 잡을 것이라 했다는데 과연 그러한 일이 있겠습니까?"

그가 대답했다.

"그렇소."

채택이 다시 물었다.

"나와 같은 사람은 어떻겠습니까?"

그러자 당거는 자세히 훑어보더니 웃으면서 이렇게 말했다.

"선생은 코가 납작하고, 어깨가 고개 위로 훌쩍 크며, 얼굴은 상투 같고, 콧잔등은 언제나 찡그리고 있고, 정강이는 굽어져 있습니다. 내가 들은 바로는, 성인은 관상을 봐도 알 수가 없다고 하더니 선생이 혹시 그러한 사람이 아닌가 하오."

채택은 당거가 자신을 놀린다고 생각하고 이렇게 말했다.

"부귀는 내가 이미 가지고 있는 것이니 물을 필요가 없고, 내가 알지 못하는 것은 수명이오. 그 수명에 대해서나 얘기해 주시오."

"선생은 앞으로 43년을 더 살 것이오."

그러자 채택은 웃으면서 인사를 하고 그곳을 떠났다. 그러고는 마부에게 이렇게 말했다.

"내가 고량진미와 살진 고기를 먹으며, 말에 올라타 질주를 하고, 황금의 인을 가슴에 품고, 허리에는 자줏빛 인끈을 차고서 군주 앞에서 인사를 하며 부귀를 누릴 수 있다면 43년으로도 충분하겠지."

채택은 그곳을 떠나 조나라로 갔으나 바로 추방당했다. 또 한나라와 위나라에 갔으나 길에서 솥과 냄비를 빼앗겼다. 그러다 응후가 정안평과 왕계를 천거했다가 그들이 모두 진나라에 중죄를 범해 괴로워하고 있다는 소문을 듣고 서쪽으로 방향을 돌려 진나라로 들어갔다. 그리고 소왕을 만나기 위해서 사람을 시켜 이런 소문을 퍼뜨림으로써 응후를 노하게 했다.

"연나라의 유세객인 채택은 천하의 호걸로, 변론에 능하며 지혜가 많은 선비이다. 그 사람이 진나라 왕을 한 번 뵙기만 하면 진나라 왕은 분명히 응후를 곤경에 빠뜨리고 응후의 자리를 빼앗을 것이다."

응후가 이 소문을 듣고서 이렇게 말했다.

"다섯 임금과 하·은·주 삼대의 일과 백가의 학설에 대해서는 내가 이미 다 알고 있고, 아무리 많은 사람의 변론이라도 내가 모두 꺾어 버린 바 있는데 그 사람이 어떻게 나를 곤경에 빠뜨리고, 나의 자리를 빼앗을 수 있다는 말이냐?"

그러고는 사람을 시켜서 채택을 불러오게 했다. 채택은 안으로 들어와서 응후에게 인사했다. 응후는 본래 그에 대해 불쾌하게 생각하고 있던 터인데 만나 보니 태도가 거만하기까지 했다. 응후는 그를 꾸짖었다.

"그대는 일찍이 나를 대신해 진나라의 재상이 되겠노라고 선언하고 다녔다고 하던데 어찌 그렇게 말할 수 있소?"

채택이 답했다.

"그렇습니다."

"그 까닭을 들을 수 있겠는가?"

"나리께서는 아직 그 이유를 모르십니까? 사계절의 순환을 살펴보면 자연 만물은 자기가 할 일을 마치고 나면 그 자리를 떠납니다. 사람이 태어난 이상 몸이 건강하고 팔다리가 병이 없이 잘 움직이며 눈과 귀가 밝고 마음이 지혜로운 것이 선비의 바람 아니겠습니까?"

응후가 말했다.

"그렇소."

채택이 말했다.

"인을 바탕으로 의로움을 가지고 살며, 도를 행하고 덕을 베풀며, 천하에서 자신의 뜻을 펼치는데, 천하의 사람들은 즐거움을 가지고 그를 공경하고 사랑해 모두 그를 자신들의 왕으로 삼기를 원하는 것, 이것이 어찌 변론에 능하고 지혜로운 사람들이 바라는 것이 아니겠습니까?"

응후가 말했다.

"그도 그렇소."

채택이 다시 말했다.

"부귀와 명예를 누리면서 만물을 다스려 제 뜻을 펴게 함으로써 각자의 위치를 찾게 만들고, 천명에 따라 주어진 수명대로 장수해 요절하는 일이 없으며, 천하 사람들은 자신들의 전통을 이어받아 직업을 지켜 무궁히 후세에 전하며, 이름과 실질이 혼동됨이 없이 부합되어 그 혜택이 천리에 퍼져서 영원토록 그 덕을 칭송함으로써 천지와 함께 그 운명을 같이하는 것, 이것이 어찌 이른바 도덕이라는 것과 부합되는 것이 아니겠으며, 성인이 이른바 상서롭고 좋은 일이 아니겠습니까?"

응후가 말했다.

"그렇소."

채택이 다시 말했다.

"진나라의 상군商君과 초나라의 오기吳起, 월나라의 대부 종種 같은 사람들은 과연 선비들이 바라고 원하는 인물이 될 수 있겠습니까?"

응후는 채택이 자신을 곤경에 빠뜨려서 설득시키려는 줄 간파하고 일부러 이렇게 말했다.

"안 될 것이 무엇이 있겠소? 저 공손앙이 진나라의 효공을 모실 때, 그는 자신의 있는 힘을 다해 다른 마음을 품은 적이 없었으며, 공적인 일에 진력하고 사적인 것은 돌보지 않았소. 그리고 형구를 갖추어 놓고 간사한 행동을 금했으며, 상과 벌을 공평하게 시행해 다스림으로 이끌었소. 가슴을 열어 그 속에 들어 있는 생각을 그대로 보여 주고, 남의 원망을 사고, 옛 친구를 기만하면서까지 위나라 공자 앙卬을 탈취해 진나라의 사직을 안전하게 만들었고, 그 백성들에게 이익을 가져다주었소. 그리고 마침내 진나라를 위해 남의 나라의 장수를 사로잡고, 적을 격파함으로써 천 리의 땅을 개척했소. 오기가 초나라의 도왕을 섬길 때, 그는 사적인 것이 공적인 것을 해치지 못하게 했으며, 아첨꾼이 충신을 은폐시키지 못하도록 했소. 그의 말은 남의 비위만 맞추려고 애쓰지 않았으며, 그의 행동은 남에게 용납될 것만을 추구하지 않았소. 위험 때문에 해야 할 일을 바꾸지 않았으며, 의로운 일을 행할 때는 그 어려움을 피하지 않았소. 그리하여 그는 자신의 군주를 패자로 만들고, 나라를 부강하게 만드는 일에 있어서는 자신의 화나 재앙을 마다하지 않았소.

대부 종이 월나라 왕을 섬길 때, 그는 그의 군주가 곤욕당하는 처지라 하더라도 충성을 다 바쳐 해이해짐이 없었고, 군주가 비록 대가 끊기고 망하게 되어도 자신의 능력을 다 바치고 군주를 떠나지 않았소. 그는 공을 이루고서도 자랑하는 일이 없었으며, 부귀하게 되었어도 교만하거나 나태하지 않았소. 이 세 사람과 같은 사람은 진실로 의로움의 극치이며, 충성의 표상이오. 이러한 까닭에 군자는 어려운 일을 당하더라도 죽음을 무릅쓰고 의롭게 대처해 죽음을 마치 집에 돌아가는 것처럼 여기고 있는 반면에 욕되게 사는 것을 영화롭게 사느니만 못한 것으로 간주하는 것이오. 선비는 진실로 자신의 몸을 죽임으로써 명예를 이루는 것이니 의로움이 있는 곳에는 비록 죽음이 닥쳐 온다 하더라도 후회하지 않는 것이오. 그러니 무엇이 안 될 것이 있겠소?"

"군주는 성스럽고, 신하가 어진 것이 천하의 가장 큰 복입니다. 군주는 명철하고, 신하는 강직하다면, 그것은 나라의 복이며, 부모는 자혜롭고, 아들은 효성스러우며, 지아비는 신의가 있고, 지어미는 정숙하다면, 그것은 가정의 복입니다. 그러한 까닭에 비간比干은 충성을 바쳤음에도 불구하고 은나라를 보존시킬 수 없었으며, 오자서는 지혜로웠음에도 불구하고 오나라를 보존시킬 수 없었으며, 신생申生은 효성스러웠음에도 불구하고 그 때문에 진나라가 혼란을 겪어야 했습니다.

이와 같은 예에서처럼 모두 다 충신과 효자를 가지고 있었음에도 불구하고 나라와 가정이 멸망하거나 혼란을 겪게 된 것은 무슨 까닭입니까? 그것은 그들의 말을 들어줄 만한 명철한 군주와 현명한 부모가 없었기 때문입니다. 이 때문에 천하의 사람들은 그들이 섬기던 군주와 부모를 모욕하면서 그 신하와 아들에 대해서는 가엾게 여기는 것입니다. 지금 살펴보면 상군商君과 오기吳起, 대부 종種이 신하로서의 일을 함에 있어서 그들은 옳았고, 그들의 군주는 그릇되었습니다. 따라서 세상에서는 이 세 사람이 있는 힘을 다해 공을 이루었으나 그에 대한 보답은 받지 못했다고 말하고 있습니다. 어찌 그들이 이 세상을 잘못 만나서 불우하게 죽기를 바라기야 했겠습니까? 죽음을 통해서만 충성을 드러내고, 이름을 얻는다고 한다면, 미자微子와 같은 사람도 어질다고 할 수 없을 것이며, 공자와 같은 사람도 성인이라고 할 수 없을 것이며, 관중과 같은 사람도 위대하다고 말할 수 없을 것입니다. 사람이 공을 세울 때 어찌해 온전하게 공을 이루기를 꾀하지 않으려 하는지요? 자신과 이름이 함께 온전한 것이 가장 훌륭하며, 이름은 본받을 만하지만 그의 몸은 죽음을 당한 경우는 그보다 아래이며, 그의 이름은 욕되어도 몸은 온전하게 보존하고 있는 경우는 가장 아래입니다."

이 말을 듣자 응후는 옳은 말이라고 칭찬했다.

채택은 다시 이야기를 하기 시작했다.

"저 상군과 오기와 대부 종이 신하로서 충성을 다하고 공을 이루었다는 점은 바람직합니다만 굉요閎夭가 문왕을 섬기고, 주공이 성왕成王을 보좌한 것도 충성스럽고 선한 일이었다고 아니할 수 있겠습니까? 군주와 신하라는 관점에서 볼 때 상군과 오기, 대부 종과 굉요, 주공을 비교해 본다면 어느 쪽이 더 낫다고 하겠습니까?"

응후가 대답했다.

"상군, 오기, 대부 종이 그들만 못하겠지요."

채택이 말했다.

"그렇다면 나리의 군주가 어질고 충성스러운 신하를 믿으며, 옛 신하들에게 후하고 돈독하게 대우하는 점과 현명하고 지혜로워 도를 지킬 줄 아는 선비들과 친밀하고, 의를 지켜 공을 세운 신하들을 저버리지 못한다는 점에서 진나라의 효공孝公, 초나라의 도왕悼王, 월나라의 왕과 비교해 어느 쪽이 더 낫습니까?"

"알 수가 없소."

"지금 나리의 군주께서 충신을 가까이하는 것은 진나라의 효공, 초나라의 도공, 월나라의 왕보다 못합니다. 그런데 나리는 지략을 발휘해 위태로운 상태를 안정시키고 정사를 바로잡았으며, 난을 평정하고 군대를 강하게 만들었으며, 근심 걱정을 물리쳐 어려움을 이겨 냈고, 땅을 넓히고 수확을 늘림으로써 나라를 부강하게 만들고 백성의 살림을 넉넉하게 했으며, 군주가 강력한 힘을 갖도록 했고, 사직을 높이고 종묘를 빛내어 누구라도 군주를 업신여기거나 속이지 못하게 만들어 군주의 위세는 천하를 뒤덮고 그 공로는 만 리 밖까지 드러났으며, 그 명성과 빛남은 천 년 뒤에까지 전해진다는 점에서 나리를 상군, 오기, 대부 종과 비교하면 어느 쪽이 낫습니까?"

응후가 대답했다.

"내가 그들보다 못하오."

채택이 말했다.

"지금 나리의 군주가 충신을 가까이 하고, 옛 신하들의 공을 잊지 않는다는 점에서 효공, 도왕, 구천 등과 비교할 때 그들보다 못하고, 나리의 공적과 신임 그리고 총애가 또 상군, 오기, 대부 종보다 못합니다. 그런데도 불구하고 나리의 관직은 매우 고귀하며, 재산은 위의 세 사람보다 많습니다. 이와 같은 처지인데 나리께서 은퇴하지 않는다면 그 닥쳐올 환난이 위의 세 사람보다 훨씬 심할 것으로 생각됩니다.

저는 이 점을 위태롭게 여기고 있습니다. 속담에 '해도 중천에 뜨면 자리를 옮기고, 달도 차면 기운다'라는 말이 있습니다. 모든 일에 있어서 성하면 쇠하게 되는 것이 천지의 변함없는 운명인 것입니다. 나아감과 물러남, 포부를 폄과 움츠림에 있어서 그 시대의 사정에 따라 변화를 하는 것이 바로 성인의 변함없는 도입니다. 그러한 까닭에, 나라에 도가 행해질 만하면 나아가 벼슬을 하고, 나라에 도가 행해질 것 같지 않으면 물러나 은거해야 합니다. 성인은 '나는 용이 하늘에 있으면 덕이 있는 자를 만나기에 이롭다'라고 말했고 '의롭지 않은 일을 해서 부유하게 되고, 고귀하게 되는 것은 나에게 있어서는 뜬 구름과 같은 것이다'라고 했습니다.

　지금 나리께서는 원수에 대해서는 이미 보복을 했고, 덕을 입은 사람에게도 보답을 해 나리가 하고자 하는 것이 이제는 거의 다 성취되었습니다. 그런데도 아직 변화를 모색하고 있지 않는 것은 안 될 말입니다. 다시 생각해 보건대, 저 물총새와 고니, 물소와 코끼리를 보면 그들이 처하고 있는 삶의 터전은 죽음으로부터 멀리 떨어져 있다고 할 수 있는데도 그들이 죽음에 빠지는 까닭은 그들에게 던져진 미끼에 현혹되기 때문입니다. 소진蘇秦과 지백智伯의 지혜는 욕된 것을 피하고 피살될 위험을 멀리하기에 부족하지 않았지만 그들이 죽은 까닭은 이익을 탐하는 데 현혹되어 행동을 그치지 못한 데 있습니다.

　이러한 까닭에 성인께서는 예를 절도 있게 만드시고 욕망을 절제했으며, 백성들에게서 세금을 거둘 때도 한계가 있었고, 백성을 부리는 데도 적절한 때를 이용했습니다. 생각은 지나치지 않고 행동은 교만하지 않으며 언제나 도를 지켜 어긋남이 없었습니다. 그러므로 천하가 그러한 성인을 끊임없이 받들었던 것입니다.

옛날 제나라 환공이 제후를 규합해 천하를 한 번 바로잡았는데 규구規丘의 회합에서 그가 교만하고 과시하는 마음을 보이자 아홉 나라가 등을 돌렸습니다. 오왕 부차의 군대는 천하에 대적할 나라가 없었으므로 용감함과 부강함을 믿고 제후들을 가볍게 보고 제나라와 진나라를 능멸했습니다. 이 때문에 자신은 죽임을 당하고 나라는 멸망하게 되었습니다.

하육夏育과, 태사교太史曒는 큰소리로 고함을 치면 삼군三軍의 간담이 서늘할 정도였지만 결국 평범한 병사에게 죽임을 당했습니다. 이와 같은 예들은 모두 최고에 이르렀을 때 본연의 도리로 돌아오지 않고, 자신을 낮추어 물러나 자중하거나 검약하게 살지 않아 생긴 재앙입니다.

저 상군의 예를 들면, 그는 진나라의 효공을 위해 법령을 밝게 적용하고, 간사한 일의 근원을 금하고, 존귀한 사람에게는 반드시 상을 주고, 죄를 지은 사람은 기어이 벌을 주고, 저울을 고르게 하고, 도량형을 바로잡았으며, 물가를 조절하고, 밭고랑을 정비했습니다. 또 백성들의 직업을 안정시켜 풍속을 하나로 통일시켰고, 백성들에게 농사일을 권장해 토지를 비옥하게 만들고, 한 집안에 두 가지 일을 하지 못하게 해 밭갈이에 힘써 식량을 비축하도록 했습니다. 그러고는 군사 훈련을 실시했습니다. 이런 까닭에 그들의 군대가 움직이면 국토가 넓어지고, 그들의 군대가 휴식을 하면 나라가 부유해졌습니다. 이에 진나라는 천하에 대적할 나라가 없게 되었고, 제후들에게 위신을 세웠으며 대업을 이룩하게 된 것입니다. 그러나 그의 공이 다 이루어지자 그는 수레에 찢겨 죽임을 당하고 말았습니다.

초나라는 사방이 수천 리이고 100만의 군사를 보유하고 있었습니다. 그러나 백기는 수만 명의 군사를 이끌고 초나라와 전투를 해 한 번 전투에 언(鄢)과 영(郢)을 빼앗고 이릉(夷陵)을 불살랐으며, 두 번째 전투에서 남진해 촉(蜀)나라와 한나라 땅을 병합했습니다. 그는 또 한나라와 위나라를 건너가서 강한 조나라를 공격했는데 그는 이 전투에서 마복군을 산 채로 땅에 묻고 40여만 명의 많은 군사를 장평성 밑에서 모조리 무찔렀는데 흐르는 피가 내(川)를 이루고 사람들이 울부짖는 소리는 하늘과 땅을 떨게 할 정도였습니다. 그는 한단으로 나가 포위를 함으로써 진나라로 하여금 제왕의 업을 이룩하게 했습니다.

초나라와 조나라는 천하의 강국이며 동시에 진나라의 원수였지만 모두 두려워 복종하고 감히 진나라를 공격하지 못한 것은 백기의 위세 때문이었습니다. 백기는 몸소 70여 성을 항복시켰습니다. 그러나 공적이 이루어지자 두우(杜郵)에서 검으로 자살하는 벌을 받게 되는 신세가 되고 말았습니다.

오기는 초나라 도왕을 위해 법을 세워서 대신의 무거운 위세를 낮추고, 무능한 사람을 파직하고, 쓸모없는 일을 없애고, 급하지 않은 관직은 줄이고, 사적인 청탁은 막아 버리고, 초나라의 풍속을 통일시키고, 놀며 돌아다니는 백성을 금지시키고, 농사와 전투를 겸하는 병사를 훈련시켜 남으로는 양월楊越을 손에 넣고, 북으로는 진陳과 채蔡를 병합했고, 연횡과 합종책을 깨뜨려서 유세를 일삼으며 다니는 선비들로 하여금 그들의 입을 열지 못하도록 하고, 붕당을 금해 백성들을 격려함으로써 초나라의 정사를 확고하게 했으므로 그 군대는 천하를 떨게 했으며 위세는 제후들을 복종시켰습니다. 그러나 그의 공이 이루어지자 결국은 사지가 찢어지는 죽임을 당하고 말았습니다.

대부 종은 월왕을 위해 깊이 있는 계획과 원대한 계책을 만들어 회계의 위기를 모면하게 해 망해가는 나라를 존속시키고 치욕을 영광으로 만들었습니다. 그는 황무지를 개간해 성읍을 만들고, 땅을 개척해 곡식을 생산했으며, 사방의 선비를 이끌고 위아래 사람들의 힘을 한곳에 모아 구천句踐을 도와 오나라 왕 부차에게 받은 원수를 갚고 강한 오나라를 무찔러서 월나라로 하여금 패자가 되게 했습니다. 이런 그의 공은 분명히 드러났지만 구천은 끝내 그를 저버리고 죽였습니다.

위의 네 사람은 공을 이루고도 그 자리에서 물러나지 않았기 때문에 이러한 재앙을 입었습니다. 이것이 이른 바 펼 줄만 알고 굽힐 줄은 모르며, 갈 줄만 알고 돌아올 줄은 모른다는 사람들입니다. 범려는 이러한 사실을 알았기 때문에 초연히 세상을 피해 영원히 도

주공陶朱公이 되었습니다.

　나리께서는 도박하는 사람들을 보지 못했습니까? 어떤 사람은 크게 걸어 전승을 하고자 하는데 또 어떤 사람은 앞에 사람이 따 놓은 것을 나누어 가지려고 합니다. 이것은 나리도 잘 알고 계실 것입니다. 지금 나리께서 진나라 재상 자리에 앉아 계책을 세우고 조정에 머무르면서 계책으로 제후들을 누르고 삼천三川 땅의 이익을 옮겨다가 의양을 부유하게 만들고, 양장羊腸의 험한 지형을 뚫고 태항산太行山으로 가는 길을 막고, 또 범范과 중항中行으로 가는 길을 끊어 여섯 나라가 합종할 수 없도록 만들었습니다. 천리의 길에 잔도棧道를 설치해 촉나라와 한나라가 오갈 수 있게 해 천하로 하여금 모두 진나라를 두려워하게 만들었습니다. 따라서 진나라의 욕망도 채워졌으며, 나리의 공도 절정에 이르렀으니 이 또한 진나라가 그 공을 나누어 가져야 할 때인 것입니다. 만일 이와 같은 때에 물러서지 않는다면 상군, 백기, 오기, 대부 종과 같은 사람이 될 것입니다.

　제가 듣건대 '자신을 물에다 비추어 보는 사람은 자신의 얼굴을 볼 수 있고, 자기를 다른 사람에게 비추어 보는 사람은 길흉을 알 수가 있다'라고 합니다. 《서경書經》에서도 '성공한 곳에서는 오래 머물러 있을 수 없다'라고 말하고 있습니다.

　위의 네 사람이 화를 입었는데 나리께서는 어찌 머물러 계시려 하십니까? 나리께서 이와 같은 때에 재상의 인을 나라에 돌려주고 어진 사람에게 그 자리를 양보해 주고 자신은 은거해 바위 밑에서

냇가의 경치나 바라보며 산다면 반드시 백이와 같이 청렴하다는 평이 있을 것이고, 영원토록 응후로 칭해질 것입니다. 영원토록 봉읍을 소유하고, 허유許由, 연릉계자延陵季子처럼 천하를 양보했다는 명성을 누리고, 왕자교王子喬, 적송자赤松子와 같이 오래 살 것입니다. 재앙을 입고 삶을 마치는 것과 비교하면 어느 편이 낫겠습니까? 나리는 어느 편에 몸을 두려 합니까? 지금 지위를 버리지 못하거나, 의심스러워 스스로 결단을 내리지 못한다면 반드시 위의 네 사람과 같은 화를 당하게 될 것입니다.

《역경易經》에서 '높이 올라간 용에게는 후회가 있다'라고 했는데 이 말은 위로 올라가서는 내려올 줄 모르고, 펼 줄은 알되 굽힐 줄은 모르고, 갈 줄은 알되 되돌아올 줄을 모른다는 것을 의미하고 있습니다. 나리께서는 이 점에 대해서 깊이 생각하시기 바랍니다."

이 말을 듣고 응후는 이렇게 말했다.

"좋은 말이오. 내가 들으니, '욕망을 가지고 있되 만족할 줄 모르면 그 욕망하는 바를 모두 잃게 되며, 무엇을 가지고 있되 그칠 줄을 모르면 자기가 가지고 있는 것조차 잃게 된다'라고 했소. 선생께서 다행히도 가르침을 주시니 제가 삼가 그 가르침을 받겠소."

그러고는 그를 이끌어 자리에 앉히고 상객上客으로 대우했다. 그리고 여러 날이 지난 뒤 응후는 조정에 들어가서 진나라 소왕에게 이렇게 말했다.

"저의 빈객 중에 산동 지방에서 새로 온 채택蔡澤이라는 사람이 있는데 그는 변사辯士로서 삼왕三王의 사적과 오패의 업적, 그리고 세속의 변화에 대해 소상히 알고 있었습니다. 그에게 진나라의 정사를 맡기기에 충분한 것 같습니다. 신이 인재를 대단히 많이 보았습니다만 그 사람에는 미치지 못했고, 신 또한 그 사람에는 미치지 못하므로 감히 말씀드립니다."

그러자 진나라의 소왕은 채택을 불러들여 만나보고 그와 말을 나누어 본 뒤 크게 기뻐하며 객경客卿으로 삼았다. 응후應侯는 병을 평계로 재상의 인수를 내놓고 싶다는 뜻을 밝혔다. 소왕은 응후를 다시 기용해 쓰려고 했으나 응후는 거듭 병이 중하다고 사양했다. 그러자 응후는 재상 자리에서 물러났다.

소왕은 채택의 계획에 한창 기뻐하던 터라 드디어 그를 진나라의 재상에 임명했다. 그리고 동으로 주나라 왕실을 병합했다. 채택이 진나라의 재상이 된 지 여러 달 만에 그를 헐뜯는 사람이 있었다. 그는 죽임을 당할까 두려워 병을 평계로 재상의 인을 되돌려 주었다. 소왕은 그를 강성군綱成君에 봉했다. 채택은 진나라에 10여 년 머물면서 소왕, 효문왕, 장양왕을 섬겼고 나중에는 시황제를 섬겼다. 그는 연나라에 사신으로 갔다가 그 뒤 3년 만에 연나라는 태자 단丹을 진나라에 볼모로 들어오게 했다.

태사공은 이렇게 말한다.

"한비자는 소매가 긴 사람이 춤을 잘 추고, 돈이 많은 사람이 장사를 잘한다고 말한 적이 있는데 이 말은 참으로 옳다. 범저와 채택은 이른바 세상의 권모술수에 능한 변사이다. 그런데 제후들에게 유세를 해 흰머리가 되도록 그들을 알아주는 사람이 없었던 것은 그들의 계책이 졸렬했던 데 그 원인이 있었던 것이 아니고, 그들이 유세를 했던 나라의 힘이 적었던 데 그 원인이 있었다. 두 사람이 나그네 신세로 진나라에 들어가 뒤를 이어서 경상의 자리를 차지하고, 천하에 그 공적을 드날리게 된 것은 그들이 처한 나라의 강함과 약함의 형세가 참으로 달랐던 것이다. 그러나 역시 선비에게는 우연과 운명이라는 것도 있다. 이 두 사람 못지않은 재능을 가진 사람도 많은데 그들의 뜻을 제대로 펴지 못한 사정을 어찌 이루 다 말할 수 있으랴! 그렇지만 이 두 사람도 어려운 때가 없었다면 어떻게 능히 떨치고 일어나 공을 이룰 수 있었겠는가?"

진나라가 제후들의 우두머리가 될 수 있었던 것은 범저와 채택을 비롯한 인재들 덕분이었다. 위나라의 하급 관리였던 범저는 억울한 누명을 쓰고 수모를 당한 뒤 진나라로 들어가 재상 자리에까지 오른다. 그는 먼 곳과는 친하게 지내며 가까운 나라는 치는 전략으로 중원을 서서히 점령해 나갔다.

그러면서도 내부적으로는 다른 나라에서 온 인물이라는 출신 성분 때문에 끊임없이 견제를 받았다. 하지만 그는 소왕에게 인재 등용에 있어서 포용적 원칙을 강조했다.

연나라 사람인 채택은 오랫동안 인정받지 못하다가 진나라로 들어가 범저의 뒤를 이어 재상이 된다. 그가 범저를 만나 재상 자리를 양보하게 하는 장면도 인상 깊다. 그는 모든 일이 성하면 쇠하는 것이 천지의 변함없는 운명이므로 나아감과 물러남, 포부를 폄과 움츠림에 있어서 그 시대의 사정에 따라 변화하는 것이 성인의 도리임을 강조했다. 지금 우리 시대에 절실하게 필요한 덕목이 아닐까 생각해 본다.

## 【 유협 열전 】

○─────── 한비자는 이렇게 말했다.

"유자(儒者)는 문장으로 법을 어지럽히고, 협객은 무력으로 금령(禁令)을 어긴다."고 했으니, 이는 선비와 협객을 모두 비난한 것이다. 그러나 학문하는 선비는 세상 사람들에게 인정을 받는다. 학술로 재상이나 경(卿), 대부의 지위를 얻어 군주를 도와 공을 역사에 남긴 자에 대해서는 말할 필요도 없다. 그러나 계차(季次, 공자의 제자)나 원헌(原憲, 공자의 제자) 같은 자들은 한낱 서민에 지나지 않았지만 글을 읽어 홀로 군자의 덕을 지녔다. 의를 지키며 시대의 흐름에 구차하게 영합하려 하지 않았기에 그 시대 사람들은 그들을 비웃었다. 그들은 평생 초가집에서 거친 베옷과 찬 없는 식사를 했지만 불만이 없었다. 그들이 죽은 지 벌써 400여 년이 지났지만 제자들은 그들의 뜻을 이어받는 일을 게을리하지 않고 있다.

지금 유협의 경우는 그들의 행동이 모두 정의로운 것은 아니지만 말에는 믿음이 있고 행동은 분명하며 한 번 승낙한 일은 반드시 성실하게 행하며, 자기 몸을 아끼지 않고 남의 어려움을 돌본다. 그들은 생사와 존망을 돌아보지 않으면서도 자신의 능력을 뽐내지 않고, 자기의 덕을 자랑하는 것을 부끄럽게 여긴다. 이런 것들만 보아도 유협에게는 본받을 점이 많다. 사람은 누구나 위급한 상황에 부딪칠 때가 있다.

태사공은 말한다.

"옛날 순임금은 아우 때문에 우물을 파고 창고를 고치다가 궁지에 몰렸고, 이윤(伊尹)은 솥과 도마를 짊어지고 다니며 요리를 했으며 부열(傅說)은 부험(傅險)이라는 동굴에 숨어 살았고, 여상(呂尙)은 극진(棘津)이라는 나루터에서 곤궁한 나머지 밥장사를 했다. 관중은 수갑과 차꼬를 찬 적이 있었고, 백리해(百里奚)는 노예가 되어 남의 소를 길렀다. 공자는 광(匡)에서 위급한 변을 당했는가 하면 진(陳)과 채(蔡) 사이에서는 굶어 얼굴빛이 나빠지기까지 했다. 이들은 모두 선비의 도를 지닌 어진 이들이다. 그런데도 이런 재난을 만났으니 평범한 사람으로 난세의 탁류를 건너려면 얼마나 어렵겠는가? 그들이 당하는 재앙을 어찌 다 말로 할 수가 있겠는가?"

어떤 천한 사람이 이렇게 말했다.

"무엇이 인이고 무엇이 인이 아닌지를 알 필요가 있겠는가? 내게 이익을 주는 사람을 덕 있는 사람으로 알면 될 뿐이다."

그래서 백이는 주나라를 추하게 여겨 수양산에서 굶어 죽었지만 주나라 문왕이나 무왕은 그것 때문에 임금 자리를 잃지 않았다. 도척盜跖과 장교莊蹻는 모질고 사나웠지만, 그의 무리들은 두 사람이 의기 있는 사람이라고 끝없이 칭찬했다. 이것으로 볼 때 '허리띠의 갈고리를 훔친 사람은 사형당하지만, 나라를 훔친 사람은 제후가 된다'거나 '제후의 문하에는 인의仁義가 있다'라는 말은 허튼 소리가 아니다.

지금 학문에 얽매이거나 혹은 약간의 의리를 품고 오랜 세월 세상과 고립되어 살아가는 것이 어찌 천박한 의논으로 속세의 무리들과 어울려 세상과 더불어 부침浮沈하면서 영예로운 이름을 누리는 것만 못하겠는가? 그러나 또 포의布衣의 무리 가운데 은혜를 입으면 반드시 보답하고 승낙한 일은 반드시 실천하며 천 리 먼 곳까지 가서도 의리를 외치고, 죽음을 두려워하지 않고 세상의 평을 돌아보지 않는 자가 있다. 이것도 남보다 뛰어난 점인데, 구차스럽게 그런 생활을 하는 것은 아니다. 그래서 이름 있는 선비들도 궁지에 몰리면 그들에게 목숨을 맡기게 된다. 그들이야말로 사람들이 말하는 현인이나 호걸이 아니겠는가?

만약 시골 유협의 무리를 계차나 원헌 등과 비교한다면, 그 권력이나 또는 그들이 살았던 시대에 끼친 공적을 같은 기준에서 논할 수는 없을 것이다. 요컨대 유협들의 공로가 뚜렷이 드러나고 말에도 신의가 있기 때문이다. 그러니 협객의 신의를 어찌 경시할 수 있겠는가."

옛날 포의의 협객에 대하여 들은 것은 없다. 근대의 연릉군延陵君이나 맹상군孟嘗君, 춘신군春申君, 평원군平原君, 신릉군信陵君 등은 모두 왕의 친척이었고, 봉토를 가진 경상卿相의 지위에 있어 부유했다. 이들은 재력에 기대 천하의 어진 이들을 불러들여 제후들 사이에 알렸으니 어질지 않은 자라고는 말할 수 없다. 그러나 그들의 명성이 높았던 것은 비유컨대 바람을 타고 부른 소리가 더욱 먼 곳까지 들리는 것과 같다. 바람을 타고 부른다 해서 그 소리 자체가 커지는 것은 아니지만, 바람에 의해 그 기세가 더 강해지기 때문이다.

시정의 협객들은 자기 자신이 권세를 가지고 있는 것이 아니라, 오로지 행실을 닦고 이름을 갈아 자기 명성을 천하에 퍼지게 했으므로 칭찬하지 않을 수 없다. 그런데도 유가儒家나 묵가墨家에서는 모두 이들을 배척하고, 책에 기록하지 않았다. 진나라 이전의 서민 협객에 대하여는 기록이 다 사라졌으므로 매우 유감스럽다.

내가 들은 바로는 한나라가 일어난 뒤로 주가朱家, 전중田仲, 왕공王公, 극맹劇孟, 곽해郭解 같은 협객이 있었다. 때로는 당시의 법에 어긋나는 일도 했지만, 그 개인적인 의리에 있어서는 청렴결백하고 겸양해 칭찬할 만한 점이 많았다. 이름이 아무런 까닭도 없이 알려지는 것은 아니며, 선비들이 까닭 없이 따를 리가 없다. 패거리나 집안끼리 합세해 큰 세력을 이루거나, 돈을 모아 가난한 자를 마구

부리며, 외롭고 약한 자를 업신여기거나, 제 하고 싶은 대로 쾌락을 즐기려는 따위의 짓을 유협들은 부끄럽게 여겼다. 나는 세상 사람들이 유협들의 속뜻을 헤아리지도 않은 채 주가朱家나 곽해郭解 등을 포학한 무리들과 마찬가지로 여기고 함부로 비웃는 것이 슬프다.

노나라 주가朱家는 한나라 고조와 같은 시대 사람이다. 노나라 사람들은 모두 유학을 숭상했지만, 주가만은 유협으로 이름이 알려졌다. 그가 숨겨 주어 목숨을 건진 호걸이 수백 명이나 되었으며, 그 밖에 평범한 사람을 도운 것은 이루 다 말할 수가 없다. 그러나 그는 끝내 자기 재능을 자랑하지 않았으며, 자기가 베푼 덕을 내세우지도 않았다. 예전에 은혜를 베풀어 주었던 사람과는 만나기조차 두려워했고, 남의 어려움을 도울 때에는 먼저 가난하고 미천한 자부터 시작했다. 집에는 남아나는 재산이 없었고, 옷에는 아름다운 무늬가 없었다. 음식도 맛있지 않았으며, 타고 다니는 것은 소달구지가 고작이었다.

그는 남의 위급한 일에 쫓아다니기를 자기 자신의 일보다 더 열심히 했다. 몰래 계포季布 장군을 위험에서 벗어나게 해 준 적이 있었지만, 계포가 존귀한 신분이 된 뒤로는 평생 그를 만나지 않았다. 함곡관 동쪽 사람 가운데 그와 사귀기를 애써 원하지 않는 사람이 없었다.

초나라 전중田仲은 협객으로 이름이 알려졌고 검술을 좋아해, 주가를 아버지로 섬겼다. 그러나 자기의 행실이 주가에게 미치지 못한다고 여겼다.

전중이 죽은 뒤에, 낙양 땅에 극맹劇孟이라는 사람이 살았다. 주나라 사람들은 장사를 잘하기로 이름났는데, 극맹은 협객으로 제후들 사이에 이름이 났다. 오나라와 초나라가 반란을 일으켰을 때, 태위인 조후周亞夫가 역마차를 타고 하남으로 가던 길에 극맹을 만났다. 그래서 기뻐하며 말했다.

"오나라와 초나라가 큰일을 꾀하면서도 극맹을 찾지 않았으니, 그들이 성공할 수 없는 줄 알겠다."

이 말은 천하가 소란할 때에 재상이 극맹을 얻은 것은 마치 적국 하나를 자기 편으로 만든 것이나 마찬가지라는 뜻이다. 극맹이 한 일은 주가가 한 일과 거의 비슷하다. 그는 노름을 좋아하고, 남자아이들처럼 장난기가 많았다. 그러나 그의 어머니가 죽자 멀리서 문상 온 수레만도 거의 천 대나 되었다. 하지만 극맹이 죽은 뒤에 그의 집에는 10금의 재산도 남아 있지 않았다.

부리符離의 사람 왕맹王孟 또한 협객으로서 강수江水와 회수淮水 사이에서 이름이 높았다. 이때 제남의 간씨間氏와 진나라의 주용周庸 역시 호걸로 이름났는데, 경제景帝가 그 말을 듣고는 사신을 보내 이들을 모두 없애 버렸다. 그런 뒤 대군代郡의 백씨 일족, 양나라의 한무벽韓無辟, 양책현의 설황薛況, 섬현陝縣의 한유韓孺 등이 잇달아 나타났다.

곽해郭解는 지軹 땅 사람이다. 자는 옹백翁伯이니, 관상을 잘 보는 허부㉠의 외손자이다. 곽해의 아버지는 협객이라는 이유로 효문제 때에 사형당했다. 곽해는 몸이 작고 사나웠으며, 술을 마시지 않았다. 젊었을 때 마음속으로 남을 해칠 마음을 늘 품고 있어서, 자기 뜻대로 되지 않는다고 죽여 버린 경우가 매우 많았다. 자기 몸을 던져 친구의 원수를 갚아 주었으며, 망명한 사람을 숨겨 주었고, 간악한 짓과 강도질을 그치지 않았다. 또한 가짜 돈을 만들거나 남의 무덤을 파헤치는 짓 따위는 이루 헤아릴 수도 없을 정도였다. 그러나 그때마다 운 좋게 하늘의 도움을 얻어, 궁지에 빠져서도 도망칠 수 있었으며, 사면을 받기도 했다.

곽해는 나이가 든 뒤에 성격을 바꾸어 검소한 생활을 했으며, 원수를 덕으로 갚았다. 남에게는 후하게 은혜를 베풀었지만 보답은 바라지 않았다. 그러면서도 의협적인 일을 자주했다. 사람의 목숨을 건져 주고도 그 공을 자랑하지 않았다. 그러나 남을 몰래 해치려는 성질은 마음에 나타나, 성을 내며 노려보는 짓만은 옛날 그대로였다고 한다. 소년들이 그의 행동을 사모해, 그를 위해 원수를 갚아 주고도 알리지 않았다.

곽해 누이의 아들이 그의 위세를 믿고 어떤 사람과 술을 마시다가, 억지로 상대방에게 술을 권했다. 주량이 넘치는데도, 그는 억지로 술을 들이부었다. 그 사람이 성을 내며 칼을 뽑아 곽해의 조카를 죽이고 달아났다. 곽해의 누님이 화가 나서 말했다.

"남이 내 자식을 죽였는데도, 옹백翁伯 같은 의협심을 가지고 그

범인을 잡지 못하는구나."

그러고는 아들의 시체를 길가에 버린 채 장사를 지내지 않아, 곽해에게 모욕을 주려고 했다. 곽해는 사람을 시켜 범인이 숨어 있는 곳을 알아냈다. 그 범인은 궁지에 몰리자 자수하고 곽해에게 사실대로 자세하게 설명했다. 그러나 곽해는 이렇게 말했다.

"당신이 그 애를 죽인 건 당연하오. 내 조카가 잘못한 것이오."

이렇게 말하면서 그 도적을 돌려보내고는 조카의 죄를 인정하고, 그의 시체를 거두어 장사지냈다. 여러 사람들이 이 말을 듣고 모두 곽해의 의협심을 훌륭하게 여기면서 더욱 그를 따랐다.

곽해가 출입할 때면 사람들이 모두 길을 피해 주었다. 그런데 어떤 사람이 혼자서 두 다리를 뻗치고 앉은 채로 곽해를 보았다. 곽해가 사람을 시켜 그의 이름을 물었다. 그랬더니 곽해의 문객들이 그를 죽이려 했다. 그러나 곽해가 설명했다.

"자기가 살고 있는 마을에서 존경을 받지 못하게 된 까닭은 나의 덕이 모자라기 때문이다. 그에게 무슨 죄가 있겠는가?"

그러고는 몰래 위사尉史에게 부탁했다.

"이 사람은 내가 소중히 여기는 사람이오. 병역이 교체될 때 면제시켜 주시오."

그 뒤로 병역이 교체될 때마다 그 사람은 여러 번 그대로 지나갔으며, 관청에서도 그를 찾지 않았다. 그 사람이 이상스럽게 여겨서 까닭을 물었더니, 곽해가 그렇게 해 주었다는 것을 알게 되었다. 그러자 두 다리를 뻗고 앉았던 자가 마침내 웃옷을 벗고 와 용서를 빌었다. 젊은이들은 이 이야기를 듣고 더욱 곽해의 행동을 사모했다.

낙양에는 서로 원수로 지내는 자들이 있었다. 고을 안의 어진 이나 호걸들이 10여 명이나 중간에 나서서 화해시키려고 했지만, 끝내 말을 듣지 않았다. 그래서 어떤 사람이 곽해를 찾아와 중재를 부탁했다. 곽해가 한밤중에 원수인 두 사람의 집을 찾아갔다. 그들은 뜻을 굽혀서 곽해의 말을 받아들였다. 그러자 곽해가 또 이렇게 말했다.

"내가 들으니, 낙양 사람 여럿이 중재에 나섰지만, 여러분이 받아들이지 않았다고 하오. 다행히도 이제 이 곽해의 말을 들어주기는 했지만, 다른 고을 사람인 내가 어찌 이 고을에 사는 어진 대부들의 권위를 빼앗겠소?"

그날 밤으로 그는 남들이 알지 못하는 곳으로 떠나면서, 이런 말을 남겼다.

"잠시 내 말을 받아들이지 않은 것처럼 행동하시오. 내가 떠나가기를 기다렸다가, 낙양에 있는 호걸들로 하여금 중재에 나서게 해 그의 말을 들은 다음 화해하시오."

곽해는 공경하는 마음을 가져, 감히 수레를 탄 채로 현청에 들어가는 일이 없었다. 가까이 있는 군이나 국에 가서 남을 도울 일이 생기면, 먼저 가능한 일인가를 살펴서 실행에 옮겼다. 불가능한 일이라면 부탁한 사람에게 그 뜻을 잘 이해시킨 후에야 비로소 술이나 음식을 맛보았다. 여러 사람들이 이런 까닭으로 그를 공경하고 존중했으며, 다투어 힘이 되려고 했다. 고을 안의 젊은이들이며 가까운 현의 어진 사람이나 호걸들이 밤마다 수레를 타고 찾아들었다. 이들은 곽해가 집에다 숨겨 두고 있는 망명객들을 자청해서 데려다가 공양하기를 청하곤 했다.

무제 때에 지방의 호걸과 부자들을 무릉으로 이주시킨 적이 있었다. 곽해는 집안이 가난해서 '300만 전 이상'이라는 조건에 맞지 않았지만, 관리들이 그를 두려워해 옮겨 주지 않을 수가 없었다. 그러자 위청衛靑 장군이 그를 위해 황제에게 청했다.

"곽해는 가난해서 이주 대상에 해당되지 않습니다."

그러자 황제가 이렇게 말했다.

"하찮은 평민이 장군으로 하여금 말을 하게 만든 권세만 보더라도 그가 가난하다고 할 수는 없소."

그래서 곽해의 집안도 이주하게 되었다. 이때 그를 전송하는 사람들이 낸 전별금이 1천만 전이 넘었다. 지軹 땅에 사는 사람 양계주楊季主의 아들은 현의 속관으로 있으면서 곽해를 이주시켜야 한다고 나선 인물이다. 그러자 곽해의 친조카가 양가의 목을 베었다. 이때부터 양씨와 곽씨는 원수가 되었다.

곽해가 함곡관 안으로 들어오자, 관중의 어진 이들과 호걸이 그를 제대로 알지도 못하면서 그의 명성만 듣고서 다투어 사귀려고 했다.

곽해는 몸집이 작고, 술을 마시지 않았으며 외출할 때에도 말을 타지 않았다. 그런데 얼마 뒤 누군가가 양계주를 죽이는 사건이 발생했다. 양계주의 집안에서는 나라에 글을 올렸는데, 그 사람까지 대철 근처에서 죽임을 당했다. 황제가 이 소식을 듣고, 곧 곽해를 체포하라고 명을 내렸다. 곽해는 어머니와 처자를 하양夏陽에 둔 채로 도망을 쳐 임진臨晉으로 갔다. 임진의 적소공籍少公은 곽해를 알지 못했다. 곽해도 거짓 이름을 대면서 자신을 임진관 밖으로 나가게 도와 달라고 부탁했다. 적소공이 곽해를 내보내 주자, 곽해는 돌아다니던 끝에 태원太原으로 들어갔다. 그러고는 지나가는 곳마다 그 집 주인에게 자신의 행선지를 알려 주는 바람에 관리들이 추적해 적소공에게까지 뒤쫓아 왔다. 그러나 적소공이 자살한 뒤라서, 더 이상 말해 줄 사람이 끊어졌다.

오랜 뒤에야 곽해가 잡혔고, 그는 자신의 범죄를 철저히 추궁당했다. 그렇지만 곽해가 살인한 것은 모두 대사령이 있기 전의 일이었다. 그런데 지 땅의 선비 한 사람이 곽해를 잡아온 관리와 함께 앉아 있다가, 곽해의 식객이 곽해를 두둔하자 이렇게 꾸짖었다.

"곽해는 오로지 못된 일만 저질러 국법을 범했다. 어찌 훌륭하다고 말한단 말이냐!"

곽해의 식객이 그 말을 듣고는 그 선비를 죽이고, 그의 혀를 끊어 버렸다. 관리가 이 일을 가지고 곽해에게 따졌지만, 그는 정말 누가 죽였는지 몰랐다. 그러는 동안 선비를 죽인 사람의 자취가 사라져,

그가 누구였는지 아무도 모르게 되었다. 관리도 하는 수 없이 곽해에게는 죄가 없다고 보고했다. 그러자 어사대부御史大夫 공손홍公孫弘이 따지고 들었다.

"곽해는 평민의 몸으로 협객 노릇을 하며 권력을 휘둘러, 사소한 원한 때문에 사람을 죽였습니다. 누가 선비를 죽였는지 곽해가 비록 모른다지만, 그 죄는 곽해 자신이 죽인 것보다도 더 큽니다. 그러니 대역무도 죄에 해당합니다."

이렇게 하여 곽해 옹백의 일족은 몰살당하고 말았다.

그 뒤로도 협객 노릇을 하는 자들은 매우 많았지만, 모두 거만하기만 했지 손꼽을 만한 자는 없었다. 관중에서는 장안의 번중자樊仲子, 괴리槐里의 조왕손趙王孫, 장릉長陵의 고공자高公子, 서하西河의 곽공중郭公沖, 태원太原의 노공유鹵公孺, 임회臨淮의 예장경兒長卿, 동양東陽의 전군유田君孺 등이 협객 노릇을 했지만, 이들은 조심스러워서 겸손한 군자의 풍모를 지녔다. 장안 북쪽 지방의 요씨姚氏, 서쪽 지방의 두씨杜氏 일족, 남쪽 지방의 구경仇景, 동쪽 지방의 조타우공자趙他羽公子, 남양南陽의 조조趙調 따위에 이르러서는 도척과 같은 무리일 뿐이다. 어찌 말할 가치가 있겠는가? 이들은 앞서 말한 주가朱家가 부끄럽게 여긴 자들이다.

태사공은 말한다.

"내가 곽해를 본 적이 있는데, 그의 모습은 보통 사람보다도 못했다. 말솜씨도 볼 만한 것이 없었다. 그러나 천하 사람들이 잘났건 못났건, 아는 사람이건 모르는 사람이건 간에 모두 그의 명성을 사모했다. 협객에 대해 말하는 자들은 모두 그의 이름을 끌어들여서 말했다. 속담에도 '사람이 영예로운 이름을 얼굴로 삼는다면, 어찌 시들어 버릴 수 있겠는가?'라고 했다. 아아, 애석하다."

한낱 저잣거리의 칼잡이들이 사마천의 마음에 남은 이유는 무엇일까? 싸움과 혼란함으로 가득했던 당시의 협객들은 때로 불법을 저지르기도 했으나 때로는 어려움에 놓인 이들을 구해 주거나 가난한 자들의 편에 서서 이들을 돕기도 했다. 노나라 주가는 다른 사람의 부탁을 받을 때 '먼저 가난하고 미천한 사람'을 우선으로 한다는 것을 자신의 첫 번째 원칙으로 여겼으며, 좋은 일을 할 때 남에게 알려지는 걸 두려워할 정도였다. 이들은 또 자신을 알아주는 인물을 만나면 목숨을 내놓으면서 의리를 지켰다. 그런 이들의 기개야말로 높이 평가받아야 할 것이며 신의나 의리를 지키면 진정 누구에게 좋은지 생각해 볼 만하다.

# 【 계포 · 난포 열전 】

계포季布는 초나라 사람이다. 그는 의로운 행동을 하는 사람으로 초나라에서 유명했다. 항우는 그를 군대 장수로 삼아 한나라의 왕을 자주 곤경에 빠지게 했다. 항우가 멸망하자 고조는 천금의 현상금을 걸어 계포를 찾고 만일 그를 숨겨 주는 자가 있으면 삼족을 멸할 것이라 했다. 계포는 복양濮陽 주씨朱氏의 집에 숨어 있었다. 주씨가 계포에게 말했다.

"한나라가 현상금을 걸어 급히 장군을 찾고 있습니다. 머잖아 곧 여기까지 들이닥칠 것 같습니다. 장군께서 제 말을 들으려 한다면 계책 하나가 있습니다만, 만약 저의 말을 들어주지 않으시려면 먼저 스스로 목숨을 끊으십시오."

계포가 주씨의 계책을 듣겠다고 허락했다. 주씨는 계포의 머리를 삭발하고 칼(죄인에게 씌우던 형틀)을 채우고 베옷을 입힌 뒤 광류거(廣柳車, 물건을 운반하던 수레)에 숨겨 자신의 노복 수십 명과 함께 노나라로 가서 주가(朱家)에게 팔아 넘겼다. 주가는 마음속으로 그가 계포인 것을 알아차리고 그들을 사서 밭일을 시켰다. 그리고 아들에게 이렇게 주의를 주었다.

"밭일은 그 종의 말을 듣고, 반드시 그와 같이 식사하도록 해라."

주가는 말 한마리가 끄는 수레를 타고 낙양으로 갔다. 그는 낙양에서 여음후(汝陰侯) 등공(滕公)을 만났다. 등공은 주가를 집에 머물게 하고 여러 날 동안 술을 같이 마셨다. 주가가 이렇게 말했다.

"계포에게 무슨 큰 죄가 있기에 황제께서는 그렇게 절실히 찾고 계십니까?"

등공이 대답했다.

"계포가 항우를 위해 여러 번 황제 폐하를 곤경에 빠뜨렸기 때문에 황제께서는 그를 원망해 반드시 잡으려는 것이오."

주가가 물었다.

"공은 계포가 어떤 사람이라고 보십니까?"

"어진 사람이라고 생각하오."

주가가 말했다.

"신하라고 하는 것은 자기의 군주를 위해 일하는 것입니다. 계포가 항우를 위해 일을 한 것은 그의 직분을 다한 것뿐입니다. 그렇다면 항우의 신하를 모두 다 죽여야 한다는 말입니까? 지금 황제께서는 천하를 얻으신 지 얼마 되지 않았는데 사사로운 원한으로 한 사람을 찾고 있으니, 어찌 천하에 폐하의 도량이 넓다는 것을 보여 주지 않으시는지요? 게다가 계포와 같이 현명한 사람을 한나라가 이렇게 급하게 구한다면 이것은 계포로 하여금 북쪽의 흉노로 도망치거나 남쪽의 월나라로 도망하도록 부추기는 것입니다. 이것은 장사를 미워해 적국을 이롭게 하는 것으로, 바로 오자서가 초나라 평왕의 묘를 파내 그 시신에 채찍질을 가한 원인이기도 한 것입니다. 공께서는 어찌해 조용한 틈을 타서 황제께 이러한 말씀을 올리지 않습니까?"

여음후 등공은 주가가 의협심이 있는 인물이므로 계포가 그의 집에 숨어 있다고 짐작했기 때문에 그렇게 하겠다고 말했다. 등공은 기회를 보아 고조에게 주가가 가르쳐 준 대로 말했다. 고조는 계포를 용서했다. 그 무렵 여러 공경들은 모두 계포가 강한 성격을 억누르고 유순해진 것을 칭찬했고, 주가 또한 이 일로 이름을 날렸다. 계포는 후에 고조의 부름을 받고 알현하여 고조에게 사과하자 고조는 그를 낭중郎中으로 임명했다.

효혜제孝惠帝 때 계포季布는 중랑장中郞將이 되었다. 그때 선우가 편지를 보내 태후를 모욕했는데 그 내용이 몹시 불손한 것이었다. 이에 태후는 크게 노하여 여러 장수들을 불러 모아 그 대책을 논의했다. 그때 상장군 번쾌樊噲가 말했다.

"신은 10만 군사를 이끌고 흉노 한가운데를 짓밟고 싶습니다."

다른 장수들은 모두 태후의 비위를 맞추느라 그렇게 하는 게 좋겠다고 했지만 계포는 이렇게 말했다.

"번쾌는 목을 베는 것이 마땅합니다. 고조께서는 40여만의 군사를 거느리고도 평성平城에서 곤경을 당했는데 지금 번쾌가 어떻게 10만의 군사로 흉노 진중陣中을 횡행할 수가 있단 말입니까? 이것은 바로 면전에서 군주를 기만하는 짓입니다. 게다가 진나라는 흉노를 정벌하는 일을 일삼다가 진승陳勝 등이 봉기한 상태입니다. 지금까지 그 상처가 아물지 않고 있는데 번쾌는 또 면전에서 아첨을 해 천하를 요동시키려 하고 있습니다."

그러자 주변 장수들은 두려움에 떨었다. 조회를 마친 태후는 다시는 흉노를 치자는 논의를 하지 않았다.

계포는 하동의 태수가 되었다. 효문제孝文帝가 다스리던 시절에 계포의 현명함에 대해 말하는 사람이 있었다. 그래서 효문제는 계포를 불러 그를 어사대부御史大夫로 삼으려 했다. 그런데 어떤 이가 말하기를 계포는 용맹하지만 술주정이 심해 가까이 할 수 없다는 것이었다. 계포가 부름을 받고 장안에 이르러 하동군의 숙소에 한 달간이나 머물러 있었는데 황제는 그저 불러 보기만 할 뿐이었다. 그러자 계포가 궐에 나아가 이렇게 말했다.

"신은 세운 공적도 없으면서 총애를 받아 하동군에서 죄를 기다리고 있습니다. 그런데 폐하께서 아무 까닭도 없이 신을 부르시니 이는 필시 어떤 사람이 신이 현명하다고 폐하를 속였기 때문일 것입니다. 지금 신이 왔으나 폐하로부터 어떤 임무도 받지 못하고 돌아가라 하니 이는 필시 신을 헐뜯는 사람이 있었음에 분명합니다. 폐하께서는 한 사람의 칭찬으로 신을 부르고, 또 한 사람의 헐뜯음으로 신을 물러가라 하시니 신은 천하의 지혜로운 사람들이 이러한 이야기를 듣고 폐하의 식견을 의심할까 두려울 뿐입니다."

황제는 이 말을 듣고 부끄러움에 아무 말도 하지 못하다가 한참 후에 이렇게 말했다.

"하동군은 나의 팔다리와 같은 곳이므로 특별히 그대를 부른 것이다."

그러나 계포는 사직 인사를 하고 돌아가 버렸다.

초나라 사람인 조구생曹丘生은 변론에 능한 선비였는데, 권세를 빌려 사람들의 일을 처리해 주고 그 대가로 돈을 받았다. 그는 귀인인 조동趙同 등을 섬겼고, 특히 두장군竇長君과 사이가 좋았다. 계포는 이러한 소문을 듣고 두장군에게 편지를 보냈다.

"나는 조구생이라는 사람이 정직한 사람이 아니라고 들었으니 그를 멀리하기 바랍니다."

조구생이 초나라로 돌아가면서 계포를 만나기 위해 두장군의 소개서를 받으려 했다. 그러자 두장군이 말했다.

"계장군은 그대를 좋지 않게 생각하고 있으니 그에게 가지 마시오."

그러나 조구생은 굳이 소개서를 얻어서 떠났다. 조구생은 먼저 그 소개서를 계포에게 보냈다. 계포는 과연 몹시 화가 나서 그를 기다리고 있었다. 조구생은 계포에게 인사하고 이렇게 말했다.

"초나라 사람들은 황금 100근을 얻는 것보다는 계포의 허락을 한 번 얻는 것이 낫다고 말하고 있더군요. 당신은 어떻게 해서 양나라와 초나라 지방에서 이러한 명예를 얻으셨는지요? 저 또한 초나라 사람이고 당신도 초나라 사람입니다. 제가 당신의 이름을 천하에 널리 알린다면 그 공로가 크지 않겠습니까? 그런데 당신께서는 무엇 때문에 저를 이다지 매몰차게 거절하십니까?"

이 말을 들은 계포는 크게 기뻐하며 그를 맞아들여 여러 달 동안 머물게 하고 상객으로 삼은 뒤 후한 예물로 그를 전송했다. 계포의 이름이 천하에 더욱 유명하게 된 까닭은 조구생이 그의 이름을 선양했기 때문이었다.

계포의 동생 계심季心은 기개가 관중을 뒤덮을 정도였다. 하지만 사람을 대함에 있어서 공손하고 근실했고, 의협심이 강해서 사방 수천 리에서 선비들이 모두 앞을 다투어 그를 위해 죽음도 아끼지 않았다. 그는 일찍이 사람을 죽이고서 오나라로 망명해 원사(袁絲, 원앙)라는 사람에게 의지해 숨어 있었다. 그리하여 그는 원사를 윗사람으로 섬기고 관부灌夫와 적복籍福 등의 무리는 동생처럼 돌보았다. 그는 일찍이 중사마中司馬가 된 적이 있었는데 중위中尉인 질도郅都조차도 그를 예우하지 않을 수 없었다. 또한 젊은이들 중에서는 은밀히 계심의 이름을 빙자해 행세를 하는 자들도 많았다. 당시 계심은 용맹함으로, 계포는 신의로 관중 지역에 이름을 떨쳤다.

　계포의 외삼촌 정공丁公은 초나라 장수였다. 정공은 항우項羽를 위해 팽성 서쪽에서 고조를 쫓아 곤경에 빠뜨렸다. 단검으로 접전이 벌어졌는데, 다급해진 고조는 정공을 보고 이같이 말했다.

　"우리 두 사람은 좋은 사람들인데 서로 이렇게 싸울 필요가 있는가?"

　이 말을 들은 정공은 군사를 거두어 돌아갔고 한나라 왕 고조는 곤경에서 벗어나서 돌아올 수 있었다. 그리고 항우가 멸망하고 난 뒤에 고조를 알현했다. 그러자 고조는 정공을 잡아 군대 안에서 압박하며 말했다.

　"정공은 항왕의 신하로서 충성을 다하지 못했다. 항왕으로 하여금 천하를 잃게 만든 것은 바로 정공이다."

　그리고 마침내 정공의 목을 베며 이렇게 말했다.

　"후세에 신하된 사람으로 하여금 정공을 본받지 못하게 하기 위해서이다."


　난포欒布는 양나라 사람이다. 양나라 왕 팽월彭越이 평민으로 살고 있을 때 난포와 더불어 교류했는데 두 사람은 곤궁했기 때문에 제나라에서 고용살이를 하기도 하고, 술집의 심부름꾼 일도 했다.

　여러 해 뒤에 팽월은 그곳을 떠나 거야巨野로 가서 도적이 되었고, 난포는 어떤 사람에게 팔려가 연나라에 종으로 있었다. 그러나 주인을 위해 원수를 갚아 주었기 때문에 연나라 장수인 장도(臧荼)가 그를 등용해 도위(都尉)로 삼았다. 장도는 후에 연나라 왕이 되고 난포를 장수로 삼았다. 장도가 반란을 일으키자 한나라는 연나라를 공격하고 난포를 사로잡았다. 양나라 왕이었던 팽월이 이 소식을 듣고서 한나라 왕에게 부탁해 난포의 죄를 사면하고 그를 양나라 대부로 삼았다.

그 후에 난포가 제나라로 사신을 갔다가 아직 돌아오지 않았을 때였다. 한나라는 팽월을 소환해 그가 모반했다고 질책하고 삼족을 멸했다. 그러고는 팽월의 머리를 낙양성 아래에 걸어 놓고 다음과 같은 조서를 내렸다.

"감히 그의 머리를 수습해 가는 사람이 있으면 즉시 체포하라!"

난포는 제나라로부터 돌아와 팽월의 머리 아래에서 사신으로 갔던 일을 보고하고 제사를 올리며 곡을 했다. 그러자 관리가 난포를 사로잡고 고조에게 그 사실을 알렸다. 고조가 난포를 불러서 같이 꾸짖었다.

"네놈도 팽월과 같이 모반을 했느냐? 그 시체를 거두어 가지 말라고 했거늘 네놈은 어찌해 홀로 제사를 지내고 곡을 했느냐? 이것은 네놈도 팽월과 함께 모반을 했다는 걸 보여 주는 증거로다. 즉시 저놈을 삶아 죽여라!"

관리가 그를 붙잡아 끓는 물로 데려가려는데 난포는 고조를 돌아보며 말했다.

"한마디만 하고 죽게 해 주십시오."

"무엇이냐?"

"폐하께서 팽성에서 곤경에 처하고, 형양榮陽과 성고成皐 사이에서 패전했을 때 항왕이 서쪽으로 나갈 수 없었던 까닭은 단지 팽왕이 양나라 땅에 거하고 한나라와 합종을 해 초나라를 괴롭혔기 때문이었습니다. 그 무렵 팽왕이 머리를 한 번 돌려 초나라와 결합하면 한나라가 격파되고, 한나라와 결합하면 초나라가 격파될 상황이었습니다. 또한 해하垓下의 싸움에서도 팽왕이 없었다면 항우는 멸망하지 않았을 것입니다. 천하가 평정되고 나서 팽왕도 부절符節을 나누어 받고 봉토를 받았으니 그 또한 그것을 만세에 전하려고 했을 것입니다. 그런데 지금 폐하께서 양나라에서 군대를 모을 때 팽왕이 병으로 한 번 나가지 못했다고 해 그가 모반했다고 의심했습니다. 그리고 모반의 증거가 발견되지도 않았는데 가혹한 형벌로 그를 죽이고 가족까지 멸했습니다. 신이 두려워하는 바는 공신들이 제각기 스스로 위태롭게 생각할 것이라는 사실입니다. 지금 팽왕이 죽었으니 신은 사는 것이 죽는 것보다 못합니다. 청컨대 삶아 죽이십시오."

고조는 난포의 죄를 사면하고 도위에 임명했다.

난포는 효문제 시절에 연나라의 재상이 되었고 장군에까지 이르렀다. 난포는 이렇게 생각했다.

'곤궁할 때에 자신을 욕되게 하거나 뜻을 굽히지 못한다면 사람

구실을 할 수가 없고, 부귀를 누릴 때 마음껏 일을 할 수가 없으면 현명한 사람이 아니다'

이에 그는 일찍이 그에게 덕을 베푼 사람에게는 후하게 보답을 하고, 원한을 가졌던 사람은 법에 따라 파멸시켰다. 오초吳楚의 연합군이 반란을 일으켰을 때 그는 군공으로 유후兪侯에 봉해지고 다시 연나라의 재상이 되었다. 연나라와 제나라에서는 모두 난포를 위해 사당을 세우고 난공사樂公社라고 불렀다.

효경제 5년에 난포는 세상을 떠났다. 아들인 난분樂賁이 그의 작위를 계승해 태상이 되었으나 제사에 쓰는 짐승을 법령에 맞게 하지 않은 죄로 벌을 받고 봉국을 잃고 말았다.


태사공은 말한다.

"항우의 기개가 있음에도 불구하고 계포는 초나라에서 용맹함으로 드날렸다. 그는 직접 군을 지휘해 적기를 빼앗은 일이 여러 번 있었으니 가히 장사라고 할 수 있다. 그러나 형벌을 받는 지경에 이르러 다른 사람의 노예가 되었음에도 자살하지 못했으니 얼마나 그 자신을 낮춘 것인가! 그는 필시 자신의 재주를 자부했기 때문에 욕을 당하더라도 부끄러워하지 않았으니, 그것은 아직 제대로 펼쳐 보지 못한 자신의 재주를 펴려고 했던 까닭이었을 것이다. 이런 연고로 그는 결국 한나라의 명장이 되었다. 현명한 사람은 참으로 자신의 죽음을 무겁게 여긴다. 저 비첩과 천한 사람이 분개해 자살하는 자가 있는데 이는 용감한 것이 아니고 그들이 바라는 계획을 실현할 방법이 없는 탓이다. 난포는 팽월을 위해 곡을 하고 끓는 물에 들어가는 것을 마치 제 집에 들어가듯 했다. 그는 참으로 그가 처신할 바를 잘 알고 있었으므로 자신의 죽음을 겁내지 않았다. 비록 지난날의 열사라도 이 이상 무엇을 더할 수가 있겠는가!"

항우의 장수였던 계포는 항우가 멸망한 후 주씨 집에 숨어 살다가 주가에게 팔려 간다. 그러나 주가는 계포의 인물됨을 알아보고 그를 숨겨 놓고 고조에게 그를 용서하도록 설득한다. 계포는 굽힘으로써 뜻을 펼쳤던 인물이다.

반대로 난포는 자신이 의지하고 따르던 팽월이 억울하게 참소당하자, 그를 보러 오는 자는 즉시 체포하겠다는 고조의 조서에도 아랑곳 않고 시신을 거두어 제사를 지낸다. 마침내 고조는 그 의리를 장하게 여겨 그를 용서해 준다. 고조의 대범함과 난포의 목숨을 아끼지 않는 우정이 빛나는 대목이다.

선택은 달랐지만 각기 자기의 상황과 뜻에 맞는 현명한 선택이었다.

# 【 노중련 · 추양 열전 】

노중련魯仲連은 제나라 사람이다. 그는 기발하고 뛰어난 책략을 잘 쓰는 사람이었지만 벼슬에 나갈 마음이 없어 고고한 지조를 지키며 살았다. 그는 일찍이 조나라를 떠돌아다닌 적이 있었다.

조나라 효성왕 때 진나라 왕은 백기를 시켜서 조나라의 장평에 주둔한 군대 40여만 명을 두 차례에 걸쳐 무찔렀다. 진나라 군대는 조나라의 수도인 한단을 포위했다. 그러자 조나라 왕은 두려움에 떨며 다른 제후들에게 구원병을 요청했지만 감히 진나라 군대를 공격하지 못했다. 그때 위나라 안희왕安釐王이 장수 진비晉鄙를 시켜 조나라를 구원하도록 했지만 진나라 군대가 두려워 탕음湯陰에서 주저앉은 채 더 이상 앞으로 나가지 못했다. 위나라 왕은 객장군(客將

軍, 다른 나라 사람이 장군이 될 때 부르는 말)인 신원연新垣衍으로 하여금 몰래 한단으로 들어가서 평원군을 통해 조나라 왕에게 다음과 같은 말을 전하게 했다.

"진나라가 성급하게 한단을 포위하게 된 원인을 살펴보면, 전에 제나라 민왕과 힘을 겨루어 서로 황제라 일컬었다가 지금에는 두 나라가 모두 황제라는 칭호를 쓰지 않습니다. 그런데 제나라는 점점 더 쇠약해져 가고 있기 때문에 현재로서는 진나라만이 천하의 우두머리라고 할 수 있습니다. 그러므로 진나라가 한단을 포위하는 까닭은 실은 꼭 한단을 탐내서라기보다는 진나라가 다시 황제라는 칭호를 사용했으면 하는 욕심이 있기 때문일 것입니다. 그러니 조나라가 사신을 파견해 진나라 소왕을 높여 황제라 불러 준다면 진나라는 기뻐할 것이 틀림없으며, 군대를 거두어 돌아갈 것입니다."

그러나 평원군은 마음을 정하지 못하고 망설였다.

한편, 노중련은 그때 마침 조나라를 떠돌고 있었는데 조나라와 한단은 진나라에 포위된 상태였다. 그는 위나라가 장차 조나라로 하여금 진나라를 높여 황제라고 칭하도록 하려 한다는 소문을 듣고서 평원군을 만나 이렇게 물었다.

"이 일을 어떻게 하실 생각입니까?"

평원군이 대답했다.

"내가 감히 무슨 말을 하겠습니까? 얼마 전에는 바깥으로 40만의 많은 군사를 잃었고, 지금은 또 안으로 한단이 포위되어 적을 물리칠 수가 없으니 말이오. 위나라 왕은 객장군(客將軍)인 신원연(辛垣衍)을 보내 우리 조나라에게 진나라를 황제로 높여 부르라고 요구하오. 그 신원연이 지금 이곳에 와 있으니 제가 감히 무슨 말을 하겠소?"

노중련이 말했다.

"저는 예전에 당신을 천하의 현명한 공자라고 생각하고 있었는데 지금에 이르러서야 공자께서 천하의 현명한 공자가 아니라는 사실을 알았습니다. 위나라의 객 신원연은 어디에 있습니까? 제가 당신을 위해 꾸짖어서 돌려보내겠습니다."

평원군이 말했다.

"제가 선생께 그 사람과 만나도록 주선하겠소."

평원군은 신원연을 찾아가 말했다.

"동쪽 제나라의 노중련 선생께서 지금 이곳에 와 계시니 내가 장군에게 그 사람을 소개하여 사귈 수 있도록 해 드리겠소."

신원연이 말했다.

"제가 들으니 노중련 선생은 제나라의 고고한 선비라 했습니다. 그렇지만 저는 한 군주의 신하로서 사신의 임무를 가지고 있습니다. 저는 노중련 선생을 만나고 싶지 않습니다."

그러자 평원군이 이렇게 말했다.

"제가 이미 이곳에 장군이 계시다고 말해 놓았습니다."

신원연은 마지못해 허락했다.

노중련은 신원연을 만났으나 아무 말도 하지 않고 있었다. 그러자 신원연이 먼저 말을 꺼냈다.

"제가 포위되어 있는 이 성안에 거하고 있는 사람을 보니 모두 평원군에게 무엇인가를 구하는 사람들뿐이었습니다. 그런데 제가 선생의 모습을 뵈니 평원군께서는 무엇인가를 구하는 분이 아니었습니다. 그런데 어찌하여 포위된 이 성에 오래도록 머무르면서 떠나지 않고 계신지요?"

노중련이 말했다.

"세상에서는 포초(鮑焦, 주나라의 고결한 선비로서 당시의 정치를 비판하다가 나무를 안고서 말라 죽었다.)에 대해 세상을 포용하면서 살지 않고 자살한 것으로 생각하는데, 이는 잘못된 것입니다. 많은 사람들은 포초의 뜻을 모른 채 그가 자기 한 몸을 위해 살다가 죽었다고 생각합니다. 저 진나라는 예의를 버리고 머리를 베어 오는 것을 가장 큰 공적으로 여기는 나라이며, 권모술수로 선비를 부려 먹고, 노예처럼 백성을 혹사시키는 나라입니다. 그런데도 저들이 자기들 뜻대로 황제가 되려 하고, 천하에 그들의 그릇된 방식으로 정치를 편다면 나는 동해 바다에 빠져서 죽어 차마 그들의 백성이 되지는 않을 것입니다. 내가 장군을 보자고 한 것은 조나라를 돕기 위해서입니다."

이 말을 듣고 신원연이 말했다.

"선생은 어떻게 해서 조나라를 돕겠다는 것입니까?"

노중련이 대답했다.

"내가 위나라와 연나라로 하여금 조나라를 돕도록 하겠습니다.

그러면 제나라와 초나라도 분명히 돕게 될 것입니다."

신원연이 말했다.

"연나라라면 저도 선생의 말씀에 따르겠습니다. 그러나 위나라라고 한다면 제가 바로 위나라 사람인 까닭에 그 사정을 알고 있으므로 묻습니다만, 선생께선 어떻게 위나라가 조나라를 도울 거라고 생각합니까?"

노중련이 대답했다.

"위나라는 진나라가 황제라고 불릴 때 어떤 해악이 생길지 아직 알지 못하기 때문입니다. 위나라가 진나라를 황제라고 일컬을 경우의 해로움을 알기만 한다면 위나라는 반드시 조나라를 돕게 될 것입니다."

신원연이 말했다 .

"진나라가 황제라고 칭했을 때 입게 되는 화에는 어떤 것이 있습니까?"

노중련이 말했다.

"옛날 제나라 위왕은 인의의 정치를 행하여 천하의 제후들을 이끌고 주나라로 입조하려고 했습니다. 그 당시 주나라는 가난하고 힘이 약했기 때문에 제후들은 아무도 입조하지 않았는데, 제나라만이 홀로 주나라에 입조했습니다. 그로부터 1년쯤 지나서 주나라 열왕烈王이 세상을 떠났는데 제나라가 다른 제후들보다 뒤늦게 문상하러 갔습니다. 그러자 주나라의 새 왕은 노하여 제나라에 대하여

'하늘이 무너지고 땅이 꺼지는 슬픔을 당하여 천자께서도 돗자리에 앉아서 상을 치르고 있는데 동쪽을 지키는 전영의 제나라가 맨 뒤에 이르다니 그 죄는 목을 베야 마땅하다'라고 말했습니다. 이 말을 들은 제나라 위왕은 벌컥 성을 내면서 '뭐라고? 이런 종놈의 자식이!'라고 욕을 하여 결국 천하의 웃음거리가 되고 말았습니다. 주나라 열왕이 살아 있을 적에는 주나라에 입조하였지만, 열왕이 죽자 주나라를 욕하게 된 것은 주나라의 요구를 차마 받아들일 수가 없었기 때문입니다. 그러나 주나라 왕은 천자이니 제후에게 그런 요구를 했다 해서 이상하게 여길 수가 없는 것입니다."

신원연이 말했다.

"선생은 저 하인들을 보지 않으셨는지요? 열 사람이 주인 한 사람을 시중들고 있는데, 그들의 힘이 주인보다 못해서 그렇겠습니까? 아니면 지혜가 주인보다 못해서 그렇겠습니까? 다만 그들은 주인을 두려워해서 그런 것일 뿐입니다."

노중련이 말했다.

"허허, 그렇다면 위나라는 진나라에 비한다면 하인 같은 존재인가요?"

신원연이 말했다.

"그렇습니다."

노중련이 말했다.

"그렇다면 내가 장차 진나라 왕에게 위나라 왕을 삶아 소금에 절이도록 해야겠습니다."

이 말을 듣고 신원연은 불쾌하여 이렇게 말했다.

"아니, 말씀이 너무 심하시군요. 선생이 무슨 방법으로 진나라 왕에게 위나라 왕을 삶아 소금에 절이도록 할 수가 있겠습니까?"

노중련이 말했다.

"당연히 할 수 있습니다. 제가 그 이유를 말씀드리겠습니다. 옛날 구후九侯, 악후鄂侯, 문왕文王은 은나라 주紂왕의 삼공三公이었습니다. 구후에게는 아름다운 딸이 하나 있어서 그 딸을 주왕에게 바쳤습니다. 그러나 주왕은 그 딸을 추악하다고 여기고 구후를 소금에 절여 죽였습니다. 악후가 이에 대하여 강력하게 항의하고 날카롭게 변론하자 악후마저 포를 떠서 죽였습니다. 문왕은 이러한 이야기를 듣고서 한숨을 내쉬며 탄식을 했습니다. 이 때문에 주왕은 문왕을 유리羑里에 있는 창고에 100일 동안 가두어서 죽이고자 했습니다. 그렇지만 위나라 왕은 남들과 똑같이 왕이라고 칭하면서도 포를 떠서 죽임을 당하거나, 소금에 절여지는 신세가 되려고 하지는 않겠지요?

제나라 민왕이 노나라로 가려 할 때에 이유자夷維子가 채찍을 잡고서 민왕을 시종했는데 그가 노나라 사람에게 '그대들은 어떠한 예로써 우리 군주를 대접하려 하는가?' 하고 묻자, 노나라 사람이 '우리는 장차 열 마리의 태뢰太牢, 소와 양과 돼지의 세 종류의 희생을 갖춘 것로써 그대의 군주를 접대하겠습니다'라고 대답하자 이유자가 이렇게 말했습니다. '그대는 어디에서 그러한 예법을 배워서 우리 군주를 대우하는 것이오? 우리 군주는 바로 천자이시오. 천자께서 순행할 적에는 제후들이 궁궐을 내주며 각 궁궐의 열쇠를 반납하고 옷깃을 여민 채 상을 들고 다니면서 당 아래에서 음식의 맛을 보며, 천자께서 식사를 마친 뒤에야 물러나서 정사를 보는 것이오.' 그러자 노나라 사람들은 성문을 닫아 걸어 잠그고 끝내 그들을 대접하지 않았습니다. 제나라 민왕은 노나라로 들어가지 못하고 설 땅으로 가려고 했습니다. 그곳으로 가려면 추나라로부터 길을 빌려야했는데 마침 추나라의 군주가 죽었으므로 민왕은 조문을 하러 가고자 했습니다. 그때 이유자가 추나라의 새 임금에게 이렇게 말했습니다. '주인은 관을 뒤로 하고 남쪽에 앉아서 북쪽을 바라보고 있어 천자께서는 남쪽을 향하여 조문하도록 해야만 합니다.' 그러자 추나라의 여러 신하들은 '반드시 그렇게 해야 한다면 우리는 차라리 칼에 엎어져 배를 가르고 죽겠다'라고 하며 제나라 왕과 일행을 받아들이지 않았습니다. 추나라와 노나라의 신하들은 그들의 군주가 살아 있을 때에는 제대로 섬기거나 봉양하지도 못했고, 군주가 죽었을 때에는 재물과 옷가지를 넉넉히 묻을 수 없었습니다. 그런데 제나라가 추나라와 노나라에서 천자의 예를 시행할 때 절대 받아들이지 않았습니다.

지금 진나라는 1만 대의 수레를 가진 제후의 나라이며 위나라 역시 1만 대의 수레를 가진 제후의 나라입니다. 두 나라 다같이 1만

대의 수레를 가진 제후의 나라로서 각각 왕이라 칭하는 명예를 누리고 있는데 위나라는 진나라가 한 번의 전투에서 이기는 것을 보고서 즉시 복종해 진나라 왕을 황제로 섬기려고 하니 이것은 삼진三晉의 대신들이 도리어 추나라, 노나라의 하인들보다도 못하다는 것을 말합니다. 게다가 진나라가 아무런 방해도 받지 않고 황제가 된다면 그들은 제후의 대신들을 자기들의 뜻대로 갈아 치울 것입니다. 그들은 장차 그들의 생각에 못난 사람이라고 여기는 신하들의 관직을 빼앗아서 그들이 현명하다고 여기는 신하에게 줄 것이며, 그들이 미워하는 신하들의 관직을 빼앗아 그들이 좋아하는 신하에게 줄 것입니다. 또한 진나라 왕의 딸과 천한 계집들을 제후의 부인이나 첩으로 삼아 위나라 궁궐에 살게 할 것입니다. 그렇게 되면 위나라 왕이 어찌 편안하게 지낼 수가 있겠으며, 장군은 또 어떻게 옛날처럼 남다른 사랑과 신임을 받을 수가 있겠습니까?"

노중련이 말을 마치자 신원연은 일어나서 두 번 절하고 이렇게 말했다.

"처음에는 선생을 보통 사람이라고 생각했습니다. 그러나 이제야 저는 선생이 천하의 훌륭한 선비라는 사실을 알게 되었습니다. 저는 이곳을 떠나는 순간부터 다시는 진나라 왕을 황제로 일컫자는 말을 하지 않겠습니다."

진나라 장수는 이러한 소문을 듣고서 군대를 50리나 뒤로 물렀다. 그때 마침 위나라 공자 무기無忌가 진비晉鄙의 군대를 빼앗아 조나라를 구원하고 진나라를 공격하자 진나라 군대는 마침내 병사들을 이끌고 물러갔다.

　조나라의 평원군은 노중련에게 봉지를 내리려 했으나 노중련은 사양하고 끝내 받지 않았다. 그러자 평원군은 술자리를 마련했다. 술자리가 무르익자 노중련의 앞으로 가서 천금을 내놓으며 노중련의 장수를 빌었다. 그러자 노중련은 웃으면서 이렇게 말했다.

　"천하에서 선비를 귀히 여기는 까닭은 다른 사람을 위하여 걱정거리를 해결하여 주고 재앙을 없애 주고 다툼을 풀어 주고도 아무런 보답을 받지 않기 때문입니다. 만일 보상을 받는다면 이는 곧 장사꾼들의 행동입니다. 저는 이러한 일을 차마 할 수 없습니다."

　그러고는 평원군에게 인사하고 길을 떠났는데, 평생토록 다시는 세상에 나타나지 않았다.

　그 뒤 20여 년이 흐르고 나서 연나라 장수가 요성聊城을 공격하여 함락시켰는데, 요성의 어떤 사람이 그 장수를 연나라에 참소했다. 이에 연나라 장수는 죽임을 당할까 두려워서 요성을 근거로 굳게 수비를 하고는 감히 돌아가지 못했다. 한편 제나라는 전단을 보내 요성을 1년 넘게 공격했지만 수많은 병사들만 희생시켰을 뿐 요성은 함락되지 않았다. 노중련은 편지를 써서 화살에 그 편지를 묶어 성안으로 쏘아 연나라 장수에게 보냈다. 편지 내용은 이랬다.

　"제가 듣건대 '지혜로운 사람은 때를 거슬러 행동함으로써 이익을 버리지 아니하고, 용사는 죽음을 회피하려고 하다가 명예를 잃지 아니하며, 충신은 자신을 앞세움으로써 군주를 뒤로하지 아니한다'라고 합니다. 지금 장군께서는 참소를 받은 하루아침의 분함을 참지 못하여 연나라 왕이 훌륭한 신하가 없음을 알면서도 돌아가지 않고 있으니 이것은 군주에 대한 충성이 아니고, 자기 자신은 죽음을 당하고 요성을 잃음으로써 그 위신이 제나라에 서지 않으니 이것은 용기라고 할 수가 없으며, 쌓은 공은 허물어지고 이름은 사라져서 후세에 공의 이름을 칭하는 사람이 없을 것이니 이것은 지혜로운 일이라 할 수가 없습니다. 이와 같은 세 가지 일을 하는 사람을 군주는 신하로 삼으려 하지 않고, 유세하는 선비들도 그러한 사람을 입에 올리지 않을 것입니다. 그러므로 지혜로운 자는 과감하게 결단을 내리고, 용감한 사람은 죽음을 겁내지 않습니다. 장군은 지금 삶과 죽음, 영예와 굴욕, 부귀와 빈천, 존귀함과 비천함의 갈림길에 서 있습니다. 이러한 때는 두 번 다시 오지 않을 것입니다. 원컨대, 부디 자세히 살펴 생각하시어 속된 사람들과 같이 처신하지 마십시오.

초나라는 제나라의 남양南陽을 공격하고, 위나라는 평륙平陸을 공격하고 있으나, 제나라는 남쪽의 초나라를 칠 생각이 없습니다. 이것은 남양을 잃을 때의 손해는 그다지 크지 않지만 제수濟水 이북의 땅을 얻을 때의 이익이 훨씬 크다고 생각하기 때문입니다. 그래서 꼼꼼히 계책을 세워 대처하고 있는 것입니다. 지금 진나라 군이 병사를 풀어 제나라를 도우면 위나라는 감히 동쪽의 제나라를 공격하지 못할 것이며, 제나라와 진나라가 손을 잡으면 초나라의 형세가 위태로워집니다. 또 제나라는 남양을 버리고, 오른편의 평륙을 포기하는 한이 있더라도 제수 이북의 요성만은 반드시 차지하려 할 것입니다. 게다가 제나라가 반드시 요성에서 결단을 내리리라는 사실을 장군께서는 의심하지 마시기 바랍니다. 한편 지금 초나라와 위나라도 모두 제나라로부터 물러나고 있으며, 연나라 구원병은 도착하지 않고 있습니다. 제나라의 모든 군대가 천하의 아무런 제재도 받지 않고 온 힘을 다해 1년 동안이나 시달린 요성의 군대와 맞붙는다면 저는 장군께서 승리를 얻을 수 없을 것이라 생각합니다.

게다가 연나라는 큰 혼란을 당하여 군주와 신하가 어찌할 바를 알지 못하고, 위아래의 백성 모두가 정신을 못 차리고 있습니다. 연나라 재상 율복栗腹은 10만의 군대를 가지고 멀리 싸우러 왔지만 다섯 번이나 패배를 당했으며, 그 결과 만승의 나라로서 조나라에 포위를 당하여 국토는 깎이고 군주는 욕을 당해 천하의 비웃음거리가 되었습니다. 이리하여 나라는 피폐해지고, 재난마저 잦아서 백성들은 마음 둘 곳을 잃었습니다. 그런데 지금 장군께서 또 피폐한 요성聊城의 백성으로 제나라의 전 병력과 대항을 하고 있으니 이것은 실로 송나라를 위해 초나라를 막아낸 묵적墨翟의 수비라 하겠습니다. 굶주린 끝에 사람의 고기를 먹고 사람의 뼈로 불을 때어 가며 싸움을 하여도 병사들이 반란을 일으킬 마음을 품지 않았다고 하는 것은 바로 손빈孫臏의 밑에서 훈련받은 군대인 것입니다. 이러한 것들로도 이제 천하에 장군의 능력은 드러났습니다.

그렇지만 장군을 위하여 생각한다면 수레와 갑옷을 온전하게 보존하여 연나라로 되돌아가는 것보다 나은 것이 없을 것입니다. 수레와 갑옷을 온전하게 보존하여 연나라로 돌아간다면 연나라 왕은 반드시 기뻐할 것입니다. 목숨을 보전하여 돌아가면 병사들과 백성들은 장군을 부모와 같이 여길 것이며, 친구들은 팔뚝을 걷어붙이고 와서 천하의 일을 함께 논하려고 할 것이니 장군의 업적은 밝게 드러날 것입니다. 위로는 외로운 군주를 도와 신하들을 통제하고, 아래로는 백성들을 잘 보살피어 유세하는 선비들에게 이야깃거리를 만들어 줄 것이며, 나라를 바로잡고 풍속을 바꾸어서 그 공명을 세울 수가 있을 것입니다.

그러나 장군께서 이런 뜻이 없다면 연나라를 버리고 세상을 피하여 제나라로 들어가 유람하실 의향은 혹 없으신지요? 그렇다면 제나라에서는 땅을 나누어 장군에게 봉하여 줄 것입니다. 그러면 장군은 도주공(陶朱公)이나 위공자(衛公子) 같은 부귀를 누릴 수 있고 장군의 자손들은 대대로 고(孤, 제후의 자칭)라 일컬으면서 제나라와 더불어 오래도록 번영을 누리게 될 것이니 이것도 한 가지의 방법일 수 있습니다. 이 두 가지 계책은 이름을 드러내고 실리를 후하게 얻는 방법이니 원컨대 깊이 생각하고 살펴서 그중 하나를 고르십시오.

또한 저는 이러한 말도 들었습니다. '자질구레한 예절에 얽매이는 사람은 영광스러운 이름을 남길 수 없으며, 작은 부끄러움을 싫어하는 사람은 큰 공을 세울 수가 없다.' 옛날에 관중은 제나라 환공에게 활을 쏘아서 그의 허리띠의 쇠갈고리를 맞히었으니 이것은 반역의 죄였고, 또 공자 규(公子糾)를 남겨 두고 죽지 못했으니 이것은 비겁한 행동이었으며, 오랏줄에 묶이고 차꼬(죄수를 가두어 둘 때 쓰던 형구)에 차였으니 이것은 부끄러운 일이었습니다. 세상의 군주들은 이런 세 가지 행동을 저지른 사람을 신하로 삼지 않으며 마을 사람들도 그런 사람과 사귀려 들지 않습니다. 그때 만일 관중이 감옥에 갇힌 채 나오지 않았거나 몸이 죽어서 제나라로 돌아올 수 없었다면 그의 이름은 부끄러운 행동을 했다는 욕을 면하지 못했을 것입니다. 노비들마저도 그러한 사람들과 함께 이름 불리는 것을 부끄러워하는데 하물며 세속의 일반 사람은 말하여 무엇하겠습니까? 그러한 까닭에 관중은 자신의 몸이 감옥 속에 갇혀 있는 것을 부끄럽게 여긴 것이 아니고, 천하가 다스려지지 않는 것을 부끄러워했으며, 공자 규(糾)를 위하여 죽지 못한 것을 부끄러워하지 아니하고, 그의 위엄이 제후들에게 널리 펴지지 못하는 것을 부끄러워했습니다. 그리하여 세 가지 과실을 겸하여 저지르고도 오패의 우두머리를 만들 수 있었으며, 그의 이름을 천하에 드높였으며, 그 빛은 이웃 나라를 환하게 비추었습니다.

또한 조말(曺沫)은 노나라의 장수가 되어서 세 번 싸워 세 번 패했고, 500리의 땅을 잃었습니다. 그때 만일 조말이 뒷날의 복수를 생각하여 발뒤꿈치를 돌려 고국으로 돌아오지 않고 그냥 목을 베어 자살했다면 그 또한 패한 군대의 사로잡힌 장수라는 이름을 면치 못했을 것입니다. 그러나 조말은 세 번 패한 부끄러움을 아랑곳 않고 노나라 군주와 계획을 했습니다. 환공이 천하의 제후를 모아 주왕에게 뵐 때 제후가 모이자 조말은 검 하나를 가지고 단상에 뛰어올라 환공의 심장을 겨누었는데 그때 그의 얼굴빛은 변함이 없었으며 목소리도 떨리지 않았습니다. 이리하여 세 번의 싸움에서 잃었던 것을 하루아침에 회복했습니다. 이 일로 조말의 이름은 천하를 뒤흔들었고 제후들을 경악케 했으며, 그의 위엄은 오나라, 월나라에까지 미쳤습니다.

이 두 선비는 작은 염치를 차리거나 자질구레한 예절을 행할 수 없었던 것이 아니고, 자신들이 죽어 몸이 없어지면 후세가 없어지고 공명을 세울 수가 없으므로 지혜로운 일이 아니라고 생각했습니다. 그러한 까닭에 그들은 울분과 원한의 감정을 버리고 종신토록 빛나는 명예를 세웠고, 분노와 감정에 사로잡힌 절개를 버리고서 누세의 공을 세웠던 것입니다. 이러한 까닭에 그들의 업적은 삼왕과 함께 역사에 남을 것이며, 그들의 이름은 천지와 더불어 영원히 남을 것입니다. 그러니 장군께서는 이 두 가지 길에서 하나의 길을 선택하여 행하기 바랍니다."

연나라 장수는 노중련의 편지를 보고 사흘 동안 흐느껴 울면서도 망설이며 스스로 결정을 내리지 못했다. 연나라로 돌아가자니 이미 왕과 틈이 생겨 죽임을 당할 것이 두려웠고, 제나라에 항복을 하자니 죽이거나 포로로 잡은 사람이 너무 많아 항복한 뒤에 욕을 당할 것이 두려웠다. 그는 한숨을 내쉬고 탄식을 하며 이렇게 말했다.

"다른 사람이 나에게 칼질을 하느니 내 스스로의 목숨을 끊는 것이 낫겠다."

그러고는 마침내 스스로 목숨을 끊었다. 요성이 혼란에 빠지자 전단은 요성을 섬멸한 뒤에 돌아와 제나라 왕에게 노중련에 대하여 말하고 그에게 벼슬을 주도록 청했다. 그러자 노중련은 이런 말을 남기고 바닷가에 숨어 살았다.

"나는 부귀를 누리면서 남에게 얽매여 사느니 차라리 가난하게 지내면서 세상을 가볍게 보고 뜻대로 하며 살겠노라."

추양鄒陽은 제나라 사람이다. 그는 양梁 땅을 떠돌아다니면서 본래 오나라 사람인 장기부자莊忌夫子와 회음淮陰 사람인 매승枚乘 무리와 사귀었다. 그는 글을 올려 양승羊勝, 공손궤公孫詭 등과 함께 양나라 효왕의 문객이 되었다. 그런데 양승 등이 추양을 질투해 양나라 효왕孝王에게 그를 참소했다. 효왕은 노하여 추양을 옥리에게 넘기고 죽이고자 했다. 추양은 남의 나라에서 유세하다가 참소 때문에 붙잡혔지만 나쁜 이름을 남기고 그냥 죽게 될까 두려워 감옥 안에서 양나라 왕에게 글을 올렸다.

"신은 듣건대, 충성을 바치면 보답을 받지 아니함이 없고, 신의가 있으면 의심받는 일이 없다고 합니다. 신은 언제나 그러한 줄만 알고 있었는데 이제 보니 그 말은 단지 헛된 말에 불과한 것이었습니다. 옛날에 형가(荊軻)는 연나라 태자인 단(丹)의 의로움을 사모했는데, 단을 위해 진나라 왕을 죽이려 결심했을 때 하늘도 감동하여 흰 무지개(형가의 칼)가 해(군주)를 꿰뚫자 연나라 태자는 오히려 형가를 의심했습니다. 또 위 선생(衛先生)이 진나라를 위해 조나라 장평을 치려고 계획했을 때 하늘도 그 정성에 감동해 태백(太白) 금성(金星)이 묘성(昴星)을 가리는 상서로운 징조를 보였지만 오히려 진나라 소왕은 그를 의심했습니다. 형가와 위 선생 두 사람의 정성은 하늘을 감동시켜 자연현상마저 변하게 했는데 연나라 태자와 진나라 소왕은 그것을 이해하지 못했으니 이 어찌 슬픈 일이 아니겠습니까?

지금 신은 충성을 다 바치고 정성을 다 쏟아서 마음속 계책을 모두 대왕께 알려드리려고 했는데 대왕의 좌우를 보필하는 신하가 밝지 못하여 마침내 옥리의 심문을 받게 되고 세상의 의심을 사니, 형가와 위 선생이 다시 태어난다 하여도 연나라 태자 단과 진나라 소왕은 그들의 사정을 이해하지 못할 것입니다. 원컨대, 대왕께서는 깊이 헤아려 보시기 바랍니다.

옛적에 변화(卞和)는 보물을 바쳤지만 초나라 왕이 그의 다리를 분질렀고, 이사가 충성을 다했지만 호해(胡亥)는 그를 극형에 처했습니다. 이러한 까닭에 기자(箕子)는 거짓으로 미친 척한 것이며, 접여(接輿)는 세상을 피한 것이니 그것은 이와 같은 해를 입을까 두려워한 때문이었습니다. 그러하오니 원컨대 대왕께서는 변화와 이사의 뜻을 깊이 헤아리시고, 초나라 왕과 호해의 잘못된 판단을 낮추어 보심으로써 신으로 하여금 기자와 접여에게 비웃음을 받도록 하지 말아주기를 바랍니다. 신이 듣건대 비간比干은 심장을 도려내는 형을 받았고, 오자서는 가죽부대에 넣어져 강물에 띄워지는 형을 받았다고 합니다. 신은 처음에는 그 사실을 믿지 않다가 이제야 그러한 일이 있었음을 믿게 되었습니다. 원컨대 대왕께서는 깊이 헤아리시고 저를 조금이나마 가엾게 여겨 주십시오.

속담에 '흰 머리가 되도록 사귀었어도 새로 사귄 사람 같은 우정이 있고, 길거리에서 만나 수레를 세워 이야기를 나눈 사람이라도 옛 친구 같은 우정이 있다'는 말이 있는데, 그런 차이가 나는 것은 무슨 까닭이겠습니까? 그것은 서로가 상대방을 이해하느냐 못하느냐 하는 데 있습니다. 그러한 까닭에 옛날 번오기樊於期는 진나라로부터 연나라로 도망하고서 자신의 머리를 베어 형가에게 주어 태자 단이 진나라 왕을 죽이려던 계획을 수행하도록 했습니다. 왕사王奢는 제나라를 떠나 위나라로 가서 성에 올라 자살함으로써 제나라를 퇴각시키고 위나라를 보존하게 했던 것입니다. 무릇 왕사와 번오기가 제나라나 진나라에 대하여 말할 때 새로운 사람인 것은 아니고, 연나라나 위나라에 대하여 오래된 사람인 것도 아닌데 그들이 그 두 나라를 떠나 다른 나라의 두 임금을 위하여 죽은 까닭은 그러한 행동이 그들의 뜻에 걸맞았고, 그들의 의로움을 향한 사모가 극진했기 때문입니다. 이러한 까닭에 소진蘇秦은 온 천하로부터 신임을 받지 못했지만 그는 연나라에서는 미생尾生처럼 신의를 지켰습니다. 백규白圭는 중산국의 장수가 되어 싸움에서 져 성 여섯 개를 잃은 다음 위나라로 망명했지만 위나라를 위해서 중산을 함락했습니다. 그러한 까닭이 어디에 있다고 하겠습니까? 그 까닭은 군주와 신하 사이에 서로를 이해하는 마음이 있었기 때문입니다. 소진이 연나라의 재상으로 있을 적에 연나라 사람이 그를 왕에게 중상하자 왕은 검을 부여잡고 화를 내면서 결제(駃騠, 명마의 이름)의 고기를 소진에게 상으로 내렸습니다. 백규가 중산국에서 현달한 사람이었다는 것 때문에 중산국 사람들이 위나라 문후文候에게 그를 중상하자 문후는 도리어 그에게 야광 구슬을 내려 주었습니다. 왜 그러했겠습니까? 그 두 군주와 두 신하 사이는 심장을 터놓고, 간을 꺼내 놓을 정도로 서로 믿었기 때문입니다. 어찌 근거도 없이 떠도는 말에 그들의 마음이 흔들리겠습니까?

그러한 까닭에 여자는 아름답고 추하고를 가릴 것 없이 궁궐에 들어가면 남의 질투를 받게 마련이고, 선비는 현명하고 현명하지 않고를 가릴 것 없이 조정에 들어가면 질투를 받게 마련입니다. 옛날에 사마희司馬喜는 송나라에서 발꿈치를 베이는 형벌을 받았으나 마침내 중산국의 재상이 되었고, 범저는 위나라에서 갈비뼈가 분질러지고 이가 분질러지는 욕을 당했으나 끝내는 진나라의 응후應侯가 되었습니다. 이 두 사람은 모두 반드시 자신들의 계획이 실현될 수밖에 없다고 믿고 사사로이 붕당을 만들어 의지하려는 마음을 버리고 고독하게 자신들의 위치를 지켰기 때문에 질투하는 사람들의 해를 면할 수 없었던 것입니다. 이러한 까닭에 신도적(申徒狄)은 간언이 받아들여지지 않자 스스로 강물에 뛰어들었고, 서연(徐衍, 주나라 말엽의 사람)도 세상이 싫어 돌을 안고 바다로 뛰어들었습니다. 세상이 자신을 받아들여주지 않더라도 정의를 지키고 조정의 신하들과 당파를 만들어 주상(主上)의 마음을 흔드는 일은 하지 않은 것입니다.

백리해(百里奚, 춘추 시대 진나라의 재상)는 길에서 걸식을 하고 있었음에도 불구하고 진나라 목공(穆公)은 그에게 나라의 정사를 맡겼으며, 영척(寧戚)은 수레 아래에서 소에게 먹이를 주고 있었어도 제나라 환공은 그에게 나라를 맡기었습니다. 이 두 사람이 조정에서 벼슬을 한 적이 있었거나 그 주변 사람들의 칭찬에 힘입어서 그 두 군주가 그들을 등용했겠습니까? 그들은 서로의 마음에 교감을 하고, 행동이 서로 부합되어 아교나 옻으로 칠한 것보다 더 친밀하게 되어 형제들이라도 그들의 사이를 갈라놓을 수가 없었습니다. 그러니 어찌 다른 사람들의 말에 미혹되는 일이 있을 수 있겠습니까? 그러한 까닭에 하나의 이야기만을 편파적으로 들으면 간특한 일이 생기게 되고, 한 사람만을 신임하면 혼란을 불러일으키게 되는 것입니다.

옛날 노나라는 계손씨(季孫氏)의 말만을 듣고 공자를 축출했고, 송나라는 자한(子罕)의 계책만 믿고 묵적(墨翟, 묵자의 본명)을 옥에 가두었습니다. 대저 공자와 묵자의 변론으로도 아첨꾼의 박해를 면할 수 없었던 것이며, 그래서 그 두 나라는 위태롭게 되었습니다. 그것은 무엇 때문이겠습니까? 여러 사람의 말은 무쇠도 녹일 수 있고, 헐뜯는 말이 쌓이고 쌓이면 뼈라도 녹을 수밖에 없기 때문입니다. 이러한 까닭에 진나라는 오랑캐인 유여由余를 등용하여 중국을 제패했고, 제나라는 월나라 사람인 몽蒙을 등용하여 위왕, 선왕 때의 강성함을 이룩했습니다. 이 두 나라라고 어찌 풍속에 얽매여 이끌리거나, 아첨과 한쪽에 치우친 말에 사로잡힌 일이 없었겠습니까? 그러나 그들은 공정하게 의견을 듣고, 전면적으로 관찰하는 것으로써 당시에 이름을 드날리던 군주였습니다. 그러므로 의기가 투합하면 호족이나 월의 오랑캐도 형제가 될 수 있었고, 유여와 월나라 사람인 몽이 바로 이런 사람들이었습니다. 의기가 투합하지 아니하면 골육을 나눈 사람이라도 내쫓고 쓰지 않습니다. 요 임금의 아들 단주丹朱, 순임금의 아우 상象, 주공 단의 아우 관숙管叔, 채숙蔡叔이 바로 그 예입니다. 오늘날 군주들이 능히 제나라, 진나라의 의로운 일을 본받고, 송나라 노나라처럼 잘못된 말을 듣지 않는다면 오백의 명성은 말할 것도 없고 삼왕과 같은 군주도 쉽게 될 수 있을 것입니다.

이러한 까닭에 주나라 무왕은 깨달은 바가 있어서 자지子之와 같은 간신배를 내치고 전상田常과 같은 간신의 현명함을 즐겨하지 않습니다. 주나라 무왕은 충신 비간比干의 후손을 봉하여 주고, 주왕에게 배를 갈려 죽은 임산부의 묘를 세웠기 때문에 그의 업적과 공이 천하를 뒤덮었던 것입니다. 그것은 무슨 까닭이겠습니까? 그것은 무왕이 선을 행하려는 마음이 끝이 없었기 때문입니다. 또 진나라 문공文公은 과거의 원수와 친교를 맺음으로써 제후들을 제패할 수 있었고, 제나라 환공은 자신의 원수를 등용했기에 천하를 평정할 수 있었습니다. 그것은 무슨 까닭이겠습니까? 그들은 자애로움과 인자함, 친절함으로써 진정으로 원수들을 좋게 받아들였기 때문입니다. 이것은 헛된 말만으로 얻을 수 있는 일이 아닙니다.

  진나라는 상앙商鞅의 방법을 채택해 동쪽으로 한나라와 위나라를 약화시키고 군대를 천하에서 제일 강하게 만들었으나, 상앙은 수레에 찢겨 죽임을 당했습니다. 또 월나라는 대부 종大夫種의 계책을 채택하여 강대한 오나라의 왕을 사로잡고 중국을 제패했으나 대부 종은 결국 죽임을 당했습니다. 이러한 까닭에 손숙오孫叔敖는 세 번이나 재상의 자리를 떠나면서도 후회하지 않았고, 오릉於陵의 자중子仲은 삼공의 자리를 사양하고 다른 사람을 위하여 채소밭에 물 주는 일을 했던 것입니다. 지금 만일 군주가 교만하고 오만한 마음을 버리고, 공을 세운 사람에게 보답할 뜻을 품고 있으며, 심장과 배를 펼쳐서 본래의 속마음을 드러내고, 간담을 털어 내어 많은 덕을 베풀어 끝까지 그들과 더불어 고난과 영광을 같이하고, 선비에 대하여 인색함이 없다면 포악한 걸왕桀王의 개라도 요 임금을 향하여 짖게 만들 수 있고, 도척의 자객으로 하여금 허유許由를 찔러 죽이게 만들 수 있는 것입니다. 하물며 군주의 권세를 가지고 성왕의 자질을 보유하고 있는 경우라면 어떻겠습니까? 그렇다면 형가가 진나라 왕을 죽이려다 실패하여 그의 가족이 모두 죽임을 당한 것이라든지, 요리(要離)가 오나라 왕 합려의 부탁으로 공자 경기(慶忌)를 죽이려고 하였을 때 경기가 자신을 믿도록 할 목적으로 일부러 죄를 지어 합려에게 자신의 오른팔을 자르고 처자식을 불태워 죽이게 한 것은 말할 필요도 없는 일입니다.

  신이 듣건대, 어두운 길을 걸어가는 사람에게 명월주와 야광 구슬을 몰래 던지면 검을 부여잡고 다른 사람을 노려보지 않는 사람이 없다는데 그것은 무엇 때문이겠습니까? 그것은 아무런 까닭도 없이 그의 앞에 그 보물이 던져졌기 때문입니다. 구불구불 뒤틀린 나무뿌리일지라도 군주의 기물이 되는 까닭은 무엇이겠습니까? 군주의 좌우에 있는 사람이 그 나무뿌리에 모양을 꾸미기 때문이라고 합니다. 그러한 까닭에 아무런 이유 없이 그의 앞에 이르면 비록 수후(隨侯)의 구슬이나 야광 구슬을 던져 준다 하더라도 오히려 원수만 맺고 고맙다는 말조차 듣지 못합니다. 따라서 어떠한 사람이 먼저 이야기를 해 둔다면 마른 나무와 썩은 나무도 공을 세워 잊히지 아니할 것입니다. 지금 지위도 벼슬도 없어 곤궁한 선비들은 빈천한 처지이기 때문에 비록 그들이 요순의 책략을 가지고 있고, 이윤(伊尹)이나 관중과 같은 말솜씨를 지니고 있으며, 용봉(龍逢)이나 비간 같은 뜻을 품고 당대의 군주에게 그들의 충성을 다 바치고자 하여도 본래부터 나무뿌리를 다듬어 군주에게 바치듯 추천해 주는 사람들이 없는 이유로 아무리 정신과 정력을 다하여 충성과 신의를 행하고,

군주의 정사를 보좌하고자 애를 써도 군주는 검을 부여잡고 흘겨보는 것과 같은 태도를 취하기 마련입니다. 이러한 사정이 바로 베옷 입은 선비로 하여금 고목이나 썩은 나무와 같이 자질을 발휘할 기회를 주지 않는 것입니다.

이러한 까닭에 어진 임금이 천하를 다스릴 때에는 도공이 돌림판을 굴리어 그릇을 뜻대로 만들어 내듯이 자신만의 조화를 부리고, 세상의 비속하고 어지러운 말에 이끌리지 아니하며, 많은 사람들의 논의에 자신의 주장을 바꾸지 아니하는 것입니다. 따라서 진시황제는 중서자(中庶子, 관명) 몽가蒙嘉의 말만 믿고 형가를 믿었다가 자기도 모르는 사이 형가의 비수에 맞은 것이며, 주문왕은 위수와 경수에 사냥하러 갔다가 여상을 만나 수레에 태워 싣고 돌아옴으로써 천하를 지배하는 왕이 되었던 것입니다. 이로써 보건대, 진나라 왕은 좌우의 말을 믿었다가 죽임을 당할 뻔했고, 주나라 왕은 우연하게 알게 된 사람을 기용함으로써 천하를 지배하는 왕이 되었던 것입니다. 그것은 무슨 까닭이겠습니까? 주나라 문왕이 그를 속박하는 말에 초연하고, 어느 하나에 국한되지 않는 의견을 발휘하여 밝고 넓은 길을 살펴볼 수 있었기 때문입니다.

그러나 오늘날의 군주는 아첨하는 언사에 탐닉하고, 좌우에 시종하는 자들의 제약에 이끌리어 속세의 테두리를 벗어나 원대한 뜻을 가진 선비를 소나 말같이 취급하고 있습니다. 이것이 바로 포초鮑焦가 세상을 원망하고 부귀의 즐거움을 마다한 까닭입니다.

신이 듣건대, 의관을 정제하고 조정에 들어간 사람은 이익을 위해 의로움을 더럽히지 아니하고, 자신의 명예를 갈고 닦는 사람은 욕망 때문에 자신의 행실을 손상시키지 아니한다고 합니다. 이러한 까닭에 증자는 어머니를 이긴다는 뜻인 승모勝母라는 이름이 붙은 고을에는 들어서지 않았고 묵자는 조가朝歌라는 이름이 붙은 마을에서 수레를 돌렸다고 합니다. 그런데 오늘날 천하의 식견이 풍부하고 도량이 큰 선비들로 하여금 위세 있는 권력에 농락당하게 하고, 세력 많은 귀족에게 눌리게 만든다면 그들은 얼굴을 바꾸고, 행실을 더럽힘으로써 아첨하는 사람을 섬기어 대왕의 좌우에 있는 사람과 친근한 사이가 되는 것을 추구할 것입니다. 이렇게 된다면 선비들은 바위굴 속에 엎드려 죽을 뿐이니 그들이 어떻게 즐겨 충성과 신의를 바치려고 대궐로 향하려 하겠습니까?"

이 글을 양나라 효왕에게 올리자 효왕은 사람을 보내 추양을 풀어 주고 마침내 상객上客으로 삼았다.


태사공은 이렇게 말한다.

"노중련은 지향하는 바가 비록 대의에는 맞지 않았지만 벼슬도 지위도 없는 처지에서 자신의 뜻을 거리낌 없이 말하고 실천하며 제후들에게도 뜻을 굽히지 않아 당시 세상에서 담론과 유세로써 대신들의 권력을 꺾었다. 나는 이를 훌륭하게 생각한다. 추양은 그의 언사가 비록 공손하지는 않으나 그가 사물을 비유하고 비슷한 예를 열거해 설명하면 비장함을 느끼는 경우가 많으니 그 또한 곧고 불요불굴한 위인이라고 할 수 있겠다. 이런 까닭에 그를 열전에 덧붙였다."

노중련과 추양은 전국 시대 전란이 이어지는 상황에서 선비의 본분을 지킨 인물의 전형이다. 특히 언변이 뛰어났던 노중련은 다른 사람의 고통을 자신의 일처럼 여기고 거기에서 벗어나도록 하는 데 최선을 다하면서도 막상 자신은 청빈하게 살았다.

그는 또한 피 한 방울 흘리지 않고 신원연을 설득해 위기에 놓인 조나라를 구했다. 이에 평원군이 그를 위해 술자리를 마련하고 천금을 내놓자, 노중련은 이렇게 말한다. "선비란 무릇 아무 보상을 받지 않기 때문에 세상이 귀하게 여기는 것이며, 만일 보상을 받는다면 이것은 곧 장사꾼들의 행동이다."고. 추양은 "서로가 상대를 얼마나 이해하느냐에 따라 흰 머리가 되도록 사귀었어도 새로 사귄 사람 같은 우정이 있고, 길거리에서 만나 수레를 세워 이야기를 나눈 사람이라도 옛 친구 같은 우정이 있다."라며 신하와 군주 사이에 서로 이해하고 믿는 정도에 따라 한 나라의 성패가 달라진다고 얘기했다. 시대의 흐름과 상관없이 선비의 명예를 지킨 인물들은 어느 때나 반드시 있는 법이다.

# 【 전담 열전 】

● ──────────── 전담田儋은 적狄 땅 사람으로 옛 제나라 왕인 전씨田氏의 후예이다. 전담의 사촌동생인 전영田榮과 전영의 동생 전횡田橫은 모두 호걸로 그 집안이 강성했기 때문에 사람들의 인심을 얻을 수 있었다.

　진섭陳涉이 군사를 일으켜 초나라의 왕이 되었을 무렵, 그는 주시周市를 보내 위나라 땅을 침략하여 평정하도록 했다. 주시는 북쪽으로 적 땅에 이르게 되었는데 적성은 수비를 굳게 하고 있었다. 이때 전담은 거짓으로 그의 노비를 묶고서 젊은이들을 뒤에 거느리고 고을로 가 그의 노비를 죽이는 시늉을 했다. 전담은 적성의 현령을 만나자마자 그 현령을 때려 죽인 뒤 세력 있는 관리의 자제들을 불러 모아 이렇게 말했다.

"제후들은 지금 모두 진나라에 반기를 들고 스스로 왕이 되고 나라를 세우고 있다. 제나라는 옛날에 세워진 나라로서 나는 전씨의 후예이니 왕이 되기에 마땅하다."

그리고 스스로 제나라 왕위에 올랐다. 그런 다음 군대를 일으켜 주시를 공격했다. 이에 주시周市가 군대를 이끌고 돌아가자 전담은 군대를 이끌고 동쪽으로 가서 제나라 땅을 평정했다.

진나라의 장수인 장한章邯이 임제臨濟 땅에서 위나라 왕 위구魏咎를 포위했는데, 사정이 몹시 다급했다. 위나라 왕이 제나라에 구원을 요청하자 제나라 왕 전담은 군사를 거느리고 가서 위나라를 구원했다. 장한의 군대는 한밤중에 병사의 입에 재갈을 물리고 재빨리 공격해 제나라와 위나라의 군대를 크게 격파하고 임제 근처에서 전담을 죽였다. 이에 전담의 사촌동생 전영이 전담의 남은 병사를 수습해 동으로 향해 동아東阿로 달아났다.

제나라 사람들은 왕인 전담이 죽었다는 소식을 듣고 옛날의 제나라 왕이던 건建의 동생인 전가田假를 제나라 왕으로 세우고, 전각田角을 재상으로, 전간田間을 장군으로 삼아 제후들에게 대항했다.

전영이 동아로 달아나자 장한이 그들을 추격하여 포위했다. 그런데 항량項梁이 전영의 다급한 상황을 듣고는 군대를 이끌고 동아 근처에서 장한의 군대를 공격하여 이겼다. 장한은 서쪽으로 달아났는데 항량이 이를 기회로 그를 추격했다. 한편 전영은 제나라가 전가를 왕으로 세운 것에 노해 군대를 이끌고 귀국하여 제나라 왕 전가를 공격하여 그를 몰아냈다. 이에 전가는 초나라로 도망갔다. 그리고 제나라의 재상인 전각은 조나라로 망명했다. 전각의 동생인 전간은 그 이전에 조나라에 구원을 요청하러 갔다가 그대로 조나라에 머물러서 감히 돌아오지 못했다. 전영은 전담의 아들인 전시(田市)를 제나라 왕으로 세우고 전영 자신은 재상이 되었으며, 전횡은 장군이 되어 제나라 땅을 평정했다.

항량은 장한을 추격하고 있었는데, 장한의 군대가 점점 더 강성해지자 사신을 보내 조나라와 제나라에 함께 군대를 일으켜 장한을 공격하자고 했다. 이에 전영이 이렇게 답했다.

"만약에 초나라가 전가를 죽이고, 조나라가 전각과 전간을 죽인다면 기꺼이 군대를 출동시키겠다."

그런데 초나라 회왕이 이렇게 말했다.

"전가는 동맹국의 왕으로서 곤궁한 처지가 되자 우리에게로 달려온 것인데 그를 죽이는 것은 의롭지 못한 일이오."

조나라도 전각과 전간을 죽이면서까지 제나라의 환심을 사려 하지 않았다. 그러자 제나라에서는 이렇게 말했다.

"독사가 손을 물면 손을 베어 버리고, 독사가 발을 물면 발을 베어 버린다. 그 까닭은 무엇인가? 몸에 해를 입게 되기 때문이다. 지금 전가와 전각, 전간은 초나라나 조나라에 있어서 손이나 발 같은 정도의 친분이 있는 것도 아닌데 어찌하여 그들을 죽이지 아니하는가? 게다가 진나라가 다시 천하에 마음대로 뜻을 펼칠 수 있게 되면 이를 부드득 갈면서 일을 꾸민 사람들은 비록 무덤 속에 있다 하더라도 그 해를 입을 것이다."

그러나 초나라와 조나라가 말을 듣지 않자 제나라도 화가 나서 끝내 군대를 출병하려 하지 않았다.

장한은 결국 항량을 패배시켜서 죽이고, 초나라 군대를 격파했다. 초나라의 군대는 동쪽으로 달아났고, 장한은 하수河水를 건너서 거록성鉅鹿城에서 조나라를 포위했다. 그러자 항우는 거록성으로 가서 조나라를 구원했는데, 이 일로 그는 전영을 원망하게 되었다.

항우는 조나라를 구원하고 장한을 항복시키고 난 다음 서쪽으로 향하여 함양을 무찔러 진나라를 멸망시키고 제후들을 왕으로 세웠다. 그때 항우는 제나라 왕인 전시를 교동膠東의 왕으로 바꾸어 즉묵에 도읍을 정하도록 했다.

그리고 제나라 장군인 전도田都는 항우를 좇아 함께 조나라를 구원했고, 이 일을 계기로 함곡관 안에 들어갔기 때문에 전도를 제나라 왕에 세워서 임치에 도읍을 정하도록 했다. 옛 제나라 왕 건建의 손자인 전안田安은 항우가 하수를 건너서 조나라를 구원하려고 할 무렵에 제북濟北의 여러 성을 함락시키고 군대를 이끌고 항우에게 항복했기에 항우는 전안을 제북왕으로 세우고 박양博陽에 도읍을 정하게 했다. 한편, 전영은 항량의 뜻을 저버리고 군대를 파견하여 초나라와 조나라를 도와서 진나라를 공격하지 않았다는 이유로 왕에 봉해지지 못했다. 그리고 조나라의 장군인 진여陳餘 또한 자기의 직분을 다하지 못했다는 이유로 왕에 봉해지지 못했다. 그리하여 이 두 사람은 항왕을 원망하게 되었다.

 항왕이 자기 나라로 돌아간 다음 제후들도 제각기 자기들의 나라로 돌아갔는데 전영은 사람을 시켜 군대를 거느리고 진여를 도와 조나라의 땅에서 반기를 들도록 하는 한편, 전영 자신도 군대를 일으켜 전도에 항거하여 그를 공격했다. 그러자 전도는 초나라로 달아났다. 전영이 제나라 왕인 전시를 만류하여 교동으로 가지 못하게 하자 전시의 좌우에 있는 신하들이 왕에게 이렇게 말했다.

 "항왕은 포악한 사람으로 대왕께서 교동으로 가셔야 합니다. 만일 그 나라로 가지 않으신다면 위험할 것이 분명합니다."

 이 말을 듣고 전시는 두려워 자신의 나라로 도망쳤다. 전영은 이러한 전시의 행동에 화가 나서 즉묵에서 제나라 왕 전시를 추격해 죽였다. 그리고 돌아오는 길에 제북왕齊北王인 전안을 공격하여 죽이고 전영은 스스로 제나라의 왕위에 오르고 세 개의 제나라 땅을 모두 병합했다.

 항왕은 이러한 소문을 듣고 매우 화가 나서 곧바로 북쪽으로 와서 제나라를 쳤다. 제나라 왕인 전영의 군대는 패하여 평원平原으로 도주했는데, 이때 평원 사람이 전영을 죽였다. 항왕은 마침내 제나라의 성곽을 모두 무너뜨리고 불태웠으며, 지나가는 성마다 모두 도륙했다.

 이에 제나라 사람들은 서로 힘을 합쳐 초나라에 반기를 들었다.

전영의 동생인 전횡은 제나라의 흩어졌던 병사 수만 명을 불러 모아 성양城陽에서 항우에게 맞섰다.
한편 한나라 왕은 제후의 군대를 이끌고 초나라를 패퇴시킨 다음 팽성에 입성했다. 항우는 이러한 소식을 듣고 제나라에 대한 공격을 멈추고 돌아와 팽성에서 한나라의 군대를 공격했다. 이리하여 항우는 계속하여 한나라와 전투를 하게 되었는데, 이 두 나라는 형양을 사이에 두고 대치했다. 덕분에 전횡은 다시 제나라의 성읍을 되찾게 되었다. 그는 전영의 아들인 전광田廣을 제나라의 왕으로 세우고, 그 자신이 재상이 되어 정치를 도맡았다. 그리하여 정사는 크고 작은 일을 가릴 것 없이 모두 전횡이 결정하였다.
전횡이 제나라를 평정한 지 3년이 지났을 때 한나라 왕은 역생酈生을 제나라에 사신으로 보내 제나라 왕 전광과 재상인 전횡을 설득해 항복할 것을 요구했다. 전횡은 그의 말을 그럴 듯하게 여기고 역하酈下의 군대를 해산시켰다. 그런데 한나라의 장군인 한신이 군대를 이끌고 동으로 제나라를 공격했다. 이보다 앞서 제나라는 화무상華毋傷과 전해田解를 시켜 역하에서 진을 치고 한나라에 대항하게 했다. 이때 한나라의 사신이 이르자 그들은 전투 준비를 풀고 술을 마음껏 마시며 사신을 보내 한나라와 화친을 맺었다. 그런데 한나라의 장군인 한신이 조나라와 연나라를 평정하고 나서 괴통蒯通의 계책을 채용하여 평원 땅을 건너 제나라의 역하에 주둔한 군대를 기습하고 뒤를 이어서 임치에 입성했다. 이러한 일이 벌어지자 제나라 왕 전광과 재상인 전횡은 화가 나 역생이 자신들을 속였다고 생각하고 역생을 솥에 삶아 죽였다.

그리고 전광田廣은 동쪽의 고밀 땅으로 달아나고, 전횡은 박양博陽 땅으로 달아났으며, 수비를 담당하는 재상인 전광田光은 성양城陽 땅으로 달아나고, 장군 전기田旣는 교동에 군대를 주둔시키게 되었다. 이에 초나라는 용저龍且로 하여금 제나라를 구원하게 했는데, 제나라 왕은 용저의 군대와 고밀高密에서 만나 진을 쳤다. 그러나 한나라의 장수인 한신은 조참曹參과 함께 용저를 공격하여 그를 죽이고, 제나라 왕을 사로잡았다. 그리고 한나라 장수인 관영灌嬰은 제나라 수비를 담당하는 재상인 전광을 추격하여 사로잡았다.

한편, 전횡은 박양 땅에 이르러 제나라 왕이 죽었다는 소식을 듣고서 스스로 제나라 왕이 되어 군대를 돌이켜 관영을 공격했다. 그러나 관영이 영嬴 땅의 밑에서 전횡의 군대를 패퇴시키자 양나라로 달아나서 팽월에게 귀순하였다.

그 무렵 팽월은 양 땅에 있으면서 중립을 지킨 채 한나라의 편이 되었다가 초나라의 편이 되었다가 했다. 한신은 용저를 죽이고 난 다음, 조참에게 영을 내려 군대를 진격시켜 교동에 있는 전기를 공격하여 죽이게 하고, 관영으로 하여금 천승千乘 땅에서 제나라의 장수인 전흡田吸의 군대를 격파하고 그를 죽이도록 했다. 한신은 마침내 제나라를 평정했는데 그는 자기 자신이 제나라의 임시 왕이 되고 싶다고 요청했다. 그러자 한나라는 그를 제나라의 진짜 왕으로 세웠다.

그로부터 1년 남짓 지나서 한나라 왕은 항적項籍을 멸하고 황제의 자리에 올라 팽월을 양나라 왕으로 임명했다. 전횡은 이와 같은 소식을 듣고 죽임을 당할까 두려워서 자신을 따르는 500여 명의 무리와 더불어 바다로 들어가 섬에서 살았다. 고제는 이 소식을 듣고 전횡 형제가 본래 제나라를 평정했고, 현명한 제나라 사람들이 이들 형제를 많이 따르니 그들을 바다의 섬에 그대로 두면 뒤에 난을 일으킬지도 모른다고 생각하고 사신을 보내 전횡의 죄를 용서하고 그를 불러들였다. 그러나 전횡은 사양하며 이렇게 말했다.

"신은 폐하의 사신인 역생을 삶아 죽였습니다. 현재 그의 동생인 역상酈商이 한나라의 장수이고 현명하다고 들었는데 그가 두려워서 감히 조서를 받들지 못하겠습니다. 청컨대 평민으로 바다의 섬을 지키며 살아가게 하여 주십시오."

사신이 돌아와 이러한 사실을 보고하자 고황제는 곧 위위衛尉인 역상에게 이런 조서를 내렸다.

"제나라 왕 전횡이 이곳에 돌아왔을 때 그를 따르는 사람이나 말을 불안하게 만드는 자가 있으면 그 일족을 멸하겠다."

그리고는 다시 사신을 보내 황제의 부절을 가지고 가서 역상에게 조서를 내린 상황을 자세히 설명하고, 이렇게 말하라 했다.

"전횡이 오면 큰 사람은 왕으로 삼고, 작은 사람이라 할지라도 후로 봉하여 질 것이다. 그러나 만일 이르지 않는다면 군사를 보내 죽일 것이다."

전횡은 자신의 빈객 두 사람과 함께 역마를 타고 낙양으로 향했다. 전횡의 일행이 낙양에서 30리 떨어진 곳인 시향(尸鄕)의 역참에 이르렀을 때 전횡이 사신에게 말했다.

"남의 신하된 자가 천자를 만나고자 하면 마땅히 몸을 씻고 머리를 감아야 합니다."

전횡은 이렇게 말하고 잠시 그곳에 머물며 자신의 빈객에게 이렇게 말했다.

"나는 처음에 한나라 왕과 더불어 같이 남쪽을 바라보고 고(孤)라 일컬었는데, 현재 한나라 왕은 천자가 되고 나는 도망친 포로가 되어 북쪽을 향해 그를 섬겨야 하니 그 치욕이 참으로 너무 심하지 아니한가? 게다가 나는 다른 사람의 형을 삶아 죽였는데 그의 동생과 어깨를 나란히 하고 한 군주를 섬겨야 하오. 그 사람은 비록 천자의 조서가 두려워 감히 나를 동요케 하지 못한다고 하나 내 마음속에 어찌 부끄러움이 없을 수가 있겠는가? 게다가 폐하께서 나를 보고자 하는 것은 나의 얼굴을 한번 보려고 하는 것에 불과한 것일 뿐이오. 지금 폐하께서는 낙양에 계시니 바로 나의 머리를 베어서 30리를 달려간다면 나의 모습이 부패하지는 않아 얼굴을 알아볼 만할 것이오."

그러고는 스스로 자기 목을 찌르며 빈객에게 자신의 머리를 받들고 사신을 따라 말을 달려 고제에게 바치라고 했다. 고제는 이를 보고서 말했다.

"슬프다! 역시 까닭이 있었구나! 한낱 평민에서 몸을 일으켜 세 형제가 번갈아 왕이 되었으니 어찌 현명하다고 하지 않을 수 있겠는가!"

고황제는 전횡을 위하여 눈물을 흘리고, 그의 두 빈객을 도위로 삼았다. 그리고 군졸 2천 명을 내 주어 왕의 예로써 전횡의 장사를 치르게 해 주었다.

그러나 장례를 마치자마자 두 빈객은 전횡의 무덤 옆에 구덩이를 파고 모두 스스로 목을 베어 거꾸로 처박힌 채 전횡을 따라갔다. 고제는 이러한 이야기를 듣고 크게 놀라서 전횡의 빈객이 모두 현명하다고 생각했다. 그리고 그는 전횡의 다른 빈객들이 아직 500명이나 바다의 섬에 있다는 말을 듣고서 사신을 파견하여 그들을 불렀다. 사신이 섬에 도착해 전횡의 죽음을 알리자 그들은 모두 스스로 목숨을 끊었다.

태사공은 말한다.

"심하구나. 괴통의 계책은 제나라를 혼란에 빠뜨리고, 회음후淮陰侯의 마음을 교만하게 만들어 결국 이 두 사람을 망쳤구나. 괴통이라고 하는 사람은 종횡술에 능통하여 전국 시대의 권모술수를 논한 것이 여든한 편이 된다. 괴통은 제나라 사람인 안기생安期生과 잘 아는 사이였는데, 안기생은 일찍이 항우에게 벼슬을 구했지만 항우는 그의 계책을 사용하지 못했다. 마침내 항우는 이 두 사람을 봉하려고 했으나 두 사람은 끝내 항우 곁을 떠났다. 전횡은 높은 절개를 가졌기에 빈객들이 그의 의로움을 사모하여 전횡을 따라 죽을 정도였으니 어찌 지극히 현명한 사람이 아니라고 할 수 있겠는가? 나는 이러한 까닭에 그를 열전에 싣는다. 그런데 제나라에도 계책을 잘 세우는 사람이 없지 않았을 텐데. 전횡을 보좌하여 나라를 지키지 못했으니 이는 무슨 까닭일까?"

> 평민으로 태어나 번갈아 왕이 된 세 형제의 이야기이다. '독사에게 물린 손을 잘라야 하는 이유는 자르지 않으면 몸뚱이마저 위험해지기 때문이다', '원망하는 마음은 반란의 불씨가 된다' 등의 인간관계에 지침이 되는 문구부터 '치욕스러운 삶을 사느니 차라리 죽음을 택하는 것이 낫다'는 원칙론에 이르기까지 쓰지만 곱씹어 보면 도움이 되는 명구로 가득하다.

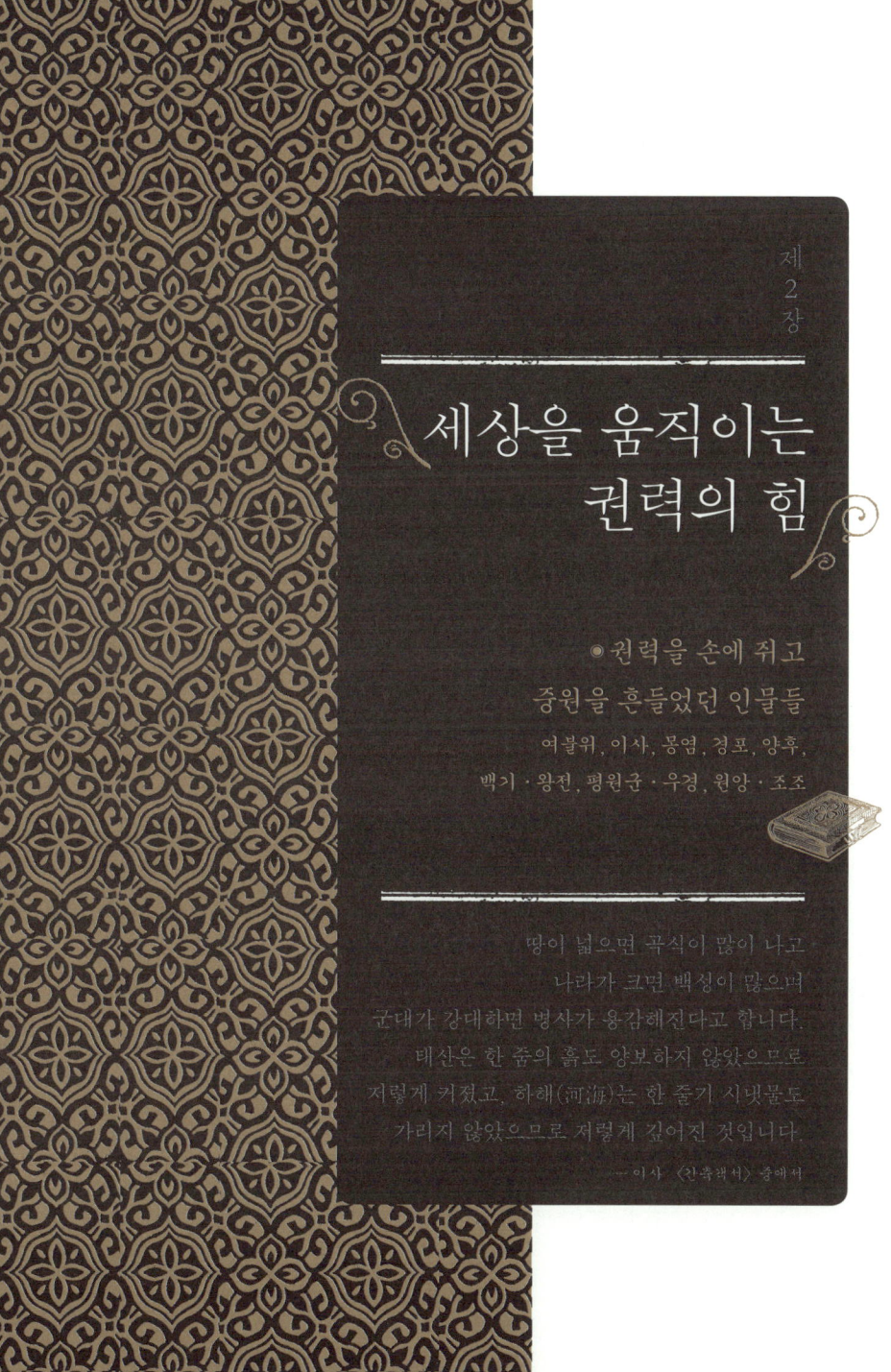

제2장

# 세상을 움직이는 권력의 힘

● 권력을 손에 쥐고
중원을 흔들었던 인물들
여불위・이사・몽염・경포・양후・
백기・왕전・평원군・우경・원앙・조조

땅이 넓으면 곡식이 많이 나고
나라가 크면 백성이 많으며
군대가 강대하면 병사가 용감해진다고 합니다.
태산은 한 줌의 흙도 양보하지 않았으므로
저렇게 커졌고, 하해(河海)는 한 줄기 시냇물도
가리지 않았으므로 저렇게 깊어진 것입니다.

— 이사 《간축객서》 중에서

# 【 여불위 열전 】

● ─────── 여불위呂不韋는 양책陽翟의 큰 상인으로, 여러 나라를 돌아다니면서 싼 물건을 사다가 비싸게 되팔아 많은 재산을 모았다.

진나라 소왕昭王 40년에 태자가 죽자 2년 후 둘째 아들 안국군安國君이 태자로 책봉되었다. 안국군에게는 스무 명이 넘는 아들이 있었다. 또 매우 사랑하는 첩을 정부인으로 삼고 화양부인華陽夫人이라고 불렀다. 화양부인에게는 아들이 없었다. 안국군의 아들 가운데 둘째 아들은 이름이 자초子楚였고, 자초의 어머니는 하희夏姬였는데, 하희는 안국군의 사랑을 받지 못했다. 자초는 볼모가 되어 조趙나라로 보내졌다. 진나라가 자주 조나라를 공격했기 때문에 조나라에서는 자초를 그다지 예우하지 않았다. 자초는 진나라의 많은 서얼庶孼 중 하나인데다 다른 제후 나라에 볼모로 가 있었으므로, 재물이 넉넉하지 않고 생활도 곤궁해 실의에 차 있었다. 여불위가 조나라의 수도인 한단으로 장사를 갔다가 이런 모습을 보고 가엾게 여기면서 말했다.

"이것이야말로 귀한 보물이니 사 둘 만하다."

여불위는 자초를 찾아가 말했다.

"제가 당신의 집안을 키워드리겠습니다."

그러자 자초가 웃으며 말했다.

"먼저 당신의 집부터 키운 뒤에 내 집안도 키워 주시오."

여불위가 말했다.

"당신은 모를 수도 있겠습니다만, 내 집안은 당신 집안을 크게 해야만 따라서 커질 수 있습니다."

자초는 마음속으로 여불위가 하는 말뜻을 알아들었다. 그래서 그를 안으로 데려와 속마음을 털어놓았다. 여불위가 말했다.

"진왕은 늙었고, 안국군이 태자가 되었습니다. 제가 듣기로는 안국군이 화양부인을 사랑한다지만, 화양부인에게는 아들이 없습니다. 그렇지만 후사後嗣를 세울 수 있는 사람은 오직 화양부인뿐입니다. 지금 당신의 형제가 스물 댓 명이나 되는데, 당신은 그 가운데서도 중간입니다. 그나마 사랑도 받지 못해서 오랫동안 제후의 나라에 인질로 와 있습니다. 지금 대왕이 돌아가시고 안국군이 임금으로 즉위한다고 해도 아마 당신은 큰 형이나 여러 형제와 아침저녁으로 임금 자리를 두고 다툴 수는 없을 것입니다."

그러자 자초가 말했다.

"그렇지요. 어떻게 하면 좋겠습니까?"

여불위가 말했다.

"당신은 가난한데다 객지에 나와 있으니, 어버이를 받들거나 빈객들과 사귈 재물이 없을 것입니다. 제가 비록 가난하지만, 당신을 위해 천금을 가지고 서쪽으로 가서 안국군과 화양부인을 섬겨 당신을 후사로 삼게 하겠습니다."

자초는 머리를 숙여 고마워하며 말했다.

"정말 당신의 계책대로 된다면, 진나라를 나눠서 당신과 함께 가지겠소."

여불위는 자초에게 500금을 주어 빈객들과 사귀는 데 쓰도록 했다. 그러고는 자신도 500금으로 진기한 물건과 노리개를 사서 진나라를 찾아갔다. 그는 먼저 화양부인의 언니를 통해 화양부인을 만난 다음, 가지고 온 물건을 모두 화양부인에게 바치면서 말했다.

"자초는 어질고도 슬기로워 천하 제후의 빈객들과 두루 사귑니다. 그러면서 언제나 부인을 하늘처럼 생각하고 밤낮으로 태자와 부인을 사모한다고 눈물을 흘립니다."

화양부인은 매우 기뻐했다. 여불위는 다시 그 언니를 시켜서 부인을 설득하도록 했다.

"내가 들으니 아름다운 얼굴로 남을 섬기는 사람은 그 얼굴빛이 시들면 사랑도 시든다고 합니다. 지금 부인께선 태자를 섬기며 매우 사랑받지만, 아들이 없습니다. 이럴 때에 왜 빨리 여러 아들 가운데 어질고도 효성스러운 자를 골라서, 후사로 세워 아들로 삼지 않으십니까? 그러면 남편이 살아 계실 때에도 존중받을 것이며, 남편이 돌아가신 뒤에도 아들로 삼은 자가 임금이 될 테니 끝까지 권세를 잃지 않을 것입니다. 이것이 바로 한마디 말로 만세의 이익을 얻는 길입니다. 나이 젊고 아름다울 때에 근본을 세워 두지 않으면, 얼굴빛이 시들어 임금의 사랑까지 시들해진 뒤에는 말 한마디라도 제대로 할 수 있겠습니까? 지금 자초는 현명해서 자기가 중간 서열의 아들이라 태자의 차례가 돌아오지 않을 줄 알고 있습니다. 또 자기 어머니도 태자의 사랑을 받지 못하고 있으니, 저절로 부인을 따를 것입니다. 부인께서 이런 기회에 그를 뽑아 후사로 삼는다면, 부인은 죽을 때까지 진나라에서 은총을 누릴 것입니다."

화양부인은 그 말이 옳다고 생각했다. 그래서 태자가 한가한 틈을 타서 조용히 말했다.

"조나라에 인질로 가 있는 자초가 매우 현명하다고 오가는 사람들이 모두 다 칭찬합니다."

그러더니 눈물을 글썽이면서 이렇게 말했다.

"첩이 다행히 후궁의 자리에 있지만, 불행히도 아들이 없습니다. 자초를 후사로 삼아, 첩의 몸을 의탁하게 해 주십시오."

그러자 안국군이 이를 허락하고, 부인에게 옥부를 새겨 주며 자초를 후사로 삼겠다고 약속했다. 그러고는 자초에게 많은 예물을 보내고, 여불위에게 간청해 그를 자초의 태부太傅로 모셨다. 이렇게 되자 자초의 명예는 제후들 사이에서 더욱 높아졌다.

　여불위는 한단의 여러 미희들 가운데 가장 아름답고도 춤을 잘 추는 여인을 얻어서 살고 있었는데, 그녀는 임신 중이었다. 자초는 여불위의 집에서 술을 마시다가 그 여인을 보고 한눈에 반해 여불위에게 장수를 권하는 술잔을 올리고, 여인을 자기에게 달라고 청했다. 여불위는 화가 치밀었지만 자신이 전 재산을 던져서 자초를 위해 힘쓰는 까닭은 더욱 크고 진기한 재화를 얻기 위한 것이라는 것을 깨닫고 결국 그 여인을 자초에게 바쳤다. 여인은 자기가 임신한 사실을 숨겼다가, 만삭이 되어 아들 정政을 낳았다. 그러자 자초는 드디어 그 여인을 부인으로 삼았다.

　진나라 소왕 50년에 진나라는 왕의를 시켜 한단邯鄲을 포위하게 했다. 사태가 다급해지자, 조나라에서는 자초를 죽이려고 했다. 자초는 여불위와 모의해 자기를 감시하는 관리에게 금 600근을 주고 탈출해 드디어 진나라까지 돌아갈 수 있었다. 조나라에서는 남아 있던 자초의 부인과 아들을 죽이려고 했지만, 자초의 부인이 조나라 부호의 딸이라서 숨을 수가 있었고 덕분에 아들과 함께 살아남았다.

　진나라 소왕이 56년에 죽자 태자 안국군은 임금이 되었고, 화양부인은 왕후가 되었으며, 자초는 태자가 되었다. 조나라에서도 또

한 자초의 부인과 아들 정을 받들어 진나라로 돌려보냈다.

진왕이 즉위한 지 1년 만에 죽자, 시호를 효문왕孝文王이라고 했다. 그리고 태자 자초가 대를 이어 왕이 되었는데 바로 장양왕莊襄王이다. 장양왕은 자신을 길러 준 어머니 화양부인을 화양태후라 하고, 자기를 낳아 준 어머니 하희를 높여서 하태후夏太后라고 했다. 진나라에서는 장양왕 원년에 여불위를 승상으로 삼고, 문신후文信侯에 봉했으며, 하남河南 낙양洛陽의 10만 호를 식읍食邑으로 주었다.

장양왕이 즉위한 지 3년 만에 죽자 태자 정이 즉위해 임금이 되었으며, 여불위를 높여서 상국相國으로 삼고 중보仲父라고 불렀다. 진왕은 나이가 어렸으므로, 태후는 때때로 남몰래 여불위와 정을 나누었다. 이즈음 여불위의 집안에는 종이 만 명이나 되었다.

이때 위나라에는 신릉군이 있고 초나라에는 춘신군이 있었으며 조나라에는 평원군이 있고 제나라에는 맹상군이 있어서, 모두들 선비에게 몸을 낮추고 빈객 맞기를 좋아하는 것으로 서로 경쟁했다. 여불위는 진나라가 강성하면서도 그들처럼 못하는 것을 부끄럽게 여겨, 자기도 또한 선비들을 불러 모으고 그들을 잘 대우해 이내 식객이 3천 명이나 되었다.

이 즈음 제후의 나라에는 변사辯士들이 많아서, 순경荀卿 같은 무리가 글을 지어 천하에 퍼뜨리곤 했다. 그래서 여불위도 자기 식객들을 시켜서 각 사람마다 들은 이야기들을 글로 짓게 했다. 그리하여 모인 이야기가 팔람八覽, 육론六論, 십이기十二紀 등 20여만 언이나 되었다. 이만하면 천지 만물과 고금의 일이 다 갖추어졌다고 생각하고는 글을 한데 묶고 그 책을 《여씨춘추呂氏春秋》라고 이름 붙였다. 그리고 그 책을 함양의 시장 문 앞에 펼쳐 놓고 천금을 그 위에 걸어 놓은 뒤에, 제후의 나라들을 돌아다닌 선비나 빈객들을 맞아 "이 책에 한 글자라도 더 보태거나 빼 버릴 수 있는 자가 있으면 이 금을 주겠다."고 선언했다.

진시황이 장년이 되었는데도, 태후의 음란한 행동은 그치지 않았다. 여불위는 간통이 발각되어 그 화가 자기에게 미칠까 봐 두려워졌다. 그래서 몰래 음경이 큰 노애嫪毐라는 사람을 구해 자기 집 가신으로 삼았다. 이따금 음탕한 음악을 연주하면서 노애를 시켜 그의 음경으로 오동나무 수레바퀴를 달아서 걷게 했다. 태후가 그 소문을 듣도록 해 태후의 마음을 낚으려 한 것이었다. 과연 태후가 그 소문을 듣더니 몰래 노애를 얻으려 했다. 여불위는 노애를 바치면서 사람을 시켜 노애가 부형腐刑에 해당하는 죄를 지었다고 고발케 했다. 그러고는 몰래 태후에게 말했다.

"그가 부형을 받았다고 속이면, 궁중에서 일할 수 있습니다."

태후는 그 말을 듣고는 부형을 집행하는 관리에게 많은 뇌물을 주어 거짓으로 부형을 집행한 척하고, 노애의 수염과 눈썹을 뽑아 내시처럼 보이게 했다. 그리하여 노애는 태후의 시중을 들 수 있게 되었다. 태후는 그를 몹시 사랑했다. 그러다가 임신을 하자 남들이 알까 두려워졌다. 그래서 아기 낳을 때를 피하기 위해 거짓으로 점을 치게 하고는 "궁궐을 옮겨 옹雍 땅에 살아야 한다."고 했다. 노애는 언제나 태후를 따라다녔으며, 태후는 그에게 많은 상을 주었다. 모든 일은 노애의 손에서 결정되었다. 노애의 집안 종이 수천 명이었으며, 벼슬을 얻기 위해 노애의 가신이 된 빈객들만 해도 1천여 명이나 될 정도였다.

진시황 7년에 장양왕의 어머니인 하태후가 죽자 그녀는 두원杜原 동쪽에 홀로 묻혔다. 효문왕의 왕후인 화양태후가 효문왕과 함께 수릉壽陵에 합장되고, 하태후의 아들 장양왕은 지양芷陽에 묻혔다. 이렇듯 하태후가 홀로 묻힌 이유는 "동쪽으로는 나의 아들을 바라보고 서쪽으로는 나의 남편을 바라보게 하라. 100년 뒤에는 곁에 마땅히 만호의 읍이 생길 것이다."라는 그녀의 유언 때문이었다.

진시황 9년에 어떤 사람이 노애는 실제로 환관이 아니며 태후와 사사로이 정을 통해 아들 둘을 낳아 숨겨 두었고, 왕이 죽으면 그 아들이 뒤를 잇게 할 것이라는 모의를 했다고 고발했다.

이에 진시황이 관리를 보내 자세한 실정을 알아내는 과정에서 이 사건에 여불위까지 관련되었음이 밝혀졌다. 진시황은 노애의 삼족을 멸하고, 태후가 낳은 두 아들을 죽였으며, 태후를 옹 땅으로 내쫓았다. 노애의 가신들도 모두 그 가산을 몰수한 뒤에 촉 땅으로 내쫓았다. 진시황은 여불위까지도 죽이려고 했지만, 그가 선왕을 받든 공로가 크고 그를 변호하는 자가 많아 법대로 처단하지 못했다.

그러나 얼마 못 가 여불위는 관직에서 쫓겨났다. 제나라 사람 모초茅焦가 진왕을 설득하자, 진왕이 그제야 태후를 옹에서 맞아들여 함양으로 다시 돌아오게 하고, 여불위를 자기 식읍이 있는 하남으로 가게 했다. 1년 남짓 지나자, 제후의 빈객이나 사자들이 앞다투어 여불위를 찾아갔다. 진시황은 여불위가 변란이라도 일으킬까 염려되어 편지를 보냈다.

'그대가 진나라에 무슨 공을 세웠기에 진나라가 그대를 하남에 봉하고 10만 호를 식읍으로 주었는가? 그대가 진나라와 무슨 친속 관계가 있기에 중보仲父라고 불리는가? 그대는 집안 친속들과 함께 촉으로 옮겨 가서 살라'

여불위는 이러다가는 얼마 안 있어 죽음을 당할 것을 알고 스스로 독주를 마시고 죽었다. 그러자 진시황은 촉으로 내쫓았던 노애의 가신들을 다시 함양으로 돌아오게 했다. 진시황 19년에 태후는 죽고 제태후帝太后라는 시호를 얻었으며 장양왕과 함께 지양芷陽에 묻혔다.

태사공은 말한다.

"여불위와 노애는 귀하게 되었고 여불위는 문신후에 봉해졌다. 어떤 사람이 노애는 내시가 아니라고 고발했을 때 노애도 이 소문을 들었다. 진시황은 좌우의 신하들에게 물어 증거를 잡으려고 아직 사건을 발표하지 않았다. 그러고는 옹 땅으로 가서 하늘과 땅에서 제사를 지냈다. 노애는 화를 당할까 두려워서 자기 무리들과 공모하고는, 태후의 옥새를 도용해서 군대를 일으켜 옹의 기년궁(蘄年宮)에서 반란을 일으켰다. 진시황이 관리를 보내 노애를 공격하자, 노애는 이를 피해 달아났다. 왕의 군대도 그를 호치(好畤)에서 잡아 그와 그의 일족을 멸했다. 여불위도 이 사건으로 말미암아 물러났다. 공자가 말한 '헛된 이름만 난 자'가 바로 여불위 같은 사람이 아닌가."

여불위는 큰 상인으로 시대의 흐름을 꿰뚫어보는 눈을 가지고 있었던 인물이다. 이 이야기는 그가 진시황의 친아버지일지도 모른다는 놀라운 가정을 깔고 있지만 그것보다는 그가 처음 조나라에 있던 자초를 발견하고 그를 설득하는 대목이 더욱 인상적이다.

"물건 값이란 사람들이 탐낼수록 오르게 마련입니다. 그런데 비싼 물건은 누구든지 살려고 하니 이익을 독점하는 것은 힘들지요. 저는 누구도 거들떠보지 않는 물건에 전 재산을 투자하고, 재주껏 값을 끌어올릴 것입니다. 수완을 발휘해 값을 올리는 데 성공하면 이익은 몇만 배가 되어서 돌아올 것이니까요. 나는 나의 전 재산을 투자해 당신을 사려고 합니다."

이것은 여불위가 진시황의 아버지 자초를 얻게 되는 장면으로 역사를 바꾼 중요한 거래 중의 하나이다.

# 【 이사 열전 】

이사李斯는 초나라 상채上蔡 사람이다. 젊었을 때에 군의 하급 관리가 되었는데, 관청 변소에서 쥐들이 더러운 찌꺼기를 먹다가 사람이나 개가 가까이 가면 자주 놀라고 겁내는 것을 보았다. 그러나 이사가 창고에 들어가면 창고 안에 있는 쥐들은 쌓아 놓은 곡식을 먹으며 큰 건물 안에 살고 있으므로 사람이나 개들을 두려워하지 않는 것이었다. 그 모습을 본 이사는 이렇게 탄식했다.

"사람이 잘나고 못난 것도 저런 쥐들과 같다. 자신이 처해 있는 환경에 달렸을 뿐이다."

그러고는 순경荀卿을 찾아가 천하를 다스리는 제왕帝王의 기술을 배웠다. 공부를 끝마치자 초나라 왕은 섬길 만한 인물이 못 되며,

다른 여섯 나라는 모두 약소해서 큰 공을 세울 수가 없다고 생각해서 서쪽 진나라로 들어가려고 순경에게 하직 인사를 했다.

"저는 때를 얻으면 놓치지 말라고 들었습니다. 지금은 만승의 제후 나라들이 서로 다투는 시대라서, 유세객들이 정사를 도맡아 하고 있습니다. 게다가 진나라 왕은 천하를 집어삼켜 황제라 칭하며 다른 나라까지 다스리려고 합니다. 이런 때야말로 관직이나 지위가 없는 선비가 분주히 돌아다녀야 할 때이며, 유세객에게는 절호의 기회입니다. 낮고 천한 자리에 있으면서도 아무런 계획도 세우지 않는 자는 새나 짐승이 고기를 보고도 사람이 앞에 있다고 해서 억지로 참고 지나가는 것과 같습니다. 그러므로 낮고 천한 것보다 더 큰 부끄러움은 없으며, 가난보다 더 심한 슬픔은 없습니다. 오랫동안 낮고 천한 자리와 가난하고 괴로운 처지에 있으면서 세상의 부귀를 비난하고 영리를 미워해, 스스로 무위無爲에 의탁하는 것이 선비의 진정한 모습은 아닐 것입니다. 그러기에 저는 서쪽으로 가서 진나라 왕에게 유세하려 합니다."

이사가 진나라에 이르렀을 때 마침 장양왕莊襄王이 죽었다. 그래서 이사는 진나라 재상 문신후文信侯인 여불위의 가신이 되었다. 여불위는 그가 현명한 것을 알고 왕의 시위관으로 임명했다. 이사는 이것을 기회로 진나라 왕에게 말했다.

"소인배는 기회를 놓치지만 큰 공을 이룬 사람은 상대의 약점을 틈 타서 잔인하게 밀고 나갑니다. 옛날 진나라 목공穆公이 패자가 되고도 끝내 동쪽의 여섯 나라를 병합하지 못한 까닭이 무엇 때문입니까? 제후들이 아직도 많고 주나라 왕실의 덕이 아직도 쇠퇴하지 않았기 때문이었습니다. 그래서 오패五霸가 차례로 일어나서 번갈아 가며 주나라 왕실을 받들었습니다. 그러나 진나라 효공孝公 이후로는 주나라 왕실이 미약해져서 제후들이 서로 병합했으니, 함곡관 동쪽이 여섯 나라로 줄어들었습니다. 진나라가 승세를 타서 제후들을 부려 온 지가 벌써 6대(효공·혜문왕·무왕·소왕·효문왕·장양왕)나 되었습니다. 지금 제후들이 진나라에 복종하는 모양은 마치 진나라의 군현이나 마찬가지입니다. 진나라의 강대함과 대왕의 현명함이라면 제후를 멸망시키고 황제로서의 대업을 성취해 천하를 통일하는 것은 마치 밥 짓는 아낙네가 부뚜막 위의 먼지를 털어 내는 것 같아 조금도 어려울 것이 없습니다. 지금이야말로 만 년에 한 번 있는 기회입니다. 지금 게으름을 피우고 서둘지 않으면, 제후들이 다시 강해져서 합종을 맹약할 것입니다. 그렇게 되면 비록 황제黃帝처럼 현명한 왕이 있더라도 천하를 손에 넣을 수 없습니다."

그러자 진나라 왕은 이사를 장사(長史, 궁궐의 모든 일을 총괄하는 우두머리)에 임명하고, 그의 계책을 들어 은밀히 모사들에게 금과 옥을 들고 제후들을 찾아가 유세하게 했다. 제후 나라의 명사 가운데 재물로 움직일 수 있는 자에게는 많은 선물을 보내 결탁하고, 말을 듣지 않는 자는 날카로운 칼로 찔러 죽였다. 그러고는 그 나라 임금과 신하 사이를 이간질시키고 뛰어난 장군을 보내 그들을 치게 했다. 그리고 이사를 객경客卿으로 삼았다.

그때 마침 한나라의 정국鄭國이라는 사람이 진나라를 교란시키려고 논밭에 물을 대기 위한 운하를 만들려고 했다. 그러자 진나라 왕족과 대신들은 모두 진왕에게 이렇게 말했다.

"제후 나라에서 진나라를 섬기러 온 사람들은 대개 속으로는 자기 임금만 위하므로 진나라에 빈틈을 만들 뿐입니다. 유세객들을 모조리 내쫓으십시오."

이사도 논의의 대상이 되어 쫓김을 당할 사람들의 명단에 들어 있었다. 그러자 이사가 진나라 왕에게 글을 올렸다.

"신이 들으니 관리들이 빈객을 쫓아내려고 의논한다고 합니다만, 신의 생각으로는 잘못된 것 같습니다. 옛날 목공穆公이 인재를 구할 때에 서쪽으로는 융戎에서 유여由余를 데려오고 동쪽으로는 원宛에서 백리해를 얻었으며, 송나라에서는 건숙蹇叔을 맞아오고 진晉나라에서는 비표丕豹와 공손지公孫支를 오게 했습니다. 이 다섯 사람은 진나라에서 태어나지 않았지만, 목공은 이들을 높이 써서 스무 나라를 병합하고 드디어 서융西戎에서 패자가 됐습니다. 효공이 상앙의 변법을 채용해 풍속을 바꾸자 백성은 번영하고 나라는 부강해졌습니다. 백성들은 나라의 부역에 쓰이는 것을 기뻐했으며, 제후들은 친밀하게 복종했습니다. 그래서 초나라와 위나라의 군대를 이기고 땅을 빼앗은 것이 천 리나 되어, 지금까지도 나라는 잘 다스려지고 군대는 강합니다.

혜왕은 장의의 계책을 채용해 삼천三川의 땅을 빼앗고, 서쪽으로는 파·촉을 병합했으며, 북쪽으로는 상군을 거두고 남쪽으로는 한중을 점령했습니다. 구이九夷를 포섭해 언과 영을 제압하고, 동쪽으로는 성고成皐의 험준한 땅을 발판으로 비옥한 땅을 빼앗았습니다. 나중에는 여섯 나라의 합종 맹약을 깨뜨려 그들이 서쪽을 바라보며 진나라를 섬기게 했습니다. 장의의 공은 아직까지도 미치고 있습니다. 소왕은 범저를 얻어 양후를 폐하고 화양군을 내쫓아 진나라 왕실을 강화시키고 대신들의 집안이 강대해지는 것을 막았습니다. 또한 제후들의 영토를 잠식해 진나라가 제업을 이루도록 했습니다.

위의 네 임금은 모두 빈객들의 도움으로 공을 세웠습니다. 이러한 옛일들을 본다면, 빈객들이 어찌 진나라를 저버렸습니까? 앞의 네 임금이 타국인을 물리쳐 받아들이지 않고 인재들을 멀리해 등용치 않았다면, 나라에는 재물과 이익의 실속이 없고 진나라가 강대하다는 이름도 얻지 못했을 것입니다.

지금 폐하께서는 곤륜산의 옥을 가지고 수씨隨氏의 진주와 화씨和氏의 벽옥을 지니셨으며, 명월주를 차고 태아太阿의 명검을 차셨습니다. 섬리의 명마를 타고 물총새와 봉황의 깃으로 만든 기를 세우셨으며, 악어가죽으로 만든 북까지 가지셨습니다. 이 여러 가지 보물은 모두 진나라에서 나는 것은 아니건만, 폐하께서 좋아하시는 것은 무슨 까닭입니까? 반드시 진나라에서 난 것이라야만 된다면, 야광주로 조정을 장식할 수 없고 코뿔소의 뿔이나 상아로 만든 물건을 즐길 수 없을 것입니다. 정나라와 위나라의 미인들도 후궁에 들어올 수 없을 것이며, 준마들로 바깥 마구간을 채울 수도 없을 것입니다. 강남의 금과 주석도 쓸 수 없으며, 서촉의 단청으로 채색할 수도 없을 것입니다. 후궁을 장식하고 내실에서 사용하며 마음을 기쁘게 하고 귀와 눈을 즐겁게 하는 물건들까지 반드시 진나라에서 난 것이라야만 된다면, 완주宛珠의 귀걸이, 아호阿縞로 지은 옷, 금수錦繡의 장식들도 폐하 앞에 나타나지 못하고, 세상의 유행에 따라 우아하고 아름답게 차린 조나라의 여인도 폐하 곁에 설 수 없을 것입니다.

　항아리를 두드리고 질장구를 치거나 쟁을 타고 넓적다리를 치면서, 목청 높여 노래를 불러 귀와 눈을 즐겁게 하는 것이 참다운 진나라 음악입니다. 정나라와 위나라의 음악이나 상간桑間의 음악, 또 소韶와 우虞의 음악이나 무武와 상象의 음악은 다른 나라의 음악입니다. 그런데 지금 항아리를 두드리며 질장구를 치던 진나라의 음악을 버리고 정나라와 위나라의 음악을 연주하며, 쟁을 타던 것을 물리치고 소·우의 음악을 받아들였으니, 어째서 이렇게 되었겠습니까? 마음을 유쾌하게 해 주고 보기에도 좋았기 때문입니다. 그러나 지금 사람을 쓰는 것은 그렇지 않습니다. 그 사람됨이 옳은지 그른지는 묻지도 않고, 굽은지 곧은지는 따지지도 않습니다. 진나라 사람이 아니면 내보내고, 빈객이면 내쫓습니다. 여색이나 음악, 주옥은 귀중히 여기면서도 사람은 가볍게 여기는 꼴입니다. 이것은 천하에 군림해 제후들을 제압하는 방법이 아닙니다. 신이 들으니 땅이 넓으면 곡식이 많이 나고 나라가 크면 백성이 많으며 군대가 강대하면 병사가 용감해진다고 합니다. 태산은 한 줌의 흙도 양보하지 않았으므로 저렇게 커졌고, 하해河海는 한 줄기 시냇물도 가리지 않았으므로 저렇게 깊어진 것입니다. 왕은 어떤 백성이라도 물리치지 않았기 때문에 그 덕을 천하에 밝힐 수 있었던 것입니다. 천하 모두가 왕자의 나라이기 때문에 왕자의 땅에는 사방의 구별이 없고, 왕자의 백성에게는 다른 나라와의 차별이 없습니다. 봄, 여름, 가을, 겨울이 조화되어 아름다움이 넘치고 귀신이 복을 내립니다. 이것이 오제五帝와 삼왕三王에게 적이 없었던 까닭입니다. 그런데 지금 진나라에서는 자기 백성을 버려서 적국을 이롭게 하고, 빈객을 물리쳐서 제후에게 공을 세우게 하며, 천하의 인재들을 물러가게 해 감히 서쪽으로 향하지 못하게 하며, 발을 묶어 진나라로 들어오지 못하게 합니다.

이는 이른바 적에게 군대를 빌려 주고 도둑에게 양식을 내주는 격입니다. 진나라에서 나지 않는 물건 가운데도 보배로운 것이 많으며, 진나라에서 태어나지 않은 인재 가운데도 충성 바치기를 원하는 자들이 많습니다. 지금 빈객을 내쫓아 적국을 이롭게 하고 백성의 수를 덜어내 원수에게 보태 주면, 나라 안은 저절로 텅 비고 나라 밖으로는 제후들에게 원한을 사게 됩니다. 이렇게 되면 나라를 위태롭지 않게 하려 해도 어쩔 수가 없습니다."

진나라 왕은 이 글을 읽고 곧장 빈객을 내쫓으라는 명령을 거두었고 이사의 벼슬을 돌려주고, 그의 계책을 받아들였다. 이사의 벼슬은 정위延尉에 이르렀다. 20여 년 뒤에 진나라는 결국 천하를 통일하고, 왕을 높여 황제라 했으며, 이사를 승상으로 삼았다. 이사는 군현의 성벽을 허물고 무기를 녹여 버려, 다시는 사용하지 않겠다는 뜻을 보였다. 진나라는 한 자의 땅이라도 누구에게 주어 봉하지 않았으며, 황제의 자제를 세워 왕으로 삼지도 않았고, 공신을 봉해 제후로 삼지도 않았다. 뒷날 내란의 단초를 없애기 위함이었다.

시황제 34년에 함양궁에서 술자리가 벌어졌는데, 박사복야(博士僕射, 박사를 지도하고 심사하는 관직) 주청신朱靑臣 등이 시황제의 위엄과 덕망을 칭송했다. 제나라 사람 순우월淳于越도 나서서 황제에게 이렇게 간했다.

"신이 들으니 은나라와 주나라 왕조가 1천 년이 넘게 다스릴 수 있었던 까닭은 왕의 아들이나 아우, 공신들을 제후로 봉해 왕실을 돕는 지주로 삼았기 때문이라고 합니다. 지금 폐하께서는 천하를 소유하셨지만 폐하의 아들이나 아우들은 필부에 지나지 않습니다. 그러다 갑자기 제나라 전상田常의 사건이라든가 진晉나라 육경六卿의 환란 같은 걱정거리가 생기면, 보필할 만한 신하가 없으니 어떻게 나라를 구할 수 있겠습니까? 옛것을 모범으로 삼지 않고도 나라가 오래 지속되었다는 예는 들어 본 적이 없습니다. 그런데 지금 주청신 등이 어전에서 아첨해 폐하께서 거듭 과오를 저지르시게 하니, 충신이 아닙니다."

　시황제는 이 의견을 승상에게 검토하게 했다. 이사는 순우월의 의견이 잘못된 것이라고 여겨, 그의 말을 배격하고 이렇게 글을 올렸다.

　"옛날에는 천하가 어지럽게 흩어져 이를 능히 통일하는 자가 없었습니다. 그래서 제후들이 함께 일어나게 되었고, 옛것을 끌어내어 지금의 것을 해롭게 하고 헛된 말을 꾸며 실제를 어지럽혔습니다. 사람들은 저마다 개인적으로 배운 것만 좋다고 여기고, 위에서 세운 정치 법령을 비난했습니다. 지금 폐하께선 천하를 통일하고 흑백을 분별해 오직 한 분의 황제만 있음을 정하셨습니다. 그런데 사사로이 학문하는 자들은 서로 모여 황제께서 정한 법률과 교육의 제도를 비방합니다. 황제의 명령이 내린 것을 들으면 각자 자기 나름대로의 학설에 근거해 이 명령을 따지며, 집에 들어가선 마음속으로 비난하고 밖에 나와서는 거리에서 따집니다. 임금을 비방하는 것을 명예롭게 여기고, 다른 주장을 내세우는 것을 고상하게 여깁니다. 그래서 많은 추종자들을 이끌고 비방을 일삼습니다. 이러한 짓을 금지하지 않으면 위로는 군주의 권세가 떨어지고, 아래로는 당파가 만들어질 것이니 금지하는 것이 좋겠습니다. 청컨대 여러 가지 문학과 《시경》, 《서경》 그리고 제자백가의 책을 가지고 있는 자는 이를 없애도록 하고 이 금지령이 내린 지 30일이 지나고도 없애지 않은 자는 이마에 먹물을 들이는 형벌을 가해 성단(城旦. 날마다 아침 일찍 일어나 성을 쌓는 죄수)으로 삼으십시오. 의학, 복서卜筮, 농사에 관한 책은 없애지 않아도 됩니다.

시황제는 그 제안이 옳다고 여겨 《시경》과 《서경》과 제자백가의 책을 몰수 폐기해 백성을 어리석게 만들었다. 천하에 어느 누구도 옛날과 비교해서 정치를 비판할 수 없게 했다. 법도를 밝히고 율령을 정한 것은 모두 시황제 때 처음 생겼다. 문자를 통일하고, 이궁離宮과 별관을 천하 곳곳에 골고루 지었다. 그 이듬해에 천하를 돌아보고, 밖으로는 사방의 오랑캐를 물리쳤다. 이사는 이러한 일들에 모두 관여했다.

이사의 큰아들 유由는 삼천군三川郡 태수가 되었다. 아들들은 모두 진나라 공주에게 장가 들었으며, 딸들은 모두 진나라 공자들에게 시집갔다. 삼천군 태수 이유가 휴가를 얻어 함양으로 돌아오자, 이사는 자기 집에서 술잔치를 베풀었다. 백관의 우두머리들이 모두 나와서 이사의 장수를 빌었으며, 문 앞과 넓은 뜰에는 수레와 말이 수천이나 되었다. 이사가 길게 한숨 쉬고, 탄식하며 말했다.

"아아! 나는 순자께서 이렇게 말하신 것을 들었다. 사물이 지나치게 성해지는 것을 금해야 한다고. 나는 상채에서 태어난 평민이고, 촌구석에서 자라난 백성일 뿐이다. 주상께서 내가 둔하고 천한 것을 모르고 발탁해 여기까지 이르게 해 주셨다. 지금 신하 가운데 나보다 윗자리에 있는 자는 없다. 부귀도 극에 달했다고 할 수 있다. 만물은 극에 달하면 쇠퇴한다. 내가 어디서 그만두게 될는지 모르겠구나."

　시황제 37년 10월에 황제가 세상을 두루 돌아보러 나가 회계산에 노닐다가, 해안을 따라 북상해 낭야에 이르렀다. 승상 이사와 중거부령(中車府令) 조고(趙高)가 부새령(符璽令, 황제의 옥새를 관리하는 일)을 겸하면서 수행했다. 시황제에게는 20여 명의 아들이 있었는데, 그 가운데 맏아들 부소(扶蘇)가 자주 솔직하게 간한 탓으로 시황제가 그를 귀찮게 여겨 상군(上郡)의 군대를 감독하도록 내보냈다. 몽염이 그 군대의 장군이었다. 시황제는 작은아들 호해(胡亥)를 귀여워했는데, 그가 따라오겠다고 청하자 허락했다. 나머지 아들들은 아무도 따라오지 않았다.

　그해 7월에 시황제가 사구(沙丘)에 이르러 병이 위독하자, 조고를 시켜 공자 부소에게 편지를 써 보내게 했다.

　'군대는 몽염에게 맡기고, 함양에 와서 나의 영구를 맞아 장사지내라'

　밀봉한 편지가 사자에게 맡겨지기 전에 시황제가 세상을 떠났다. 그 편지와 옥새는 모두 조고가 가지고 있었다. 오직 작은아들 호해와 승상 이사, 조고 그리고 총애를 받던 내시 대여섯 명만이 시황제가 죽은 사실을 알고, 나머지 신하들은 모두 알지 못했다. 이사는 황제가 지방을 돌다가 세상을 떴고 정식으로 태자가 없다는 점을 감안해 황제의 죽음을 비밀에 부쳤다. 시황제의 유해를 온량거(輼輬車, 창문을 열고 닫아 따뜻함과 서늘함을 조절할 수 있는 큰 수레) 속에 안치하고,

백관들이 정사를 아뢰고 식사를 올리는 것도 전과 다름없이 했다. 내시가 온량거 안에서 여러 가지 정사를 결재했다. 조고가 옥새를 찍어 부소에게 내린 시황제의 편지를 가지고 호해에게 말했다.

"황상께서 숨을 거두셨지만 여러 공자들에게 왕으로 봉한다는 조서는 없었고, 오직 맏아들에게만 편지를 내렸습니다. 맏아들이 오면 곧 즉위해 황제가 되고, 공자께서는 한 치의 땅도 가지지 못할 것입니다. 이 일을 어떻게 하시렵니까?"

호해가 말했다.

"당연하지요. 내가 들으니 현명한 임금은 신하를 잘 알고, 현명한 아버지는 아들을 잘 안다고 했소. 아버지께서 돌아가시면서 여러 아들이 있으면서도 아무도 왕으로 봉하지 않았으니, 자식 된 도리로 무슨 말을 하겠소?"

"그렇지 않습니다. 이제 천하의 대권을 잡느냐 못 잡느냐 하는 것은 공자와 저와 승상에게 달려 있을 뿐입니다. 왕자께선 이 일을 잘 생각하십시오. 남을 신하로 삼는 것과 남의 신하가 되는 것, 또 남을 다스리는 것과 남에게 다스림 받는 것을 어찌 같다고 말할 수 있겠습니까?"

호해가 말했다.

"형을 그만두게 하고 아우를 즉위시키는 것은 불의요, 아버지의 조서를 받들지 않고 죽음을 두려워하는 것은 불효이고, 자신의 재능이 천박하면서도 남의 공로에 의지해 성취하려는 것은 불능입니다. 이 세 가지는 덕을 거스르는 것이니, 그렇게 했다가는 천하가 복종하지 않고 자기의 몸마저 위태로워지며 사직이 제사를 받지 않을 것이오."

조고가 말했다.

"제가 들으니 탕왕과 무왕은 각기 자기 임금을 죽였지만 천하가 의롭게 여겼으며, 불충스럽다고 여기지 않았고, 위나라 임금도 자기 아버지를 죽였지만 위나라 백성들은 그 덕을 받들었으며, 공자도 이 사건을《춘추》에 기록했지만 불효라고 하지는 않았다고 합니다. 큰일을 하기 위해서는 자잘한 근심은 돌보지 않으며, 성덕을 지닌 사람은 받아야 할 것을 사양하지 않습니다. 고을마다 나름대로 좋은 점이 있으며, 백관들의 공이 다 같지는 않습니다. 그래서 작은 일을 돌아보다가 큰일을 잊어버리면 나중에 반드시 해가 있으며, 의심하고 주저하다가는 나중에 반드시 뉘우치게 됩니다. 결단을 내려 감행하면 귀신도 피해 가며, 나중에는 성공할 것입니다. 공자께서 이 일을 결행하십시오."

호해가 탄식하며 말했다.

"아직 황제의 죽음을 알리지도 않았고 상례도 끝나지 않았는데, 어찌 이런 일을 가지고 승상의 동의를 구할 수 있겠소?"

"지금이야말로 절호의 시기이니 더 생각할 여유가 없습니다. 양식을 지고 말을 달려도 늦지 않을까 걱정입니다."

호해는 이미 조고의 말을 그럴 듯하게 여기고 있었다. 조고가 말했다.

"승상과 의논하지 않으면 아마도 일이 이뤄지지 않을 것입니다. 공자를 위해서 신이 승상과 의논하겠습니다."

조고가 승상 이사에게 말했다.

"황제께서 돌아가실 때에 맏아들 부소에게 편지를 내려 함양으로 와서 내 유해를 맞으라고 하셨으니, 그를 후사로 삼을 생각이었습니다. 편지는 아직 보내지 않았고, 지금 황제가 세상을 떠난 것을 아직 아무도 모릅니다. 맏아들에게 내린 편지와 부절, 그리고 옥새 모두 공자 호해가 가지고 있습니다. 황태자를 정하는 일은 승상과 저의 입에 달렸을 뿐입니다. 이 일을 어떻게 하시겠습니까?"

이사가 대답했다.

"어쩌다 이렇게 나라 망칠 말을 하게 된 것이오. 이 일은 신하로서 의논해서는 안 될 일이오."

"승상께서 스스로 헤아리시기에, 능력에 있어서 몽염과 견주면 누가 낫습니까? 공훈이 높기로는 누가 더합니까? 원대한 계책을 세워 실수하지 않는 점에서는 누가 더 낫습니까? 천하 사람들에게 원한을 사지 않은 점에서는 또 누가 낫습니까? 맏아들인 공자 부소가 오랫동안 사귀어 신임하는 점에서는 몽염과 견주어 누가 낫습니까?"

"이제 말한 다섯 가지 점에서 나는 모두 몽염보다 못하오. 그런데 그대는 어찌 이다지도 심하게 나에게 따지는 것이오?"

"저는 본래 천한 일이나 맡아 보던 내시입니다만, 다행히도 글재주를 인정받아 진나라 왕궁에 들어왔습니다. 궁에서 일을 한 20년 동안, 진나라에서 파면된 승상이나 공신 가운데 봉토를 2대에 걸쳐 지녔던 사람을 본 적이 없습니다. 마지막엔 모두 사형당하고 말았습니다. 20여 명이나 되는 시황제의 공자들을 승상께서 모두 알고 계시지만, 맏아들 부소는 강직하고 의연하며 무력과 용기가 있어 남을 믿고 용사를 분발시키는 사람이니, 즉위하면 반드시 몽염을 기용해 승상으로 삼으려 할 것이고, 승상께서는 결국 자리를 내놓고 고향으로 돌아가게 될 것이 분명합니다. 제가 칙명을 받고 공자 호해를 가르쳐 법사를 배우게 한 지가 몇 년 되었으나 아직 잘못한 것을 본 적이 없습니다. 어질고 독실하며 재물을 가볍게 여기고 인재를 중히 여깁니다. 마음속에 할 말이 많아도 입으로는 더듬으며, 예의를 다해 선비를 존경합니다. 진나라의 여러 공자 가운데는 아직 이러한 분이 없으니, 후사를 삼을 만합니다. 승상께선 잘 생각하여 결정하십시오."

이사가 말했다.

"그대는 그대 위치로 돌아가시오. 나는 황제의 조칙을 받들고 하늘의 명에 따르겠소. 우리가 결정할 일이 무엇이 있겠소?"

"평안함을 위태로움으로 만들 수 있고, 위태로움도 평안함으로 돌릴 수 있습니다. 평안함과 위태로움을 결정하지 못한다면, 어찌 승상을 지혜로운 분이라고 여기겠습니까?"

"나는 상채 마을의 평민이었지만 황제께서 다행히 발탁하시어 승상으로 삼고, 열후에 봉해 자손이 모두 높은 지위와 많은 녹을 받게 되었소. 이것은 황제께서 나라의 존망과 황실의 안위를 신에게 맡기려고 하셨기 때문이오. 어찌 그 뜻을 저버리겠소? 충신은 죽음을 피하거나 다른 욕심을 가지지 않으며, 효자는 부지런히 어버이를 섬겨 위태로운 일을 하지 않으며, 남의 신하가 된 자는 각기 자기의 직책을 지킬 따름이오. 그대도 다시는 그런 말을 하지 마오. 나에게 죄를 짓도록 할 셈이오?"

"제가 들으니 성인은 때에 따라 옮기고 바꿔서 일정한 태도가 없으며, 변화에 따르고 시의時宜에 좇으며, 끝을 보면 근본을 알고 지향하는 바를 보면 귀착되는 바를 안다고 합니다. 사물이란 원래 이런 것이지, 어찌 고정불변의 법칙이 있겠습니까? 이제 천하의 대권은 공자 호해에게 달렸으며, 저는 공자의 마음을 잘 알고 있습니다. 밖에서 안을 제어하는 것을 혹惑이라 하고, 아래에서 위를 제어하는 것을 적賊이라고 합니다. 가을에 서리가 내리면 풀과 꽃이 시들어 떨어지고, 봄이 되어 얼음이 녹아 물이 흔들리면 만물이 일어납니다. 이것은 필연의 법칙입니다. 그런데 승상께선 어찌 판단이 더디십니까?"

"나는 이렇게 들었소. 진晉나라에서 태자 신생申生을 폐했다가 헌공, 혜공, 문공 3대에 걸쳐 나라가 평안치 못했고, 제나라 환공의 형제들은 서로 즉위하려고 다투다가 공자 규紏를 죽였으며 은나라 주왕은 친척을 죽이고 간하는 사람의 말을 듣지 않다가, 나라는 폐허가 되고 끝내 사직을 위태롭게 했다고. 이 세 사람은 하늘의 뜻을 거스르다가 종묘에 제사 지낼 수 없게 됐소. 나도 같은 사람인데, 어찌 역모를 꾸밀 수 있겠소?"

"위와 아래가 마음을 같이하면 오랜 세월 번영을 누릴 수 있으며, 안과 밖이 일치하면 일에 겉과 속이 없어집니다. 승상께서 제 말을 듣는다면 오래도록 봉후封侯를 유지하고 대대로 제후를 칭하며, 반드시 왕자교王子喬나 적송자赤松子처럼 장수를 누리고 공자나 묵자 같은 지혜를 가지게 될 것입니다. 지금 이것을 버리고 따르지 않으면 화가 자손에까지 미치고 두려운 결과가 생길 것입니다. 처세를 잘하는 자는 화를 돌려 복으로 만듭니다. 승상께서는 어떻게 처신하시렵니까?"

이사가 하늘을 우러러 탄식하더니, 눈물을 흘리며 크게 숨쉬고 말했다.

"아아, 나 혼자 어지러운 세상을 만나 죽지도 못하니, 내 목숨을 어디에 맡긴단 말인가."

결국 이사는 조고의 말을 들었다. 조고가 호해에게 말했다.

"신이 태자의 밝은 명령을 받들고 승상에게 아뢰었습니다. 승상 이사가 감히 명령을 받들지 않을 수 있겠습니까?"

세 사람은 공모해 시황제가 승상에게 주는 조서를 받았다고 꾸미며, 공자 호해를 세워 태자로 삼았다. 그러고는 맏아들 부소에게 편지를 썼다.

'짐이 천하를 순행하며 이름난 산의 여러 신들에게 기도드리고 제사 지내 목숨을 연장하려고 한다. 지금 부소는 장군 몽염과 함께 수십만 군대를 이끌고 변경에 주둔한 지가 벌써 10여 년이 지났지만 앞으로 나아가지 못하고, 군사들만 많이 잃었을 뿐 한 치의 공도 세우지 못했다. 그러면서도 자주 글을 올려 바른 말로 짐이 하는 일을 비방했다. 군대 감독의 일을 그만두고 돌아와 태자가 되지 못했다고, 밤낮으로 원망했다. 너는 아들 된 도리로 불효하다. 칼을 내리니, 이것으로 자결하라. 장군 몽염은 부소와 함께 밖에 있으면서 부소를 바로잡지 못했다. 응당 그 음모를 알았을 것이니, 신하 된 도리도 불충하다. 스스로 목숨을 끊도록 명하며, 군대는 비장 왕이 王離에게 맡기도록 하라'

그리고 이 편지를 황제의 옥새로 봉하고, 호해의 빈객을 시켜 받들고 가 상군에 있는 부소에게 내리게 했다. 사자가 이르자, 부소가 뜯어 보고 울며 안으로 들어가서 목숨을 끊으려 했다. 몽염이 부소를 말리면서 말했다.

"폐하는 도성 밖에 계시며, 아직 태자를 세우지 않았습니다. 신으로 하여금 30만 대군을 거느리고 변방을 지키게 했으며, 공자께는 그 군대를 감독하게 하셨으니, 이것은 천하에 막중한 임무입니다. 지금 한 사람의 사자가 왔다고 해서 스스로 목숨을 끊으려 한다면, 이 편지가 거짓인지 아닌지 어찌 알겠습니까? 다시 한 번 용서를 청해 보고, 용서받지 못한 뒤에 자살해도 늦지는 않습니다."

사자가 여러 번 목숨 끊을 것을 독촉하자, 사람됨이 어진 부소가 몽염에게 말했다.

"아버지가 자식에게 죽음을 내렸는데, 어찌 용서를 빌겠소?"

그러고는 스스로 목숨을 끊었다. 몽염은 스스로 죽으려 하지 않자, 사자가 옥리에게 맡겨 양주(陽周)의 옥에 가두었다. 사자가 돌아와 아뢰자 호해와 이사, 조고가 몹시 기뻐하며 함양으로 돌아와 시황제의 죽음을 알리고, 태자는 즉위해 이세 황제가 되었다. 조고는 낭중령(郞中令, 궁문을 맡은 관리)이 되어 황제를 항상 안에서 모시며 정권을 휘둘렀다.

이세 황제가 한가한 틈을 타 조고를 불러 이렇게 상의했다.

"사람이 태어나서 세상을 사는 것은 여섯 마리의 준마를 달려 뚫어진 틈을 지나가는 것처럼 짧은 순간이오. 짐은 이미 천하의 황제로서 군림했소. 이제부터는 귀로 듣고 싶은 것과 눈으로 보고 싶은 것을 모두 즐기고, 마음에 즐거운 것이라면 끝까지 해내고 싶소. 그러고도 종묘를 안정시키고 만백성을 즐겁게 해 주어, 천하를 길이 소유하면서 나의 천수를 누리고 싶소. 어떻게 하면 그럴 수 있겠소?"

조고가 대답했다.

"그것은 현명한 임금만이 할 수 있고, 어리석은 임금은 할 수 없는 일입니다. 제가 감히 죽음을 무릅쓰고 말씀드리겠습니다. 폐하께서도 잘 생각해 두십시오. 저 사구에서 있었던 음모를 여러 공자들과 대신들이 모두 의심하고 있습니다. 여러 공자들은 모두 폐하의 형들이며, 대신들은 시황제께서 임명한 사람들입니다. 폐하께서 처음 즉위하실 때부터 그 무리들은 마음이 편치 않아, 복종하지 않고 있어 무슨 변이라도 일으킬까 봐 두렵습니다. 몽염이 이미 죽었다고 하지만, 그의 아우 몽의(蒙毅)는 군대를 이끌고 지방에 있습니다. 신은 전전긍긍하며 두려움을 금치 못하고 지냅니다. 그러니 폐하께서 어찌 그러한 즐거움을 누리실 수 있겠습니까?"

"그러니 어떻게 하면 좋겠소?"

"법을 엄하게 하고 형벌을 가혹하게 하십시오. 죄 지은 자에게는 연좌제를 실시해 한 집안을 모조리 죽이고, 대신을 멸하고 폐하의 형제까지도 멀리하십시오. 가난한 자를 부자가 되게 하고, 미천한 자를 귀하게 해 주십시오. 시황제가 임명해 부리시던 옛 신하들을 모두 제거해 버리고, 폐하께서 친히 믿는 자들을 다시 임명해 가까이 하십시오. 이렇게 하신다면 숨은 덕이 폐하에게로 모이고, 해로운 것이 제거되며 간사한 모략이 방지됩니다. 여러 신하 가운데 폐하의 은택과 후덕을 입지 않는 자가 없게 될 것입니다. 이런 뒤에야 폐하께선 베개를 높이 하고 마음대로 즐기실 수 있습니다. 이보다 나은 계책은 없습니다."

이세 황제는 조고의 말이 옳다고 여겨 다시 법률을 제정했다. 그리고 이때부터 여러 신하와 공자들에게 죄가 있으면 조고에게 맡겨서 죄를 따져 다스리게 했다. 대신 몽의 등을 죽이고, 공자 열두 명을 함양 시장 바닥에서 죽였으며, 공주 열 명을 두杜에서 기둥에 묶어 창으로 찔러 죽이고, 그들의 재산을 관청에서 몰수했다. 여기에 연루된 자들은 이루 다 헤아릴 수가 없었다.

공자 고高가 달아나려다가, 한 집안이 멸족될 것을 두려워해 이세 황제에게 글을 올렸다.

'선제先帝께서 건강했을 때에 신이 궁중에 들어가면 음식을 하사하고, 나갈 때는 수레에 태워 주셨습니다. 궁중 옷을 하사하고, 궁중 마구간의 말까지 하사하셨습니다. 신은 마땅히 선제를 따라 죽어야 했건만 그러지를 못했으니, 사람의 아들 된 도리로는 불효했으며 사람의 신하 된 도리로는 불충했습니다. 불충한 자는 세상에 설 명분이 없어 신은 선제를 따라 죽고자 하오니, 원컨대 선제의 능이 있는 역산 기슭에 묻어 주십시오. 부디 폐하께서 가엾게 여겨 주신다면 다행이겠습니다'

이 편지가 올라오자 호해가 크게 기뻐해, 조고를 불러 보여 주며 물었다.

"이래도 상황이 급박하다고 할 수 있소?"

조고가 말했다.

"신하들이 죽을까 걱정되어 다른 생각을 할 겨를이 없는데, 어찌 변란을 꾀할 수가 있겠습니까?"

호해는 그 편지의 청원을 허가하고, 10만 전을 내려 장사 지내게 했다.

　법령과 형벌이 날로 더욱 가혹해지자 여러 신하를 비롯한 많은 사람들이 위험을 느껴 모반하려는 자들이 많아졌다. 게다가 아방궁을 짓고 천자의 행차를 위한 전용도로를 닦느라고 세금은 더욱 무거워지고, 변경 수자리(국경을 지키던 일)나 노역 징발이 그치지 않았다. 그래서 초나라 땅의 수비병인 진승陳勝과 오광吳廣 등이 반란을 일으켜 산동에서 봉기하고, 준걸들이 서로 일어나 스스로 후왕侯王을 자칭하며 진나라를 배반했다.

　반란군들이 홍문鴻門까지 진격했다가 쫓겨날 정도였다. 이사가 여러 차례 한가한 틈을 타서 간하려고 했지만, 이세 황제가 허락하지 않았다. 이세 황제는 도리어 이사를 꾸짖었다.

　"짐은 나름대로 생각이 있소. 한비자에게 이런 말을 들었소. '요임금이 천하를 소유했을 때에 마루의 높이가 석 자였고, 서까래는 통나무 그대로 깎지 않았다. 참억새의 끝을 가지런히 자르지 않아, 여인숙도 그보다 검소할 수 없었다. 겨울에는 사슴가죽 옷을 입고 여름에는 칡으로 만든 베옷을 입었으며, 거친 현미밥을 질그릇에 담아 먹고 명아주 잎, 콩잎으로 끓인 국을 질그릇에 담아 마셨다. 문지기의 음식도 이보다 질박할 수는 없었다. 우임금은 용문산을 뚫고 대하를 통하게 해 구하九河를 소통시켰으며, 구곡九曲의 둑을 쌓아 막혔던 물길을 터 주어 바다로 쏟아지게 했다. 우임금은 이러한 일을 하느라고 넓적다리의 잔털이 닳아 없어졌으며, 종아리의 털까지 다 없어졌다. 손발에는 못이 박히고, 얼굴은 새까맣게 그을렸다. 그러다가 끝내는 객사해 회계산에 묻혔다. 노예의 노고도 이보다 괴롭지는 않았다'

그렇다면 천하를 소유하는 것을 존귀하게 여기는 까닭이 자기 몸과 마음을 괴롭히고 자기 몸을 여인숙에 재우며, 입으로는 문지기의 음식을 먹고 손으로는 노예 같은 일을 하기 위함인가? 이것은 못난 사람이 힘쓸 짓이지, 현명한 사람이 힘쓸 일은 아니오. 현명한 사람이 천하를 소유하게 되면 천하를 제 마음대로 써서 자신에게 쾌적하게 할 뿐이오. 그래서 천하를 소유하는 것을 존귀하게 여긴다오. 현명한 사람이라고 불리는 자들은 천하를 안정시키고 만백성을 다스릴 수가 있소. 자기 한 몸도 이롭게 하지 못하는 자가 어찌 천하를 잘 다스릴 수가 있겠소? 그러므로 짐은 마음먹은 대로 해 욕심을 이루면서, 길이 천하를 향유하고 해가 없기를 바라오. 그렇게 되려면 어떻게 해야 하겠소?"

이사의 아들 유는 삼천군 태수였지만, 떼도둑 오광 등이 서쪽을 침략하고 지나갈 때에 이들을 막지 못했다. 장군 장한章邯이 오광의 도둑 떼를 격파해서 쫓아냈다. 그래서 삼천군 태수의 책임을 따지는 사자가 잇달아 삼천군을 왕래했다. 한편으로는 이사에게 삼공三公의 지위에 있으면서 어찌 도둑들이 이처럼 날뛰게 했느냐고 꾸짖었다. 이사는 두려워하면서도 벼슬과 녹봉을 빼앗기지나 않을까 어쩔 줄을 몰랐다. 결국은 이세 황제에게 아첨해 용서를 받으려고, 글을 올렸다.

"현명한 군주는 반드시 수단을 다해 신하의 책임을 따지고 형벌을 내립니다. 이렇게 하면 신하들은 능력을 다해 자기 군주를 따르지 않을 수 없습니다. 신하와 군주의 본분이 정해지고 위와 아래의 의리가 밝혀지면, 천하의 잘난 사람이나 못난 사람들이 모두 힘을 다하고 책임을 다해서 자기 군주를 따를 것입니다. 그러므로 군주 한 사람만이 천하를 지배하며, 남에게 지배당하지 않습니다. 즐거움의 극치를 맛보는 사람이야말로 현명한 군주입니다. 이러한 방법을 살피지 않을 수 있겠습니까?

그래서 신자는 이렇게 말했습니다. '천하를 소유하고도 제 마음대로 하지 못한다면, 천하를 차꼬와 수갑으로 삼는 것과 마찬가지이다.' 다른 뜻이 아니라 신하에게 제대로 따지고 벌주지 못함으로써 도리어 자신의 몸을 가지고 천하 백성들에게 애쓴 요임금과 순임금 같은 경우를 '차꼬와 수갑'이라고 말한 것입니다. 무릇 신불해나 한비자의 법술을 배워 따지고 벌주는 방법을 행함으로써 천하를 자기에게 쾌적하게 만들지 못하고, 부질없이 애만 써서 자기 몸과 마음을 괴롭혀 몸소 백성에게 봉사하는 것은 서민들이나 할 일이지 천하를 다스리는 군주의 일이 아닙니다. 이래서야 어찌 존귀하다고 할 수 있겠습니까? 남을 자기에게 따르게 하면 자기는 존귀해지고 남은 천해지며, 자기를 남에게 따르게 하면 자기는 천해지고 남은 존귀해집니다. 그러므로 남을 따르는 자는 천하고 남이 따르는 자는 존귀합니다. 옛날부터 지금까지 그렇지 않은 경우는 없었습니다. 현명한 자를 존중한 까닭은 그가 귀하기 때문이고, 못난 자를 미워한 까닭은 그가 천하기 때문입니다. 그런데 요임금과 우임금은 자기 몸으로 천하 백성을 따랐습니다. 그러므로 그들을 존귀하게 여긴다면 역시 현명한 자를 존중해야 하는 까닭이 없어집니다. 이것은 매우 잘못이라고 말할 수 있습니다. 그러니 '차꼬와 수갑'이라고 하는 것도 당연하지 않습니까? 이것은 신하들의 잘못을 제대로 따지고 벌주지 않았기 때문에 생기는 잘못입니다.

그러기에 한비자는 '자애로운 어머니에게는 집안을 망치는 자식이 있지만, 엄격한 집안에는 대드는 종이 없다'라고 말했습니다. 왜 그렇겠습니까? 잘못을 저지르면 반드시 벌을 주기 때문입니다. 옛날 상군商君의 법에 '재를 길에 버리면 형刑에 처한다'라고 했습니다. 재를 버리는 행위 자체는 가벼운 죄였지만, 형벌은 중했습니다. 오직 현명한 군주만이 가벼운 죄를 깊이 다스릴 수가 있는 것입니다. 이처럼 가벼운 죄도 엄하게 다스렸으니, 중한 죄야 말해서 무엇하겠습니까? 그래서 백성들이 감히 죄를 짓지 못했습니다. 그러기에 한비자는 이렇게 말했습니다. '하찮은 베 조각이나 비단 조각이라면 보통 사람이라도 내버려 두지 않지만, 황금 2천 냥은 도척盜跖도 훔쳐 가지 않는다.' 보통 사람이 하찮은 이익을 중히 여기고 도척의 욕심이 얕아서 그런 것이 아니며, 또 도척이 2천 냥이나 되는 귀중한 황금을 가볍게 여겨서 훔치지 않는 것도 아닙니다. 그것을 훔친다면 반드시 뒤따라 형벌을 받게 되므로, 도척이 2천 냥의 황금을 집어 가지 않는 것입니다. 그리고 반드시 처벌되지 않는다면 보통 사람도 하찮은 것쯤은 내버려 두지 않고 집어 가게 됩니다. 그래서 성벽의 높이가 다섯 길밖에 되지 않더라도 발걸음 빠른 누계樓季가 가벼이 넘지 못하며, 태산의 높이가 800척이나 되지만 절름발이 양치기가 그 위에서 양을 먹입니다. 발걸음 빠른 누계도 다섯 길의 한계를 어렵게 여기는데, 어떻게 절름발이 양치기가 백 인仞의 높이를 쉽게 여기겠습니까? 그 까닭은 곧바로 높이 선 것과 차츰 높아진 것과는 그 형세가 다르기 때문입니다.

현명한 군주, 성스러운 왕이 오래도록 존귀한 지위에 있으면서 길이 무거운 권세를 잡고 천하의 이익을 독차지할 수 있었던 까닭은 남다른 방법이 있었기 때문은 아닙니다. 혼자 결단 내리고 자세히 죄상을 살펴 반드시 가혹하게 처벌하기 때문에 천하 사람들이 감히 죄를 짓지 못했던 것입니다. 그런데 지금 죄를 범하지 못하게 하는 근본적인 대책에 힘쓰지 않고 자애로운 어머니가 자기 아들을 망쳐 버리게 하는 행위만 문제 삼는다면, 또한 성인의 이치를 살피지 못한 것이 됩니다. 이제 성인의 이치를 실천하지 못하면, 이는 곧 자신을 버려서 천하를 위해 고생만 하는 셈이 됩니다. 이것을 어찌 슬퍼하지 않을 수 있겠습니까?

검소하고 절약하며 어질고 의로운 사람이 조정에 서게 되면 방자한 쾌락이 그치고, 바른 말하며 의리를 논하는 신하가 임금의 곁에서 입을 열게 되면 방만한 의견이 물러나며, 열사가 절개에 죽는 행위가 세상에 드러나면 음탕한 쾌락이 없어집니다. 그러니 지혜로운 군주는 이 세 가지 사람들을 물리치고 신하를 다루는 방법을 써서 말 잘 듣는 신하들을 제어하고 그 밝은 법을 닦아야 합니다. 그래야 자신의 몸이 존귀해지고 권세가 무거워집니다. 대체로 현명한 군주는 반드시 세상 사람들의 뜻을 거스르고 풍속을 고쳐서 자기가 싫어하는 것은 없애고 자기가 하려고 하는 것은 세우려고 합니다. 그러기에 살아서는 존귀하며 무거운 권세를 누리고, 죽어서는 현명함을 칭송하는 시호를 올리게 됩니다. 현명한 군주는 독단적으로 나라를 다스리므로 신하에게 권력이 없습니다. 그래야만 인의仁義로의 길을 없애고 이론으로 따지려는 자의 입을 막으며 열사의 행동을 눌러 자기의 귀를 막고 눈을 가려 마음속에서 혼자 보고 들을 수가 있습니다.

　그런 까닭에 밖으로는 어질고 의로운 열사의 언행에 마음을 기울이지 않아도 되고, 안으로는 간언하며 다투는 변설 때문에 마음을 빼앗기지 않아도 됩니다. 그러므로 군주가 초연하게 하고 싶은 대로 행동하더라도 감히 거역하는 자가 없는 것입니다. 이렇게 된 뒤에라야 신불해와 한비자의 법술法術을 밝히고 상군의 법을 닦았다고 말할 수 있습니다. 상군의 법을 닦고 신불해와 한비자의 법술을 밝혔는데도 천하가 어지러웠다는 말은 아직 들어 보지를 못했습니다. 그러기에 왕도王道는 간략해 행하기 쉽다지만 오직 영명한 군주만이 이 왕도를 행할 수 있습니다. 이러한 말은 신하의 잘못을 제대로 따지고 벌주면 신하에게 간사함이 없어진다는 뜻입니다. 신하에게 간사한 마음이 없어지면 천하는 평안해집니다. 천하가 평안해지면 군주는 존엄해집니다. 군주가 존엄해지면 처벌이 반드시 실행됩니다. 처벌이 실행되면 구하는 바를 얻을 수 있고, 구하는 바를 얻으면 나라가 부유해지며, 나라가 부유해지면 군주의 쾌락도 풍부해집니다. 그러므로 처벌의 법술을 베풀면 군주가 하고자 하는 것은 무엇이든지 얻을 수 있고, 여러 신하들과 백성들은 자기의 죄과를 벗어나기에 겨를이 없을 것이니, 어찌 감히 모반을 꾸밀 수 있겠습니까? 이와 같이 한다면 황제의 도가 갖추어진 것입니다. 그리고 임금과 신하 사이의 도리도 밝혔다고 말할 수 있습니다. 비록 신불해와 한비자가 다시 태어난다 하더라도 여기에 더 보탤 말은 없을 것입니다."

이 글을 올리자 이세 황제는 기뻐했다. 이때부터 처벌은 더욱 엄격해지고, 백성에게 세금을 심하게 독촉해 받아내는 관리를 현명한 관리로 여겼다. 이세 황제가 말했다.

"이런 관리야말로 처벌을 잘 내린다고 말할 만하다."

길에 다니는 사람의 절반은 형벌을 받은 자들이고 처형된 시체들이 날마다 시장 바닥에 쌓였다. 사람을 많이 죽인 관리를 충신이라고 했다. 이세 황제가 말했다.

"이런 관리야말로 처벌을 잘 내린다고 말할 만하다."

처음 조고가 낭중령으로 있을 때 그는 사람을 쉽게 죽이고 사사로운 원한도 너무 많이 풀었다. 그는 대신들이 조정에 들어가 정사를 아뢰다가 이 일을 나쁘게 말할까 두려워서, 미리 이세 황제를 설득했다.

"천자가 존귀한 까닭은 여러 신하들이 다만 폐하의 소리만 들을 뿐이고 그 얼굴은 뵐 수 없기 때문입니다. 그래서 천자는 스스로를 짐朕이라고 일컬었습니다. 또 폐하께서는 아직 젊어 모든 일에 능통할 수는 없습니다. 만약 조정에 앉아 계시다가 신하들을 견책하거나 등용하는 일에 있어서 마땅치 못한 점이 생기면, 대신들에게 단점을 보이게 됩니다. 이것은 폐하의 신명神明을 천하에 보이는 것이 아닙니다. 폐하께서 궁중 깊은 곳에서 팔짱을 끼고 계시면, 신과 법에 익숙한 시중들이 일을 기다리고 있겠습니다. 안건이 상주되면 신들과 의논해 결재하십시오. 이렇게 하면 대신들도 감히 의심스러운 일은 아뢰지 못할 것이며, 천하 백성들이 성명聖明한 군주라 칭송할 것입니다."

이세 황제는 이 계책을 받아들여 조정에 나가 대신들을 만나지 않고 깊은 궁중에만 머물렀다. 조고는 이세 황제를 모시고 정치적인 일을 마음대로 처리했다. 조고는 이사가 할 말이 있다는 소문을 듣고, 승상 이사를 만나서 말했다.

"함곡관 동쪽에 도둑 떼가 많이 일어났습니다. 그런데 지금 주상께서는 급히 부역을 징발해 아방궁이나 짓고, 개나 말 따위의 쓸모

없는 것들이나 모으십니다. 제가 간하려고 해도 지위가 미천합니다. 이런 일이야말로 승상께서 하실 일입니다. 승상께서는 어째서 간하지 않으십니까?"

이사가 말했다.

"맞는 말씀이십니다. 나도 벌써부터 아뢰고 싶었습니다. 그러나 지금 황상께선 조정에 나오지 않고 깊은 궁중에만 계시기 때문에 드리고 싶은 말씀이 있어도 전할 기회가 없습니다. 황상을 뵙고자 해도 만날 틈이 없습니다."

"승상께서 참으로 간하려고 하신다면, 제가 승상을 위해 황상의 한가한 틈을 엿보아 승상께 알려 드리겠습니다."

그 뒤에 조고는 이세 황제가 한창 잔치를 즐기고 미인들이 앞에서 모시고 있을 때를 기다렸다가, 사람을 시켜 승상에게 알렸다.

"황상께서 지금 한가하시니 일을 아뢸 수 있습니다."

승상이 궁문에 이르러 뵙기를 청했다. 이런 일이 세 번이나 반복되자 이세 황제가 성내며 말했다.

"내가 한가한 날이 많았는데도 오지 않다가, 꼭 잔치를 즐기려 하면 문득 와서 정사를 아뢰겠다니, 승상이 감히 나를 젊다고 해서 얕잡아 보는 것이오? 깔보는 것이오?"

조고가 이 틈을 타서 말했다.

"이렇게 하면 위태로워집니다. 지난번 사구沙丘의 음모에는 승상도 참여했습니다. 지금 폐하께서는 이미 황제가 되셨습니다만, 승상의 지위는 더 존귀해지지 않았습니다. 그래서 그는 마음속으로 영토를 나누어 받아서 왕이 되기를 바랄 것입니다. 또 폐하께서 신에게 묻지 않으시기에 신이 감히 말씀드리지 못한 일이 있습니다. 지금 승상의 맏아들 이유李由가 삼천군 태수인데, 초나라 도둑 진승陳勝 등이 모두 승상의 가까운 이웃에 살던 사람들입니다. 그래서 초나라 도둑들이 공공연히 설치면서 삼천군을 지나가는데도, 태수는 성이나 지킬 뿐이고 나가서 공격하지 않았습니다. 신은 그들 사이에 문서가 오간다고 들었습니다만, 아직 그 자세한 내막을 파악하지 못했기 때문에 감히 아뢰지를 못했습니다. 게다가 승상은 궁 밖에 있어서 그 권세가 폐하보다 무겁습니다."

이세 황제도 그렇게 생각했다. 이세 황제는 승상을 심문하려고 했지만, 그 증거가 정확하지 못한 것을 염려해 사람을 시켜 삼천군 태수가 도둑들과 내통한 죄상을 조사하게 했다. 이사도 그 소문을 들었다.

이때 이세 황제는 감천궁甘泉宮에 있으면서 씨름이나 연극을 구경하고 있었다. 그래서 이사가 뵐 수 없었으므로, 그는 글을 올려서 조고의 단점을 아뢰었다.

'신이 들으니 신하의 권력이 그 임금의 권력과 비슷해지면 위태로워지지 않는 나라가 없고, 첩의 주장이 그 지아비의 주장과 비슷해지면 위태로워지지 않는 집안이 없다고 합니다. 지금 폐하 밑에는 폐하처럼 마음대로 남에게 권력을 주기도 하고 마음대로 남에게 해를 주기도 하는 대신이 있어서 폐하의 권세와 다름이 없으니, 이는 매우 부당한 일입니다. 옛날에 사성司城 벼슬을 하던 자한子罕이 송나라 재상이 되어 자신이 형벌을 집행하며 권위로 행세하더니, 1년 만에 자기 임금을 위협했습니다. 전상田常도 제나라 간공簡公의 신하가 되어 직위와 서열로는 나라 안에서 따를 자가 없고, 개인적인 재산이 제나라 공실公室과 같아졌습니다. 그러자 은혜를 펴고 덕을 베풀어, 아래로는 민심을 얻고 위로는 여러 신하들의 마음을 얻어 남몰래 제나라 국권을 탈취해 재여宰予를 뜰에서 죽이고 간공을 조정에서 죽인 다음 제나라를 손에 넣었습니다. 이것은 천하 사람들이 다 알고 있는 일입니다. 지금 조고가 사악한 뜻을 품고 위험한 반역을 행하는 모습이 마치 자한이 송나라 재상으로 있을 때와 흡사합니다. 조고의 개인적인 재력도 제나라에서의 전상과 같습니다. 전상과 자한이 저질렀던 반역의 수법을 아울러 저지르며 폐하의 위신을 위협하려는 뜻은 마치 한기韓玘가 한나라 왕 안安의 재상이었을 때와 같습니다. 폐하께서 지금 대책을 세우지 않는다면, 무슨 변이라도 일어날까 두렵습니다'

이세 황제가 말했다.

"이게 다 무슨 말이오? 조고는 본래 환관이었소. 그러나 제 몸이 안전하다고 해서 제멋대로 하지 않고, 제 몸이 위태롭다고 해서 마음이 변치도 않았소. 행실을 깨끗이 하고 선행을 닦아서 스스로 오늘의 지위에 이르게 했소. 충성으로써 승진할 수 있었고, 신의로써 지위를 지킬 수 있었소. 짐은 참으로 그를 현명하게 여기고 있소. 그런데 그대가 그런 그를 의심하다니, 어찌된 일이오? 게다가 짐은 젊었을 때에 선친을 잃어서 아는 것도 적어, 백성을 다스리는 일에 익숙지 못하오. 이젠 그대마저 또한 늙었으니, 짐은 천하의 일과 단절될까 걱정이오. 짐이 이러한 일을 조고에게 맡기지 않는다면, 누구에게 맡겨야 하겠소? 조고의 사람됨이 청렴하고 부지런하며, 아래로는 백성들의 실정을 알고 위로는 짐의 뜻에 합당하오. 그대는 그를 의심하지 마시오."

이사는 다시 글을 올렸다.

'그렇지 않습니다. 조고라는 자는 본래가 미천한 출신이라서 도리를 알지 못하고 탐욕은 끝이 없습니다. 이익 추구하기를 그치지 않으며 위세를 부리는 것이 주군 다음가지만 아직도 끝없는 욕심을 부립니다. 신은 그래서 위험한 자라고 생각합니다'

이세 황제는 전부터 조고를 신임하고 있었으므로, 이사가 그를 죽이지나 않을까 걱정되었다. 그래서 남몰래 조고에게 알렸더니 조고가 말했다.

"승상의 걱정거리는 오직 조고뿐입니다. 저만 죽고 나면, 승상은 곧장 전상이 제나라에서 했듯이 이 나라를 뺏으려 할 것입니다."

이 말을 듣고 이세 황제가 말했다.

"이사를 낭중령 조고에게 넘기라."

조고가 이사의 죄를 심문했다. 이사는 붙잡혀 묶인 채로 감옥에 갇혀 하늘을 우러러보며 탄식했다.

"아아, 슬프구나. 도리를 모르는 군주를 위해 무슨 계책을 말할 수 있으랴? 옛날 하나라 걸왕은 관용봉을 죽이고 은나라 주왕은 왕자 비간을 죽였으며, 오왕 부차는 오자서를 죽였다. 이 세 신하가 어찌 불충했으랴만, 그럼에도 죽음을 면치 못했다. 그들의 몸이 죽은 까닭은 충성을 받는 군주가 올바른 군주가 아니었기 때문이다. 지금 나의 지혜는 이 세 사람보다 못하고, 이세 황제는 걸왕이나 주왕, 부차보다도 더 무도하다. 내가 충성스럽기 때문에 죽는 것도 당연하다. 이세 황제의 다스림을 어찌 어지럽지 않다고 하겠는가? 처음엔 자기 형제를 죽이고 스스로 즉위했으며, 충신을 죽이고 천인을 귀하게 여겼다. 아방궁을 짓느라고 천하에 세금을 짜내었다. 내가 충간하지 않았던 것이 아니라 나의 충간을 듣지 않았던 것이다. 옛날 성왕들은 음식에도 절도가 있고 수레나 기물에도 일정한 수가 있었으며, 궁실을 짓는 데도 한도가 있었다. 명령을 내어 새로운 일을 만들 때에도 비용만 들고 백성의 이익에 보탬이 없는 일은 금했다. 그러므로 오랫동안 안정되게 다스릴 수 있었던 것이다. 그런데 지금 이세 황제는 형제에게 큰 죄악을 행하고도 그 허물을 돌아볼 줄 모르며, 충신을 죽이고도 뒤따를 재앙을 생각하지 않는다. 크게 궁실을 짓고, 많은 세금을 천하에 매기며, 그 비용을 아껴 쓰지 않는다. 이 세 가지가 이미 행해져, 천하가 그의 명령에 복종하지 않는다. 지금 반역자가 벌써 천하의 절반을 차지했건만,

이세 황제는 아직도 깨닫지 못하고 조고를 보좌로 하고 있다. 내 반드시 도둑이 함양에 들어오고 고라니와 사슴이 조정의 폐허에서 노는 꼴을 보고 말겠구나."

이세 황제가 조고를 시켜 승상 이사의 죄를 밝혀 냈다. 이사가 아들 이유와 함께 모반한 죄상을 밝혀 그의 집안과 빈객들을 모두 잡아들였다. 조고가 이사를 심문하면서 1천 번 넘게 매질하며 고문했다. 이사가 아픔을 이기지 못해 없는 죄를 스스로 자복했다. 이사가 자살하지 않은 까닭은 자기의 말솜씨를 믿었기 때문이다. 많은 공로를 세운데다 사실상 모반할 마음이 없었으니, 이세 황제에게 글을 올려 자기의 뜻을 아뢸 수 있다면 이세 황제가 깨닫고 용서해 주지나 않을까 하는 요행을 바랐던 것이다. 그래서 이사는 옥중에서 글을 올렸다.

"신이 승상이 되어 백성을 다스린 지가 30년이나 되었습니다. 선왕 시대에는 진나라 영토가 1천 리를 넘지 못했으며, 병력도 수십만에 지나지 않았습니다. 신은 변변치 못한 재주를 다해 법령을 받들고, 남몰래 모신謀臣을 보내 보물을 가지고 가서 제후를 설득했습니다. 또 남몰래 군비를 갖추고 정치와 교육을 정비했으며, 투사에게 벼슬을 주고 공신을 존중해 그들의 작위와 녹봉을 높였습니다. 이렇게 해서 한나라를 위협하고 위나라를 약화시켰으며, 연나라와 조나라를 깨뜨리고 제나라와 초나라를 평정했습니다. 마지막에는 이 여섯 나라를 합병해 그 왕들을 사로잡고, 진왕을 세워 천자로 즉위케 했습니다. 이것이 신의 첫 번째 죄입니다. 영토가 넓지 않은 것은 아니었으나 다시 북쪽으로 호(胡)와 맥(貊)을 쫓아내고 남쪽으로 백월(百越)을 평정해 진나라의 강성함을 과시했습니다. 이것이 신의 두 번째 죄입니다. 대신을 존중해 그의 작위를 높이고, 임금과 신하 사이의 친밀을 굳게 했습니다. 이것이 신의 세 번째 죄입니다. 사직을 세우고 종묘를 구축해 주상의 현명함을 밝혔습니다. 이것이 신의 네 번째 죄입니다. 눈금을 고쳐 됫박과 잣대와 저울을 고르게 하고, 문물 제도를 천하에 펴서 진나라의 이름을 세웠습니다. 이것이 신의 다섯 번째 죄 입니다. 천자 전용 도로를 닦고 관광 시설을 만들어, 황상께서 마음에 들어 하시는 모습을 보였습니다. 이것이 신의 여섯 번째 죄입니다. 형벌을 늦춰 주고 세금을 덜어 주어, 황상께서 백성의 마음을 얻도록 했습니다. 그래서 만백성이 주상을 받들어, 죽어도 그 은혜를 잊지 못하게 했습니다. 이것이 신의 일곱 번째 죄입니다. 신하 된 몸인 이사가 이러한 죄를 지었으니, 죽어 마땅한 지 이미 오래되었습니다. 그러나 다행히도 황상께서 신의 능력을 다하게 하시어 지금까지 이를 수 있었습니다. 원컨대 폐하께서는 살펴 주소서.”

이 글이 올라오자, 조고가 관리를 시켜 버리게 하고 이세 황제에게 올리지 않았다. 그러고는 이렇게 말했다.

"죄수가 어찌 폐하께 글을 올릴 수 있겠느냐?"

조고가 자기 식객 10여 명을 거짓으로 어사(御史, 조정의 서적과 관리들을 감찰하는 관리), 알자(謁者, 궁궐에서 접견이나 상주하는 일을 맡은 관리), 시중(侍中)인 것처럼 꾸며, 번갈아 이사를 찾아가서 심문하게 했다. 이사가 사실대로 대답하면, 사람을 시켜 다시 매질했다. 나중에 이세 황제가 사람을 시켜 이사를 심문하자, 이사는 앞서와 같은 일이 되풀이된다고 생각했다. 그래서 감히 사실대로 말하지 않고 마침내 없는 죄를 자복했다. 죄상이 올라오자 이세 황제가 기뻐하며 말했다.

"조고가 아니었다면 승상에게 속을 뻔했구나."

이세 황제가 삼천군 태수 이유를 심문하려고 사자를 보냈는데, 사자가 이르고 보니 벌써 반란군 항량(項梁)이 그를 죽인 후였다. 그 사자가 돌아오는 것과 때를 같이해서 승상도 형리에게 넘겨졌다. 조고가 진술서를 모두 꾸며 만들었던 것이다.

이세 황제 2년 7월, 이사에게 오형(五刑, 먹물 들이고, 코 베고, 다리 자르고, 귀 베고, 허를 자름)을 갖추어, 함양 시장 바닥에서 허리를 자르도록 했다. 이사가 감옥에서 나오다가 함께 잡힌 둘째 아들을 보고 말했다.

"너와 다시 한 번 누런 개를 끌고 고향 상채의 동문으로 나가서 토끼 사냥이나 하려고 했는데, 이젠 틀렸구나."

부자는 소리 내어 울고는, 삼족이 모두 죽임을 당했다.

이사가 죽고 나자, 이세 황제가 조고를 중승상(中丞相)에 임명했다. 모든 일은 크건 작건 가리지 않고 조고의 손에서 결정되었다. 조고는 자기의 권력이 무거워진 것을 스스로 알고, 이세 황제에게 사슴을 바치면서 '말'이라고 했다. 이세 황제가 좌우에게 물었다.

"이것이 사슴이지?"

그러나 좌우의 신하들이 모두 이렇게 대답했다.

"말입니다."

이세 황제가 깜짝 놀라서, 자기가 정신이 이상하다고 의심해 태복太卜을 불러다 점치게 했다. 태복이 말했다.

"폐하께서 봄, 가을로 지내는 교사郊祀 때와 또 종묘의 귀신을 제사 지낼 때에 재계(齋戒, 종교적 의식 따위를 치르기 위해 몸과 마음을 깨끗이 하고 부정한 일을 멀리함)가 분명치 않기 때문에 이 지경에 이르렀습니다. 많은 덕을 쌓아 재계를 분명히 하셔야 되겠습니다."

그래서 이세 황제는 상림원으로 들어가 재계하는 척하면서 날마다 새를 잡고 짐승을 사냥하며 놀았다. 어떤 사람이 지나가다가 상림원에 들어왔는데, 이세 황제가 그를 쏘아 죽였다. 조고는 함양의 영令으로 있는 사위 염락閻樂을 시켜 이렇게 탄핵했다.

"누구의 짓인지 알 수는 없지만, 사람을 죽여서 그 시체를 상림원으로 옮겨 놓은 자가 있습니다."

그러고는 이세 황제에게 간했다.

"천자가 아무런 까닭도 없이 죄 없는 사람을 죽였으니, 이것은 상제上帝가 금하는 바입니다. 귀신도 폐하의 제사를 받지 않을 것이며, 하늘도 또한 재앙을 내릴 것입니다. 마땅히 궁전을 멀리 피해 재앙을 물리쳐 달라고 기도해야 되겠습니다."

이세 황제는 함양을 떠나 망이궁望夷宮으로 갔다. 사흘 뒤 조고는 위사(衛士)들에게 조서를 내려 흰옷을 입고 무기를 들고 궁으로 향하게 했다. 그리고 자신은 한 발 앞서 궁으로 들어가 이세 황제에게 말했다.

"산동의 도둑 떼들이 크게 쳐들어왔습니다."

이세 황제가 망루에 올라가 그들을 보고는 두려워하자 조고가 이 틈을 타 이세 황제를 위협해 스스로 목숨을 끊게 했다. 그러고는 황제의 옥새를 꺼내 찼지만 좌우의 백관들이 아무도 따르지 않았다. 궁으로 올라가자, 궁이 세 번이나 무너지려고 했다. 조고는 하늘이 자기를 돕지 않고 뭇 신하들도 허락하지 않는 것을 스스로 알아차리고, 시황제의 손자인 자영(子嬰)을 불러 옥새를 주었다.

자영은 즉위하고도 조고가 반역하지나 않을까 걱정되어, 병을 핑계 대고 정사를 돌보지 않았다. 그리고 환관 한담(韓談) 및 그의 아들과 함께 조고를 죽일 것을 꾀했다. 그러고는 조고가 황제를 뵙고 문병하기를 청하자, 그를 불러들이고 한담을 시켜 찔러 죽인 뒤 그의 삼족을 멸했다.

자영이 즉위한 지 3달 만에 패공(沛公, 유방)의 군대가 무관으로 들어와 함양에 이르렀다. 진나라 신하들과 백관들이 모두 자영을 배반하고, 맞서 싸우지 않았다. 자영은 처자식과 함께 옥새가 달린 끈을 자기의 목에 걸고 지도 부근에서 항복했다. 패공이 자영을 관리에게 맡겼지만, 곧 초나라 항왕(項王, 항우)이 와서 목을 베었다. 마침내 진나라는 천하를 잃었다.

태사공은 말한다.

"이사는 시골의 미천한 출신으로 제후들에게 유세하다가, 진나라로 들어가 진나라 왕을 섬겼다. 열국 사이에 틈이 생긴 기회를 봐서 시황을 도와 진나라의 제업帝業을 이루게 했다. 이사는 삼공三公이 되었으므로 높이 쓰였다고 말할 만하다. 이사는 육경六經의 근본 취지를 잘 알면서도, 정치를 공명정대하게 해 군주의 결점을 보완하려 힘쓰지 않고 작위와 봉록이 높았건만 군주에게 아첨하고 추종했으며, 구차하게 비위를 맞추었다. 위령威令을 엄하게 하고 형벌을 가혹하게 했으며, 조고의 간사한 말에 따라 적자를 폐하고 서자를 즉위케 했다. 제후들이 이미 반란을 일으킨 뒤에야 이사가 비로소 군주에게 충고하려고 했으나, 너무 늦었다. 세상 사람들은 모두들 이사가 지극히 충성했음에도 오형을 받고 죽었다고 하지만, 그 근본을 살펴보면 세속의 말과는 다르다. 그러지 않았더라면 이사의 공적도 또한 주공周公이나 소공召公과 견줄 만했을 것이다."

하급 관리로 일하던 이사는 출세를 위해 끊임없이 도전했던 인물이다. 그는 화장실에서 사는 쥐와 창고 속에서 사는 쥐의 삶의 차이를 보면서 인생의 지혜를 터득하고 초나라를 떠나 전통과 문화가 다른 진나라로 들어간다. 그곳에서 진시황제를 도와 천하를 통일하는 데 성공했지만 권력을 향한 끊임없는 욕망은 분서갱유를 단행하게 했으며 진시황제가 죽은 후에는 환관 조고와 작당해 시황제의 막내아들인 호해를 옹립하는 데까지 이르렀다.

한때 모든 것을 다 가진 듯했던 그도 결국은 조고의 배반으로 삼족이 멸하는 화를 당했다. 그는 처형에 임박해서는 관리가 된 것을 후회하는 듯 고향에서 누런 개를 끌고 토끼 사냥을 다니는 평민의 생활을 그리워했다. 그러나 역사는 이사를 동정하지 않는다. 그의 출세욕이 엄청난 비극을 만들었기 때문이다.

# 【 몽염 열전 】

몽염蒙恬은 그 조상이 제나라 사람이다. 몽염의 할아버지 몽오蒙驁는 제나라에서 진나라로 와서 소왕昭王을 섬겨, 벼슬이 상경에 이르렀다. 진나라 장양왕 원년에 몽오가 진나라 장군이 되어 한나라를 쳐, 성고와 형양을 빼앗고 삼천군을 설치했다. 2년에는 몽오가 조나라를 공격해 서른일곱 개의 성읍을 빼앗았다. 시황 3년에는 몽오가 한나라를 공격해 열세 개의 성읍을 빼앗았고, 5년에는 몽오가 위나라를 공격해 스무 개의 성읍을 빼앗고, 동군東郡을 설치했다. 시황 7년에 몽오가 죽었다. 몽오의 아들은 이름이 무武이고, 무의 아들이 염이다.

몽염은 일찍이 형법과 법률을 배우고 소송 문건을 처리하는 일을 맡았다. 시황 23년에 몽무는 진나라 비장裨將이 되어 왕전王翦과 함께 초나라를 공격해 대파하고 초나라 장수인 항연項燕을 죽였다. 24년에는 다시 초나라를 공격해 초왕을 사로잡았다. 몽염의 아우 이름은 의毅이다. 시황 26년에 몽염은 집안 대대로 장군을 지낸 관계로 진나라 장군이 되어, 제나라를 공격해 크게 격파하고 그 공으로 내사(內史, 수도 함양을 다스리던 행정장관)가 되었다. 진나라는 천하를 통일한 뒤에 몽염에게 명해 30만 대군을 거느리고 북쪽으로 가서 융적戎狄을 쫓아 버리고, 하남을 점령해 장성長城을 쌓게 했다. 지형에 따라 험난한 곳을 이용해 요새를 쌓았는데, 임조臨洮에서 시작해 요동에 이르기까지 그 길이가 1만 리가 넘었다. 그러고 나서 몽염은 황하를 건너 양산을 점거하고 구불구불 북으로 진군하면서 흉노를 공격했다. 공사를 위해 10여 년 동안 군사를 국경 밖에 내놓고, 상군을 근거지로 주둔하고 있었다.

이때 몽염의 위세는 흉노 땅까지 떨쳤다. 시황제는 몽씨 일족을 매우 존중하고 총애했으며, 그들을 신임하고 현명하게 여겼다. 그래서 몽의를 측근에 두고 상경의 벼슬에 오르게 했다. 시황제가 외출할 때에는 그를 수레에 함께 태웠으며, 궁으로 들어와서는 늘 가까이 있게 했다. 몽염은 왕궁 밖의 군사 일을 맡았고, 몽의는 언제나 왕궁 안에서 정책을 세웠다. 두 형제가 모두 충신이라는 평을 들었으므로 여러 장군과 재상들도 감히 그들과 다투려 하지 않았다.

조고趙高는 조나라 왕족의 먼 일족이다. 조고의 형제 중 몇몇은 태어나자마자 환관이 되었으며, 어머니도 형벌을 받았으므로 대대로 비천한 신분이었다. 진나라 왕은 조고가 애써 공부해 형법에 능통하다는 말을 듣고, 그를 중거부령中車府令으로 등용했다. 조고는 남몰래 공자 호해를 섬기며, 그에게 죄를 판결하는 법을 가르쳤다. 조고가 큰 죄를 지었을 때 진나라 왕은 몽의를 시켜 그의 죄를 다스리게 했다. 몽의는 법을 굽히지 않고, 조고의 죄가 사형에 해당된다며 그의 환적宦籍을 삭제했다. 그러나 시황제는 조고의 일 처리 능력이 뛰어나다며 그를 용서하고 벼슬을 회복시켜 주었다.

시황제가 천하를 돌아보려 하면서 구원九原에서 곧바로 감천까지 가고 싶어 하자 조고는 몽염에게 길을 닦도록 했다. 몽염은 산을 깎아내리고 골짜기를 메워 1천 800리를 뚫었지만, 길은 다 완성되지 않았다.

시황 37년 겨울, 황제는 길을 떠나 회계로 순행해 해안을 따라 북쪽으로 올라 낭야琅邪로 향했다. 그러나 도중에 병이 나서 몽의를 시켜 서울로 돌아가서 산천의 신들에게 기도 드리게 했다.

몽의가 채 돌아가기도 전에 시황제는 사구에서 세상을 떴다. 그러나 이 사실을 조고가 숨겼으므로 다른 신하들은 아무도 알지 못했다. 그때 승상 이사와 공자 호해, 중거부령 조고가 늘 황제의 곁을 따라다녔다. 조고는 본래부터 호해의 총애를 받고 있었으므로, 호해를 황제로 세우려 했다. 그러나 몽의가 자기를 법대로 처단해 자기 편을 들어주지 않은 것에 대해 원한을 품고, 그를 해칠 마음까지 먹었다. 그래서 승상 이사, 공자 호해와 음모하고는, 호해를 세워서 태자로 삼았다. 호해는 태자가 되자 공자 부소와 몽염에게 사자를 보내 그들에게 죄를 씌워 죽음을 내렸다. 그러나 몽염은 의심을 품고 다시 한 번 명을 내려 달라고 청했다. 그러자 사자는 몽염을 관리에게 넘기고, 장군을 바꾸었다. 호해는 이사의 가신으로 호군護軍을 삼았다. 사자가 돌아와 아뢰자, 호해는 부소가 이미 죽었다는 말을 듣고 몽염을 놓아주려고 했다. 그러나 조고는 몽씨가 다시 존귀하게 되어 정권을 잡으면 자기를 원망할까 두려웠다. 몽의가 돌아오자 조고는 호해에게 충직한 척하면서 계책을 써 몽씨를 죽이려고 이렇게 말했다.

"신이 듣기로 선제께서는 현명한 아들을 들어 태자로 세우시려고 한 지가 벌써 오래 되었습니다만, 몽의가 안 된다고 간했다고 합니다. 만약 몽의가 태자의 현명함을 알고도 오래도록 세우지 않으려 했다면, 이것은 불충한 짓이며 선제를 미혹시킨 것입니다. 신의 어리석은 생각으로는 몽의를 죽이는 것이 가장 좋을 것 같습니다."

호해가 이 말을 듣고 몽의를 대代 땅의 옥에 가두었다. 이보다 앞서 몽염은 양주陽周의 옥에 갇혔다. 시황제의 영구가 함양에 도착해 장례를 다 치른 뒤, 태자가 즉위해 이세 황제가 되었다. 조고가 이세 황제를 가까이 모시면서 밤낮으로 몽씨를 헐뜯고, 그들의 죄과를 들추어 탄핵했다.

자영이 이세 황제 앞에 나와 이렇게 간언했다.

"제가 들으니 조나라 왕 천遷은 훌륭한 신하 이목李牧을 죽이고 안추領聚를 등용했으며, 연왕 희喜는 남몰래 형가의 계책을 써서 진나라와의 맹약을 저버렸으며, 제왕 건建은 옛날부터 대대로 내려오는 충신들을 죽이고 후승后勝의 의견을 받아들였습니다. 이 세 임금들은 모두가 각기 옛것을 바꾸었다가 결국은 자기의 나라를 잃었으며, 그 재앙이 자기 몸에까지 미쳤습니다. 지금 몽씨는 진나라 대신이며, 모사입니다. 그런데 폐하께서 하루아침에 이들을 버리려고 하시니, 신은 마음속으로 안 된다고 생각합니다. 신이 또한 들으니 경솔한 생각으로는 나라를 다스릴 수가 없으며, 한 사람의 지혜만으로는 군주를 존속시킬 수가 없다고 합니다. 충신을 죽이고, 지조와 덕행이 없는 사람을 세우면, 안으로는 신하들이 서로 불신하게 되고 밖으로는 전쟁하는 군사들의 마음을 흐트러뜨리게 됩니다. 신의 생각으로는 불가하다고 아룁니다."

그러나 호해는 이 말을 듣지 않았다. 그리고 어사 곡궁曲宮을 보내 역마를 타고 대代 땅으로 달려가서 몽의에게 이런 명령을 전하게 했다.

"선제께서 짐을 태자로 세우려 하실 때에 경은 짐을 비난했다. 지금 승상이 경을 불충하다고 하면서, 그 죄가 일족에게 미친다고 말했다. 그러나 짐은 차마 그렇게 할 수 없어 경에게만 죽음을 내리니, 매우 다행한 일이다. 경은 스스로 자결하라."

몽의는 이렇게 대답했다.

"신이 선제의 뜻을 몰랐다고 하지만, 그렇지 않습니다. 신은 젊을 때부터 벼슬해 선제께서 세상을 떠날 때까지 뜻을 받들었으며, 총애를 입었으니, 선제의 의향을 알고 있었다고 말할 수 있습니다. 신이 태자의 능력을 몰랐다고 하지만, 그렇지 않습니다. 여러 공자들 가운데 태자만이 혼자 선제를 따라 천하를 두루 순행했습니다. 그래서 태자의 능력이 다른 여러 공자들보다 훨씬 뛰어나다는 것을 신은 의심해 본 적이 없습니다. 선제께서 패하를 태자로 세우려 하신 것은 몇 년 동안 쌓아 온 소망입니다. 신이 무슨 말을 감히 간하겠으며, 무슨 생각을 감히 꾸미겠습니까? 감히 말을 꾸며서 죽음을 피하려는 속셈은 아닙니다. 선제의 명예에 누를 끼치는 것을 부끄럽게 여기기 때문입니다. 대부大夫께서는 깊이 생각하시어, 신이 참된 죄명으로 죽게 해 주십시오. 대체로 공을 이루고 제 몸도 온전히 보전해야 도리가 귀중한 것이지, 형벌을 받고 죽게 되면 도리도 끝장납니다. 옛날 진나라 목공穆公은 세 사람의 어진 신하를 죽이고 백리해에게도 죽을죄를 내렸지만, 모두 합당한 죄는 아니었습니다. 그래서 죽은 뒤에는 '목穆'이라는 시호를 받았습니다. 진나라 소왕은 무안군 백기를 죽였으며, 초나라 평왕은 오사를 죽였습니다. 오왕 부차는 오자서를 죽였습니다. 이 네 임금은 모두 커다란 실수를 저질렀습니다. 그래서 천하가 그들을 비난했으며, 현명치 못한 임금으로 그 이름이 제후들 사이에 퍼져 있습니다. 그러므로 도리로써 다스리는 자는 죄 없는 자를 죽이지 않고, 무고한 백성에게는 벌 주지 않는다고 합니다. 부디 이 점만은 유념해 주십시오."

그러나 사자는 호해의 뜻을 알고 있으므로, 몽의의 말을 듣지 않고 그를 죽였다.

이세 황제가 다시 사자를 양주로 보내 몽염에게 명령했다.

"경은 잘못이 많다. 그리고 경의 아우 몽의가 큰 잘못을 저질렀는데, 법률에 따르면 내사內史인 몽염에게도 연루된다."

몽염이 말했다.

"신의 할아버지로부터 자손에 이르기까지 진나라에 공을 쌓고 충성을 다한 것이 3대나 됩니다. 지금 신은 30만 대군을 이끌고 있습니다. 신이 비록 죄수의 몸으로 감옥에 갇혀 있지만, 그 세력이 진나라를 배반하기에 충분합니다. 그러나 내가 반드시 죽을 것을 알면서도 의리를 지키는 까닭은, 조상의 가르침을 욕되게 하지 않고 선제의 은덕을 잊지 않기 때문입니다. 옛날 주나라 성왕成王이 처음 즉위했을 무렵에는 아직도 어려서 포대기를 벗어나지 못했지만, 숙부인 주공周公 단旦이 왕을 업고 조정에 나가 정사를 처리해 마침내 천하를 안정시켰습니다. 성왕이 병에 걸려 위독하게 되자 주공은 자기 손톱을 스스로 잘라 황하에 던지면서 기도 드렸습니다. '왕께서는 아직 아무것도 모르셔서 제가 모든 일을 집행하고 있습니다. 만약 허물에 따른 재앙이 있다면, 제가 그 재앙을 받겠습니다.' 이러한 다짐을 적어서 기부記府에 간직해 두었으니, 충성스럽다고 할 만합니다. 성왕이 자라 친히 나라를 다스릴 수 있게 되자, 어떤 간신이 '주공 단이 반란을 일으키려고 한 지가 오래되었습니다. 왕께서 만약 대비하지 않으면, 틀림없이 큰일이 일어날 것입니다' 하고 헐뜯었습니다. 왕이 크게 노하자, 주공 단이 달아나 초나라로 망명했습니다. 성왕이 기부를 조사하다가 주공 단이 황하에 던진 기도문을 보고는 눈물을 흘리면서 말했습니다. '누가 주공 단이 반란을 일으키려 한다고 했느냐?' 그렇게 말한 자를 죽이고, 주공을 불러들였습니다. 《주서周書》에는 '반드시 삼경三卿에게 자문을 구하고 오대부五大夫에게 의견을 말하도록 한다'라고 했습니다.

지금까지 신의 집안에는 두 마음을 가진 적이 없었는데, 일이 갑자기 이렇게 되었으니 이것은 반드시 간신이 반역을 피해 안으로 군주를 업신여기려는 것입니다. 성왕이 잘못을 저지르긴 했지만 다시 고쳤기 때문에 마침내 번영했습니다. 하나라 걸왕은 관용봉을 죽이고 은나라 주왕은 왕자 비간을 죽였는데도 뉘우치지 않았기 때문에 자기 몸도 죽고 나라까지 망했습니다. 그러므로 신은 잘못은 바로잡아야 하며, 간언은 깨달아야 하며, 삼경과 오대부에게 자문하고 의논하는 것은 가장 훌륭한 성왕의 도리라고 말씀드리고 싶습니다. 이는 신이 허물을 면하려는 생각에서 하는 말이 아닙니다. 간언을 드리고 죽고자 할 뿐입니다. 원컨대 패하께서는 백성을 위해 도리를 따를 생각을 하십시오."

사자가 말했다.

"신은 조칙을 받고 장군에게 형을 집행할 뿐이오. 장군의 말을 감히 폐하께 전해 올릴 수는 없소."

몽염이 길게 한숨 쉬며 말했다.

"내가 하늘에 무슨 죄를 지었기에, 잘못도 없이 죽어야 한단 말인가?"

그러고는 한참 있다가 천천히 말했다.

"나의 죄는 참으로 죽어 마땅하다. 임조에서 공사를 일으켜 요동까지 장성을 1만 리가 넘게 쌓았으니, 그 가운데 어찌 지맥을 끊어 놓지 않았겠는가? 그것이 바로 나의 죄이다."

그러고는 약을 삼키고 죽었다.

태사공은 말한다.

"나는 북쪽 변경 지방에 갔다가 지름길을 통해 돌아왔다. 길을 가면서 몽염이 진나라를 위해 쌓은 만리장성의 요새를 보니, 산을 깎아내리고 골짜기를 메워 지름길을 통하게 했다. 참으로 백성들의 노고를 가볍게 여긴 짓이다. 진나라가 제후들을 멸망시킨 초기에는 천하의 민심이 아직 안정되지 못했고, 상처를 입은 자들도 아직 낫지 않았다. 그런데 몽염은 명장이면서도 이러한 때를 당해 강력히 간언해 말리지 못했다. 백성의 궁핍을 구제하고 노인과 고아를 부양하며, 모든 백성들에게 평화를 주려고 힘쓰지 않았다. 시황제의 야심을 따라 큰 공사를 일으켰다. 그들 형제가 사형당한 것 또한 마땅하지 않은가? 어찌 지맥을 끊은 탓으로 돌리려 하는가?"

몽염은 만리장성을 쌓아 진시황에게 큰 신임을 받은 인물이다. 그러나 진시황이 죽은 후 조고와 이사의 음모로 동생과 함께 죽임을 당한다. 죽기 전 몽염은 죄 없는 신하를 죽이고 혹독한 대가를 치른 역사상의 불우한 제왕들을 열거하며 은근히 협박하기도 하지만 결국 자신이 만리장성을 쌓으면서 지맥을 끊어 놓은 탓이라고 한탄하며 사약을 받는다.

그러나 10여 년 동안 백성과 군사를 동원해 진행한 무리한 토목공사가 백성들을 위한 것이 아니라 진시황의 야심에 동조한 것이라는 점에서 그의 한탄은 설득력을 잃는다. 다만 역사는 되풀이되는 것이기에 버려진 자, 몽염의 한탄이 예사롭게 들리지 않는다.

# 【 경포 열전 】

　　　　　　　　　　　경포黥布는 육六 땅 사람으로, 성은 영씨英氏이고 진나라 때는 가난한 선비였다. 그가 젊었을 때 어떤 사람이 그를 보고 말했다.

"형벌을 받은 뒤에는 왕이 되겠군."

경포가 장년이 되었을 때에 법을 어겨 경형(黥刑, 얼굴에 먹물을 들이는 형벌)을 받게 되자 경포가 기뻐하며 말했다.

"어떤 사람이 나를 보고 형벌을 받은 뒤에 왕이 될 것이라고 했는데, 아마 이것을 말하는 것이 아니겠는가?"

이 말을 들은 사람들이 모두 그를 놀리며 비웃었다. 경포는 판결을 받고 여산驪山으로 보내졌다. 여산에는 형을 받고 끌려온 무리가 수십만이나 있었는데, 경포는 그 무리의 우두머리인 호걸들과 모두 사귀었다. 그런 뒤 그 무리를 이끌고 양자강 부근으로 달아나서 도둑 떼가 되었다.

진승陳勝이 반란을 일으키자 경포는 파군番君을 만나 그의 부하들과 진나라를 배반하고 군사 수천 명을 모았다. 파군은 자기의 딸을 그에게 아내로 주었다. 진나라 장군 장한章邯이 진승을 물리치고 여신呂臣의 군대마저 격파하자, 경포는 군사를 이끌고 북으로 올라가 진나라 좌우교위左右校尉를 쳐서 청파淸波에서 격파하고는, 군사를 이끌고 동쪽으로 나아갔다.

그 무렵 항량(項梁, 항우의 숙부)이 강동江東의 회계를 평정하고 양자강을 건너 서쪽으로 온다는 소문이 들렸다. 진영陳嬰은 항씨 집안이 대대로 초나라 장군이었다는 이유 때문에 자기 군사를 거느리고 항량의 휘하로 들어가서 회수로 건넜다. 경포와 포장군도 부하를 이끌고 항량의 휘하로 들어갔다. 항량이 회수를 건너 서쪽으로 가서 진나라 장수 경구景駒와 진가秦嘉 등을 쳤는데, 경포는 언제나 여러 군대 가운데 으뜸이었다. 항량이 설薛에 이르러 진나라 왕이 확실히 죽었다는 소식을 듣고는, 곧 초나라 회왕懷王을 세웠다. 그리고 항량은 호를 무신군武信君이라 했으며, 경포의 호를 당양군當陽君이라 했다. 항량이 싸움에 패해 정도定陶에서 죽자, 회왕은 도읍을 팽성彭城으로 옮겼다. 여러 장수와 경포도 팽성에 모여 수비했다. 이때 진나라가 급히 조나라를 포위하며 공격했다. 조나라에서 몇 차례나 초나라로 사신을 보내 도움을 요청했다. 회왕이 송의宋義를 상장上將으로 삼고, 범증范增을 말장末將으로 삼았으며, 항적(項籍, 항우)을 차장次將으로 삼았다. 경포와 포장군도 모두 장군으로 삼아 송의에게 배속시키고, 북쪽으로 가서 조나라를 구원하게 했다. 항적이 송의를 황하 가에서 죽이자, 회왕이 항적을 세워 상장군으로 삼고, 여러 장군들을 모두 항적의 휘하로 들어가게 했다.

그 후 항적은 경포를 시켜 먼저 황하를 건너 진나라를 치게 했다. 경포가 여러 차례 승리하자 항적도 군사를 모두 이끌고 황하를 건너 경포를 뒤따랐다. 그러고는 마침내 진나라 군대를 깨뜨리고 장한 등에게 항복을 받았다. 초나라 군대는 매번 승리해, 그 공이 제후들 가운데 으뜸이었다. 제후들의 군대가 모두 초나라에 복속하게 된 까닭도 경포가 적은 군사로 많은 적군을 매번 무찔렀기 때문이었다.

군사를 이끌고 서쪽으로 신안新安에 이르자 항적은 영포 등을 시켜 한밤중에 장한의 군대를 습격해 진나라 병사 20만 명을 생매장했다. 함곡관에 이르러서는 들어갈 수 없게 되자, 경포 등을 선봉으로 삼아 먼저 지름길로 보내 함곡관 아래에 있는 진나라 군대를 깨뜨렸다. 그리고 끝내 함곡관에 들어가 함양에 도달했다. 경포는 언제나 초나라 군대의 선봉이었다. 항왕이 여러 장수를 봉하면서 경포를 구강왕九江王에 봉하고, 육六 땅에 도읍을 두도록 했다.

한漢나라 원년(기원전 206년) 4월에 제후들이 모두 항적의 휘하에서 떠나, 각기 자기가 다스리는 나라로 돌아갔다. 항적은 회왕을 의제

義帝로 추대하고, 도읍을 장사長沙로 옮기는 한편, 구강왕 경포 등에게 몰래 그를 치게 시켰다. 그해 8월에 경포는 장수를 시켜 의제를 치게 했다. 그는 의제를 침현까지 쫓아가 죽였다.

한나라 2년에 제나라 왕 전영이 초나라를 배반했다. 항적이 제나라를 치러 가면서 구강에서 군사를 징발했는데, 구강왕 경포는 병을 핑계로 따라가지 않고, 장수를 시켜 수천 명의 군사만 이끌고 가게 했다. 한나라가 초나라를 팽성에서 깨뜨렸을 때에도 경포는 또 병을 핑계로 초나라를 돕지 않았다. 이 때문에 항왕은 경포를 원망하며 자주 사자를 보내 경포를 불렀지만, 경포는 더욱 두려워서 찾아가지 못했다. 그때 항왕은 북쪽으로는 제나라와 조나라 때문에, 서쪽으로는 한나라 때문에 근심하고 있었는데, 자기편이 될 사람은 오직 구강왕뿐이었다. 항왕은 또한 경포의 재능을 높이 샀으므로, 그와 가까이 지내고 싶어 했다. 그래서 그를 중용할 생각만 했지 치려고는 하지 않았다.

한나라 3년에 한나라 왕은 초나라를 치면서, 팽성에서 크게 싸웠지만 형세가 불리했다. 양나라 땅에서 벗어나 우虞로 물러난 한나라 왕이 좌우의 신하들에게 말했다.

"너희 같은 자들하고는 천하의 일을 함께 도모할 수가 없구나."

알자(謁者, 빈객을 접대하거나 문서를 전하는 관리인) 수하隨何가 나아가 말했다.

"폐하께서 말씀하신 뜻을 자세히 모르겠습니다."

한나라 왕이 말했다.

"누가 능히 나를 위해 회남에 사신으로 가서, 경포로 하여금 군사를 일으켜 초나라를 배반하게 만들 수 있겠는가? 항왕을 몇 달 동안만 제나라에 머무르게 한다면, 내가 천하를 얻는 것은 틀림없을 것이다."

수하가 말했다.

"신을 사신으로 보내 주십시오."

수하는 스무 명을 데리고 회남으로 떠났다. 구강에 이르러 태재(太宰, 왕의 식사를 맡은 관리)의 집에 머물렀지만, 사흘이 지나도 구강왕을 만날 수가 없었다. 그래서 수하가 태재에게 말했다.

"왕께서 저를 만나 주지 않는 까닭은 분명 초나라가 강하고 한나라는 약하다고 생각하기 때문일 것입니다. 그래서 신이 사자로 왔으니 제게 왕을 뵙게만 해 주십시오. 제가 하는 말이 옳다면 왕께서는 듣고 싶어 하실 것이고, 제가 하는 말이 그르다면 저희들 스무 명을 회남의 시장 바닥에서 처형하십시오. 그렇게 왕께서는 한나라를 등지고 초나라 편에 서려는 뜻을 밝히시면 됩니다."

태재가 그의 말을 왕에게 전하자 왕은 수하를 만났다. 수하가 말했다.

"한나라 왕이 신으로 하여금 삼가 편지를 대왕의 측근에게 바치게 했습니다. 신은 왕께서 초나라와 어떠한 친분이 있는지 궁금합니다."

경포가 말했다.

"과인은 북쪽을 향해 초나라 왕을 섬기는 신하요."

수하가 말했다.

"왕께서는 항왕과 같은 제후이시면서도 북쪽을 향해 그를 섬기는 까닭은 반드시 초나라가 강하니 나라를 의탁할 만하다고 생각하기 때문일 것입니다. 그렇다면 항왕이 제나라를 치면서 몸소 성을 쌓기 위한 판자나 절굿공이를 짊어지고 병사들의 선봉이 되었으니, 왕께서도 마땅히 회남의 무리를 모두 동원해 몸소 그들을 이끌고 초나라 군대의 선봉이 되셨어야 했습니다. 그런데 겨우 4천 명을 보내 초나라를 도왔으니, 초나라를 섬긴다면서 이렇게 해도 되겠습니까? 또한 한나라 왕이 팽성에서 초나라와 싸울 때만 하더라도, 항왕이 미처 제나라에서 나오기 전에 왕께서는 마땅히 회남의 군사를 싹 쓸어 가지고 회수를 건너 밤낮으로 달려가 평성 아래에서 한나라 왕과 맞붙어 싸웠어야 했습니다. 그런데 왕께서는 1만 대군을 거느리고도 한 사람도 회수를 건너게 하지 않았으며, 팔짱을 낀 채로 어느 쪽이 이기는지를 바라보기만 했습니다. 자기 나라를 남에게 의탁했다면서, 이렇게 해도 된단 말입니까? 왕께서는 신하라는 헛된 이름만 가지고 초나라를 섬긴다면서 초나라에 완전히 의탁하려 하니, 신은 왕을 위해 그러한 방법에 찬성하지 않습니다. 그러면서도 왕이 초나라를 배반하지 않는 까닭은 한나라가 약하다고 생각하기 때문입니다. 그러나 초나라 군대가 비록 강하다고는 하지만,

온 천하가 초나라에게 의롭지 못하다는 이름을 덮어 씌우고 있습니다. 초나라 왕이 맹약을 저버리고 의제義帝를 죽였기 때문입니다. 그런데다 초나라 왕은 전승戰勝을 자랑해 스스로 강하다고 믿고 있지만, 한나라 왕은 제후를 수습하고 돌아와 성고와 형양을 지키면서 촉蜀나라와 한漢나라의 양곡을 날라 오고 도랑을 깊이 파서 성벽을 굳게 하며, 군사를 나누어 변경을 지키고 요새를 방어하고 있습니다. 초나라 군대가 제나라에서 초나라로 돌아가려면 가운데 있는 양梁의 땅을 넘어서 적국 깊숙이 800~900리나 들어가야 합니다. 싸우려고 해도 싸울 수가 없고, 성을 치려고 해도 힘이 모자랍니다. 늙은이와 부녀자들이 1천 리 밖에서 양곡을 날라 와야 합니다. 초나라 군대가 형양과 성고에 도착하더라도 한나라 군대가 굳게 지키고 움직이지 않는다면, 초나라 군대는 나아가 공격할 수도 없고 물러나 포위를 풀 수도 없습니다. 그래서 초나라 군대는 믿을 만한 것이 못된다고 말씀드리는 것입니다.

만약 초나라가 한나라를 이기게 된다면 제후들은 스스로 위태로움을 느끼고 두려워해 서로 한나라를 구하려 할 것입니다. 대체로 초나라가 강대해지면 그것은 도리어 천하의 적병을 초나라로 불러들이는 결과가 될 뿐입니다. 그러기에 초나라가 한나라보다 못하다는 것은 이러한 정세를 보아서도 쉽게 알 수 있습니다. 지금 왕께선 절대로 안전한 한나라의 편을 들지 않고 멸망의 위기에 처한 초나라에 스스로 의탁하려 하시니, 신은 안타깝기만 합니다. 신이 회남의 병력만으로 초나라를 멸망시키기에 넉넉하다고 생각하는 것은 아닙니다. 그러나 왕께서 군대를 동원해 초나라를 배반하면, 항왕은 반드시 제나라에 머물게 될 것입니다. 두어 달 동안만이라도 항왕을 제나라에 머물게 한다면, 그 사이에 한나라가 천하를 차지하게 될 것은 틀림없는 일입니다. 신이 왕을 모시고 칼을 찬 채로 한나라에 돌아가게 해 주십시오. 한나라 왕은 반드시 땅을 베어서 대왕을 봉할 것이니, 회남 땅이야 말해 무엇하겠습니까? 회남 땅은 반드시 왕의 소유가 될 것입니다. 그러므로 한나라 왕이 신을 사신으로 보내 어리석은 계책을 진언하게 한 것입니다. 원컨대 왕께서는 유념해 주시기 바랍니다."

"말씀을 따르겠소."

회남왕이 남몰래 초나라를 배반하고 한나라와 한편이 되겠다고 허락했지만, 아직은 이 일을 입 밖에 꺼내지 않았다. 이때 초나라 사자가 회남왕에게 와 있으면서, 급히 군대를 출동시키라고 경포에게 독촉했다. 이때 수하는 곧바로 그 자리에 들어가서 초나라 사자보다 윗자리에 앉아 말했다.

"구강왕이 이미 한나라에 귀속했는데, 초나라가 어떻게 병사를 얻을 수 있겠소?"

경포는 깜짝 놀랐고, 초나라 사자는 자리를 떴다. 수하가 경포를 설득하며 말했다.

"일은 이미 벌어졌으니, 초나라 사자를 죽여서 돌아가지 못하게 하고 우리 빨리 한나라로 달려가서 힘을 합칩시다."

경포가 말했다.

"당신이 하라는 대로 군사를 일으켜 초나라를 치겠소."

이렇게 해 경포는 초나라 사자를 죽이고, 군사를 일으켜 초나라를 공격했다. 초나라에서는 항성項聲과 용저龍且를 시켜 회남을 치게 하고, 항왕은 그대로 머물면서 하읍下邑을 공격했다. 몇 달이 걸려 용저가 회남을 쳐서 경포의 군대를 깨뜨리자, 경포가 군대를 이끌고 한나라로 달아나려 했다. 그러나 항왕이 자기를 죽일까 두려워 사잇길을 통해 수하와 함께 한나라로 돌아갔다.

회남왕이 도착했을 때 한나라 왕은 마침 평상에 걸터앉아 발을 씻고 있었는데, 그 자리에서 경포를 불러들여 만났다. 경포는 매우 화를 내며, 한나라로 온 것을 후회하고 스스로 목숨을 끊으려 했다. 물러나와 숙소에 도착해 보니 방장과 음식, 시종들이 한나라 왕의 거처와 같았으므로, 경포는 바라던 것보다 분에 넘치는 대우에 크게 기뻐했다. 이에 경포가 사람을 구강으로 몰래 들여보냈는데, 초나라가 이미 항백項伯을 시켜서 구강의 군대를 몰수하고, 경포의 아내와 자식들을 모조리 죽인 뒤였다. 경포의 사자는 오랜 친구들과 총애받던 신하를 만나, 수천 무리를 거느리고 한나라로 돌아왔다. 한나라는 경포에게 더 많은 병력을 나눠 주고 함께 북쪽으로 올라가면서 군대를 모아 성고에 이르렀다. 한나라 4년 7월, 한나라 왕은 경포를 세워 회남왕으로 삼고, 함께 항적을 쳤다.

한나라 5년에 경포는 사람을 시켜 구강에 들어가 여러 고을을 손에 넣었다. 6년에는 경포가 유가(劉賈)와 함께 구강에 들어가 초나라 대사마 주은(周殷)을 설득해 주은이 초나라를 배반하고, 드디어 구강의 군대를 동원해 한나라와 함께 초나라를 해하(垓下)에서 격파했다.

항적이 죽고 천하가 평정되자, 한나라 왕이 술잔치를 베풀었다. 이때 한나라 왕이 수하의 공적을 깎아내리며 이렇게 말했다.

"수하는 썩은 선비이다. 천하를 다스리는 데 어찌 썩은 선비를 쓰겠는가?"

수하가 꿇어앉아 말했다.

"폐하께서 군사를 이끌고 팽성을 치고 초나라 왕이 아직 제나라를 떠나지 않았을 적에, 폐하께서 보병 5만 명과 기병 5천 명으로 회남을 점령할 수 있었겠습니까?"

"못했을 것이다."

"폐하께서 신을 시켜 스무 명과 함께 회남에 사자로 가게 했습니다. 신은 회남에 이르러 폐하의 뜻대로 했습니다. 그렇다면 신의 공은 보병 5만 명과 기병 5천 명보다도 나은 것입니다. 그런데도 폐하께서 '수하는 썩은 선비이다. 천하를 다스리는데 어찌 썩은 선비를 쓰겠는가?'라고 말씀하시니 무슨 까닭입니까?"

"내 장차 그대의 공을 생각해 보겠소."

한나라 왕은 수하를 호군중위(護軍中尉, 장수들의 관계를 조절하는 무관)로 임명했다. 경포는 드디어 부절(符節)을 나누어 받아 회남왕이 되고,

육에 도읍을 정했다. 구강, 여강, 형산, 예장의 여러 군이 모두 경포에게 소속되었다.

한나라 7년에는 회남왕이 진陳으로 와서 왕을 알현했고, 8년에는 낙양에서 알현했으며, 9년에는 장안에서 알현했다.

한나라 11년에 고후高后가 회음후 한신의 목을 베자 경포는 두려움을 느꼈다. 여름에 한나라는 양나라 왕 팽월을 삶아 죽여서 그 시체를 소금에 절이고, 소금에 절인 그 살덩이를 그릇에 담아 제후들에게 두루 돌렸다. 그 살덩이가 회남에 도착했을 때 회남왕은 마침 사냥을 나가던 길이었는데, 소금에 절인 살덩이를 보고는 몹시 두려워 몰래 사람을 시켜 병사를 모아 이웃 군의 동정을 살펴 위급한 사태를 경계하도록 했다.

어느 날은 경포의 총애를 받는 여자가 병들어 의사에게 치료를 받게 되었다. 의사의 집은 중대부 비혁賁赫의 집과 마주해 있었다. 그 여자가 의사의 집에 자주 가는 것을 보고 경포의 시중이었던 비혁은 많은 선물을 바치면서 여자를 따라 의사의 집으로 가서 함께 술을 마시기도 했다. 여자가 회남왕을 모시고 이야기를 나누던 끝에, 비혁이 덕망 있고 관대한 인물이라고 칭찬하자 회남왕이 성을 내며 말했다.

"너는 어디서 그를 알게 되었느냐?"

여자가 사정을 자세히 이야기했지만, 왕은 그들이 간통한 것이라고 의심했다. 비혁이 두려워서 병들었다고 핑계 대며 나오지 않자,

왕은 더욱 화를 내며 비혁을 체포하려고 했다. 비혁은 회남왕이 고조를 배반한다고 밀고하려고 역마를 타고 장안으로 달려갔다. 경포가 사람을 시켜 뒤쫓게 했지만, 따라잡지를 못했다. 비혁은 장안에 이르자 경포가 모반하려는 조짐이 있으니 일이 터지기 전에 먼저 목을 베어야 한다는 글을 올렸다. 고조가 그 글을 읽고 상국 소하蕭何에게 말하자 상국이 대답했다.

"경포는 반란을 일으킬 사람이 아닙니다. 아마도 무슨 원한이 있어 함부로 무고하는 것일 겁니다. 비혁을 붙잡아 두고, 사람을 보내 회남왕의 동정을 몰래 살펴보게 하십시오."

회남왕 경포는 비혁이 죄를 짓고 달아난데다 고조에게 변을 고했다는 사실까지 알게 되었다. 비혁이 자기 나라의 비밀을 말했을 것이라고 의심하던 차에 한나라 사자까지 와서 조사를 하자, 비혁의 집안을 멸하고 군대를 일으켜 한나라를 배반했다. 경포가 모반을 일으켰다는 보고가 올라가자 고조는 비혁을 석방해 장군으로 삼았다. 고조는 여러 장수들을 불러 놓고 물었다.

"경포가 배반했으니 어떻게 하면 좋겠는가?"

장수들이 모두 이렇게 말했다.

"군대를 동원해 쳐서, 그놈을 구덩이에 묻어 죽이면 될 뿐입니다. 달리 무엇을 할 수 있겠습니까?"

여음후汝陰侯 등공滕公이 본래 초나라 영윤(令尹, 승상에 상당하는 위치)이었던 사람을 불러 묻자 영윤이 대답했다.

"그가 배반하는 것은 당연한 일입니다."

등공이 다시 물었다.

"황상께서 땅을 떼 주어 그를 왕으로 봉했으며, 벼슬도 나누어 존귀하게 해 주었습니다. 천자의 자리에 오르고서도 배반하다니, 무슨 까닭입니까?"

"황상께서 지난해에 팽월을 죽이고 그 전 해에는 한신을 죽였습니다. 이 세 사람은 같은 공을 세운, 한 몸과 같은 사람들입니다. 그는 화가 제 몸에 미치지 않을까 불안해 반란을 일으킨 것입니다."

등공이 그 말을 고조에게 아뢰며 말했다.

"신의 식객 가운데 본래 초나라의 영윤이었던 설공薛公이라는 자가 있는데, 그는 대단한 계략을 가지고 있습니다. 그에게 물어보는 것이 좋겠습니다."

고조가 설공을 불러 묻자, 설공은 이렇게 대답했다.

"경포가 모반한 것은 이상할 게 없습니다. 경포가 최상의 계략을 쓴다면 산동은 한나라 소유가 아닐 것입니다. 만일 보통의 계략을 쓴다면 승패는 알 수가 없습니다. 낮은 계략을 쓴다면 폐하께서는 베개를 편안히 하고 누워 계셔도 될 것입니다."

고조가 물었다.

"무엇을 최상의 계책이라고 하는가?"

"경포가 동쪽으로 나아가 오나라를 취하고 서쪽으로 나아가 초나라를 취하며 제나라를 병합하고 노나라를 취한 뒤에 격문을 연나라와 조나라로 돌려 그곳을 굳게 지킨다면, 산동은 한나라의 소유가 안 될 것입니다."

"무엇을 보통의 계책이라고 하는가?"

"동쪽으로 오나라를 취하고 서쪽으로 초나라를 취하며 한나라를 병합하고 위나라를 취한 뒤에 오창敖倉의 양곡에 점거해 성고의 어귀를 막아 버린다면, 승패는 알 수가 없습니다."

"낮은 계책은 무엇이오?"

"동쪽으로 오나라를 취하고 서쪽으로 하채를 점령해 방어의 중점을 월나라에 두고 자신은 장사長沙로 돌아간다면, 폐하께서는 베개를 편안히 하고 누워 있어도 한나라는 무사할 것입니다."

"그가 어떤 계책을 쓸 것 같은가?"

"낮은 계책을 쓸 것입니다."

"어째서 최상의 계책과 보통의 계책을 버리고 낮은 계책을 쓸 것이라고 생각하는가?"

"경포는 본래 여산의 무리였는데, 자기 힘으로 만승의 군주가 되었습니다. 이것은 모두 자기 자신을 위해서 한 일이지, 뒷날을 생각하고 백성 만대를 위한 것이 아니었습니다. 그래서 낮은 계책을 쓸 것이라고 말씀드리는 것입니다."

"좋다."

고조가 설공을 천호후千戶侯에 봉하고, 곧 황자 유장劉長을 세워 회남왕으로 삼았다. 고조는 군사를 동원해 직접 이끌고 동쪽으로 가서 경포를 쳤다.

경포는 처음에 반란을 일으키면서 장수들에게 말했다.

"황상은 늙어서 싸움을 싫어하니, 분명 오지 못할 것이다. 여러 장수들을 보내겠지만, 그 여러 장수들 가운데 오직 회음후 한신과 팽월만이 걱정거리였는데 그들도 이젠 다 죽어 버렸다. 그 외에는 두려워할 만한 자가 없다."

그러고는 마침내 반란을 일으켰다. 설공이 짐작한 것처럼 경포는 동쪽으로 형荊나라를 쳤다. 형나라 왕 유가는 달아나다가 부릉富陵에서 죽었다. 경포가 그의 군대를 죄다 빼앗아 거느리고 회수를 건너 초나라를 쳤다. 초나라가 군대를 동원해 서徐와 동僮 사이에서 싸웠다. 군대를 셋으로 나눠 서로 구원하면서 기습 작전을 벌이려고 했더니, 어떤 사람이 초나라 장군에게 이렇게 말했다.

"경포는 용병에 뛰어나, 백성들이 본래 그를 두려워합니다. 또 병법에도 제후가 자기 나라 땅에서 싸우는 것을 산지(散地, 병사들이 집을 그리워해 마음이 흩어짐)라고 한다고 했습니다. 이제 군대를 나눠 셋으로 만들었으니, 만약 저들이 우리 한 군대를 깨뜨리면 나머지 두 군대는 달아날 것입니다. 어떻게 서로 도울 수 있겠습니까?"

그러나 초나라 장군은 이 말을 듣지 않았다. 경포가 한 군대를 격파하자, 나머지 두 군대는 흩어져 달아났다. 경포는 드디어 서쪽으로 나아가 고조의 군대와 기현의 서쪽 회추會甀에서 맞닥뜨렸다. 경포의 군대는 과연 정예다웠다. 고조가 용성庸城에 성벽을 쌓고 경포의 군대를 보니, 진을 친 방법이 항적의 군대와 같았다. 고조는 경포가 미워졌다. 경포와 서로 바라보다가 멀리서 경포에게 말했다.

"무엇이 괴로워서 반란을 일으켰는가?"

경포가 말했다.

"황제가 되고 싶었을 뿐이오."

고조가 성을 내며 그를 꾸짖고 크게 싸움을 벌였다. 결국 경포의 군사가 패해 달아났다. 회수를 건너 여러 번 멈춰 싸웠지만 불리했다. 그래서 100여 명의 군사와 함께 강남으로 달아났다. 경포는 본래 파군番君의 딸과 혼인했는데, 이런 인연으로 파군의 아들인 장사長沙의 애왕哀王이 사람을 시켜 함께 월나라로 달아나자고 속였다. 경포는 이 말을 믿고 파양으로 따라갔다. 파양 사람이 경포를 자향玆鄕의 농가에서 죽였다. 한나라는 드디어 경포를 멸망시켰다. 고조는 황자 유장을 세워 회남왕으로 삼고, 비혁을 기사후期思侯로 삼았으며 여러 장수들도 공에 따라 봉했다.

태사공은 말한다.

"경포의 조상은 아마도 《춘추》에 보이는 '초나라가 영英과 육六을 멸했다'라고 되어 있는 영씨로서, 고요(皐陶, 순임금 때 형옥을 맡은 관리)의 후예가 아닐까? 몸에 형벌을 받고서도 어찌 그렇게도 빨리 성공했을까? 항우가 구덩이에 묻어 죽인 사람이 1천만 명은 될 텐데, 경포가 언제나 그 포악한 일을 하는 자의 우두머리였다. 공적은 제후

가운데 으뜸이었으므로 왕이 되었지만, 자신도 역시 세상의 치욕을 면하지는 못했다. 화는 사랑하는 여자 때문에 싹텄고, 질투가 걱정 거리를 만들어 끝내는 나라까지 멸망하게 되었구나!"

가난한 선비였던 경포는 항우 밑에서 일하다가 아랫사람들에게 너그럽지 못한 항우를 떠나 유방에게 투항해 회남왕에 봉해졌다. 죽을 때까지 한 군주만을 섬기기보다는 자신에게 주어진 기회를 십분 발휘했다는 면에서 탁월한 선택이었다. 그리고 한나라 통일에 크게 기여하면서 많은 권력을 누렸다. 하지만 유방이 주요 공신들을 하나둘 제거하는 것을 보고 신변에 위협을 느꼈다. 젊은 시절 누군가가 그의 관상을 보고 말했던 것처럼 왕 자리가 그의 최고점이었는지 모르는 채 그는 황제를 꿈꾸었고, 황제가 될 수 없었던 경포에게 죽음 외에는 대안이 없었다. 마침내 그는 한나라에 반기를 들었다가 비참한 최후를 맞게 된다.

# 【 양후 열전 】

───── 양후穰侯 위염魏冄은 진나라 소왕의 어머니인 선태후宣太后의 동생이다. 그의 조상은 초나라 사람으로, 성은 미씨羋氏이다.

진나라 무왕이 세상을 떠난 후 아들이 없어 그의 동생이 왕위를 이어 소왕이 되었다. 소왕의 어머니는 본래 미팔자羋八子라고 불렸는데, 소왕이 즉위하면서 미팔자에게 호를 올려 선태후宣太后라고 올려졌다. 선태후는 무왕의 어머니가 아니었다. 무왕의 어머니는 혜문후惠文后인데, 무왕보다 먼저 죽었다

선태후에게는 두 명의 동생이 있었다. 그중 큰동생은 아버지가 달랐고, 둘째 동생은 아버지가 같았다. 큰동생 양후는 성은 위이고 이름은 염이며, 둘째 동생 미융羋戎은 화양군華陽君이다. 또 소왕과

어머니가 같은 동생으로는 고릉군高陵君과 경양군涇陽君이 있다. 그 가운데 위염이 가장 현명해, 혜왕과 무왕 때부터 벼슬을 맡아 나랏일을 했다. 무왕이 죽은 뒤에 여러 동생들이 임금 자리를 놓고 다투었지만, 위염의 힘으로 소왕이 왕위에 오를 수 있었다. 소왕은 즉위한 뒤에 위염을 장군으로 삼고, 함양을 지키게 했다. 계군季君의 난을 평정해 공자 장을 죽이고, 무왕후武王后를 위나라로 내쫓았으며, 소왕의 여러 형제 가운데 반란에 가담한 자를 모조리 없애 그 위세를 온 진나라에 떨쳤다. 소왕이 어려서 선태후가 몸소 조정에 나가 나라를 다스리게 되자, 위염에게 정치를 맡겼다.

소왕 7년에 저리자가 죽자, 경양군을 제나라에 인질로 보냈다. 그리고 조나라 사람 누완樓緩이 와서 진나라 재상이 되었다. 조나라는 누완이 진나라 재상이 된 것이 이롭지 않다고 여겨 구액仇液을 진나라에 보내 위염을 진나라 재상으로 삼아 달라고 청하기로 했다. 구액이 진나라로 떠나려 할 때에, 그의 식객 송공宋公이 구액에게 말했다.

"진나라가 당신의 말을 듣지 않게 되면, 누완은 반드시 당신을 원망할 것입니다. 당신이 미리 누완에게 공을 위해 진나라에 급히 청하지 않겠다고 말해 두는 것이 좋겠습니다. 진왕은 조나라가 위염을 재상으로 삼아 달라는 청원이 그다지 급하지 않은 줄 알게 되면, 오히려 당신의 말을 듣지 않고 위염을 재상으로 임명할 것입니다. 당신이 말하고도 재상으로 임명되지 않으면 누완에게 덕을 끼친 셈이 되고, 재상으로 임명되면 위염이 당신에게 고마워할 것입니다."

그래서 구액은 그의 말대로 했다. 그랬더니 진나라가 과연 누완을 파면하고, 위염을 진나라 재상으로 삼았다. 위염이 자신의 재상 임명을 반대했던 여례呂禮를 죽이려고 하자, 여례는 제나라로 달아났다.

소왕 14년에 위염이 백기를 추천해, 상수 대신 장군이 되었다. 그가 한나라와 위나라를 쳐서 이궐伊闕에서 목을 자른 사람만 24만이었으며, 그는 위나라 장군 공손희公孫喜도 사로잡았다. 그 이듬해엔 또 초나라의 원宛과 섭葉을 빼앗았다. 위염이 병을 핑계로 재상을 그만 두자, 객경客卿 수촉壽燭을 재상으로 삼았다가, 그 이듬해에 수촉을 물러나게 하고 다시 위염이 재상이 되었다. 진나라에서 위염을 양穰에 봉하고 다시 도陶에 봉한 뒤에, 양후穰侯라고 불렀다.

위염은 양후로 봉해진 지 4년 뒤에 진나라 장군이 되어 위나라를 쳤다. 위나라가 하동땅 사방 400리를 바쳤다. 그런 뒤에도 위나라의 하내河內를 정복해 크고 작은 예순 개의 성을 빼앗았다.

소왕 19년에 진나라가 서제西帝라 칭하고, 제나라가 동제東帝라고 칭했다. 한 달 남짓 지난 뒤에 여례呂禮가 오자, 제나라와 진나라가 각기 제帝의 칭호를 버리고 다시 왕이 되었다. 위염은 다시 진나라 재상이 되었다가, 6년 뒤에 그만두었다. 그리고 2년 만에 또다시 진나라 재상이 되었다. 그로부터 4년 뒤에는 백기를 시켜 초나라의 영鄒을 함락시키고, 그 땅에다 진나라의 남군南郡을 두었다. 그러고는 백기를 봉해 무안군武安君으로 삼았다. 백기는 양후가 추천한 인물이어서 사이가 좋았다. 이렇게 되자, 양후의 재물이 왕실보다도 더 많아졌다.

소왕 32년에 양후는 진나라 상국相國이 되어, 군대를 이끌고 위나라를 쳤다. 위나라 장군 망묘芒卯를 싸움에서 져 달아나게 하고, 북택北宅으로 침입해 대량大梁을 포위했다. 위나라 대부 수고須賈가 양후를 이렇게 설득했다.

"저는 위나라의 고관이 위왕에게 이렇게 말하는 것을 들었습니다. '예전에 위나라 혜왕이 조나라를 쳐서 삼량三梁에서 이기고 서울 한단을 빼앗았지만, 조나라가 위나라에게 땅을 떼어 주지 않아 한단은 조나라로 되돌아왔습니다. 제나라가 위衛나라를 쳐서 초구楚丘를 빼앗고 대부 자량子良을 죽였지만, 위나라가 제나라에게 땅을 떼어 주지 않아 그 땅이 다시 위나라로 돌아왔습니다. 위衛나라와 조나라가 나라를 온전히 지키고 군대가 강하며 그 땅이 제후들에게 병합되지 않은 까닭은 능히 어려움을 참고 자기 나라 땅을 다른 나라에 내주는 문제를 중대하게 생각했기 때문이었습니다. 그렇지만 송나라와 중산中山은 자주 침략당할 때마다 땅을 떼어 주었기 때문에 나라까지 멸망했습니다. 신은 위나라와 조나라를 본받아야 하며, 송나라와 중산은 경계로 삼아야 한다고 생각합니다. 진나라는 탐욕스럽고도 비뚤어진 나라이니, 친해서는 안 됩니다. 그들은 위나라를 잠식하고 옛 진晉나라의 땅을 다 빼앗으려고 했습니다. 우리 나라의 장군 포자暴子에게 이기고 여덟 현을 떼어내 갔으며, 그 땅이 진나라에 채 편입되기도 전에 군대를 다시 출병시킬 정도였습니다. 도대체 진나라에는 만족이란 게 없습니다. 지금 또 망묘를 패배시켜 달아나게 하고 북택에 침입했지만, 이것은 위나라를 침략하려는 뜻이라기보다는 왕을 위협해 보다 많은 땅을 떼어 가지려는 속셈입니다. 왕께서는 이 위협을 반드시 들어주지 마십시오. 지금 왕께서 초나라나 조나라를 배반하고 진나라와 강화한다면, 초나라나 조나라도 노해 왕을 저버리고 왕과 다투어 진나라를 섬길 것입니다. 진나라도 반드시 이들을 받아 줄 것입니다. 진나라가 초나라나 조나라의 군대와 힘을 합해 다시 위나라를 친다면, 나라가 망하지 않기를 바라더라도 어쩔 수 없습니다. 왕께선 절대로 강화하지 마십시오. 왕께서 만약 강화하려고 하신다면, 땅을 조금만 떼어 주고 진나라로부터 인질을 받아 두십시오. 그렇게 하지 않는다면 반드시 속을 것입니다.' 이것이 제가 위나라에서 들은 이야기입니다. 장군께선 이러한 사정을 고려해 일을 처리하시기 바랍니다.

《주서周書》에 이르기를, '천명은 변하지 않는 것이 아니다'라고 했습니다. 이 말은 요행이 자주 있는 것이 아니라는 뜻입니다. 진나라가 포자와 싸워서 이기고 여덟 현을 떼어 받은 까닭은 병력이 정예로워서도 아니며 계략이 교묘해서도 아니고, 천행이 많았기 때문입니다. 진나라가 지금 또 망묘를 도망가게 하고 북택에 침입해 대량을 치고 있습니다만, 이것도 하늘이 내려 준 행운이 늘 자기 곁에만 있다고 믿기 때문입니다. 지혜로운 사람은 그렇게 생각하지 않습니다. 저는 '위나라는 100개 현에서 골라 뽑은 정예병을 모두 동원해서 대량을 지키게 한다'라고 들었습니다. 제가 생각하기로 그 병력이 30만 이하는 아닐 것입니다. 그 30만의 정예병으로 쉰여섯 척 높이의 성을 지키고 있으니, 은나라 탕왕이나 주나라 무왕이 다시 태어난다 하더라도 이 성을 쉽게 공격하지는 못할 것입니다. 초나라와 조나라의 병력이 배후에서 위협하고 있는데도 쉰여섯 척의 성벽을 기어올라 30만 대군과 싸워서 반드시 이기려고 하다니, 이런 일은 하늘과 땅이 생긴 이래 지금까지 한번도 없었던 것 같습니다. 만약 침공이 실패하면 진나라 병사는 지칠 대로 지치고 도읍도 반드시 망할 것입니다. 그렇게 되면 지금까지 이루어 놓은 장군의 공도 물거품이 되고 말 것입니다.

지금 위나라는 어떻게 해야 좋을지 망설이고 있으니, 땅을 조금 얻고 위나라와의 관계를 수습할 수 있습니다. 초나라 조나라의 군대가 위나라에 이르기 전에 빨리 다소의 땅을 떼어 받는 정도로 위나라와의 사이를 수습해 주십시오. 위나라가 지금 주저하고 있으니 땅을 조금 떼어 주는 것이 이롭다고 생각하면 반드시 그렇게 하려고 할 것입니다. 그렇게 되면 당신도 원하던 바를 얻을 수 있습니다. 초나라 조나라는 위나라가 자기들보다 먼저 진나라와 강화한 사실에 노해, 반드시 서로 다투어 진나라를 섬기려 할 것입니다. 제후들의 합종이 이렇게 흐트러지면, 당신은 그렇게 된 뒤에 하고 싶은 대로 선택하십시오. 당신이 땅을 얻기 위해서 반드시 군대가 출동할 필요가 있겠습니까? 예전 진晉나라의 땅을 손에 넣고 싶으면, 진秦나라 군대가 치지 않아도 위나라가 반드시 강絳과 안읍安邑을 내놓게 될 것입니다. 또 도읍으로 통하는 남북의 두 길도 열릴 것입니다. 이렇게 해 예전 송나라 땅을 거의 얻게 되면, 위衛나라는 반드시 선보單父를 내놓을 것입니다. 진나라 군사를 온전케 하고도 당신이 천하를 제어할 수 있으니, 무엇을 구한들 얻을 수 없겠으며 무슨 일을 한들 이룰 수 없겠습니까? 깊이 생각해서 위험한 싸움은 하지 마시길 바랍니다."

"좋소."

양후는 이렇게 말하고는 대량의 포위를 풀었다.

그 이듬해에 위나라는 진나라를 등지고, 제나라와 합종을 맺었다. 진나라가 양후를 시켜 위나라를 치게 하자 4만 명의 목을 베고 위나라 장군 포연暴鳶을 달아나게 했으며, 위나라의 세 현을 얻었다. 양후는 봉지를 더하게 되었다.

이듬해에 양후가 백기, 객경 호양胡陽과 더불어 다시 조나라와 한나라, 위나라를 치고, 망묘를 화양성 아래에서 격파했다. 목을 자른 사람만 10만 명이며, 위나라의 권卷, 채양蔡陽, 장사長社와 조나라의 관진觀津을 빼앗았다. 그러고는 조나라에 관진을 돌려주는 대신 군사를 지원해 제나라를 치게 하고는 제나라 양왕이 두려운 나머지 소대를 시켜 다음과 같은 편지를 양후에게 몰래 보냈다.

"저는 오가는 사람들이 '진나라가 방금 조나라에 군사 4만 명을 보내 제나라를 치려고 한다'라고 하는 말을 들었습니다. 그래서 저는 제나라 왕에게 이렇게 말했습니다. '진나라 왕은 현명해 계략에 뛰어나고 양후는 슬기로워 매사에 능숙하므로, 조나라에 병사 4만 명을 주어 제나라를 치는 짓은 결코 하지 않을 것입니다.' 왜냐하면 대체로 삼진(三晉, 한, 위, 조)이 서로 힘을 합하는 것은 진나라에게 심각한 위협이 되기 때문입니다.

삼진은 100번이나 진나라를 배반하고 100번이나 진나라를 속였지만, 신의가 없다고 생각하지 않았으며 제멋대로 행한다고 생각하지도 않았습니다. 그런데 이제 진나라가 제나라를 깨뜨려서 조나라를 살찌게 하면, 조나라는 진나라의 심각한 위협이 되니 진나라에 불리합니다. 이것이 그 첫 번째 이유입니다.

진나라의 모사(謀士)는 반드시 이렇게 말할 것입니다. '삼진과 초나라가 제나라를 깨뜨리면, 삼진과 초나라도 피폐하게 될 것이다. 이렇게 된 뒤에 삼진과 초나라를 치면 이길 것이다.' 그런데 제나라는 이미 피폐한 나라입니다. 천하가 제나라를 치는 것은 1천 균이나 되는 쇠뇌로 곪아 터지려는 종기를 치는 것과 같아서, 제나라는 반드시 망하겠지만 삼진과 초나라까지야 어찌 지치게 할 수 있겠습니까? 이것이 그 두 번째 이유입니다.

진나라가 병사를 적게 내준다면 삼진과 초나라가 믿지 않을 것이고, 병사를 많이 보낸다면 삼진과 초나라가 진나라에 눌려 진나라가 제나라를 치는 꼴이 됩니다. 제나라는 두려워져서, 진나라에게 달라붙지 않고 반드시 삼진과 초나라에게 달라붙을 것입니다. 이것이 그 세 번째 이유입니다.

진나라가 제나라의 땅을 할양받아 삼진과 초나라에 주면 삼진과 초나라가 군대를 배치해 지키게 될 테니, 진나라가 도리어 적군을 받아들인 셈이 됩니다. 이것이 그 네 번째 이유입니다.

진나라가 삼진과 초나라를 도와 제나라를 치는 것은 삼진과 초나라가 진나라를 이용해 제나라 땅을 빼앗고, 제나라를 이용해 진나라를 견제하는 결과가 됩니다. 삼진과 초나라는 어찌 그리도 슬기로우며, 진나라와 제나라는 그리도 어리석은지요? 이것이 그 다섯 번째 이유입니다.

그러므로 진나라는 한나라 땅인 안읍(安邑)이나 얻어서 잘 다스리면, 반드시 아무런 걱정도 없을 것입니다. 진나라가 안읍을 보유하면, 한나라는 반드시 상당(上黨)을 지키지 못할 것입니다. 천하의 위장(胃腸)이라고 할 만한 상당을 얻는 쪽과 출병했다가 못 돌아오지나 않을까 걱정하는 쪽과 어느 쪽이 더 유리합니까? 저는 그래서 '진나라 왕은 현명해 계략에 뛰어나고 양후는 슬기로워 매사에 능숙하므로, 조나라에 병사 4만 명을 주어 제나라를 치는 짓은 결코 하지 않을 것입니다'라고 저의 왕에게 말했습니다."

이 편지를 읽은 양후는 진격하지 않고 군대를 이끌고 돌아갔다.

소왕 36년에 상국 양후가 객경 조ㅁ와 의논해, 제나라를 쳐서 강剛과 수壽 두 마을을 빼앗아 자기의 봉읍인 도읍陶邑을 넓히려고 했다. 이때 위나라 사람 범저가 장록 선생이라고 자칭하면서, 양후가 제나라를 치기 위해서 삼진을 넘어 제나라를 공격한다고 비난했다. 이 기회를 틈타 그는 자기 주장을 진나라 소왕에게 말했다. 소왕이 이 말을 듣고 범저를 등용했다. 범저는 선태후가 제멋대로 전권을 휘두르는 일, 양후가 제후들 사이에서 권세를 떨치는 일, 경양군과 고릉군의 무리가 매우 사치스러워 왕실보다도 부유한 사실 등에 관해서 말했다. 그러자 소왕도 깨달은 바가 있어 상국 양후를 파면했으며, 경양군 일족을 모두 함곡관 밖으로 내보내 자기 봉읍에 가서 살도록 했다. 양후가 함곡관을 나갈 때에 그 짐수레가 1천 대도 넘었다.

양후는 도읍에서 죽어, 그곳에 묻혔다. 진나라는 도읍을 다시 거두고 군으로 삼았다.

태사공은 이렇게 말한다.

"양후는 소왕의 친외삼촌이다. 진나라가 동쪽으로 땅을 넓히고 제후의 세력을 약화시켜 한때 천하에 제帝를 일컬었으며 천하 제후들이 모두 서쪽을 향해 머리를 숙이게 한 것은 양후의 공이다. 그의 귀함이 극도에 달하고 부함이 넘쳐흐를 때, 단 한 사람의 비난을 받아 몸이 꺾이고 권세가 박탈되었으며 근심 가운데 죽었다. 왕의 외삼촌마저 이러한데, 하물며 다른 나라 출신 신하의 경우에야 어떠하겠는가?"

위염은 백기를 장군으로 추천해 조나라와 한나라, 위나라, 초나라를 공략했으며 직접 군대를 이끌고 주변 나라를 공격해 진나라의 영토를 넓혔다. 그는 세 명의 군주를 모시면서 서너 번이나 승상의 자리에 오르는 등 진나라의 명백한 실세였다. 그러나 그의 지위가 높아지고 재물이 많아져 왕을 능가할 지경이 되자 진 소왕은 위협을 느꼈다. 그 틈에 끼어든 주변의 몇몇 책사들의 이간질은 진 소왕의 마음을 그에게서 거두게 했고, 이 때문에 위염은 직위를 박탈당하고 봉읍지로 추방당하는 신세가 되었다. 그의 말년은 우울했다. 하늘 끝 모르고 자꾸만 위로 향하는 권력의 단맛에 심취한 그가 자초한 일이다. '적당한 선에서 누리는 것'이야말로 권력을 오래 유지하는 비결이다.

# 【 백기·왕전 열전 】

백기白起는 미郿 땅 사람이다. 그는 병사를 다루는 데 뛰어난 사람으로 진나라의 소왕을 섬기었다. 소왕 13년 백기는 좌서장左庶長이 되어 장차 한나라의 신성新城을 공격했다. 그해 양후는 진나라의 재상으로 임비任鄙를 천거해 한중漢中의 태수로 삼았다. 그다음 해 백기는 좌경左更이 되어 이궐伊闕에서 한나라와 위나라를 공격해 24만 명의 머리를 베었고, 또 적의 장수인 공손희公孫喜를 사로잡았으며, 다섯 성을 함락시켰다. 백기는 국위國尉로 승진해 황하를 건너 한나라의 안읍安邑에서 동쪽으로 간하乾河에까지 그 영토를 넓혔다. 그다음 해 백기는 대량조大良造가 되었다. 위나라를 공격해 함락시키고 크고 작은 성 예순한 개를 빼앗았다. 그다음 해 백기는 객경인 사마조司馬錯와 함께 원성垣城을 공격해 함락시켰다. 그로부터 5년 뒤 백기는 조나라를 공격해 광랑성光狼城을 함락시켰다. 7년 뒤 백기는 초나라를 공격해 언鄢과 등鄧의 다섯 성을 함락시켰다. 그다음 해에는 초나라를 공격해 영 땅을 함락시키고, 이릉夷陵을 불태우고, 마침내 동쪽으로 경릉竟陵에까지 이르렀다. 이에 초나라 왕은 영 땅을 잃어버리고 그곳을 떠나 동쪽으로 달아나서 진陳 땅으로 천도했다. 진나라는 영 땅을 남군南郡으로 만들었다. 백기는 승진해 무안군武安君이 되었다. 무안군은 초楚 땅을 취하고 무巫와 검중군黔中郡을 평정했다.

소왕 34년 백기는 위나라를 공격해 화양華陽을 함락시키고, 적장인 망묘芒卯를 패주시키고, 삼진三晉의 장수들을 사로잡았으며, 적병 13만 명의 목을 베었다. 그는 조나라의 장수인 가언賈偃과 싸워서 그의 병사 2만 명을 황하에 빠뜨려 죽였다. 소왕 43년 백기는 한나라의 형성陘城을 공격해 다섯 성을 함락시키고 5만 명의 목을 베었다. 소왕 44년에는 남양南陽을 공격해 태행산으로의 길을 끊어 놓았다.

소왕 45년에는 한나라의 야왕野王을 정벌했다. 야왕이 진나라에 항복했으므로 한나라는 상당上黨으로 통하는 길이 끊어졌다. 상당의 태수인 풍정馮亭은 백성들과 이렇게 모의했다.

"정(鄭, 한나라의 수도)으로 가는 길이 이미 끊어졌으니 한나라는 우리 백성을 보호할 수 없음이 분명하다. 진나라의 군대가 날이 갈수록 이쪽으로 진격하고 있으나 한나라는 그에 응전할 능력이 없다. 그러니 상당을 가지고 조나라로 귀속하는 길밖에 없다. 조나라가 만약에 우리를 받아 준다면 진나라는 노해 조나라를 공격할 것이 분명하다. 조나라는 진나라의 공격을 받게 되면 한나라와 친교를 맺으려고 할 것이 분명하다. 그리하여 한나라와 조나라가 하나가 된다면 진나라에 대항할 수 있을 것이다."

풍정은 사신을 조나라에 보내 이러한 사실을 알렸다. 조나라 효성왕은 평양군, 평원군을 불러 이 일을 논의했다. 평양군은 이렇게 말했다.

"그 땅을 받지 않으시는 것이 가장 좋은 일입니다. 만일 받으신다면 얻는 것보다 받는 화가 클 것입니다."

그러나 평원군은 이렇게 말했다.

"아무 조건 없이 군 하나를 얻는 것이니 받는 것이 좋습니다."

조나라 왕은 평원군의 말을 받아들이고 풍정을 화양군華陽君에 봉했다.

소왕 46년에 진나라는 한나라의 구지와 인藺을 공격해 함락시켰다. 소왕 47년 진나라는 좌서장 왕흘王齕을 시켜 한나라를 공격해 상당을 빼앗았다. 이에 상당의 백성들이 조나라로 도망했다. 그때 조나라 군대는 장평長平에 주둔한 채 상당의 백성을 보호했다. 그해 4월 왕흘은 이 일을 구실로 조나라를 공격했다. 조나라는 염파를 장군으로 삼았다. 조나라 군대의 사졸이 진나라의 척후병과 맞닥뜨리자 진나라의 척후병이 조나라의 비장인 가茄를 죽였다. 6월에 조나라 군대를 함몰시키고 두 개의 보루와 네 명의 도위를 사로잡았다. 7월에 조나라의 군대는 누벽(壘壁)을 쌓아서 수비를 했다. 진나라는 다시 그 누벽을 공격해 두 명의 도위를 사로잡고 그 진을 무너뜨렸으며 서쪽 누벽을 빼앗았다. 이에 염파는 누벽을 굳게 지키고서 진나라 군과 대치했다. 진나라 군대는 여러 번 전투를 도발해 유인했으나 조나라 군사는 성 밖으로 나가지 않았다. 조나라 왕은 이를 두고 여러 번 염파를 꾸짖었다. 그 틈을 타서 진나라의 재상인 응후는 또 사람을 시켜 조나라에 천금을 뿌려 이간하는 말을 하게 했다.

"진나라가 미워하고 유독 두려워하는 것은 마복군(馬服君, 조의 명장인 조사)의 아들인 조괄(趙括)이 장수가 되는 것뿐이다. 염파는 상대하기가 쉽고, 곧 항복할 것이다."

조나라 왕은 이미 염파가 거느린 군대가 잃은 것이 너무 많고, 싸움에 여러 번 패했는데도 누벽을 견고히 지킬 뿐 용감히 싸우지 않는다고 노해 있던 터에 진나라의 이간질하는 말까지 듣자 곧 염파 대신 조괄을 장군으로 삼아 진나라를 격파하게 했다. 진나라는 마복군의 아들이 장수가 되었다는 소문을 듣고서 은밀하게 무안군 백기를 상장군으로 삼고 왕흘을 위비장(尉裨將)으로 삼았다. 그리고는 군중에 영을 내려 무안군이 장수가 되었다는 사실을 누설하는 자는 참하겠다고 포고했다.

조괄이 전쟁터에 도착하자마자 곧 군대를 출동시켜 진나라 군을 쳤다. 진나라 군대는 지는 척 달아나면서 복병 2부대를 매복시켜 조나라 군을 기습할 준비를 했다. 조나라 군대는 계속 승세를 타며 진나라의 누벽까지 추격했으나 진나라 군이 누벽을 견고하게 지키고 있자 들어갈 수가 없었다. 그러자 진나라의 복병 2만 5천 명이 조나라 군의 배후를 차단하고, 또 5천 명의 기병부대는 조나라의 누벽 사이를 차단하니 조나라 군대는 둘로 분리되어 식량을 공급하는 길이 막혔다. 그러자 진나라는 경장병輕裝兵을 출동시켜 조나라 군대를 공격했다.

조나라 군대는 싸움에 불리해지자 누벽을 굳게 쌓고서 견고하게 수비를 하는 한편 도와줄 군대가 오기를 기다렸다. 진나라 왕은 조나라 군의 식량 보급로가 차단되었다는 소식을 듣고서 몸소 하내河內로 가서 하내의 백성들에게 각각 벼슬을 한 등급씩 내리고, 15세 이상인 사람을 모두 장병으로 보내 조나라의 식량 보급로와 구원군을 들어오지 못하게 막도록 했다.

9월이 되자 조나라 군사가 식량을 보급받지 못한 지 46일이나 되었고, 서로를 은밀하게 죽여 살을 먹을 지경이 되었다. 그들은 진나라의 누벽을 공격해 탈출하고자 네 개의 부대로 나누어 공격하기를 네댓 번 했으나 그곳을 벗어날 수가 없었다. 장군인 조괄이 정예병을 이끌고서 스스로 지휘해 육박전을 했으나 진나라 군이 쏜 화살에 맞아 죽고 말았다. 조괄의 군대가 패하자 병졸 40만 명이 무안군에게 항복했다. 무안군은 이렇게 생각했다.

'전에 진나라가 상당을 함락시키자 상당의 백성들이 진나라의 백성이 되는 것을 즐겨하지 않고 조나라로 귀속했다. 조나라 병사들은 이랬다 저랬다 하기를 잘하니 모두 죽이지 아니하면 난을 일으킬지도 모른다'

백기는 사람들을 속여 조나라 군사 전부를 묻어 죽이고, 어린아이 240명만 조나라로 돌려보냈다. 머리를 베거나 포로로 사로잡은 수가 45만 명이나 되었다. 조나라 사람들은 극도의 공포에 떨었다.

소왕 48년 10월에 진나라가 다시 상당군을 평정했다. 진나라는 군을 둘로 나누어 왕흘은 피뢰皮牢를 공격해 함락시키고, 사마경司馬梗은 태원太原을 평정시켰다. 한나라와 조나라는 두려운 나머지 소대蘇代에게 후한 예물을 가지고 진나라의 승상인 응후의 마음을 달래도록 했다. 소대가 응후에게 물었다.

"무안군께서 마복군의 아들을 사로잡으셨습니까?"

"그렇소."

소대가 또 물었다.

"그가 또 한단을 포위하려 합니까?"

응후가 대답했다.

"그렇소."

"조나라가 망하면 진나라 왕이 천하의 왕이 될 것이고, 무안군이 삼공三公이 될 것입니다. 무안군이 진나라를 위해 싸워 이기고 공격해 탈취한 성이 70여 개가 되고, 남쪽으로 언과 영과 한중을 평정했고, 북쪽으로는 조괄의 군대를 사로잡았으니 비록 주공 단, 소공

석, 태공망太公望의 공적도 이보다 더 낫지는 못할 것입니다. 지금 조나라가 망해 진나라 왕이 천자가 된다면 무안군이 분명히 삼공이 될 것입니다. 그렇지만 승상께서 무안군의 아랫사람이 되어 살 수가 있겠습니까? 비록 승상께서 그의 아랫사람이 되는 것을 바라지 않는다 하더라도 어찌할 수 없는 일입니다. 진나라가 일찍이 한나라를 공격해 형구邢丘를 포위하고 상당을 곤경에 빠뜨리니 상당의 백성들이 모두 반기를 들고 조나라로 귀속했습니다. 이로써 보건대, 천하가 진나라의 백성이 되는 것을 즐겨하지 않은 지가 이미 오래 되었음을 알 수 있습니다. 지금 조나라가 망한다면 그 북쪽의 땅은 한나라와 위나라로 들어갈 것인즉, 그렇게 된다면 승상께서 얻은 백성의 수는 얼마 되지가 않습니다. 따라서 이번 전쟁을 통해 조나라로 하여금 땅을 할양함으로써 진나라와 강화를 맺도록 주선하시어 무안군에게 공을 돌리지 않는 것이 가장 나을 것입니다."

이에 응후는 진나라 왕에게 말했다.

"진나라의 군사가 지쳐 있으니 한나라와 조나라로 하여금 땅을 할양해 강화를 맺을 수 있도록 하고 병사들도 쉬도록 허락해 주시기를 청합니다."

진나라 왕은 이를 허락해 한나라의 원옹垣雍과 조나라의 여섯 성을 할양받음으로써 강화를 맺고 정월에 군대를 모두 철수시켰다. 무안군은 이러한 내막을 알고 있었으므로 이 일로 응후와 사이가 벌어지게 되었다.

그해 9월에 진나라는 다시 군대를 출동시켜 오대부 왕릉王陵으로 하여금 조나라의 한단을 공격하게 했다. 이때 무안군은 마침 병이 들어서 전쟁터로 나갈 수가 없었다. 소왕 49년 정월에 왕릉이 한단을 공격했으나 전세가 유리하지 못했으므로 진나라는 구원병을 한층 더 파견해 왕릉을 돕게 했다. 그러나 왕릉은 다섯 명의 장수를 잃었다. 그즈음 무안군의 병이 나았다. 진나라 왕은 왕릉 대신 무안군을 장수로 삼으려 했다. 그러자 무안군이 이렇게 말했다.

"한단은 실로 공격하기가 쉽지 않은 곳입니다. 게다가 다른 제후들의 구원병이 곧 도착할 것입니다. 저 제후들은 진나라에 대해 원한을 가진 지가 오래되었습니다. 지금 비록 진나라가 장평의 군대를 격파시켰다고는 하지만 그 전투에서 진나라도 사졸의 과반수가 죽어서 나라 안이 텅 비어 있는 형편입니다. 이러한 상황에서 산과 물을 건너 남의 나라의 수도를 빼앗으려 하는데 만일 조나라가 그 안에서 응전을 하고, 다른 제후들이 바깥에서 우리를 공격한다면 진나라 군이 격파당하는 것은 분명한 일일 것입니다. 한단을 쳐서는 안 됩니다."

무안군이 끝내 사양하고 한단으로 가지 않자 진나라 왕은 응후를 보내 이 일을 부탁하도록 했지만 무안군은 그래도 끝내 한단으로 가기를 거부하고, 마침내 병이 들었다고 핑계를 댔다.

이에 진나라 왕은 어쩔 수 없이 왕흘을 장수로 삼고, 8월과 9월에 한단을 포위했으나 함락시킬 수가 없었다. 그때 초나라의 춘신군과 위공자 신릉군이 수십만의 군대를 거느리고서 진나라 군을 공격해 진나라 군은 병사와 장비를 많이 잃었다. 이에 무안군은 이렇게 말했다.

"진나라가 나의 말을 듣지 않더니 지금 이 꼴이 어떻습니까?"

진나라 왕은 이 말을 듣고 화가 나 억지로라도 무안군을 일으켜 한단으로 가게 하려 했으나 무안군은 끝내 병이 중하다고 핑계를 댔다. 응후가 가기를 청해도 무안군은 일어서지 않았다. 진나라 왕은 무안군의 관직을 빼앗고 일개 병사로 강등시켜 음밀陰密로 귀양을 보냈다. 그러나 무안군은 병이 들어 그곳으로 갈 수가 없었다. 3개월이 지난 뒤 제후들의 진나라 군에 대한 공격이 급박해지고 진나라 군이 퇴각을 거듭하자 위급함을 알리는 사자들이 잇달아 함양에 도착했다. 진나라 왕은 사람을 시켜 백기를 함양에 더 이상 머물지 못하도록 했다. 무안군은 함양을 떠나서 서문으로부터 10리가 떨어진 두우杜郵에 이르렀다. 그때 진나라 소왕은 응후를 포함한 뭇 신하들과 토의를 하고 있었다. 그들은 "백기가 귀양을 가고 있는데 그는 여전히 불복종하는 태도로 불만을 가지고서 불평을 토로하고 있다."고 하자 진나라 왕은 사자를 파견해 백기에게 자결하도록 검을 내렸다. 무안군은 검을 당겨 잡고서 스스로 목을 베기에 앞서 이렇게 말했다.

"내가 대체 하늘에 무슨 죄를 지었기에 이런 지경에 이르러야 하는가?"

그리고 한참 있은 뒤에 또 이렇게 말했다.

"내가 죽는 것이 참으로 마땅하다. 장평의 전투에서 항복한 조나라 병사가 40만이었는데 나는 속임수를 써서 그들을 모두 갱도에 묻어 죽였다. 이것으로도 죽어 마땅하다."

그러고는 끝내 스스로 목숨을 끊었다. 무안군이 죽은 것은 진나라 소왕 50년 11월의 일이었다. 그의 죽음은 그의 죄에 의한 것이 아니었기에 진나라 사람들이 그를 가엾이 여기어 마을 사람 모두 그의 제사를 지내 주었다.

왕전王翦은 빈양頻陽의 동향東鄕사람이다. 어릴 때부터 병법을 좋아해 진시황을 섬겼다. 진시황 11년에 왕전은 장수가 되어 조나라의 알예閼與를 공격해 격파하고, 아홉 개의 성을 함락시켰다. 진시황 18년에 왕전은 장수가 되어 조나라를 공격했다. 1년 남짓 조나라를 공격해 마침내 조나라를 함락시키고 조나라 왕이 항복하자 조나라의 땅을 모두 평정해 진나라의 군으로 만들었다. 그 이듬해 연나라에서 형가荊軻를 보내 진나라 왕을 죽이려고 한 일이 발생하자 진나라 왕은 왕전을 보내서 연나라를 공격하게 했다. 연나라 왕 희喜는 요동으로 도망가고, 왕전은 마침내 연계燕薊 지방을 평정하고 돌아왔다. 진나라는 왕전의 아들인 왕분을 시켜 초나라를 치게 하였다. 초나라가 패하자 돌아오는 길에 위나라를 쳤다. 위나라 왕이 항복함으로써 드디어 위나라 땅을 평정하게 되었다.

진시황은 이미 삼진을 멸망시키고, 연나라 왕을 패주시켰으며, 초나라 군사를 자주 격파했다. 그때 진나라 장수에 이신李信이라는 사람이 있었는데, 그는 나이가 적고 용감했다. 일찍이 병사 수천 명을 이끌고 연나라 태자 단丹을 추격해 연수衍水 가운데까지 이르러서 마침내 단을 격파해 잡았다. 이에 진시황은 그를 현명하고 용감한 사람이라고 생각했다.

어느 날 진시황이 이신에게 이렇게 물었다.

"내가 초나라를 공격해 빼앗으려고 하는데 장군의 생각으로는 군사가 몇이나 필요하겠소?"

이신이 대답했다.

"20만 명이면 충분합니다."

진시황이 왕전에게 물었는데 왕전은 이렇게 대답했다.

"60만 명 아니면 안 됩니다."

그러자 진시황은 말했다.

"왕 장군은 늙은 것 같소. 어찌 그리 겁이 많소? 이 장군은 과단성 있고 용감하니 그의 말이 옳소."

그러고는 이신과 몽염으로 하여금 20만의 군대를 거느리고 서남으로 향해 초나라를 정벌하게 했다. 왕전은 자신의 말이 받아들여지지 않자 병을 핑계로 빈양에서 여생을 보내고 있었다. 이신은 평여平與를 공격하고, 몽염은 침寢을 공격해 초나라 군대를 대파했다. 이신은 또 언과 영을 공격해 격파하고, 다시 군대를 이끌고 서쪽으로 향해 성보城父에서 몽염과 만나려 했다. 그때 초나라 사람들이 이신의 군대를 쫓아서 사흘 낮밤을 잠시도 쉬지 않고 따라잡아 마침내 이신의 군대를 대파하고 두 개의 누벽에 침입해 일곱 명의 도위를 죽였다. 결국 진나라 군은 싸움에 져 달아났다.

진시황이 이러한 소식을 듣고 크게 화를 내며 스스로 말을 몰아서 빈양으로 달려가 왕전을 만나 사과하고 이렇게 말했다.

"과인이 장군의 계책을 듣지 아니한 까닭에 이신이 과연 진나라 군을 욕되게 했소. 지금 들리는 소문에 의하면, 초나라 군이 날마다 진격해 서쪽으로 향하고 있다고 하니 장군이 비록 병들었다고는 하지만 어찌 과인을 버릴 수 있겠소?"

그러자 왕전이 사양하며 말했다.

"노신老臣은 지치고 병들었으며, 정신이 어지러우니 왕께서는 다른 현명한 장수를 택하시기를 바랍니다."

진시황이 사과하며 말했다.

"그만 하시오. 장군은 다시는 그런 말을 하지 마시오."

왕전이 말했다.

"왕께서 어쩔 수 없이 신을 쓰시려면 저는 60만의 병사가 아니면 불가합니다."

진시황이 말했다.

"장군의 계책을 따르겠소."

결국 왕전은 60만 명의 군사를 거느리고 출정했다. 진시황은 몸소 파수까지 나와서 전송했다. 왕전은 출정하면서 좋은 논밭과 택지와 정원과 연못을 내려 달라고 요구했다. 이에 진시황이 말했다.

"장군은 출정이나 하시오. 어찌 가난 따위를 걱정한단 말이오?"

그러자 왕전이 대답했다.

"왕의 장수가 된 사람들은 공을 세우고서도 끝내 후(侯)로 봉함을 받지 못했습니다. 따라서 대왕께서 저에게 관심을 기울이고 계실 때 신도 때를 잃지 않고 정원과 연못을 청해 자손들의 재산을 만들어 주고자 합니다."

진시황은 크게 웃었다. 왕전은 함곡관에 이르러서도 다섯 번이나 사자를 돌려보내 좋은 논밭을 청했다. 그러자 어떤 사람이 물었다.

"장군께서 보상을 요구하는 것이 너무도 심하지 않습니까?"

왕전이 말했다.

"그렇지 않다. 진나라 왕은 거칠어서 다른 사람을 믿지 않는다. 지금 진나라의 군사들을 총동원해 전부 나에게 맡겼는데 만일 내가 논밭을 많이 청해 자손의 재산을 만들어 준다는 말로써 내 스스로를 지키지 아니하면 도리어 진나라 왕으로 하여금 가만히 앉아서 나를 의심하게 만드는 것이다."

왕전은 이신을 대신해 초나라를 쳤다. 초나라는 왕전이 군사를 증원해 온다는 소문을 듣고서 온 나라의 군사를 총동원해 진나라에 항거했다. 왕전이 전장에 이르자 누벽을 굳게 지키어 수비를 할 뿐 전투를 하려고 하지 않았다. 초나라 군이 자주 밖으로 나와 싸움을 걸었으나 왕전의 군대는 끝내 싸우러 나오지 않았다. 왕전은 날마다 병사를 쉬게 하여 목욕을 시키고 음식을 잘 먹여서 따뜻하게 어루만져 주고, 직접 병사들과 함께 식사를 했다. 이렇게 지내던 어느 날 왕전은 사람을 시켜서 진중에서 무슨 놀이를 하고 있는지 물었다. 그들은 이렇게 대답했다.

"돌 던지는 놀이와 멀리뛰기를 하고 있습니다."

이에 왕전이 말했다.

"이제 병사를 쓸 수가 있겠구나."

초나라 군대는 여러 번 싸움을 걸었다가 진나라가 성에서 나오지 않자 군대를 이끌고 동쪽으로 이동했다. 왕전은 그제야 군대를 출동시켜 그들을 추격하고 장사들을 동원해 초나라 군을 대파했다. 기수蕲水 남쪽에 이르러 초나라의 장군인 항연項燕을 죽인 것이 큰 역할을 했다. 진나라 군대는 승세를 타고 초나라의 성읍을 공략해 평정했다. 1년 남짓해서 초나라 왕 부추負芻를 사로잡고 마침내 초나라 땅을 평정해 군현으로 만든 뒤에는 남쪽으로 백월百越의 군주를 정벌했다. 그리고 왕전의 아들인 왕분은 이신과 함께 연나라, 제나라 땅을 격파해 평정시켰다.

진시황 26년 드디어 천하를 모두 평정했는데 왕씨와 몽씨의 공이 가장 컸으므로 그들의 이름은 후세에까지 길이 전해졌다.

진나라 이세 황제 때에 왕전과 그의 아들 왕분은 이미 죽었고, 진나라는 또 몽씨도 죽었다. 진승이 진나라에 반란을 일으키자 진나라는 왕전의 손자인 왕리(王離)로 하여금 조나라를 치게 했고, 그들은 거록성(鉅鹿城)에서 조나라 왕과 장이(張耳)를 포위했다. 그때 어떤 사람이 이렇게 말했다.

"왕리는 진나라의 명장이다. 강대한 진나라 병사로 새로 세워진 조나라를 공격하는 것이니 진나라가 이길 것은 분명하다."

다른 사람이 이에 다음과 같이 말했다.

"그렇지 않다. 대저 삼대에 걸쳐 장수가 된 사람은 반드시 패하게 되어 있다. 그것은 무슨 까닭에서인가? 그들이 죽이고 정벌한 사람이 많을 것이기 때문에 그 후손이 앙화를 받게 되는 것이다. 지금 왕리는 벌써 3대째 장수가 되었다."

얼마 후 항우가 장수가 되어서 조나라를 구원하고 진나라 군을 격파해 과연 왕리를 사로잡았다. 왕리의 군대는 드디어 제후의 군에 항복하고 말았다.

태사공은 이렇게 말한다.

"속담에 '자에도 짧은 것이 있고, 치에도 긴 것이 있다'라는 말이 있다. 백기는 적들을 살펴서 합법적인 법과 변통을 잘 이용해 기이한 작전을 무궁하게 펼쳤다. 그리하여 그의 명성이 천하를 진동시켰으나 응후로부터의 환난은 피하지 못했다. 왕전은 여섯 나라를 멸망시켰다. 그 당시 왕전은 백전노장으로서 진시황이 그를 스승으로 모시는 처지였다. 겨우 왕의 비위에만 용납될 것을 찾다가 죽고 말았다. 그리하여 그의 손자인 왕리 대에 이르러 항우에게 사로잡힌 것도 당연한 일이 아니겠는가? 저들은 모두 제 나름의 약점을 가지고 있다고 하겠다.

백기와 왕전은 모두 진시황제를 보필하며 천하통일을 이룩한 인물이다. 두 사람 사이에는 공통점이 많은데, 천하를 평정한 것 말고도 자신의 의견이 받아들여지지 않을 때 병을 핑계로 진시황의 명을 따르지 않은 적이 있다는 점이다. 이때 백기는 범저의 시기를 받아 목숨을 잃고 말았다. 하지만 왕전은 진시황의 비유를 맞추며 적당히 반항하며 천수를 누렸다. 그러나 그의 영화榮華는 3대를 넘지 못하고 진나라와 함께 스러졌다. 손자인 왕리가 항우에게 잡혔기 때문이다. 사마천은 이를 인과응보로 본다. 보통 사람을 뛰어넘는 재능을 갖추어 천하를 통일했다고 하여도 그것을 지키는 것은 어렵고 더욱이 자기 몸을 온전하게 지키는 것은 더더욱 어려운 일이다.

# 【 평원군 · 우경 열전 】

● ─────── 평원군平原君 조승趙勝은 조나라 공자 가운데 한 사람이다. 조승은 공자들 중 가장 어질고 게다가 빈객을 좋아해 그에게 모여든 빈객은 어림잡아 수천 명이나 될 정도였다. 평원군은 조나라 혜문왕惠文王과 효성왕孝成王의 재상으로 있었는데, 세 차례나 그 자리에서 물러났다가 세 차례나 그 자리에 올랐다. 그 뒤 그는 동무성東武城에 봉해졌다. 평원군의 집은 백성들이 사는 집과 가까이 있었다. 그가 누각에서 내려다보니 다리를 저는 사람이 절뚝거리며 물을 길어 나르고 있었다. 평원군의 후궁이 그 모습을 내려다보고는 큰 소리로 웃었다. 그다음 날이 되자 그 절름발이는 평원군의 집 앞에 와서 그에게 이렇게 청했다.

"나리께서 선비를 좋아해 선비들이 천 리를 멀다 생각하지 않고 모여드는데 그 까닭은 나리께서 선비를 귀하게 여기시는 반면에 계집은 천하게 여기기 때문이라고 들었습니다. 제가 불행하게도 다리를 절뚝거리고 등이 굽는 병을 가지고 있는데 나리의 후궁이 제 모습을 내려다보고 비웃었으니 원컨대 저를 비웃은 여인의 목을 베어 주십시오."

평원군은 그의 말을 듣고 웃으면서 그렇게 해 주마 허락했다. 절름발이가 돌아가자 평원군은 비웃으면서 이렇게 말했다.

"저놈이 한 번 웃었다는 이유로 나의 애첩을 죽이라고 한다. 너무하지 않은가?"

그러고는 끝내 죽이지 않았다. 그 뒤로 1년 남짓한 시간이 지나서 빈객 중 그의 문하에 거하는 사람들이 하나둘 떠나기 시작해 그 수가 반이나 줄었다. 평원군은 이것을 이상하게 여겨 물었다.

"내가 여러분을 대함에 있어 크게 실수한 적이 없다고 자부하는데, 이렇게 떠나가는 사람이 많은 것은 무슨 까닭입니까?"

그러자 한 사람이 앞에 나서서 이렇게 대답했다.

"평원군께서 절름발이를 비웃은 여인을 죽이지 않는 것을 보고는 나리가 여색을 아끼고 선비를 천하게 여기시는 분이라 생각하고 다들 떠나가는 것입니다."

이 말을 듣고 평원군은 절름발이를 비웃었던 애첩의 목을 베고, 직접 그 절름발이를 찾아보고 옛일을 사과했다. 그러고 나자 사람들이 다시 모여들기 시작했다.

이 무렵 제나라에는 맹상군이 있었고, 위나라에는 신릉군信陵君이 있었으며, 초나라에는 춘신군春申君이 있었다. 그들은 모두 서로 선비를 정성껏 대우했다.

진나라가 수도 한단을 포위하자 조나라는 평원군을 초나라에 사신으로 보내 합종合從을 하고 구원을 요청하려고 했다. 평원군은 그의 문하에 식객으로 있는 사람 중에서 용기와 힘이 있으며, 문무를 모두 갖추고 있는 사람 스무 명과 함께 가기로 약속했다. 평원군이 말했다.

"문사文詞와 말로써 승리를 이룰 수만 있다면 참으로 좋습니다. 그러나 만일 문사와 말로써 승리를 얻을 수가 없다면 궁절 안에서 초나라 왕을 협박해 피를 나눠 마셔서라도 반드시 합종을 맺고 돌아오겠습니다. 선비는 다른 데서 구할 필요가 없고 제 빈객과 문하에서 뽑아도 충분합니다."

평원군은 열아홉 명을 골랐는데 나머지 한 사람은 적당한 이가 없어 스무 명을 채울 수가 없었다. 이때 문하에 모수毛遂라 하는 사람이 앞으로 나서며 평원군에게 스스로를 추천하며 이렇게 말했다.

"제가 들으니 나리께서 장차 초나라에 합종을 하러 가는데 문하와 빈객 스무 명과 함께 가기로 하고 다른 데서 사람을 찾지 않는다 하시더군요. 그런데 지금 한 사람이 모자라니 저를 그 일행에 끼워 주십시오."

이 말을 듣고 평원군이 물었다.

"선생이 제 문하에 머무른 지가 이제 몇 해나 되었소?"
"3년 되었습니다."
그러자 평원군이 이렇게 말했다.
"현명한 선비가 세상에 있는 것은 주머니 속에 들어 있는 송곳과 같아서 그 끝이 금세 밖으로 나타나는 법이오. 그런데 지금 선생은 저의 문하에 머무른 지 3년이나 되는데 좌우에 있는 사람들이 아무도 선생을 칭송한 적이 없어 한 번도 선생에 대해 들은 바가 없소. 이것은 선생이 아무 재주도 가지고 있지 못하다는 것을 말하는 것이오. 선생께서 능력이 없으시다면 그냥 이곳에 머물러 주십시오."
이에 모수는 이렇게 대답했다.
"저는 이제야 나리의 주머니 속에 넣어 달라고 청하는 것입니다. 만일 저를 좀 더 일찍 주머니 속에 있게 했다면 송곳의 끝만이 아니라 송곳 자루까지 나왔을 것입니다."
그러자 평원군은 모수와 함께 가기로 했다. 다른 열아홉 명의 사람들은 서로 눈짓으로 모수를 비웃었으나 그를 못 가도록 막을 수는 없었다.
모수가 그들과 나란히 초나라로 가면서 열아홉 명의 사람들과 토론을 했는데 열아홉 명이 모두 그에게 탄복했다.
평원군이 초나라와 더불어 합종을 하는데 그 이로운 점과 해로운 점을 따지느라 해가 뜰 때 시작한 토론이 해가 중천에 뜨도록 결말이 나지 않았다. 이에 열아홉 명이 모수에게 이렇게 말했다.

"선생이 올라가 보시오."

이 말을 듣고 모수는 검을 잡고 계단을 밟고 위로 올라가 평원군에게 이렇게 말했다.

"합종의 이로운 점과 해로운 점은 단 두 마디면 결정되는데 해가 뜨면서 시작해 한낮이 되도록 결말을 짓지 못하니 이 무슨 까닭입니까?"

그러자 초나라 왕이 평원군에게 물었다.

"저 사람은 무엇 하는 사람이오?"

"이 사람은 제 빈객입니다."

그러자 초나라 왕은 모수를 꾸짖었다.

"어찌하여 내려가지 않느냐! 나는 너의 주인과 더불어 말하고 있는데 네가 어찌 나서느냐!"

그러자 모수는 검을 부여잡고 앞으로 다가서며 말했다.

"왕께서 이 모수를 꾸짖으시는 까닭은 초나라의 병사가 많다고 믿기 때문입니다. 그러나 지금 열 발자국 안에서는 왕께서도 초나라의 많은 병사를 믿으실 수가 없으니, 왕의 목숨은 제 손에 달려 있는 것입니다. 우리 주인께서 앞에 계신데 저를 꾸짖는 것은 무슨 까닭입니까? 또 은나라 탕湯 임금은 70리의 땅을 가지고도 천하를 거느리는 왕이 되었고, 주나라 문왕文王도 100리의 땅을 가지고 제후들을 신하로 복종시켰으니 어찌 이것이 그분들의 병사가 많아서였겠습니까? 자신의 형세에 따라서 위세를 떨칠 수 있었기 때문입니다. 지금 초나라 땅은 사방으로 천 리가 되며, 100만의 군사를 가지고 있으니 이는 패왕의 바탕입니다. 그리하여 초나라의 강성함으로 말한다면 천하에서 초나라를 대적할 나라가 없습니다. 그런데 백기白起는 작은 어린애에 불과한데도 그가 수만 명의 무리를 거느리고 군대를 일으켜 초나라에 대항해 전쟁을 해서 한 번 싸움에 언鄢 땅과 영郢 땅을 무너뜨리고, 두 번 싸움에 이릉夷陵을 불태워 버렸으며, 세 번 싸움에 대왕의 선인을 욕되게 했습니다. 이러한 일은 100대를 두고도 잊을 수 없는 원통한 일이며, 초나라로서도 부끄럽게 여기는 일입니다. 그런데도 왕께서는 이것들을 부끄러워하지 않고 계십니다. 합종이라는 것은 초나라를 위한 것이지 조나라를 위한 것이 아닙니다. 도대체 우리 주인께서 앞에 계신데 저를 꾸짖으시는 것은 무엇 때문입니까?"

초나라 왕이 말했다.

"알았습니다. 참으로 선생의 말씀이 맞소. 삼가 나라를 받들어 합종하겠소."

모수가 물었다.

"합종이 결정된 것입니까?"

초나라 왕이 말했다.

"결정되었소."

모수가 초나라 왕과 좌우 신하들에게 말했다.

"닭과 개와 말의 피를 가져오시오."

그리고 모수는 동으로 만든 소반을 받들고 엎드려서 초나라 왕에게 바치며 말했다.

"왕께서 피를 마셔야만 합종이 결정됩니다. 다음은 제 주인이며, 그다음은 접니다."

그리하여 드디어 합종이 결정되었다. 모수는 왼손으로 소반을 든 채 오른손으로 나머지 열아홉 명의 사람들을 불러 이렇게 말했다.

"공公들은 당堂 아래에서 이 피를 입술에 바르십시오. 공들은 범속하고 무능하며 다른 사람에게 빌붙어 일을 이루려는 자들에 불과합니다."

평원군이 이미 합종을 결정짓고 조나라에 되돌아와서 이렇게 말했다.

"나는 다시는 감히 선비의 상相을 보지 않겠다. 내가 선비의 상을 본 것이 많으면 천 명이 되고, 적어도 100여 명은 될 터이며, 스스로 선비를 잘못 본 일이 없다고 자부해 왔는데, 지금 모 선생의 경우는 잘못 보았다. 모 선생은 초나라에 한 번 가서 조나라를 구정九鼎과 대려大呂보다 더 존중받도록 만들었다. 그리고 모 선생은 세 치의 혀로써 100만의 군사보다도 강하게 싸웠다. 나는 다시는 감히 선비의 상을 보지 못하겠다."

그러고는 모수를 상객上客으로 삼았다.

평원군이 조나라로 돌아가자 초나라는 춘신군에게 군사를 거느리고 조나라를 도와주도록 했다. 한편 위나라의 신릉군도 진비晉鄙

의 군대를 명령을 바꾸어 빼앗아 가지고 조나라를 도우러 갔다. 그러나 이들 구원병이 아직 도착하지는 않았을 때 진나라가 한단을 재빨리 포위하자 한단은 사정이 급해져 항복을 눈앞에 두고 있었다. 평원군은 걱정이 이만저만이 아니었다. 이때 한단의 여관을 관리하는 자의 아들인 이동이 평원군에게 말했다.

"나리께서는 조나라가 망하는 것이 걱정되지 않습니까?"

평원군이 말했다.

"조나라가 망하면 내가 포로가 되는데 어떻게 걱정하지 않을 수 있겠느냐?"

그러자 이동이 말했다.

"한단의 백성들은 사람의 뼈를 불로 태우고 서로 자식을 바꾸어 먹고 있는 지경이니 상황이 매우 위급합니다. 그런데도 나리의 후궁은 100여 명을 헤아릴 정도이며, 노비들까지 비단옷을 입고, 곡식과 고기가 남아 돕니다. 백성들은 거친 베옷조차 제대로 입지 못하며, 쌀겨조차도 배불리 먹지 못합니다. 백성들은 가난한데다 무기도 없어 어떤 사람은 나무를 깎아 창과 화살을 만드는데 나리의 기물과 종, 경과 같은 악기는 그대로입니다. 만약 조나라가 무너진다면 나리께서 이러한 물건을 어떻게 가질 수 있겠습니까? 지금 나리께서 부인과 아랫사람들을 사졸 사이에 끼워 넣어 같이 일하게 하고, 집 안에 있는 물건을 모두 나누어 사졸을 먹인다면 위급하고 험난한 처지에 놓인 사졸들은 나리의 은덕을 갚으려 할 것입니다."

이와 같은 말을 듣고 평원군이 그대로 하자, 죽기를 각오한 사졸 3천 명이 생겼다. 이동이 3천 명과 함께 진나라 진지로 쳐들어가니 진나라 군대는 30리를 퇴각했다. 그때 마침 초나라와 위나라의 구원병이 도착해 진나라 군대는 결국 무너지고 한단은 다시 살아나게 되었다. 이동은 이 싸움에서 싸우다 죽었으므로 그의 아버지를 이후李侯에 봉했다.

우경虞卿은 신릉군이 한단을 구원하게 한 일이 평원군의 공이라 하여 평원군을 봉해 주기를 청했다. 공손룡公孫龍이 이러한 소문을 듣고서 밤에 말을 타고 평원군을 만나 물었다.

"우경은 신릉군이 한단을 구원한 일이 당신의 공이라며 당신을 위해 식읍을 청하려고 한다는데 정말 그런 일이 있었습니까?"

"그런 일이 있었소."

공손룡은 이렇게 말했다.

"그것은 몹시 옳지 못한 일입니다. 왜냐하면 대왕께서 당신을 조나라의 재상으로 임명한 것은 당신만 한 지혜와 능력을 가진 이가 조나라에 없어서가 아닙니다. 동무성을 떼어 내어 당신에게 봉해 준 것은 당신이 공을 세우고 나라 안의 다른 사람은 공훈이 없었기 때문이 아닙니다. 바로 당신이 조나라 왕의 친척이기 때문입니다. 당신이 재상의 인수를 받으면서 능력이 없다는 이유로 사양하지 않은 것과, 토지를 분할해 줄 때 공이 없다는 말을 하지 않은 일도 사실은 당신 자신이 스스로 왕의 친척임을 믿었기 때문입니다. 그런데 지금 신릉군이 한단을 구원한 일을 가지고 봉해 주기를 청한다면, 이는 친척이라는 이유로 성城을 봉토로 받고, 나라의 백성은 공이 있느냐 없느냐로 상벌을 받는 격이 되므로 이는 매우 옳지 못한 일입니다. 게다가 우경은 두 가지 권리를 쥐고서 일이 이루어지면 우권右券을 쥐고 당신을 책망할 것이요, 이루어지지 않으면 헛된 명예를 당신에게 덧붙여 줄 것입니다. 그러니 절대 그 말을 듣지 말길 바랍니다."

평원군은 우경의 말을 듣지 않았다.

평원군은 조나라 효성왕孝成王 15년에 죽었다. 그리고 그 아들과 손자의 대에 가서 마침내 조나라와 함께 망했다. 평원군은 공손룡을 극진히 대우했다. 공손룡은 견백堅白의 설說에 대해 말하기를 잘했는데, 추연鄒衍이 조나라를 지나다가 지극한 도가 어떤 것인가를 말하고 난 다음부터 평원군은 공손룡을 멀리했다.

우경虞卿은 유세를 잘하는 선비이다. 그는 짚신을 신고, 챙이 긴 삿갓을 쓰고 와서 조나라의 효성왕에게 유세를 했다. 효성왕은 우경을 한 번 보고 황금 2천 냥과 흰 옥 한 쌍을 내리고, 두 번째 만났을 때에는 조나라의 상경上卿으로 삼았다. 그러한 까닭에 그를 우경이라 불렀다.

진나라와 조나라가 장평長平에서 전투를 했는데 조나라가 이기지 못하고 도위都尉 한 명을 잃었다. 이에 조나라 왕이 누창樓昌과 우경을 불러서 이렇게 말했다.

"우리 군대는 싸워 이기지 못하고, 도위마저 잃었다. 과인이 병사들로 하여금 갑옷을 걸어붙이고 적을 습격하게 하고 싶은데 어떻게 생각하오?"

누창이 이렇게 답했다.

"그렇게 하는 것은 아무런 도움이 되지 않습니다. 사신을 성대하게 보내서 화친하는 것이 낫습니다."

그러자 우경이 이렇게 말했다.

"누창이 강화하자고 하는 것은 만일 강화하지 않는다면 반드시 우리 군대가 패할 것이라고 생각해서입니다. 그렇지만 그 강화를 주도하는 힘은 진나라에 있습니다. 왕께서 생각해 보실 때 진나라가 조나라 군대를 격퇴하려고 하겠습니까, 아니면 격파하려 하지 않겠습니까?"

왕이 답했다.

"진나라는 온 힘을 다해서라도 반드시 우리 조나라 군대를 격파하려 할 것이다."

그러자 우경이 이렇게 말했다.

"그렇다면 대왕께서는 신의 말을 들으십시오. 사신을 보내되 많은 보물을 주어 초나라와 위나라를 우리에게 협조하도록 만드십시오. 초나라와 위나라는 대왕의 많은 보물을 얻고자 하여 분명히 우리의 사신을 받아들일 것입니다. 만약에 조나라 사신이 초나라와 위나라에 들어간다면 진나라는 분명히 천하가 합종을 하지 않았나

의심할 것이고, 두려워하게 될 것입니다. 이와 같은 상황이 된 뒤에라야 화친할 수가 있을 것입니다."

조나라 왕은 우경의 말을 듣지 않고 평양군平陽君을 보내 화친하기로 하고 정주鄭朱를 파견하여 진나라로 들어가게 했다. 진나라는 그를 받아들였다. 이때 조나라 왕이 우경을 불러 말했다.

"과인이 평양군을 보내 진나라와 강화를 하도록 하였는데 진나라가 벌써 정주를 받아들였다. 경은 이에 대해서 어떻게 생각하는가?"

우경이 이렇게 대답했다.

"왕께서는 강화도 하지 못하고, 우리 군대도 분명히 깨질 것입니다. 천하에서 전승을 축하하는 사절이 모두 진나라에 와 있습니다. 정주는 귀인으로서 진나라에 들어갔으니 진나라 왕은 응후와 더불어 분명히 그를 환대하고 정중히 대함으로써 천하에 그 사실을 알리려 할 것입니다. 그러면 초나라와 위나라는 조나라가 강화를 했다고 생각해 분명히 왕을 구원하지 아니할 것입니다. 천하가 대왕을 구원하지 아니할 것이라는 사실을 진나라가 알면 강화는 이루어질 수가 없는 것입니다."

응후는 과연 정주를 환대하여 천하의 전승을 축하하러 온 사람들에게 보여 주면서도 끝내 화친을 허락하지는 않았다. 마침내 조나라는 장평에서 크게 패하고, 한단까지 포위당해 천하의 웃음거리가 되었다.

진나라가 한단의 포위를 풀자 조나라 왕은 진나라에 입조하고 조학趙郝을 시켜 진나라를 섬기는 일을 교섭하게 하였는데, 그는 여섯 현을 떼어 내주는 것으로 화친을 맺으려 하였다. 이에 우경이 조나라 왕에게 물었다.

"진나라가 왕을 공격하다 싸움에 지쳐서 돌아간 것이라고 생각합니까? 아니면 진나라의 힘이 아직도 충분히 조나라를 공격할 수 있는데도 왕을 사랑하여 공격하지 않은 것이라 생각하십니까?"

왕이 답했다.

"진나라가 우리를 공격할 때 온 힘을 다해서 싸웠기 때문에 분명히 힘이 지쳐서 돌아간 것일 게요."

우경이 말했다.

"진나라는 자신의 힘으로는 취할 수 없는 것을 공격했기 때문에 지쳐서 돌아갔습니다만 왕께서는 자신의 힘으로는 취할 수 없는 것을 진나라에게 주려고 하시니 이는 진나라를 도와서 자기 자신을 공격하는 것과 같습니다. 내년에 진나라가 다시 왕을 공격해 온다면 왕께서는 구원받을 길이 없을 것입니다."

왕이 우경의 말을 조학에게 전하자 조학이 이렇게 말했다.

"우경이 진나라의 힘이 어디까지 미칠 수 있는지 어찌 다 알 수 있을까요? 만일 진나라의 힘으로도 진격하지 못하는 것이 있다는 것을 확신한다면 탄환만큼의 작은 땅도 줄 수 없습니다. 진나라가 내년에 다시 왕을 친다 하더라도 그 땅을 떼어 주고 화친하지 않을 수 있겠습니까?"

조나라 왕이 말했다.

"그대의 말을 따라서 현 여섯 개를 떼어 준다면 그대는 내년에 진나라가 결코 다시 우리를 공격하지 않도록 할 수 있겠느냐?"

조학이 대답했다.

"그러한 것은 신이 감히 장담할 수 없는 일입니다. 예전에 한나라, 조나라, 위나라는 진나라와 서로 가까웠습니다. 그러나 현재 진나라가 한나라, 위나라와는 친하게 지내면서도 왕을 공격한 까닭은 왕께서 진나라를 섬기는 일에 있어서 한나라, 위나라보다 분명히 부족한 점이 있었기 때문입니다. 지금 신이 왕을 위해 동맹국을 배반하여 공격을 당하는 상황을 해결하고 국경선을 넘나들며 예물을 바침으로써 한나라, 위나라와 같은 정도로 친선을 맺도록 할 것입니다. 그런데도 불구하고 내년에 왕께서만 진나라의 공격을 받으신다면 이는 왕께서 진나라를 섬기는 데 있어서 분명히 한나라, 위나라보다 뒤지기 때문일 것입니다. 그러니 이는 신이 감히 감당할 수 없는 것입니다."

왕이 조학의 말을 우경에게 전하자 우경이 이렇게 말했다.

"조학이 '강화를 맺지 않으면 내년에 진나라가 다시 왕을 공격하므로 왕께서 내지의 땅을 떼 주지 않고는 화친할 수 없을 것이라'는 말을 했습니다. 그의 말에 의하면, 지금 화친해도 조학은 진나라로 하여금 다시는 조나라를 공격하지 못하게끔 보증할 수 없다는 것이 됩니다. 그러므로 지금 비록 여섯 성을 떼 준다 하더라도 무슨 보탬이 되겠습니까? 내년에 다시 진나라가 공격해 오면, 또 힘으로는 얻을 수 없는 땅을 할양해 줌으로써 화친을 맺어야 할 것이니 이는 스스로를 망하게 하는 계책입니다. 그러니 화친하지 아니하는 것이 제일 낫습니다. 진나라가 비록 공격을 잘한다고는 하지만 여섯 현을 빼앗아 갈 수는 없습니다. 그리고 조나라가 비록 수비를 잘하지 못한다고 하더라도 여섯 개의 현을 다 잃을 정도까지 이르지는 않을 것입니다. 그리하여 진나라가 지쳐서 돌아간다면 그의 군대가 반드시 피폐하게 될 것입니다. 이때 우리가 여섯 현으로써 천하의 후원을 얻어서 피폐한 진나라를 공격한다면 이것은 천하에 대하여 잃은 것을 진나라에서 보상받는 격이 될 것입니다. 우리 나라는 이익을 추구하는 나라인데 그 누가 모여 앉아서 땅을 떼어 줌으로써 스스로를 약하게 하고 진나라를 강하게 만들려고 하겠습니까?

지금 조학이 '진나라가 한나라, 위나라와는 친선을 하면서 조나라를 공격하는 까닭은 분명히 왕께서 진나라를 섬기는 것이 한나라, 위나라보다 못한 데 연유한다'라고 말했는데 이것은 왕으로 하여금 해마다 여섯 현을 떼 주어 진나라를 섬기라고 하는 것이니 이는 곧 앉아서 성을 빼앗기는 격입니다. 내년에 진나라가 다시 땅을 떼어 달라고 하면 왕께서는 그에게 땅을 주시겠습니까? 만일 주지 않는다면 이것은 전에 쌓은 공을 내팽개치는 것이요, 진나라의 화를 불러일으키는 것이 될 것입니다. 그리고 만일 성을 준다면 머지 않아 그들에게 줄 땅이 없어질 것입니다. 속담에 '강한 자는 공격을 잘하지만, 약한 자는 지키지도 못한다'라는 말이 있습니다. 지금 앉아서 진나라의 말을 듣고만 있으니 진나라 군대는 애쓰지도 않은 채 땅을 많이 얻고 있습니다. 이는 진나라를 강하게 만들고, 조나라를 약하게 만드는 것입니다.

점점 더 강해지는 진나라가 점점 더 약해지는 조나라의 땅을 떼어 가니 진나라의 요구는 끝이 없을 것입니다. 또한 왕의 땅은 한계가 있지만 진나라의 요구는 한계가 없으니 한계가 있는 땅으로 한계가 없는 요구를 충족시키려 한다면, 그 결과는 조나라의 멸망뿐입니다."

조나라 왕이 아직 계책을 결정하지 못하고 있을 때 누완이 진나라로부터 돌아왔다. 조나라 왕이 누완과 더불어 계획을 짜면서 그에게 물었다.

"진나라에게 땅을 주는 것과 주지 않는 것 가운데 어느 것이 좋겠는가?"

"그것은 신이 알 수 있는 일이 아닙니다."

그러자 왕이 말했다.

"비록 그렇다 하더라도 그대의 의견을 말해 보시오."

그제야 누완이 말했다.

"왕께서도 저 공보문백公甫文伯의 어머니에 대해서 들으신 일이 있으신지요? 공보문백이 노나라에 벼슬을 하였다가 병으로 죽었습니다. 그의 죽음을 슬퍼하며 스스로 목숨을 끊은 여인이 둘이나 있었습니다. 그의 어머니가 이러한 소식을 듣고서 곡을 하지 않았습니다. 그의 유모가 '아들이 죽었는데도 곡을 하지 않는 사람이 어디에 있습니까?'라고 묻자 그의 어머니가 '공자는 어진 사람인데 그가 노나라에서 쫓겨날 때 내 아들은 그를 따라가지 않았소. 지금 내 아들이 죽으니 그를 위해 스스로 목숨을 끊은 사람이 두 사람이나 되오. 이와 같이 된 것은 분명히 덕 있는 사람에게는 각박하게 대하고, 여자에 대해서는 후하게 대한 사람이기 때문이오'라고 했습니다.

이 말을 두고 어머니의 입장에서 볼 때는 현명한 어머니라고 할 수 있고, 아내의 입장에서 볼 때는 질투심 많은 여자라는 평을 들을 것입니다. 그러한 까닭에 말은 한 가지로되 그 말을 한 사람이 다르면 듣는 이의 마음도 변하게 됩니다. 지금 신이 진나라에서 도착했는데 만일 땅을 주지 말라고 하면 그릇된 계책이 될 것이오, 만일 주라고 한다면 왕께서는 신이 진나라를 위하고 있다고 여기실까 두려우니, 이러한 연고로 감히 대답치 못하는 것입니다. 그러나 만일 신으로 하여금 왕을 위해 계획을 세우라고 하신다면 땅을 주는 것이 나을 것입니다."

왕이 말했다.

"알았소."

우경이 이러한 말을 듣고 궁에 들어가 왕을 뵙고 말했다

"그것은 교묘하게 꾸며서 한 말입니다. 왕께서는 신중히 생각하여 진나라에 절대 땅을 주지 마십시오."

누완이 이 말을 듣고 다시 왕을 만났다. 왕은 또 우경이 한 말을 누완에게 전했다. 그러자 누완이 이렇게 답했다.

"그렇지 않습니다. 우경은 하나는 알고 있으나 둘은 모르고 있습니다. 진나라와 조나라가 다투면 천하가 모두 기뻐하는데 그 이유가 무엇이겠습니까? 그들은 '나는 강한 나라의 힘을 빌려 약한 나라를 차지해야겠다'라고 말하고 있습니다. 지금 조나라의 군대는 진나라 때문에 곤경에 처해 있지만 천하에서 전승을 축하하는 사절들은 분명히 모두 진나라에 가 있을 것입니다. 그러므로 재빨리 땅을 떼어 주고 화친하는 것이 가장 나을 것입니다. 이렇게 함으로써 천하의 사람들을 의아하게 만들고 진나라의 마음을 위안시키는 것입니다. 만약 그렇게 하지 않는다면 천하는 장차 진나라의 노여움을 기회로 조나라의 피폐함을 노려서 수박을 쪼개듯이 분할하려 들 것입니다. 조나라가 망한다면 어떻게 진나라에 대해 도모할 수가 있겠습니까? 그러한 이유로 우경은 하나는 알고 있으나 둘은 모르고 있다고 말한 것입니다. 원컨대 대왕께서는 이러한 계책으로 결정을 내리시고 다른 계책을 세우지 마시기 바랍니다."

우경이 이러한 말을 듣고 왕을 만나 이렇게 말했다.

"실로 위험한 일입니다. 누완이 진나라를 위해 세운 계책은 천하 제후들에게 더욱더 조나라를 의심하게 할 뿐인데 어떻게 진나라의 마음을 위로하는 것이겠습니까? 어찌하여 그는 천하에 조나라의 약한 모습을 보여 주는 것이라고 하지 않겠습니까? 신이 진나라에게 땅을 주지 말라고 한 것은 단지 주지 않는 데 그치고 말라는 것이 결코 아닙니다. 진나라가 왕에게 여섯 현을 요구하면 대왕께서는 그 여섯 현을 제나라에게 뇌물로 주십시오. 제나라와 진나라는 깊은 원한이 있습니다. 그런데 제나라가 대왕의 여섯 현을 얻으면 저희와 힘을 합쳐 서쪽을 향해 진나라를 칠 것이니 제나라가 왕의 말을 들을 것은 말할 필요도 없는 것입니다. 이는 곧 왕께서 제나라에 잃은 것을 진나라에서 보상받는 것이 됩니다. 그리고 제나라와 조나라의 뿌리 깊은 원수에 대해 보복하는 것이 되며, 천하에 대해서는 조나라의 유능함을 보여 주는 것도 됩니다. 왕께서 이러한 방책을 선언하면 다른 나라의 군대가 국경을 넘보지 못할 것이며, 신은 또한 진나라가 뇌물을 많이 가지고 조나라로 와서 도리어 왕께 화친을 청할 것이라고 생각합니다. 이때 진나라의 뜻대로 화친을 하면 한나라, 위나라가 이 소식을 듣고서 반드시 왕을 중히 여길 것입니다. 그렇게 되면 반드시 많은 보물을 가지고 왕께 앞다투어 찾아올 것입니다. 그렇게 되면 이는 하나의 일을 하면서 세 나라와 친선을 맺는 결과를 낳고, 진나라와는 사정이 바뀌는 결과가 될 것입니다."

"좋소."

조나라 왕은 즉시 우경을 시켜 동으로 가서 제나라의 왕을 알현해 제나라와 더불어 진나라를 칠 것을 도모하게 하였다. 그러자 우경이 조나라로 돌아오기도 전에 진나라의 사자가 벌써 조나라에 와 있었다. 누완이 이 소식을 듣고 조나라에서 도망쳤다. 조나라는 우경에게 성 하나를 봉해 주었다.

그 뒤 얼마 지나지 않아 위나라가 조나라에 합종할 것을 청했다. 조나라 효성왕이 우경을 불러서 계책을 도모하려고 했다. 우경은 궁에 들어가다가 평원군을 만났는데, 평원군이 이렇게 말했다.

"경이 합종에 찬성해 주기를 바랍니다."

우경이 입조하여 왕을 만나자 왕이 말했다.

"위나라가 합종하기를 청했소."

우경이 대답했다.

"위나라는 잘못하고 있습니다."

"과인은 아직 합종을 허락하지 않았소."

"대왕께서도 잘못하고 계십니다."

"위나라가 합종을 청하니 경은 위나라가 잘못하고 있다고 말하고, 과인이 아직 그를 허락하지 않았다고 하자 또 과인이 잘못하였다고 말하니, 그렇다면 합종은 해서는 안 된다는 말이오?"

우경이 대답하였다.

"신이 들으니, 작은 나라가 큰 나라와 일을 함에 있어서 이익이 있으면 큰 나라가 그 복을 받고, 파탄이 생기면 작은 나라가 그 화를 입는다고 했습니다. 지금 위나라는 작은 나라로써 그 화를 청하고, 왕께서는 큰 나라로써 그 복을 사양하려 하시므로 신은 왕께서도 잘못하고 계시다고 말한 것이며, 위나라도 잘못하고 있다고 말한 것입니다. 저는 합종을 하는 편이 낫다고 생각합니다."

"알겠소."

조나라 왕은 위나라와 합종을 했다. 우경은 위제魏齊와의 관계 때문에 만호후의 지위와 경상卿相의 인수를 내던지고 위제와 함께 남의 눈을 피하여 조나라를 떠나 고달프게 살았다. 위제가 죽고 나자 우경은 이루지 못한 뜻을 책으로 엮었다. 이 책은 위로는 《춘추春秋》에서 가려 뽑고, 아래로는 근세의 일을 살핀 것으로, 〈절의節義〉, 〈칭호稱號〉, 〈췌마揣摩〉, 〈정모政謀〉 등을 지으니 여덟 편이 되었다. 내용은 나라가 얻는 것과 잃는 것을 비판한 것으로 세상에서는 이를 《우씨춘추虞氏春秋》라고 한다.


태사공은 이렇게 말한다.

"평원군은 혼탁한 세상의 훌륭한 공자이다. 그러나 세상의 큰 이치는 알지 못했다. '이익에 사로잡히면 지혜가 흐려진다'라는 속담이 있다. 평원군은 풍정馮亭의 그릇된 말을 믿어 조나라로 하여금 장평에서 40만 군대를 산 채로 매장되게 하고, 한단을 거의 멸망시킬 뻔했다. 우경은 사태를 잘 파악해 조나라를 위해 계책을 세웠는데, 얼마나 교묘하였던가! 그러나 위제의 일을 참지 못하고 마침내 대량에서 곤액을 당했는데 보통사람도 안 될 일이라는 것을 알 수 있었을 텐데 하물며 어진 우경이 몰랐겠는가? 그렇지만 우경에게 고통과 근심이 없었다면 책을 지어 후세에 자신의 이름을 드러내지는 못했을 것이다."

평원군은 전국 시대 4귀공자(제나라 맹상군, 위나라 신릉군, 초나라 춘신군) 중 한 명으로, 세 차례나 재상 자리에 올랐다. 그는 천하의 인재를 끌어들여 식객으로 거느렸고 인재를 얻기 위해 자신의 애첩을 죽일 정도였다. 조금은 무리해 보이는 절름발이의 청을 들어준 것은 그에게 있어 약속이란 것이 그만큼 중요했기 때문이다. 무릇 약속을 지킨다는 것은 신뢰를 다져가는 기본 요소이다. 또 빈객이었던 모수를 무능한 인물로 여기다가 그의 현명함을 본 후에 바로 자신의 실수를 인정한다. 능력 있으면서도 인재들의 말을 잘 듣고, 존중하며, 자기보다 다른 사람이 뛰어남을 인정할 줄 아는 멋진 귀공자라 할 만하다. 다음으로 외교의 달인, 우경을 두고 한 말이 아닌가 하는 생각이 든다. 그는 '작은 나라가 큰 나라와 일을 함에 있어서 이익이 있으면 큰 나라가 복을 받고, 파란이 생기면 작은 나라가 그 화를 입는다'라고 했다. 우리 시대 외교 전문가들이 귀담아 들어야 할 내용이 아닌가 한다.

# 【 원앙 · 조조 열전 】

원앙袁盎은 초나라 사람으로 자는 사絲이다. 그의 아버지는 옛날에 떼도둑 노릇을 하다가 안릉女陵으로 옮겨와 살았다. 여태후의 시절에 원앙은 여록呂祿의 사인으로 있었다가 효문제가 즉위하자 원앙의 형인 원쾌袁噲의 추천으로 낭중郎中이 되었다.

그 무렵 승상으로 있던 강후 주발이 조회를 마치고 종종 걸음으로 물러나는데, 그 모습이 몹시 의기양양했다. 황상도 그를 정중하게 예우해 그가 물러나면 눈으로 전송하고는 했다. 이에 원앙이 황제의 앞에 나아가 아뢰었다.

"폐하께서는 승상이 어떠한 사람이라고 생각하십니까?"

황제가 말했다.

"사직社稷의 신하라고 생각하오."

원앙이 말했다.

"강후는 공신이라고 할 수는 있지만 사직의 신하는 아닙니다. 사직의 신하라 하는 사람은 군주가 살아 있으면 그 군주와 함께 공존하고, 군주가 망하면 함께 망하는 사람입니다. 여후의 시절이었을 때 여씨 일족이 정치를 전횡하여 재상과 왕을 마음대로 했기 때문에 유씨의 명맥은 실낱같아서 거의 단절될 것 같았습니다. 이러한 때에 강후는 태위로서 병권을 쥐고 있었으면서도 이를 바로잡지 못했습니다. 여후가 세상을 떠나고, 대신들이 서로 힘을 합하여 여씨들에게 반기를 들 때 태위는 병권을 장악하고 있었던 고로 우연히 공을 이루는 기회를 얻었던 것일 뿐입니다. 그러니 이른바 공신이라고 할 수는 있으나 사직의 신하는 아닙니다. 게다가 승상은 군주에 대하여 교만한 기색을 비치고 있는 듯한데 폐하께서는 오히려 겸양하시니 이는 신하와 군주가 모두 예를 잃은 것입니다. 폐하를 위하여 생각하건대, 이러한 일이 있어서는 안 됩니다."

그 뒤로부터 조회 때 황제는 비교적 엄숙한 모습을 취했고, 승상도 비교적 황제를 두려워하는 듯했다. 얼마의 시간이 지난 후 강후는 원앙을 원망하며 이렇게 말했다.

"나는 너의 형과 친한 친구 사이였는데 네가 조정에서 감히 나를 헐뜯다니!"

그러나 원앙은 끝까지 그에게 사죄를 하지 않았다. 강후가 승상에서 면직되어 봉함을 받은 나라로 돌아간 뒤 그의 나라 사람들이 상서를 올려 강후가 반란을 일으켰다고 고발했다. 그래서 강후는 붙잡혀 감옥에 갇히게 되었다. 이때 종실의 어떠한 신하도 감히 강후를 위해 말할 수 없었다. 그런데 유독 원앙 혼자만이 강후는 죄가 없다고 변론했다. 강후가 풀려날 수 있었던 데에는 원앙의 힘이 크게 작용했다. 강후는 곧 원앙과 깊은 교분을 맺게 되었다.

회남의 여왕厲王이 조회를 하러 와서 벽양후辟陽侯를 살해하는 등 평상시의 행동과 처신이 매우 교만했다. 원앙이 황제에게 간언을 했다.

"제후가 지나치게 교만하면 반드시 우환거리를 낳으니 적당히 그의 토지를 삭탈하시는 것이 좋겠습니다."

그러나 황제는 그의 말을 듣지 않았다. 회남왕은 더욱 교만해졌다. 그러던 중 극포후棘蒲侯 시무柴武의 태자가 모반하려다가 발각되어 그 내용을 조사하여 보니 회남왕과 연루되어 있었다. 회남왕이 소환되었는데 황제는 그 일로 그를 촉 땅에 귀양 보내기로 하고, 죄수를 싣는 마차에 실어 그를 옮기도록 했다. 원앙은 그때 중랑장으로 있었는데, 이렇게 간언을 했다.

"폐하께서 평소에 회남왕을 지나치게 교만하도록 방치하시고 조금도 제지하지 않았습니다. 그러다 지금에서야 갑자기 그를 꺾어 버리시려 합니다. 회남왕은 사람됨이 강직하여 무슨 일이 생길지도 모르고 만일 길 위에서 안개나 이슬을 맞게 된다면 열병이 생겨 죽을지도 모릅니다. 그렇게 되면 폐하께서는 결국 천하의 대권을 소유하고도 포용력을 발휘하지 못해 아우를 죽였다는 오명을 쓰게 되실 것인데, 그리 된다면 어떻게 하시겠습니까?"

그러나 황제는 원앙의 간언을 듣지 않았고 결국 회남왕은 길을 떠났다.

회남왕은 옹雍 땅에 이르러 병을 얻어 죽었다. 그 소식이 전하여지자 황제는 음식을 폐하고 곡을 하며 매우 슬퍼했다. 원앙이 궐 안으로 들어가 머리를 조아리며 죄를 청했다. 그러자 황제가 말했다.

"공의 간언을 듣지 않아서 이러한 일이 일어난 것이오."

원앙이 말했다.

"폐하께서는 스스로 마음을 너그러이 가지시기 바랍니다. 이것은 이미 지난 일이니 후회한들 무슨 소용이 있겠습니까? 폐하께서는 이 시대를 초월한 뛰어난 행적을 세 가지 가지고 계시니 이러한 일로는 폐하의 명예를 훼손시킬 수 없을 것입니다."

황제가 말했다.

"세상에서 뛰어난 나의 세 가지 행적이란 무엇을 말하는가?"

원앙이 대답했다.

"폐하께서 대나라에 계실 때에 태후께서 3년간 병석에 계신 적이 있었습니다. 그 3년 동안 폐하께서는 눈을 붙이지 아니 하고, 옷을 벗지도 아니 했으며, 폐하의 입으로 손수 맛을 보지 않은 탕약은 태후께 진상하지도 못하게 했습니다. 증삼曾參 같은 포의의 선비로도 이러한 일을 하기 어려워했거늘 폐하께서는 친히 왕자의 몸으로 그러한 행실을 보여 주셨으니 증삼보다 효성스러움에 있어서 훨씬 뛰어나다 할 것입니다. 또한 여씨 일족들이 정권을 잡고, 대신들이 정치를 휘두르고 있을 때 폐하께서는 대나라에서 여섯 마리 말이 끄는 수레를 타고 어떤 사태가 벌어질지 알 수 없는 수도로 달려왔습니다. 비록 용맹한 맹분과 하육이라고 하더라도 폐하에게는 미치지 못할 것입니다. 게다가 폐하께서 대나라 왕의 저택에서 서쪽으로 천자의 자리를 두 번이나 사양하셨고, 남쪽으로 천자의 자리를 세 번이나 사양하셨습니다. 허유는 한 번 천하를 양보했는데 폐하께서는 다섯 번이나 양보를 하였으니, 허유보다 네 번이나 많이 하신 것입니다. 또 폐하께서 회남왕을 귀양 보낸 까닭은 그의 심기를 괴롭히어 과실을 고치려고 하신 것입니다만, 관리들이 그를 보살핌에 성실하지 않았기에 병으로 돌아가신 것뿐입니다."

이에 황제는 슬픔을 가라앉히고 물었다.

"앞으로 어떻게 하면 좋겠는가?"

원앙이 말했다.

"회남왕에게는 아들 셋이 있는데 폐하께서 하시기에 달렸을 뿐입니다."

이에 효문제는 회남왕의 세 아들을 모두 왕으로 삼았다. 이 일로 원앙의 이름은 조정에서 더욱 높아지게 되었다.

원앙은 언제나 원칙에 근거해 말했으나 비분강개하기도 했다. 환관인 조동은 점성술로써 황제의 총애를 받았는데 언제나 원앙을 해치려 했기 때문에 원앙이 이를 근심했다. 원앙의 조카인 원종袁種은 상시기常侍騎가 되어 천자의 권한을 상징하는 부절을 잡고 황제의 곁에서 시종했는데 그가 원앙에게 이렇게 귀띔을 했다.

"숙부님께서 그와 싸우고 계시는데 궁정에서 그에게 모욕을 줌으로써 그의 중상이 받아들여지지 않도록 만드십시오."

어느 날 효문제가 외출할 때 조동이 함께 수레에 타고 있었다. 그때 원앙이 수레 앞에 엎드려 이렇게 말했다.

"신이 듣건대 천자께서 6척의 수레에 함께 태우고 가는 사람은 모두 천하의 호걸과 영웅이라고 들었습니다. 지금 한나라가 비록 그러한 사람이 부족하다고는 하나 폐하께서는 어찌 거세를 한 사람을 수레에 태우고 계십니까?"

그러자 황제는 웃으면서 조동을 내리게 했다. 조동은 울면서 수레에서 내렸다.

효문제가 패릉霸陵에서 서쪽으로 험준한 언덕을 말을 달려 내려가려고 했다. 그때 원앙은 말을 타고 있었는데 말머리를 황제의 수레 옆에 대고는 고삐를 잡아당겼다. 그러자 황제가 말했다.

"장군은 겁이 나오?"

원앙이 말했다.

"신은 듣건대, 1천 금을 가진 부잣집의 아들은 마루의 가장자리에 앉지 아니하고, 100금을 가진 부잣집의 아들은 난간에 기대지 않으며, 성스러운 군주는 위험을 무릅쓰면서 요행을 바라지 않는다 했습니다. 지금 폐하께서 여섯 마리의 말이 끄는 수레를 내달리시어 험준한 산을 달려 내려가시다가 만일에 말이 놀라거나 수레가 부서진다면 어쩌겠습니까? 폐하께서야 자신의 일이니 가볍게 여기겠지만, 종묘와 태후는 무슨 낯으로 대하시겠습니까?"

그래서 황제는 말 달리려는 생각을 그만두었다.

황제가 상림원(上林苑)에 나들이를 나갔을 때 황후와 신부인(愼夫人)도 따라갔다. 궁궐에서 이 두 여인은 언제나 같은 자리에 앉았다. 상림원에 좌석을 마련할 때 낭서장(郎署長)이 좌석을 깔자 원앙이 신부인의 좌석을 끌어 뒤로 당겨 놓았다. 신부인이 화가 나서 앉으려고 하지 않았다. 황제도 또한 기분이 상해 일어나 궁궐로 돌아갔다. 원앙은 곧 안으로 들어가 이렇게 말했다.

"신이 듣건대, 높고 낮은 지위에 질서가 잡혀 있으면 위와 아래가 평화롭다고 했습니다. 지금 폐하께서는 황후를 세우셨고, 신부인은 첩에 불과합니다. 그런데 첩과 황후가 어떻게 같은 자리에 앉을 수가 있겠습니까? 이것은 바로 높고 낮은 지위의 분별이 없는 것이라 할 것입니다. 폐하께서 신부인을 사랑하신다면 그녀에게 후하게 상을 내리십시오. 폐하께서 방금 하신 일은 바로 신부인에게 화를 만들어 주는 일입니다. 폐하께서는 '사람돼지(고조의 첩인 척부인. 여태후가 그녀를 투기하여 사지를 잘라 돼지우리에 던져 넣고 사람돼지라 불렀다.)'를 보지 못하셨는지요."

황제는 기뻐하고 신부인을 불러 원앙의 말을 들려주었다. 신부인은 원앙에게 황금 50근을 내렸다.

그러나 원앙도 잦은 직간으로 인해 궁궐에 머물지 못하고 농서군의 도위로 선발되어 옮겨 갔다. 그는 사졸을 인자하게 대하고 사랑으로 어루만져서 사졸들이 모두 앞을 다투어 그를 위하여 죽기라도 할 정도였다. 그는 다시 제나라의 재상으로 자리를 옮겼다. 그리고 다시 오나라의 재상으로 자리를 옮기게 되었다. 그가 오나라로 떠나려 하자 조카인 원종이 원앙에게 이렇게 말했다.

"오나라 왕은 교만해진 지가 이미 오래되었고, 그 나라에는 간사한 사람이 많습니다. 지금 오나라에 가서 각박하게 그것을 다스리려 한다면 저들은 상서를 올려 숙부님을 고발하거나 그렇지 아니하면 날카로운 검으로 숙부님을 암살하려 들 것입니다. 남방은 저지대이고 습한 곳이므로 숙부님께서는 날마다 술이나 일삼으며 남들의 일에 크게 간섭하지 마십시오. 그리고 가끔 왕에게 모반을 피하지 말라고 설득이나 하십시오. 이와 같이 하면 다행히 화를 모면할 수 있을 것입니다."

원앙은 원종의 꾀를 받아들여 그대로 행동하자 오나라 왕이 그를 후대했다.

원앙이 오나라에서 집으로 돌아오는 길에 승상 신도가를 만났다. 원앙은 수레에서 내려 신도가에게 뵙기를 청했다. 그러자 승상은 수레 위에서 원앙에게 답례만 할 뿐이었다. 원앙은 되돌아와 생각하니 자기의 부하들에게 부끄럽기 짝이 없었다. 그는 승상의 관사로 찾아가서 뵙기를 청했다. 승상은 한참의 시간이 지나서야 그를 만나 주었다. 원앙이 이에 무릎을 꿇고 말했다.

"잠시 시간을 내주시기를 청합니다."

그러나 승상이 말했다.

"만일 그대가 말하고자 하는 것이 공적인 일이거든 관서로 가서 장사와 아전과 상의하도록 하시오. 그러면 내가 황제께 주청을 하겠소. 그러나 만일 사사로운 이야기라면 듣지 않겠소."

원앙은 다시 무릎을 꿇고 다음과 같이 말했다.

"공께서는 승상의 자리에 계신데, 스스로 판단하시기에 진평이나 강후와 비교하면 누가 더 나은 것 같습니까?"

승상이 말했다.

"내가 그들보다 못하오."

원앙이 말했다.

"좋습니다. 공께서도 그들보다 못하다는 것을 인정하셨습니다. 진평과 강후는 고제를 보좌하여 천하를 평정하고 장수와 재상이 되었으며, 여씨 일족을 주멸하여 유씨의 한나라를 보전시켰습니다. 그런데 공으로 말씀드리자면 말 타기와 활쏘기를 잘하여 대장으로 승진하고, 공을 쌓아 회양의 태수가 되셨을 뿐, 기이한 계책을 내었던 것도 아니고, 성을 공략했던 것도 아니며, 야전에서 공을 세운 것도 아닙니다. 한편 폐하께서 대나라에서 오신 이래로 매일 조회를 할 적마다 낭관들이 상소를 올리었는데, 폐하께서는 용연을 멈추게 하고 그 진언을 받아들이지 않은 경우가 없었습니다. 그리하여 그 진언 중에서 쓸만한 것이 아니면 그대로 버려두고, 쓸 만한 진언이면 채택하면서 좋은 계책이라고 칭찬을 하셨습니다. 그러한 까닭은 무엇이겠습니까? 바로 그러한 일로써 천하의 어진 선비를 불러들일 수 있었기 때문입니다. 그리하여 폐하께서는 날마다 이전에는 듣지 못했던 사실을 듣고, 이전에는 모르던 사실을 상세하게 알 수 있으므로 날이 갈수록 현명해지고, 지혜로워지셨습니다. 그런데 공께서는 스스로 세상 사람들의 입을 막아 버리시어 날마다 더욱 어리석어지고 있습니다. 대저 현명한 군주가 어리석은 재상을 문책하는 경우가 발생한다면 공께서 화를 당할 때가 그리 오래 남지 않았습니다."

승상은 이 말을 듣고 원앙에게 두 번이나 절하고 말했다.

"나는 미천한 사람인지라 사리를 잘 알지 못하니 장군께서 가르침을 베풀어 주시오."

그러고는 원앙을 이끌고 들어가 상좌에 앉힌 다음 상객으로 대우했다.

원앙은 평소부터 조조를 좋아하지 않았다. 그래서 조조가 앉아 있는 곳에서는 원앙이 자리를 뜨고, 원앙이 앉아 있는 자리에서는 조조가 마찬가지로 자리를 떴다. 그 두 사람은 한 번도 같은 자리에서 말을 나눈 적이 없었다. 효문제가 죽고 효경제가 즉위하자 조조는 어사대부가 되었다. 그는 관리를 시켜서 원앙이 오나라 왕의 재물을 받은 죄를 조사하게 하여 벌을 주려고 했으나 황제가 조서를 내려 원앙의 죄를 용서하고 평민이 되게 하였다.

오나라와 초나라가 반란을 일으켰다는 소식이 전해지자 조조는 승사丞史에게 말했다.

"원앙은 오나라 왕의 뇌물을 많이 받고서 오나라 왕의 죄를 은닉하기만 하고 그의 모반에 대해서 말을 하지 않았다. 그런데 지금 과연 그들이 반란을 일으켰다. 황제께 오나라의 모반 음모를 알고 있었으므로 원앙을 처벌할 것을 간청하려 한다."

승사가 말했다.

"모반이 일어나지 않았을 때 그를 치죄했다면 반란을 막을 수 있었을 것입니다. 지금 그들을 정벌할 군대가 서쪽으로 향했는데 원앙을 다스린다고 한들 무슨 도움이 되겠습니까? 게다가 원앙은 그러한 음모를 꾸몄을 리가 없습니다."

그러자 조조는 망설이며 결정하지 못했다. 그때 이러한 사정을 원앙에게 고하여 준 사람이 있었다. 원앙은 두려워서 밤을 틈타 두영竇嬰을 만나 그에게 오나라가 반란을 일으키게 된 원인을 말하고 이를 황제에게 직접 말하고 싶다고 했다. 두영이 궁궐에 들어가 황제에게 원앙의 이야기를 하자 황제가 원앙을 불러들여 만났다. 그때 조조가 황제의 앞에 있었는데 원앙이 다른 사람을 물리치고 단독 면담을 요청하자 조조가 물러가면서 무척이나 분하게 여겼다.

원앙은 오나라가 반란을 일으키게 된 원인이 조조의 연고(즉, 조조가 그들의 봉토를 삭탈한 것) 때문이라고 말했다.

"하루 빨리 조조를 참하여 오나라에 사과한다면 오나라의 군대는 철수할 것입니다."

이에 관한 이야기는 〈오왕 비 열전〉의 오나라 일 속에 자세히 기록해 두었다. 황제는 원앙으로 태상을 삼고, 두영으로 대장군을 삼았다. 이 두 사람은 평소부터 친밀한 사이였다. 오나라가 반란을 일으키자 장안 주변의 벼슬하지 않은 장자들과 장안의 재능 있는 사대부들이 앞다투어 이 두 사람에게 모여들었는데, 그들을 따르는 수레가 하루에도 수백 대나 되었다.

조조가 죽은 뒤 원앙은 태상의 직위를 가지고 오나라에 사자로 갔다. 오나라 왕은 원앙을 장수로 삼고자 했으나 그는 받아들이려 하지 않았다. 그러자 오나라 왕은 원앙을 살해하려고 도위 한 사람을 시켜 500명의 군사로 군대 안에 원앙을 가두어 놓도록 했다.

원앙이 오나라의 재상으로 재직할 때에 한 종사從史가 원앙의 시녀와 몰래 정을 나누었는데 원앙은 이를 알고서도 발설하지 않고 예전처럼 대했다. 어떤 사람이 종사에게 이렇게 고했다.

"재상께서 당신이 시녀와 정을 나눈 사실을 알고 계시오."

그는 바로 달아났다. 이에 원앙은 말을 달려 그를 쫓아가 시녀를 그에게 주고 다시 종사로 일하게 했다. 원앙이 오나라에 사자로 왔다가 잡혀 감시를 당하게 되었을 때 종사는 마침 원앙을 감시하는 교위사마(校尉司馬)로 있었다. 그는 가지고 있던 옷 등을 팔아서 2천 석의 독한 술을 샀다. 때마침 날이 매우 추웠는데 병졸들은 굶주리고 목이 말랐다. 서남쪽을 지키는 병사들은 모두 술을 마시고 취하여 잠이 들었다. 사마는 밤이 깊어지자 원앙을 깨워 이렇게 말했다.

"공께서는 지금 달아나십시오. 오나라 왕은 내일 아침에 공을 죽일 것입니다."

원앙은 그 말을 믿지 못하고 그에게 물었다.

"당신은 누구요?"

사마가 말했다.

"신은 옛날에 공 밑에서 종사로 일하던 사람으로 공의 시녀를 훔친 자입니다."

이에 원앙은 놀라서 일어나 사례를 하면서 말했다.

"당신은 다행스럽게도 부모가 살아 계신데 이러한 일로 당신에게 누를 끼칠 수가 없소이다."

그러자 사마가 말했다.

"공께서는 이곳을 벗어나시기만 하시면 됩니다. 신 또한 망명하려고 제 부모님을 피신시켰으니 공께서는 무엇을 걱정하십니까?"

그러고는 칼로 군의 막사를 가르고 원앙을 인도해 취하여 쓰러진 병졸 사이로 도망쳐 나왔다. 사마는 원앙과 헤어져 서로 반대 방향으로 달아났다. 원앙은 절모(節毛, 천자가 사신에게 내려주는 깃발)를 풀어서 가슴속에 품고 지팡이를 짚은 채 7~8리를 걸어서 갔다. 다음 날 아침, 그는 양나라의 기병을 만나 말을 얻어 타고 수도로 돌아와 오나라의 사정을 보고했다.

오나라와 초나라의 반란군이 격파되고 난 뒤 황제는 다시 원왕元 王의 아들인 평륙후平陸侯 유례劉禮를 초나라 왕으로 삼고, 원앙으로 초나라의 재상을 삼았다. 그 뒤 원앙은 그가 가진 생각을 글로 올린 적이 있었으나 채택되지 않았다. 원앙은 신병으로 벼슬을 그만두고 집으로 돌아와 머물렀다. 그는 촌마을 사람들과 더불어 서로 어울려 살았고, 닭싸움이나 개싸움을 하곤 했다. 낙양의 극맹劇孟이라는 사람이 일찍이 원앙을 방문한 적이 있었는데 원앙은 그를 극진히 대접했다. 안릉의 부자 중 원앙에게 이런 말을 하는 사람이 있었다.

"나는 극맹이 노름꾼이라고 들었는데 장군은 무슨 이유로 그와 가깝게 사귀고 있는지요?"

원앙이 답했다.

"극맹은 비록 노름꾼에 불과하지만 그의 어머니가 죽었을 때 장례에 참석할 손님을 태운 수레가 1천 대가 넘었소. 이것은 그가 남다른 면이 있었기 때문이오. 위급한 일이라고 하는 것은 사람마다 있게 마련이오. 만약에 어떤 사람이 그의 문을 화급하게 두드리면, 그는 어머니를 구실 삼아 그의 부탁을 거절하거나 집에 있으면서도 없다고 핑계 대며 거절하는 일이 없었소. 그리하여 천하 사람들이 우러러보고 있는 사람은 계심季心, 계포季布의 동생으로 협객과 극맹뿐이라오. 지금 공은 언제나 몇 명의 말 탄 시종을 데리고 다니지만 일단 위급한 일이 발생하면 어찌 그들을 믿을 수 있겠소?"

그리고 그 부자를 꾸짖고는 그와 왕래하지 않았다. 제후들이 이러한 이야기를 듣고 모두 원앙을 칭송했다.

원앙은 비록 집에 머물고 있었지만 경제는 때때로 사람을 보내 국정에 관한 그의 생각을 묻곤 했다. 경제가 양나라 왕을 후사로 정하려 할 때 원앙이 진언을 하며 반대했기 때문에 그를 후사로 세우려던 말은 더 이상 나오지 않았다. 양나라 왕은 이 일로 원앙을 원망하여 사람을 시켜 원앙을 찔러 죽이려고 했다. 자객이 관중에 이르러 원앙에 대하여 알아보았는데, 여러 사람들이 입에 침이 마르도록 그를 칭찬했다. 그 자객은 원앙을 보고서 이렇게 말했다.

"신이 양나라 왕의 돈을 받고서 공을 찔러 죽이려고 왔습니다. 그런데 알고 보니 공은 덕이 있는 분인지라 차마 죽일 수가 없습니다. 그렇지만 이 뒤에도 공을 저격하려 하는 자가 10여 명이 있을 것이니, 그에 대비하시기 바랍니다."

이 이야기를 듣고 원앙은 마음이 불안했다. 그리고 집안에 괴이한 일이 많이 발생하여 배생焙生의 집으로 점을 보러 갔다. 그런데 그가 돌아오는 길에 양나라 왕이 보낸 자객의 후발대가 안릉의 성문 밖에서 원앙을 가로막더니 찔러 죽였다.

조조晁錯는 영천潁川사람이다. 그는 지현軹縣의 장회張恢 선생으로부터 신불해申不害와 상앙商鞅의 형명학(刑名學, 엄격한 형법으로 국가를 통치

하여야 한다고 주장)을 배웠다. 그리하여 낙양의 송맹(宋孟)과 유례(劉禮)와 같은 스승을 모셨다. 그는 학문이 뛰어난 것으로 태상의 장고(掌故, 태상의 속관으로 역사를 담당)가 되었다.

조조는 사람됨이 준엄하고 강직하며 냉정했다. 효문제 시절에는 천하에 《상서》를 공부하는 사람이 없었다. 옛날 진나라의 박사를 지낸 제남의 복생(伏生)이 《상서》에 정통했는데, 그는 나이가 아흔 살이 넘어 늙었기 때문에 그에게 벼슬을 시킬 수가 없었다. 그래서 황제는 태상에게 조서를 내려 복생에게 사람을 보내 그것을 배우도록 했다. 태상은 조조를 복생의 집으로 보내 《상서》를 전수받도록 했다. 조조는 돌아와서 《상서》를 인용하여 나라에 이로운 것과 도움이 되는 것을 자세히 적어 글을 올렸다. 황제는 조서를 내려 그를 태자의 사인(舍人), 문대부(門大夫), 가령(家令)으로 삼았다. 조조는 뛰어난 말솜씨로 태자의 총애를 받아 태자의 궁에서는 '지혜주머니'라고 불렸다.

그는 효문제 시절에 자주 상서를 올려 제후들의 봉토를 삭감하는 일과 법령 개정에 관해 말했다. 상서가 수십 번이나 올라갔으나 효문제는 그의 건의를 받아들이지 않았다. 하지만 그의 재주는 기특하다고 여겨 그를 중대부로 승진시켰다. 그 무렵 태자는 조조의 계책을 좋다고 생각했으나 원앙을 비롯한 여러 공신들은 조조에 대해 좋게 생각하지 않았다.

경제가 즉위하자 황제는 조조를 내사(內史)로 삼았다. 조조는 자주 주위 사람들을 물려 달라고 하여 정사에 관한 의견을 말했는데, 그 때마다 황제는 그 청을 받아들였다. 그래서 그에 대한 황제의 총애가 구경九卿보다 앞섰고 그의 말에 따라 개정된 법령도 많았다. 승상 신도가는 마음속으로 그를 불편하게 여겼으나 힘으로는 그를 상하게 할 수가 없었다.

내사부內舍府는 태상묘太常廟의 안쪽 담과 바깥담 사이에 있었는데, 문이 동쪽으로 나 있어서 불편했다. 조조는 이에 두 개의 문을 새로 만들어 남쪽으로 드나들 수 있도록 하려고 태상묘의 담을 뚫었다. 승상 신도가가 그러한 사실을 듣고서 크게 노하여 이 잘못을 빌미로 조조를 목 베도록 주청하려고 했다. 조조는 그 소식을 듣고 그날 밤으로 사람을 물린 뒤 황제께 그 일을 자세히 말했다. 뒤에 승상은 정사에 관한 일을 말한 뒤 조조가 함부로 사당의 담을 뚫어 문을 만들었으므로 그를 정위에게 넘겨 주살해야 한다고 말했다. 그러자 황제가 말했다.

"이것은 사당의 담이 아니고 빈 터가 있는 바깥 담이니 법에 저촉되지 않소."

이에 사죄하고 물러나온 승상은 화가 나서 장사에게 다음과 같이 말했다.

"나는 마땅히 그를 먼저 목 벤 다음에 황제께 말씀드려야 했는데 먼저 아뢰었다가 어린애한테 모욕을 당했으니 내 잘못이다."

결국 승상은 이 일로 병들어 죽었고, 조조는 더욱 높아졌다.

조조는 어사대부로 승진하여 제후 가운데 죄를 짓거나 허물이 있는 자의 봉토를 삭감하고 그들 봉토의 사변에 있는 군현을 거두어들이려 했다. 상소문이 올라가자 황제는 공경, 열후, 종실들을 모이게 하여 조조의 안을 검토하게 했는데, 아무도 감히 반대하는 자가 없었다. 오직 두영만이 이를 문제 삼고 나섰다. 이 일로 말미암아 두영은 조조와 틈이 벌어지게 되었다. 조조가 개정한 법령은 30장이나 되었는데, 제후들은 모두 술렁대면서 조조를 미워했다. 조조의 아버지가 그러한 소식을 전하여 듣고 영천에서 올라와 조조에게 이렇게 말했다.

"황제 폐하께서 즉위하신 지 얼마 되지 않아서 네가 정치를 맡아 일을 하고 있는데 제후들의 토지를 삭감하며, 다른 사람의 골육과 같은 사이를 떼어 놓고 이간질하므로 사람들이 너를 비난하고 원망하는 자가 많다 하니 이것이 사실이냐?"

"사실입니다. 그러나 이렇게 하지 않는다면 천자는 존중받지 못하고, 종묘는 편안하지 않습니다."

조조의 아버지가 말했다.

"유씨는 안정되겠지만 조씨는 위태로워졌다. 나는 너를 떠나 죽을 수밖에 없다."

그러고는 약을 마시고 스스로 목숨을 끊으면서 이렇게 말했다.

"나는 차마 화가 내 자신에게까지 미치는 것을 볼 수가 없다."

그가 죽은 10여 일 만에 오나라와 초나라의 일곱 나라가 반란을 일으키면서 조조를 죽인다는 명분을 내세웠다. 그때 두영과 원앙이 황제에게 조조에 대한 처벌을 주청하자 황제는 영을 내려 조조에게 조의朝衣를 입히고 동쪽 저자에서 그 목을 베도록 명했다.

조조가 죽고 난 다음 알자복야謁者僕射인 등공鄧公이 교위가 되어 오나라와 초나라의 반란군을 치기 위한 장군이 되었다. 그가 전쟁에서 돌아와서 상서를 올려 군사의 일을 보고하고 황제를 만났을 때 황제가 그에게 물었다.

"그대는 싸움터에서 돌아오는 길이니 묻겠소. 오나라와 초나라의 반란군은 조조의 죽음에 대해 듣고도 왜 싸움을 그만두지 않은 것이오?"

등공이 말했다.

"오나라 왕은 반란을 준비한 지가 수십 년입니다. 그저 봉토를 삭감한 데서 분노가 폭발한 것이나 그저 조조를 죽인다는 명분을 내세운 것일 뿐이니, 그의 뜻이 본래 조조에게 있었던 것은 아닙니다. 신이 걱정하는 바는, 천하의 선비들이 입을 다물고 다시는 황제께 진언을 하지 않을 것입니다."

황제가 말했다.

"그것이 무슨 말인가?"

등공이 대답했다.

"조조는 제후들이 강성하고 비대하여 그들을 통제할 수 없을까 걱정한 까닭에 그들의 토지를 삭감함으로써 나라의 존엄을 높이려고 한 것이니, 이것은 만세에 이익이 되는 일입니다. 그러나 이러한 계획이 시행되기 시작하자 그 자신이 사형을 당하는 처지가 되고 말았습니다. 이것은 안으로는 충신의 입을 막고, 밖으로는 제후들을 위하여 원수를 갚아 준 격이 되었으니, 신은 폐하를 위하여 생각하건대 죽이지 말아야 했다고 생각합니다."

이 말을 듣고 경제는 아무 말 없이 한참을 있다가 이렇게 말했다.

"공의 말이 옳소. 나 또한 애석하게 여기고 있소."

그리고 등공을 성양城陽의 중위中尉로 임명했다.

등공은 성고成固 사람으로 기이한 계책이 많았다. 건원建元 연간에 황제가 현량賢良을 초빙하자 공경 대신들은 등공을 천거했다. 그때 등공은 벼슬을 그만두고 물러나 있던 처지였으나 다시 등용되어 구경九卿이 되었다. 1년 뒤에 그는 다시 병을 구실로 벼슬을 내어 놓고 고향으로 돌아왔다. 그의 아들인 등장鄧章은 황노(黃老, 도가)의 학문을 하여 공후들 사이에서 이름이 알려졌다.

태사공은 말한다.

"원앙은 비록 학문을 좋아하지는 않았으나 시의에 따라서 적절하게 일을 처리하는 데에는 능했다. 그는 마음을 어질게 갖는 것을 근본으로 삼았고, 대의를 이끌어 말할 때에는 비분강개하기도 했다. 효문제가 즉위한 초기에 때를 잘 만나서 그의 재능을 펼치게 되었다. 시대는 끊임없이 변화하여 오나라와 초나라가 반란을 일으켰을 때 황제에게 유세했는데, 그의 유세가 받아들여지기는 했으나 그 뒤로 다시는 목적을 이루지 못했다. 그는 명예를 좋아하고, 현명함을 자긍하는 사람이었기에, 명예를 지키려고 죽었다.

조조는 가령家令으로 있을 때부터 여러 차례 나랏일에 관해 의견을 말했으나 받아들여지지는 않았다. 그러나 그 뒤로 그는 권력을 마음대로 할 수 있게 되자 법을 많이 고쳤다. 이에 제후들이 난을 일으키자 그 난을 바로잡고 구하는 데 힘을 쏟지 아니하고 사적인 원한을 갚으려 하다가 도리어 자신을 망치고 말았다. 이러한 말이 있다. '옛것을 바꾸고, 습관화된 도리를 어지럽히는 자는 죽지 않으면 망하게 된다.' 이는 조조 같은 사람을 두고 한 말일 것이다."

원앙은 간언을 일삼은 인물이다. 아무리 좋은 조언도 자꾸 듣다 보면 거슬리게 마련이다. 황제도 마찬가지였다. 대부분은 받아들였지만 오래 가지 못했다. 또 주변에서 그를 시기하는 정적도 끊이지 않았다. 원앙은 결국 왕이 보낸 자객의 손에 운명을 달리 하게 된다. 그러나 최고 권력자의 주변에 간언하는 신하가 없다면 어떻게 될 것인가. 입안의 혀처럼 아첨하는 자들 속에서 비판과 직언을 받아들일 수 있는 리더야말로 진정한 리더이다.

또한 '지혜주머니'라고 불렸던 조조의 성공과 몰락도 분수를 지키며 사는 것이 어떤 것인지 다시 한 번 생각해 보게 한다.

제3장

# 사람을 알아보는 눈

● 지혜의 진정한 의미

노자·한비, 맹상군, 춘신군, 위공자,
역생·육고, 관중·안자, 손자·오기, 장의,
저리자·감무, 염파·인상여

신이 천하의 큰일에 대한 계책으로 뵈려 했는데
'나는 지금 천하대사로 바쁘기 때문에 선비를
만나볼 여유가 없다'라고 말씀하시다니!
천하의 큰일을 일으켜 큰 공을 세우려 하면서
사람의 생김새만 가지고 그 사람을 평가하면
당신은 천하의 재주 가진 선비를 놓칠 것입니다.

— 역생·육고열전 중에서

# 【 노자 · 한비 열전 】

● ─────── 노자<sub>老子</sub>는 초나라 고현<sub>苦縣</sub> 여향<sub>厲鄕</sub> 곡인리<sub>曲仁里</sub> 사람이다. 성은 이씨<sub>李氏</sub>이며 이름은 이<sub>耳</sub>, 자는 담<sub>聃</sub>인데, 주나라 장서를 관리하는 사관으로 있었다.

공자가 주나라에 머무를 때 노자를 찾아가 예<sub>禮</sub>에 대해 물었다.

"그대가 말하는 옛 성인들은 지금 뼈다귀까지 모두 썩었고, 그저 그들의 말만 남아 있을 뿐이네. 군자가 때를 만나면 수레를 타게 되지만 때를 만나지 못하면 이리저리 떠돌아다니게 될 뿐이오. 훌륭한 장사꾼은 물건을 깊이 감추어 두어 겉으로는 초라해 보이게 하고, 군자는 풍성한 덕을 지녔으면서도 겉모습은 어리석어 보인다고 들었네. 그대는 지나친 교만과 욕심, 바르지 못한 생각을 버리게나. 자네에게 아무런 쓸모가 없네. 내가 할 말은 이것뿐일세."

공자는 돌아와 제자들에게 말했다.

"새가 날고 고기가 헤엄치며 짐승이 달린다는 정도는 내가 알고 있다. 달리는 것은 그물을 쳐서 잡고 헤엄치는 것은 낚싯대로 낚으며 나는 것은 화살로 쏘아 잡으면 된다. 그러나 용은 바람과 구름을 타고 하늘에 오른다고 하니 나도 그 실체를 알 수 없다. 내가 오늘 노자를 만났는데 그는 정말 용 같은 존재였다."

노자는 도와 덕을 닦았는데 스스로의 재능을 숨겨 이름이 드러나지 않기에 힘썼다. 노자는 오랫동안 주나라에 살았는데 주나라가 쇠락해 가는 것을 보고 떠나기로 결심했다. 함곡관函谷關에 이르자 관령關令 윤희尹喜가 노자에게 청했다.

"선생께서 이제 은둔하려 하신다니, 저를 위해 가르침을 남겨 주십시오."

이 말을 듣고 노자는 도와 덕의 의미를 5천 자로 지어 주고 함곡관을 나섰다. 이것이 《도덕경》이다. 그 후 노자가 어떻게 죽었는지는 아무도 모른다.

노래자老萊子도 초나라 사람이다. 열다섯 권의 책을 써서 도가道家의 속뜻을 밝혔다. 공자와 같은 시대의 사람이었다고 한다.

노자는 160여 살을 살았다고도 하고 200여 살을 살았다고도 한다. 그가 이렇게 오래 산 것은 아마도 도를 닦으며 목숨을 길렀기 때문일 것이다.

공자가 죽은 지 129년 되는 해에 주나라 태사太史 담儋이 진秦나라 헌공獻公을 만나 말한 것이 기록으로 남아 있다.

"처음에는 진나라가 주나라와 합했다가 합한 지 500년 만에 갈라지고, 갈라진 지 70년이 지나면 패왕霸王이 나타날 것입니다."

어떤 사람은 담이 바로 노자라고도 하고 또 어떤 사람은 아니라고도 한다. 그가 정말 노자인지 아닌지를 아는 사람은 없다. 노자는 숨어서 산 군자였다.

노자의 아들 이름은 종宗인데 위魏나라 장군이 되어 단간段干에 봉읍封邑을 받았다. 종의 아들은 주注이고, 주의 아들은 궁宮이며, 궁의 현손은 가假인데, 가는 한漢나라 효문제孝文帝에게 벼슬하였다. 가의 아들 해解가 교서왕膠西王 앙卬의 태부太傅가 되었으므로 그때부터 제나라를 다스렸다.

세상에서 노자를 배우는 사람들은 유학儒學을 배척하고, 유학자들도 또한 노자의 학문을 배척한다. 길이 같지 않으면 서로 꾀하는 일도 같이하지 않는다는 말이 아마도 이런 경우를 뜻할 것이다. 노자는 아무것도 하지 않았지만 백성들이 스스로 교화되었고, 맑고 고요하게 있었지만 백성들이 스스로 올바른 길로 들어섰다.

장자莊子는 몽蒙 지방 사람인데 이름은 주周이다. 그는 일찍이 칠원漆園의 관리가 되었는데 양梁 혜왕惠王, 제나라 선왕宣王과 같은 시대였다. 그의 학문은 매우 넓어서 통하지 않은 분야가 없었지만, 그 근본은 노자의 가르침에 두었다. 10여만 자나 되는 그의 책은 대부분 노자의 가르침에다 자신의 설명을 더한 우화로 되어 있다. 그는 〈어부漁父〉, 〈도척盜跖〉, 〈거협胠篋〉과 같은 글로 공자의 무리를 비판하고 노자의 가르침을 밝혔다. 〈외루허畏累虛〉, 〈항상자亢桑子〉와 같은 글들은 모두 꾸며 낸 이야기다.

그러나 장자는 말을 잘 분석하고 연결하며 어울리는 비유를 들어 유가와 묵가를 공격하였다. 비록 당시의 석학이라 하더라도 그 공격에서 벗어나지 못했다. 그의 말은 바다처럼 끝이 없고 거침이 없었으므로 왕공과 대인들로부터는 등용되지 못했다.

초나라 위왕威王은 장주가 현명하다는 말을 듣고 사신을 보내 많은 예물로 대우하고 재상을 삼겠다고 알렸다. 그러자 장주가 웃으며 초나라 사신에게 말했다.

"1천 금이라면 큰 돈이며, 재상이라면 높은 벼슬이다. 그대는 제사지낼 때 희생물로 바쳐지는 소를 보지 못했는가? 몇 년 동안 먹이고 수놓은 옷을 입히지만 끝내는 제물로 바쳐질 뿐이다. 그때가 되어 하찮은 돼지를 부러워해 봐야 무슨 소용이겠는가. 그대는 어서 돌아가 나를 욕되게 하지 마시오. 나는 차라리 시궁창 속에서 스스로 유쾌히 놀며 살지언정 임금에게 얽매인 존재는 되고 싶지 않소. 죽을 때까지 벼슬하지 않고 내 뜻대로 살겠소이다."

신불해申不害는 경읍京邑 사람으로, 본래는 정鄭나라의 낮은 직급 신하였다. 법술을 배워 한韓나라 소후昭侯에게 쓰이기를 구했는데 소후가 그를 등용하여 재상으로 삼았다. 신불해는 한나라에서 15년간 정치와 교육을 다듬고 밖으로 제후들을 상대했다. 덕분에 그가 죽을 때까지 한나라는 잘 다스려지고 군대는 막강해 쳐들어오는 자가 없었다.

신불해의 학문은 황제黃帝, 노자에 바탕을 두면서도 형명술刑名術을 위주로 했다. 두 편의 글을 썼는데, 이것을 〈신자申子〉라고 한다.

한비자韓非子는 한나라 공자 가운데 한 사람이다. 그도 형명법술刑名法術의 학문을 즐겼는데 그 바탕은 역시 황제, 노자에 두었다. 한비는 태어날 때부터 말더듬이여서 말솜씨는 변변치 못했지만 글쓰기는 잘했다. 이사李斯와 함께 순경荀卿을 스승으로 삼았는데, 이사는 자신이 한비에 미치지 못한다고 말했다.

한비는 한나라의 땅이 자꾸 줄어드는 것을 보고 자주 한나라 왕에게 글을 올려 간했지만 한나라 왕은 그의 의견을 받아들이지 않았다. 이때부터 한비는 나라를 다스린다면서 법제法制를 밝히는 데 힘쓰지 않고 또 부국강병할 인재를 구해 쓰기보다는 나무벌레처럼 쓸모없는 인물을 등용해 전쟁에서 공로가 있는 신하 위에 앉히는 것을 통탄했다.

한비는 유학자는 글로 나라의 법을 어지럽게 하고 협객은 힘으로 나라의 법을 어긴다고 여겼다. 평화로운 시대에는 이름난 유학자를 귀하게 쓰지만, 위급한 때에는 갑옷 입은 무인을 등용해야 하는데, 지금 나라에서 기르는 인물은 위급할 때에 쓸 수 없는 인물이고, 위급할 때 쓰이는 인물은 평소에 기른 자가 아니라고 생각했다.

한비는 맑고 곧은 인물들이 사악한 간신들 때문에 쓰이지 못한 것을 슬퍼하고 옛날 임금들의 정치에서 성공한 점과 실패한 부분을 살펴 〈고분孤憤〉, 〈오두五蠹〉, 〈내외저內外儲〉, 〈설림說林〉, 〈세난說難〉 등 10여만 자의 문장을 지었다.

한비는 유세의 어려움을 알고 〈세난〉을 지었으나, 막상 자신은 유세의 어려움에서 벗어나지 못하고 결국 진秦나라에서 죽었다.

그는 〈세난〉에서 이렇게 밝혔다.

"유세가 어렵다고 하는 까닭은 내가 가진 지식으로 상대방을 설득하기가 어렵기 때문이 아니다. 또는 내가 말솜씨로 내 뜻을 밝히기가 어렵기 때문도 아니다. 내 속마음을 논리정연하게 다 나타내기가 어렵기 때문도 아니다. 대체로 유세가 어려운 까닭은 내가 설득시켜야 하는 임금의 마음을 통찰하고서 내 말을 그의 마음에다 잘 들어맞게 해야 하기 때문이다.

내가 설득하려는 임금이 이름을 높이려고 하는데 내가 재물과 이익을 가지고 설득하다가는 속물로 취급되어 깔보이고 반드시 멀리 쫓겨나게 된다. 반대로 내가 설득하려는 임금이 많은 이익을 바라고 있는데 내가 명예를 가지고 설득하려다가는 너무 세상 이치에 어둡게 보여 받아들여지지 않게 된다. 내가 설득하려는 임금이 속으로는 이익을 바라면서도 겉으로는 명예를 바라는 척할 때 내가 명예를 가지고 설득하면 겉으로는 내 말을 받아들이는 척하면서도 속으로는 멀리하게 된다. 만약 이런 임금에게 내가 이익을 가지고 설득한다면 속으로는 그 말을 받아들이면서도 겉으로는 멀리한다. 유세객들은 이러한 점들을 꿰뚫어보지 않으면 안 된다.

대개의 일이란 비밀을 지킴으로써 성공하고 말이 새나감으로써 실패한다. 유세객이 상대의 비밀을 들출 뜻이 없었지만 설득을 하다 보면 임금의 비밀에 대해서도 말을 하게 된다. 그렇게 되면 유세객의 목숨이 위태롭다. 또 임금에게 잘못이 있는데 유세객이 명정한 논리를 세워 그 잘못을 따진다면 역시 목숨이 위태로워진다.

유세객이 아직 임금의 은혜를 많이 입지 않았는데도 자신이 알고 있는 것을 다 말해 버리면 그의 주장대로 실행해 공을 세우더라도 별로 덕이 되지 않는다. 그의 주장대로 행하지 않아 실패하면 의심까지 받고, 그렇게 되면 목숨이 위태로워진다. 대체로 임금이 남에게서 좋은 대책을 얻어 자기 공로를 세우고자 하는데 유세객이 그 계획을 미리 알게 되면 목숨이 위태로워진다. 임금이 겉으로는 어떤 일을 하는 것처럼 보이면서 속으로는 스스로 다른 일을 하려고 하는 경우에 유세객이 그 내막에 간여하여 알게 되면 목숨이 위태로워진다. 임금이 도저히 하지 못할 일을 하라고 강요하거나 그가 그만두고 싶지 않은 일을 멈추게 하면 유세객의 목숨이 위태로워진다. 그러므로 임금과 함께 현명하고 어진 임금에 대해 얘기하면 자기를 비난한다고 의심하고, 지위가 낮은 인물에 대해 얘기하면 임금의 권세를 팔려고 한다고 의심한다. 임금이 총애하는 자에 대해 이야기하면 그를 이용한다고 의심하고, 임금이 미워하는 자에 대해 이야기하면 자기를 떠보려는 것으로 여길 것이다. 말을 꾸미지 않고 간결하게 이야기하면 무식한 자라고 업신여길 것이고, 이말 저말 끌어다 해박하게 이야기하면 말이 많다고 여긴다. 형편에 따라 생각을 말하면 소심한 겁쟁이라 말을 다 못한다고 하고, 사리를 따져 거침없이 말하면 아는 것도 없으면서 건방지다고 할 것이다. 이러한 것들이 유세의 어려움이니 꼭 마음에 새겨 두어야 한다.

유세에서 중요한 것은 상대방이 자랑스러워하는 것을 추켜 주고, 부끄러워하는 것을 없애 주는 데 있다. 상대방이 자신의 계책을 지혜로운 것으로 여긴다면 잘못된 점이 있더라도 추궁하지 말고, 자기의 결단을 용감하게 여긴다면 유세객이 자기의 의견을 고집해서 화를 돋우지 말아야 한다. 또 그가 자신의 능력을 과장하더라도 실행의 어려운 점을 들어 용기를 꺾어서도 안 된다. 임금이 하려는 일과는 다른 일이지만 같은 계획을 세운 사람과 또 임금이 하려는 일과 같은 일을 한 사람을 칭찬하고, 임금과 같은 실패를 저지른 사람이 있으면 그에게 실수가 없는 것처럼 설명하고 덮어 주어야 한다. 임금이 유세자의 충성스러운 마음에 반감을 가지지 않고 주장을 내치지 않아야 비로소 자기의 말솜씨와 지혜를 펼 수가 있다. 이것이 바로 임금에게 신임을 얻고 의심 받지 않으면서 자신이 아는 바를 다 말할 수 있는 방법이다.

이렇게 오랜 세월을 함께 지내 임금의 총애가 깊어지면 그때부터는 임금과 논쟁하며 말해도 벌 받지 않을 것이다. 그렇게 되면 이익과 손해를 분명히 헤아려 공을 이루고, 옳고 그름을 바로 지적하더라도 유세객은 영화를 얻게 된다. 이런 관계가 이어지면 유세는 성공한 것이다.

은나라 탕왕湯王의 재상 이윤伊尹은 처음에 요리사였고, 진秦나라 목공穆公의 재상 백리해百里奚도 한때 포로였는데 이것은 모두 임금에게 등용되기 위한 수단이었다. 이 두 사람은 모두 성인이었지만 이렇듯 몸을 수고롭게 한 후에야 세상에 나왔다. 인재라면 미천한 일을 부끄러워할 까닭이 없는 것이다.

송나라에 큰 부자가 살고 있었다. 하루는 비가 와서 울타리가 무너지고 말았다. 그러자 아들이 말했다.

'울타리를 고쳐 쌓지 않으면 도둑이 들 것입니다.'

이웃집 사람도 아들과 같은 말을 했다. 그날 밤, 부자는 정말 많은 재물을 도둑맞고 말았다. 부자는 자기 아들이 정말 똑똑하다고 생각하면서도 이웃집 주인에게 의심을 품었다.

옛날 정鄭나라 무공武公이 호胡나라를 치려고 자기 딸을 그 임금에게 시집보냈다. 그리고 나서 사람들에게 물었다.

'내가 전쟁을 일으키려 하는데 어느 나라를 치면 좋겠는가?'

그러자 관기사關其思가 호나라를 치는 것이 좋겠다고 대답했다.

'호나라는 형제의 나라이다. 그런데 어찌 그대가 호나라를 치자고 하느냐!'

그리고 관기사를 죽여 버렸다.

이 말을 전해 들은 호나라는 정나라가 자기 나라와 친하다고 생각해 정나라 쪽의 방비를 소홀히 했다. 그러자 정나라 군대가 호나라를 습격해 그 땅을 빼앗았다.

이웃집 사람이나 관기사가 한 말은 모두 맞았다. 그러나 심한 경우에는 목숨을 잃고, 가벼운 경우라도 의심을 받았다. 말하자면 아는 것이 어려운 것이 아니라 아는 것을 어떻게 쓰느냐가 더 어렵다는 것이다.

옛날에 미자하(彌子瑕)라는 사람이 위(衛)나라 임금에게 총애를 받았다. 위나라 법에는 임금의 수레를 몰래 타는 자는 발을 자르도록 되어 있었다. 그런데 미자하의 어머니가 병이 나자 어떤 사람이 밤중에 그를 찾아가 이를 알렸다. 미자하는 임금의 명령이라고 속이고 임금의 수레를 타고 왕궁을 나섰다. 이 말을 전해 들은 임금은 그를 어질게 생각했다.

'효자로구나. 어머니의 병 때문에 발이 잘리는 죄까지도 마다하지 않다니.'

한 번은 임금과 과수원에 놀러 갔는데 미자하가 복숭아를 먹다가 맛이 달아서 먹던 것을 그대로 임금에게 바쳤다. 그러자 임금은 이렇게 말했다.

'나를 끔찍이도 생각해 주는구나. 자기가 먹고 싶은 것을 참고 내게 주다니.'

그 뒤 미자하가 나이 들고 임금의 사랑도 줄어들었을 때 임금에게 죄를 지었다. 그러자 임금이 말했다.

'이 자가 예전에는 나를 속이고 내 수레를 탔고, 자기가 먹다 남은 복숭아를 내게 먹였다.'

미자하의 행동은 처음이나 나중이나 같았지만 처음에는 현명하다고 칭찬을 받았고 나중에는 죄를 받았다. 왜냐하면 미자하에 대한 임금의 사랑과 미움이 바뀌었기 때문이다.

임금에게 사랑받고 있을 때는 그 지혜까지도 임금의 마음에 꼭 들어서 더욱 친밀해지고 임금에게 미움을 받고 있을 때는 같은 행위가 죄로 여겨져서 더욱 멀어지는 법이다. 그러므로 유세객은 임금의 사랑과 미움을 잘 살펴본 뒤에 말을 꺼내야만 한다.

용이라는 동물은 잘 길들이면 탈 수도 있다. 그러나 목덜미 아래 지름이 한 자나 되는 비늘이 있는데 사람이 그 비늘을 건드렸다가는 죽고 만다. 임금에게도 이처럼 거꾸로 난 비늘이 있다. 유세객이 임금의 이 비늘만 건드리지 않는다면 거의 성공이라 할 수 있다."

어떤 사람이 한비의 책을 가지고 진나라에 와서 퍼트렸다. 진나라 임금은 〈고분〉, 〈오두분〉 같은 글을 보고는 칭찬하며 말했다.

"아아, 과인이 이 사람을 만나 함께 사귈 수만 있다면 죽어도 한이 없겠구나!"

그러자 이사가 대답했다.

"이것은 한비가 지은 책입니다."

그러자 진나라 임금은 한나라를 급히 공격했다. 한나라 임금은 처음에는 한비를 등용하지 않았지만 다급해지자 한비를 진나라에 사신으로 보냈다. 진나라 임금은 한비를 만나게 되어 기뻤지만 믿고 쓰지 않았다. 이사, 요가(姚賈)들이 한비를 해치려고 진나라 임금에게 헐뜯었다.

"한비는 한나라의 공자입니다. 지금 임금께서 제후들을 병합하려고 하시지만 한비는 끝까지 한나라를 위할 뿐이지 진나라를 위하지는 않을 것입니다. 그게 바로 인정입니다. 그렇다고 해서 지금 와서 임금께서 그를 쓰지 않고 머물러 있게만 하다 그냥 돌려보내면 뒤탈이 생길 것입니다. 가혹한 방법을 써서라도 죽이는 것이 가장 낫습니다."

진나라 임금도 그렇다고 생각해 관리에게 한비를 없애라 했다. 이사는 한비에게 사람을 보내 독약을 주면서 자살을 강요했다. 한비는 직접 진나라 임금에게 말하려고 했지만 만날 수가 없었다. 진나라 임금은 뒤늦게 뉘우치고 사람을 보내 그를 풀어 주려 했지만 한비는 이미 죽은 뒤였다.

신불해와 한비자는 모두 책을 지어 후세에 전했으므로 이를 배우는 자들이 많았다. 나는 한비자가 〈세난〉을 지어내고도 정작 자신은 유세의 어려움에서 벗어날 수 없었던 것을 슬퍼한다.

태사공은 말한다.

"노자가 귀하게 여긴 도덕은 허무한 것이다. 아무것도 하지 않는 가운데 자연의 변화를 따르는 것이다. 그래서 그가 지은 글의 문장도 미묘하고 이해하기 어렵다. 장자는 그 도덕을 더 넓혀서 자신의 생각을 자유롭게 펼쳤는데 그의 요지도 결국은 자연으로 돌아가자는 것이다. 신불해는 스스로 힘써서 도덕을 명실名實에 맞추어 베풀었다. 한비자는 먹줄을 긋는 것처럼 법규를 시행해 세상일의 옳고 그름을 밝히긴 했지만, 너무나 가혹해서 은혜로움이 부족했다. 이들은 모두 도덕에 근원을 두고 있긴 하나 그중에서도 노자가 가장 심오하다."

사마천은 노자가 실제 존재했던 인물이며 공자와 동시대 인물이고, 나아가 '예'를 묻는 공자와 대화까지 나눈 것으로 설명하고 있다. 그러면서 장자와 더불어 신불해와 한비자를 함께 소개했다. 왜 이들을 함께 기록한 것일까? 노자와 장자는 도가 계열의 사상가이고 신불해와 한비자는 법가 계열의 사상가다. 그러나 자세히 살펴보면 신불해나 한비자의 법가 사상은 노자로부터 시작되었음을 알 수 있다. 도가 사상은 자연의 법칙에 맡겨 그대로 하라는 것이고, 법가 사상은 법률과 제도에 맡겨 그대로 하라는 것이기 때문이다. 누구나 따라야 할 한비자의 '법'은 노자의 '도'와 같다. 노련한 통치자는 노자 사상과 법가 사상을 자유자재로 구사해야 함을 의미하는 것이다.

## 【 맹상군 열전 】

　　　　　　　　　　　맹상군孟嘗君의 이름은 문文이고, 성은 전田이다. 아버지는 정곽군靖郭君 전영田嬰이다. 전영은 제나라 위왕威王의 작은 아들이니, 제나라 선왕宣王의 배 다른 아들이다. 전영은 위왕 때부터 벼슬을 맡아 나랏일을 했다. 성후成侯, 추기鄒忌, 전기田忌와 함께 장수가 되어 한나라를 구원하고 위나라를 쳤다. 성후와 전기는 위왕의 총애를 다투는 사이인데, 성후가 전기를 모함했다. 전기가 두려워서 제나라 변경의 고을을 습격했는데, 이기지 못하자 달아났다. 때마침 위왕이 죽고 선왕이 즉위했는데, 선왕은 성후가 전기를 모함한 줄 알았으므로 전기를 다시 불러 장군으로 삼았다. 선왕 2년에 전기는 손빈孫臏, 전영田嬰과 함께 위나라를 쳐서 마릉馬陵에서 이겼는데, 위나라 태자 신申을 사로잡고 위나라 장군 방연龐

泯을 죽였다.

선왕 7년에는 전영이 한나라와 위나라에 사신으로 가서, 한나라와 위나라를 제나라에 굴복시켰다. 전영이 한나라 소후昭侯와 위나라 혜왕惠王을 데리고 동아東阿 남쪽에서 제나라 선왕을 만나 화친하게 한 다음 돌아갔다. 이듬해에는 다시 양나라 혜왕惠王과 제나라 견甄에서 만났다. 이해에 양나라 혜왕이 죽었다.

선왕 9년에 전영은 제나라 재상이 되었다. 제나라 선왕은 위나라 양왕襄王과 서주徐州에서 만나 서로 왕이라고 부르기로 했다. 이 소식을 들은 초나라 위왕威王은 이것이 전영의 계략이라고 보고 크게 화를 냈다. 그 이듬해에 초나라가 서주에서 제나라 군대를 쳐부수었으며, 사람을 시켜서 전영을 쫓게 했다. 전영이 장추張丑를 시켜 초나라 위왕을 달래주자, 위왕이 마음을 바꾸었다. 전영이 제나라에서 재상이 된 지 11년이 되었을 때 선왕이 죽고 민왕湣王이 즉위했다. 민왕은 즉위한 지 3년 만에 전영을 설薛 땅에 봉했다.

전영은 아들을 40여 명 두었다. 그중 천첩賤妾이 낳은 아들 중에 문文이 있었는데, 5월 5일에 태어났다. 전영은 문의 어머니에게 말했다.

"5월에 태어난 아기는 키워서는 안 되오."

그러나 어머니가 몰래 거두어 길렀다. 문이 자란 뒤, 어머니가 형제들을 통해 자기 아들을 전영과 만나게 했다. 전영이 문의 어머니에게 화내며 물었다.

"내가 너더러 저 아이를 버리도록 했는데 감히 기른 것은 무슨 까닭이냐?"

문이 머리를 조아리며 말했다.

"군(君)께서 5월에 태어난 아이를 기르지 말라는 까닭은 무엇 때문입니까?"

전영이 대답했다.

"5월에 낳은 아들이 그 키가 지게문만큼 커지면 부모에게 해롭다고 하기 때문이다."

문이 말했다.

"사람이 태어날 때에 명(命)을 하늘에서 받습니까? 아니면 지게문에서 받습니까?"

전영이 대답하지 않자 문이 다시 말했다.

"반드시 그 명을 하늘에서 받는다면 무엇 때문에 걱정하십니까? 그렇지 않고 명을 지게문에서 받는다면, 그 지게문을 높이면 될 뿐입니다. 누가 그만큼이나 커지겠습니까?"

전영이 말했다.

"그만하여라."

얼마 뒤에 문이 한가한 틈을 타서 아버지 전영에게 물었다.

"아들의 아들을 무엇이라고 합니까?"

"손자라고 한다."

"손자의 손자를 무엇이라고 합니까?"

"현손이라고 한다."

"현손의 손자를 무엇이라고 합니까?"

"모르겠다."

"아버님께서는 정권을 잡으시고 제나라 재상이 되어 지금까지 세 임금을 섬겼습니다. 그동안 제나라는 그 영토를 넓히지 못한 반면 아버님 자신은 천만금이나 되는 부를 쌓았지만 아버님의 문하에는 한 사람의 어진 사람을 찾아볼 수 없습니다. 제가 들으니 '장군의 가문에는 반드시 장군이 있고, 재상의 가문에는 반드시 재상이 있다'라고 합니다. 지금 아버님의 후궁들은 비단옷을 밟고 다니지만 선비들은 짧은 잠방이도 얻어 입지 못하며, 하인들과 첩들은 쌀밥과 고기를 실컷 먹다 남기지만 선비들은 지게미와 쌀겨조차 실컷 먹지 못합니다. 지금 군께서 쌓아 놓은 재물이 남아돌지만 더욱 많이 쌓아두려고만 할 뿐 나라의 일은 날마다 쇠약해져 가는 것을 잊고 계시니, 저는 이러한 사실을 이상하게 여겨 왔습니다."

이 말을 듣고 전영은 문을 높이 사서 집안일을 맡게 하고 손님들을 접대하게 했다. 손님들이 날마다 모여들자, 그 명성이 제후들 사이에 알려졌다. 제후들이 모두 설공薛公 전영에게 사자를 보내 문을 후계자로 삼으라고 청하자, 전영은 허락했다. 전영이 죽자, 시호를 정곽군이라고 했다. 문이 아버지를 이어 설 땅의 영주가 되니, 이 사람이 바로 맹상군이다.

맹상군이 설 땅에 있으면서 제후의 손님들을 불러들이자 도망간 사람이나 죄 지은 사람에 이르기까지 다 모여들었다. 맹상군은 자기 집의 재산을 다 털어 그들을 후하게 대우했다. 그러므로 온 천하의 선비들이 거의 그의 집으로 모여들었다. 식객이 수천 명이나 되었지만, 신분의 귀하고 천함에 상관없이 자신과 똑같이 대우했다. 맹상군이 손님을 접대하면서 앉아 이야기하면, 병풍 뒤에는 언제나 시사(侍史, 기록하는 사람)가 있어 맹상군과 손님이 이야기한 것과 그 손님의 친척이 있는 곳을 물은 것 같은 사소한 것까지 모두 기록했다. 손님이 돌아간 뒤에 맹상군은 사람을 보내 그의 친척을 찾아가 선물까지 주게 했다.

하루는 맹상군이 손님을 접대하며 저녁을 먹고 있었는데, 누군가가 불빛을 가려 방 안이 어두웠다. 그 손님은 자신의 음식이 맹상군과 같지 않은 것을 감추려고 일부러 어둡게 한 줄 알고 화를 내면서, 그대로 돌아가려 했다. 그때 맹상군이 일어나 자기의 밥그릇을 몸소 들고 가서 그 손님의 밥그릇과 비교해 보이자, 그 손님이 부끄러워하며 스스로 목숨을 끊었다. 이런 일이 있고 나자 선비들이 맹상군에게 더욱 많이 모여들었다. 맹상군은 손님들을 가리지 않고 모두 잘 대우했다. 그래서 사람들은 저마다 맹상군과 친하다고 생각했다.

진나라 소왕은 맹상군이 현명하다는 소문을 듣고, 먼저 경양군을 제나라에 볼모로 보낸 뒤에 맹상군을 만나자고 했다. 맹상군이 진나라에 들어가려고 하자, 손님들 가운데 그에게 가라고 말하는 사람이 아무도 없었다. 모두들 가지 말라고 말렸지만, 맹상군은 듣지 않았다. 소대蘇代가 맹상군에게 말했다.

"오늘 아침 제가 밖에서 오는 길에 나무로 만든 인형과 흙으로 만든 인형이 서로 이야기하는 것을 들었습니다. 나무 인형이 먼저 '하늘에서 비가 내리면 너는 장차 무너질 거야'라고 말하자, 흙 인형이 '나는 흙에서 만들어졌으니까 무너지면 흙으로 돌아갈 뿐이지만, 이제 비가 내리면 너는 떠내려가서 어디까지 가서 멈출는지 모를 거야'라고 말했습니다. 지금 진나라는 호랑이 같은 나라입니다. 그런데 군께서 그런 나라로 가려고 하시니, 만약 돌아오지 못한다면 군께서는 흙 인형에게 비웃음을 면치 못할 것입니다."

이 말을 듣고 맹상군이 걸음을 멈추었다. 그러나 제나라 민왕 25년에 다시 진나라로부터 강요받아, 마침내 맹상군은 제나라로 들어갔다.

소왕이 즉시 맹상군을 진나라 재상으로 삼으려 했다. 어떤 사람이 소왕에게 이렇게 말했다.

"맹상군은 현명한데다 제나라의 일족입니다. 이제 진나라의 재상이 되더라도 반드시 제나라를 먼저 위하고 진나라를 뒷전으로 돌릴 것이니, 진나라로서는 위태로운 일입니다."

이 말을 듣고 소왕은 그를 재상으로 삼으려는 생각을 포기했다. 이번에는 맹상군을 가두고서 계략을 써서 죽이려고 했다. 맹상군이 사람을 시켜 소왕이 총애하는 여인에게 가서 자신을 풀어 줄 것을 청하게 했다. 그 여인은 이렇게 말했다.

"나는 맹상군이 가진 흰여우 갖옷을 얻고 싶다."

맹상군은 흰여우 갖옷을 한 벌 갖고 있었는데, 값이 1천 금이나 되는, 천하에 둘도 없는 것이었다. 그러나 진나라에 들어올 때 이미 소왕에게 바쳤으므로, 다른 흰여우 갖옷은 없었다. 맹상군은 고민에 싸여 자신의 빈객들에게 두루 물었지만, 아무도 시원하게 대답하지 못했다. 그런데 가장 끝자리에 개처럼 도둑질 잘하는 자가 앉아 있었는데, 이렇게 말했다.

"제가 흰여우 갖옷을 구해 올 수 있습니다."

그날 밤 그는 개처럼 진나라 궁궐 창고 속으로 들어가 예전에 소왕에게 바쳤던 흰여우 갖옷을 꺼내 왔다. 그래서 맹상군은 이것을 진나라 소왕의 사랑하는 여인에게 바쳤다. 그 여인은 그를 위해 소왕에게 말하자, 소왕이 맹상군을 풀어 주었다.

맹상군은 옥에서 풀려나자 즉시 말을 달려 달아났다. 관문을 드나들 수 있는 통행증의 이름과 성을 바꾸어 함곡관을 빠져나가기로 했다. 밤중이 되어서야 함곡관에 도착했다. 진나라 소왕은 맹상군을 풀어 준 것을 뒤늦게야 뉘우치고 그를 찾았으나 벌써 떠나고 없었으므로, 즉시 사람을 시켜 역마를 달려 그를 뒤쫓게 했다.

맹상군은 함곡관에 도착했지만, 관의 법에는 닭이 울어야 나그네들을 내보내게 되어 있었다. 맹상군은 누군가가 자신을 뒤쫓아 올까 봐 걱정이 이만저만이 아니었다. 그런데 식객 중에 닭 울음소리를 잘 내는 사람이 있어, 그가 닭 울음소리를 내자 주변에 있던 다른 닭들도 함께 울었다. 그래서 통행증을 보이고 관문을 나섰다. 그가 빠져나간 지 한 식경이나 되어서 진나라의 추격병들이 함곡관에 도착했다. 하지만 맹상군은 이미 관문을 나간 뒤라서 되돌아갈 수밖에 없었다.

처음 맹상군이 좀도둑과 닭 울음소리 잘 내는 사람을 빈객으로 삼았을 때, 다른 빈객들이 모두 그들과 함께 대우받는 것을 부끄럽게 여겼다. 그러나 맹상군이 진나라에서 어려움을 당했을 때에는 결국 이 두 사람이 그를 살려 냈다. 그 뒤부터는 빈객들이 모두 마음속 깊이 맹상군을 따르게 되었다. 맹상군이 조나라를 지나갈 때에, 평원군이 그를 빈객으로 접대했다. 조나라 사람들은 맹상군이 현명하다는 소문을 들었던 터라 몰려나와 그를 보았는데, 모두들 웃음을 터트리며 말했다.

"처음엔 설공薛公이 훤칠한 대장부라고 생각했었는데, 이제 보니 왜소한 사내로구나."

맹상군이 그 말을 듣고 성을 내자 함께 있던 빈객들이 수레에서 내려 수백 명이나 베어 죽이고 결국 한 고을을 전멸시킨 후에야 돌아갔다.

제나라 민왕은 자신이 맹상군을 진나라로 보내 곤경에 빠뜨렸기 때문에 마음이 불안했다. 그래서 맹상군이 돌아오자 곧 그를 제나라 재상으로 삼고, 정치를 맡겼다.

맹상군은 진나라에 원한을 가졌다. 마침 제나라가 한나라와 위나라를 위해 초나라를 치게 되었다. 그래서 이 기회에 한나라, 위나라와 함께 진나라를 치기로 하고, 서주西周에서 무기와 식량을 빌리려 했다. 소대가 서주를 위해 맹상군에게 말했다.

"당신께서 제나라를 이끌고 한나라와 위나라를 위해서 초나라를 친 지 9년이나 되었습니다. 그래서 초나라 땅인 원宛과 섭葉의 이북을 빼앗아 한나라와 위나라를 강하게 해 주었는데, 이제 다시 진나라를 쳐서 그 두 나라를 더욱 강하게 해 주시려 합니다. 한나라 위나라가 남쪽으로 초나라의 근심이 없고 서쪽으로 진나라의 걱정이 없다면, 결국 제나라는 위태로워질 것입니다. 한나라와 위나라는 반드시 제나라를 깔보고 진나라를 두려워할 것입니다. 제가 보기에 당신이 이렇게 하는 것은 위험한 일입니다. 당신께서 주나라와 진나라와의 관계를 깊이 하고, 서주를 공격하지도 말며, 무기와 식량을 빌리지도 않는 것이 가장 좋습니다. 당신께서 함곡관에 임하더라도 진나라를 공격하지 마십시오. 저희 주나라를 시켜서 당신 마음을 진나라 소왕에게 이렇게 전하십시오. '설공이 진나라를 깨뜨려 한나라나 위나라를 강하게 해 주지는 않을 것입니다. 그가 진나라를 치려는 것은 당신이 초나라 회왕을 설득해 초나라의 동쪽 땅을 베어서 제나라에 주게 하고, 또 진나라가 초나라 회왕의 억류를 풀고 내보내서 화친하기를 바라기 때문입니다.' 당신께서 저희 주나라로 하여금 이렇게 진나라에 은혜를 입히게 하면 진나라는 자기 군대가 격파되지도 않으면서 초나라의 동쪽 땅을 베어 내게 하고 스스로는 화를 면할 수 있으니, 반드시 그렇게 할 것입니다. 초나라도 자기 왕이 진나라의 억류에서 벗어날 수 있다면, 반드시 제나라의 덕택이라고 생각할 것입니다. 제나라는 초나라의 동쪽 땅을 얻어 더욱 강하게 될 것이며, 설薛 땅은 두고두고 근심이 없을 것입니다. 진나라가 크게 약화되지 않은 채로 삼진三晉의 서쪽에 있으면, 삼진은 반드시 제나라를 중시할 것입니다."

설공이 말했다.

"좋소."

그는 한나라와 위나라에 명해 진나라에 하례賀禮하게 하고, 세 나라로 하여금 진나라를 공격하지 않게 했다. 그리고 서주로부터 군사와 식량을 빌려 오지도 않았다. 이때에 초나라 회왕은 진나라에 들어갔다가 진나라에 붙들려 있었다. 그래서 초나라에서도 반드시 왕을 풀려나게 하려고 했으나 진나라는 끝내 회왕을 돌려보내지 않았다.

맹상군이 제나라 재상이 되자, 그의 가신 위자魏子가 맹상군을 위해 봉읍의 조세를 거두었다. 그런데 위자는 한 해 동안 세 차례나 봉읍을 다녀왔지만, 한 번도 조세를 가져오지 않았다. 그래서 맹상군이 그 까닭을 물었다. 그가 이렇게 대답했다.

"어진 이가 있어 그에게 빌려 주었습니다. 그래서 조세를 가져오지 못했습니다."

맹상군은 화가 나서 위자를 내쫓았다.

그로부터 몇 년 뒤에 어떤 사람이 제나라 민왕에게 맹상군을 헐뜯어 말했다.

"맹상군이 장차 반란을 일으키려고 합니다."

마침 전갑田甲이 민왕을 위협하자 민왕도 맹상군을 의심하게 되었다. 이를 알게 된 맹상군은 나라 밖으로 달아났다. 그러나 전에 위자에게 곡식을 빌린 어진 사람이 이 소문을 듣고, 민왕에게 글을 올렸다.

"맹상군은 반란을 일으키지 않을 것입니다. 이 한 몸을 바쳐 맹세합니다."

그러고는 궁궐 문에서 스스로 목숨을 끊어 맹상군의 결백을 증명했다. 민왕이 이에 깜짝 놀라 조사해 보니, 맹상군은 과연 반란을 음모한 적이 없었다. 그래서 맹상군을 다시 불렀다. 그러나 맹상군은 병을 핑계 대고서 벼슬을 내놓고는, 설 땅으로 돌아가 조용히 살겠다고 했다. 민왕이 그의 말을 허락했다.

그 뒤 진나라에서 망명해 온 장군 여례呂禮가 제나라 재상이 되자, 소대를 곤경에 빠뜨리려고 했다. 소대는 맹상군에게 이렇게 말했다.

"주최周最는 제나라에서 신임이 매우 두터웠습니다. 그런데도 제왕이 그를 내쫓고 친불親弗의 말을 들어 여례를 정승으로 삼은 것은 진나라의 환심을 사고 싶었기 때문입니다. 제나라와 진나라가 합심하게 되면, 친불과 여례가 중용될 것입니다. 그들이 중용되면 제나라와 진나라는 반드시 군을 경시할 것입니다. 군께선 빨리 제나라 군대를 이끌고 북쪽으로 가서 조나라를 도와 진나라와 위나라와 화친하게 하고, 주최를 거두어 후하게 대우하며 그에 대한 제왕의 신임을 회복하게 해 주는 것이 좋겠습니다. 그렇게 해서 천하의 제후들이 제나라를 배척하는 변을 미리 막는 것이 좋겠습니다. 제나라가 진나라와 합심하지 않으면 천하 제후들이 제나라로 모일 테고, 친불은 반드시 달아납니다. 그렇게 되면 제왕이 그 누구와 함께 나라 일을 의논하겠습니까?"

이 말을 듣고 맹상군이 그의 계책을 따르자 여례는 맹상군을 미워하여 모해했다. 그러고는 맹상군이 두려워서 진나라 재상 양후 위염에게 이런 편지를 보냈다.

"제가 들으니 진나라가 여례를 보내 제나라의 환심을 사려 한다고 합니다. 제나라는 천하에 강대한 나라입니다. 여례 때문에 제나라의 환심을 얻게 되면, 그대는 반드시 진나라에서 경시될 것입니다. 제나라와 진나라가 합력하여 삼진에 군림하면, 여례는 반드시 제나라와 진나라의 재상을 겸하게 될 것입니다. 그렇게 되면 당신이 제나라와 통하여 여례를 중용하게 만드는 셈입니다. 만약 제나라가 진나라의 힘을 얻어 천하 제후들의 공격을 면할 수 있게 되면, 여례는 악평에 따라 제나라가 그대를 원수처럼 여길 것입니다. 그러니 당신은 진왕을 권하여 제나라를 치도록 하는 것이 좋겠습니다. 제나라가 격파되면, 제가 진왕에게 청하여 그 빼앗은 땅을 당신에게 봉하도록 하겠습니다. 제나라가 격파된 뒤에는 진나라가 진晉이 강해질 것을 두려워할 테니, 진나라는 반드시 당신을 중용하여 진晉과 친교를 맺으려 할 것입니다. 진晉나라는 제나라 때문에 피폐해졌으니 진나라를 두려워할 것입니다. 그래서 진晉나라는 반드시 당신을 중용하여 진나라의 친교를 얻으려고 할 것입니다. 이렇게 되면 당신이 제나라를 깨뜨려 공을 세우고, 진晉나라를 끼고 중용될 것입니다. 또한 당신이 제나라를 격파하여 봉읍을 얻고, 진나라와 진晉나라가 서로 그대를 중시하게 됩니다. 만약 제나라가 격파되지 않으면 여례가 다시 등용되고, 당신은 반드시 큰 어려움에 빠질 것입니다.”

이 편지를 읽고 양후가 진나라 소왕에게 말해 제나라를 치자 여례는 달아났다.

그 뒤에 제나라 민왕은 송나라를 멸망시키고 더욱 교만해져서 맹상군을 제거하려고 했다. 맹상군이 두려워져서 위나라로 가자, 위나라 소왕이 그를 재상으로 삼았다. 맹상군은 서쪽으로 진나라, 조나라와 힘을 합하고 연나라와 더불어 제나라를 쳐서 격파했다. 제나라 민왕이 달아나 거莒에 머물다가, 끝내 그곳에서 죽었다. 제나라 양왕襄王이 즉위하자 맹상군은 여러 제후들 가운데 중립을 지켜, 어디에도 속하지 않았다. 제나라 양왕이 새로 즉위하고는 맹상군을 두려워하여 여러 제후들과 화목하고 맹상군과도 다시 친하게 지냈다. 문文이 죽자, 시호를 맹상군이라고 했다. 여러 아들들이 서로 대를 잇겠다고 다투는 동안 제나라와 위나라가 함께 설 땅을 멸망시켰다. 그래서 맹상군은 후사가 끊어졌다.

일찍이 풍환馮驩이 맹상군이 빈객을 좋아한다는 소문을 듣고는 짚신을 신고 와서 맹상군을 만났다. 맹상군이 말했다.

"선생께서는 먼 길을 오느라 고생하셨소. 나에게 무엇을 가르쳐 주시렵니까?"

풍환이 대답했다.

"당신이 선비를 좋아한다는 말을 듣고, 가난한 몸을 굳게 맡기려고 왔습니다."

맹상군이 그를 전사(傳舍, 신분이 낮은 사람을 위한 숙소)에 열흘 동안 있게 하고는, 전사의 책임자에게 물었다.

"그 손님이 무엇을 하던가?"

"풍환 선생은 매우 가난합니다. 겨우 칼 한 자루를 가지고 있을 뿐인데, 그나마 노끈으로 자루를 감싼 것입니다. 그 칼을 손으로 두드리면서 '장협(長鋏, 긴 칼)아. 돌아갈까 보다. 식사에 고기반찬이 없구나' 하고 노래 부릅니다."

맹상군이 그를 행사(幸舍, 중간 신분의 사람을 위한 숙소)로 옮기고 식사에 고기반찬을 주었다. 닷새 뒤에 행사의 책임자에게 물었더니, 이렇게 말했다.

"그 손님이 다시 칼을 두드리면서 '장협아. 돌아갈까 보다. 밖에 나가려 해도 수레가 없구나'라고 노래 부릅니다."

맹상군이 그를 대사(代舍, 높은 신분의 사람을 위한 숙소)로 옮기고, 드나들 때에 수레에 태웠다. 닷새 뒤에 맹상군이 다시 대사의 책임자에게 물었더니, 이렇게 대답했다.

"선생이 또 칼을 두드리면서 '장협아, 돌아갈까 보다. 살 집이 없구나'라고 노래 부릅니다."

맹상군은 이 말을 듣고 기분이 좋지 않았다. 1년이 지나도록 풍환은 아무런 말도 하지 않았다.

맹상군은 그때 제나라 재상으로, 1만 호(萬戶)의 설읍을 봉지로 받았다. 식객이 3천 명이나 되자, 설읍의 세입만으로는 이 많은 식객들을 접대하기에 모자랐다. 그래서 사람을 시켜 설읍 백성들에게 돈놀이를 했다. 그러나 한 해가 지나도록 수입은 없고, 돈을 빌려 간 사람들 가운데 그 이자도 갚지 못하는 자들이 많아 머지않아 식객들에게 대접할 돈도 떨어질 지경이 되었다. 맹상군은 걱정 끝에 주위 사람들에게 물었다.

"누가 설 땅에 가서 빚을 받아 올 수 있겠소?"

숙소의 책임자가 말했다.

"대사에 있는 손님 풍공은 얼굴과 몸집이 훤칠한데다 말도 잘합니다. 나이는 많지만 다른 솜씨는 없습니다. 그를 보내 빚을 받아오게 하는 것이 좋겠습니다."

맹상군이 풍환을 불러 이 일을 부탁했다.

"빈객들이 내 어리석음을 모르고 찾아와 머무는 이들이 3천여 명이나 됩니다. 봉읍의 세입으로는 이 많은 빈객들을 다 대접할 수가 없습니다. 그래서 설읍의 백성들에게 이자를 얻으려고 돈을 빌려 주었습니다. 그런데 설 땅에서는 해마다 조세가 들어오지 않고, 백성들도 이자를 물지 않습니다. 이제는 빈객들에게 식사도 제공치 못할까 봐 걱정됩니다. 선생께서 책임지고 빚을 받아 주십시오."

풍환이 대답했다.

"알겠습니다."

그는 맹상군에게 인사하고 설 땅에 도착해 맹상군의 돈을 빌려 쓴 자들을 불러 모아 이자 10만 전을 거두었다. 그 돈으로 술을 많이 빚고 살찐 소도 사들인 다음 돈을 빌려 간 사람들을 모두 불렀다. 이자를 잘 바칠 수 있는 자들도 다 오게 하고, 이자를 제대로 바칠 수 없는 자들도 또한 오게 했다. 모두 차용증서를 가지고 오게 해서 원장과 대조한 뒤에, 다시 모일 날짜를 정했다.

약속한 날이 되자 소를 잡고 술자리를 열었다. 술자리가 무르익자 가지고 온 차용증서를 지난번처럼 원장과 대조했다. 이자를 낼 수 있는 자에게는 이자 갚을 날짜를 약속하고, 가난해서 이자를 낼 수 없는 자는 차용증서를 받아 불태워 버렸다. 그러고는 이렇게 말했다.

"맹상군께서 돈을 빌려 준 까닭은 돈 없는 백성들이 그 돈을 밑천으로 하여 본업에 힘쓰게 하기 위한 것입니다. 이자를 요구한 까낡은 빈객들을 대접할 돈이 없기 때문입니다. 이제 부유한 자에게는 빚 갚을 날짜를 약속받고, 가난한 자에게는 차용증서를 불태워서 그 채권을 포기했습니다. 여러분은 마음껏 드십시오. 이런 주군이 있으니, 어찌 이러한 주군의 은혜를 저버릴 수 있겠습니까!"

자리에 앉았던 사람들이 다 일어나서 두 번 절했다. 맹상군은 풍환이 차용증서를 불태워 버렸다는 소식에 화를 내며 사람을 보내 풍환을 불렀다. 풍환이 들어오자 맹상군이 말했다.

"나는 식객이 3천 명이나 되기에, 설 땅 백성들에게 돈놀이를 한 것입니다. 나의 봉읍이 작은데다 이자를 제때에 갚지 않는 백성들이 많습니다. 이러다간 빈객들의 식사 비용도 모자랄까 봐 걱정됩니다. 그래서 선생께 청하여 책임지고 거두어 달라고 했던 것입니다. 내가 들으니 선생께서 이자를 받은 돈으로 쇠고기와 술을 많이 차려 놓고 차용증서를 불태웠다 하는데, 무슨 일입니까?"

풍환이 대답했다.

"맞습니다. 제가 그렇게 했습니다. 쇠고기와 술을 많이 준비하지 않으면, 돈 빌려간 백성들을 모두 모을 수가 없고, 그 가운데 여유가 있는 사람과 능력이 부족한 사람을 알 수가 없습니다. 여유 있는 자에게는 빚 갚을 기일을 정해 주었습니다. 능력이 부족한 자에 대해서 아무리 채권을 지키고 있어 봐야, 10년을 독촉하더라도 못 받는 이자만 많아질 뿐입니다. 급히 독촉하면 결국 도망갈 테니 원금까지 저절로 버려질 것입니다. 급히 독촉해도 끝내 받을 수 없는 빚이라면 위로는 군주가 이익에 눈이 멀어 백성을 사랑하지 않은 꼴이 되고, 아래로는 백성들의 마음이 군주를 떠나서 빚을 갚지 않았다는 말을 듣게 됩니다. 이것은 선비와 백성들을 격려하고 군주의 명성을 널리 드러내는 일이 아닙니다. 쓸데없는 차용증서를 불태워서 받을 수도 없는 빚을 없애 버린 까닭은 설 땅의 백성들로 하여금 군주를 가까이 하고 군주의 명성을 널리 드러내려고 한 것입니다. 무엇을 의아하게 생각하십니까?"

맹상군이 손뼉을 치며 잘했다고 고마워했다.

제나라 왕은 진나라와 초나라 사람들의 헐뜯는 말에 현혹되어, 맹상군의 이름이 그의 군주보다도 높으며 제나라의 권력을 제멋대로 휘두른다고 생각했다. 그래서 맹상군을 벼슬에서 물러나게 했다. 이에 많은 빈객들도 함께 떠나갔다.

풍환이 말했다.

"저에게 진나라로 타고 갈 수 있는 수레 한 대만 빌려 주십시오. 반드시 당신을 제나라에 중용되게 하고 봉읍도 더욱 넓히도록 하겠습니다."

맹상군이 곧 수레와 예물을 마련하여, 그를 진나라로 보냈다. 풍환이 서쪽으로 가서 진왕을 설득했다.

"천하의 유세하는 선비들 가운데 수레를 몰고 말을 달려서 서쪽으로 진나라에 들어오는 자들 치고, 진나라를 강하게 하고 제나라를 약하게 만들겠다고 하지 않는 자가 없습니다. 수레를 몰고 말을 달려 동쪽으로 제나라에 들어가는 자들 치고, 제나라를 강하게 하고 진나라를 약하게 만들겠다고 하지 않는 자가 없습니다. 이 두 나라가 암수를 겨루는 나라들이기 때문입니다. 두 나라가 모두 수컷이 될 수는 없습니다. 수컷이 되는 나라가 천하를 얻을 것입니다."

진나라 왕이 무릎을 꿇으며 물었다.

"어떻게 하면 진나라가 암컷이 되지 않을 수 있겠소?"

풍환이 말했다.

"왕께서는 제나라에서 맹상군을 내친 사실을 아십니까?"

"들었습니다."

"제나라를 천하에서 비중 있게 만든 사람이 맹상군입니다. 지금 제왕이 남의 헐뜯는 말만 듣고, 그를 파면했습니다. 맹상군은 마음속으로 원망하여, 반드시 제나라를 저버릴 것입니다. 그가 제나라를 저버리고 진나라로 오게 되면, 제나라의 속사정을 모두 진나라에 알릴 것입니다. 그렇게 되면 제나라의 땅을 얻을 수 있습니다. 어찌 수컷이 될 뿐이겠습니까? 왕께서는 빨리 사람을 보내 예물을 싣고 가서, 맹상군을 몰래 맞아 오게 하십시오. 때를 놓쳐선 안 됩니다. 만약 제나라가 잘못을 깨닫고 맹상군을 다시 등용한다면, 암수는 제나라와 진나라 가운데 어느 쪽이 되는지 예측할 수가 없습니다."

진나라 왕은 매우 기뻐하여, 곧 수레 열대와 황금 백일을 보내 맹상군을 맞아 오게 했다. 풍환이 진나라 왕을 하직하고 나와서, 진나라 사자보다 먼저 제나라에 도착해 제왕을 설득했다.

"천하의 유세하는 선비 중에 수레를 몰고 말을 달려 동쪽으로 제나라에 들어오는 사람 치고, 제나라를 강하게 하고 진나라를 약하게 만들겠다고 하지 않는 자가 없습니다. 또한 수레를 몰고 말을 달려 서쪽으로 진나라에 들어가는 자들 치고, 진나라를 강하게 하고 제나라를 약하게 만들겠다고 하지 않는 자가 없습니다. 진나라와 제나라는 암수를 다투는 나라입니다. 진나라가 강하게 되면 제나라는 약하게 됩니다. 이것은 양쪽이 다 수컷이 될 수 없기 때문입니다. 지금 신이 들으니, 진나라가 사자를 보내 수레 열대에 황금 백일을 싣고 맹상군을 맞아 오게 했다고 합니다. 맹상군이 서쪽으로 안 간다면 그만이지만, 서쪽으로 들어가서 진나라의 재상이 된다면 천하가 그에게로 돌아갑니다. 진나라가 수컷이 되고, 제나라는 암컷이 되는 것이지요. 암컷이 된다면 임치臨淄와 즉묵卽墨이 위태로워집니다. 왕께선 어째서 진나라 사자가 채 도착하기 전에 맹상군을 복위시키고 봉읍을 더 넓혀 주어서 그에게 사과하지 않습니까? 맹상군은 반드시 기뻐하며 받아들일 것입니다. 진나라가 아무리 강국이라지만, 어찌 남의 나라 재상을 맞아 가겠다고 청하겠습니까? 진나라의 계책을 꺾어서, 그들이 강한 패자가 되려는 책략을 끊어 버려야 합니다."

제나라 왕이 말했다.

"좋소."

그리고 곧 사람을 국경으로 보내 진나라 사자가 오는 것을 살펴보게 했다. 진나라 사자의 수레가 마침 제나라 국경 안으로 들어오고 있었다. 제왕의 신하가 급히 달려와서 그대로 아뢰었다. 제왕이 맹상군을 불러다 재상의 지위를 회복시켜 주고, 예전 봉읍의 땅을 돌려주면서 1천 호의 땅을 더 보태 주었다. 진나라 사자는 맹상군이 다시 제나라 재상이 되었다는 말을 듣고서, 수레를 되돌려 돌아갔다.

지난 날 제나라 왕이 맹상군을 파면시켰을 때에 식객들이 모두 그를 떠나갔다. 풍환은 그들을 다시 불러서 오게 하려고 했다. 식객들이 아직 도착하기 전에 맹상군이 크게 한숨을 쉬며 탄식했다.

"나는 빈객을 좋아하여, 그들을 대우하는 데 실수가 없도록 늘 힘썼습니다. 식객이 3천여 명이나 되었던 것은 선생께서도 알 것입니다. 그런데 내가 하루아침에 파면되는 것을 보고 그 식객들은 모두 나를 저버리고 가 버렸습니다. 나를 돌아보는 자가 아무도 없었습니다. 이제 선생의 힘을 입어 재상 지위를 회복했지만, 그들이 무슨 낯짝으로 나를 다시 보겠습니까? 만약 다시 나를 보겠다는 자가 있으면, 반드시 그 낯짝에 침을 뱉어 크게 욕보이겠습니다."

풍환은 이 말을 듣자 수레에서 내려와 말고삐를 매어 놓고 절했다. 맹상군도 수레에서 내려와 맞절하면서 말했다.

"선생께서 빈객들을 대신해서 사과하는 것입니까?"

"빈객들을 위해서 사과하는 것이 아닙니다. 당신 말이 잘못되었기 때문입니다. 대체로 세상 사물에는 반드시 그렇게 되는 것이 있고, 본래부터 그런 것도 있습니다. 당신께서는 그러한 것을 알고 계십니까?"

"내가 어리석어 무슨 말을 하시는지 모르겠습니다."

"살아 있던 자가 반드시 죽게 되는 것은 만물이 반드시 다다를 결과입니다. 부귀하면 선비가 많이 모여들고 빈궁하면 벗이 적어지는 것은 일이 본래부터 그러한 것입니다. 당신께서는 아침에 시장으로 몰려가는 자들을 보지 않았습니까? 이른 아침에는 서로 어깨를 부딪치면서 먼저 문으로 들어가기를 다투지만, 날이 저문 뒤에는 시장 바닥을 지나가는 자들이 팔을 흔들면서 시장을 돌아보지도 않습니다. 아침에는 시장을 좋아하다가 저녁에는 미워하기 때문에 그런 것이 아닙니다. 저녁 시장에는 기대하는 물건이 그 안에 없기 때문입니다. 당신께서 재상 지위를 잃자 빈객들이 모두 떠나갔습니다. 그렇다고 해서 선비들을 원망하고, 빈객들이 찾아오는 길을 끊어서는 안 됩니다. 저는 당신께서 빈객들을 예전처럼 대우하시길 원합니다."

맹상군이 두 번 절하고 말했다.

"선생 말대로 하겠습니다. 선생의 말을 듣고, 어찌 따르지 않을 수 있겠습니까?"

태사공은 말한다.

"내가 일찍이 설 땅을 지나간 적이 있는데, 그곳 풍속은 대체로 마을에 거칠고 사나운 젊은이들이 많아서 추나라나 노나라의 풍속과는 사뭇 달랐다. 그 까닭을 물었더니 '맹상군이 천하의 협객들과 간인姦人들을 불러 모으니, 설 땅에 들어온 자가 6만여 집이나 되었다'라고 했다. 세상에 전하는 말로는 맹상군이 빈객을 좋아하여 접대하는 것을 즐겼다고 하는데, 그 이름이 헛된 것만은 아니었다."

선비들을 좋아했던 맹상군은 3천여 명의 빈객을 거느린 인물로 유명하다. 물론 그가 단지 선비를 좋아한 것인지, 아니면 자신에게 도움이 될 것이라 여겼는지는 분명하지 않다. 그중에는 하찮은 무법자나 협객도 있었고 별 하는 일 없이 밥만 축내는 이가 대부분이었다. 그러나 주인에게 일이 생기면 주인을 위해 발 벗고 나섰다. 이렇다 할 재주가 없었던 제나라 왕족의 서자였던 맹상군에게 이들은 큰 힘이자 재산이 된 것이다. 당나라 시인 이백의 말처럼 '하늘이 나를 낳은 것은 반드시 써 먹을 곳이 있기 때문이다.' 주변의 비루한 인물이라도 잘 거두어 두면 반드시 그 쓰임새가 있는 법이다.

# 【 춘신군 열전 】

춘신군春申君은 초나라 사람으로 이름은 헐歇이고, 성은 황黃이다. 그는 세상을 돌아다니며 배워 많은 것을 알고 있었으며, 초나라의 경양왕頃襄王을 섬겼다. 경양왕은 그가 변론에 뛰어나다는 것을 알고 진나라에 사신으로 보냈다. 그때 진나라 소왕은 백기를 시켜 한나라와 위나라를 공격하게 하여 화양華陽 땅에서 이 두 나라를 무찔렀으며, 위나라 장수인 망묘芒卯를 사로잡았다. 그래서 한나라와 위나라는 진나라를 섬기게 되었다. 진나라 소왕은 백기에게 한나라와 위나라와 함께 초나라를 치라고 명령을 내렸다. 그런데 군사가 아직 떠나기 전에 초나라 사자 황헐이 진나라에 와서 이 계획을 들었다. 그 무렵 진나라는 그에 앞서 백기에게 초나라를 공격하게 하여 무巫와 검중黔中을 빼앗고, 언과 영을 함락시키고, 동쪽으로는 경릉竞陵에까지 쳐들어가자 초나라 경양왕은 동쪽의 진현陳縣으로 도읍을 옮겨야만 했다.

황헐은 초나라 회왕이 진나라의 유혹에 넘어가 진나라에서 죽는 것을 보았다. 경양왕이 그 아들이기 때문에 진나라는 그를 무시했다. 그래서 황헐은 진나라가 한번 병사를 일으키면 초나라가 망할 것 같아 두려워했다. 그는 진나라 소왕에게 글을 올렸다.

"천하에서 진나라와 초나라보다 강한 나라는 없습니다. 그런데 지금 대왕께서 초나라를 정벌하려 하신다는 소문이 들리고 있으니 이는 두 마리의 호랑이가 서로 싸우는 것과 같다고 하겠습니다. 두 마리의 호랑이가 싸울 때에는 힘없는 개가 그 피해를 입게 되오니 초나라와 친하게 지내는 것이 가장 나은 일이라 하겠습니다. 신이 듣기로는 그 까닭이 '모든 일은 극단의 상태에 이르면 다시 처음으로 되돌아간다. 겨울이 다하면 여름이 오고, 여름이 다하면 겨울이 온다. 위로 쌓은 것이 극에 이르면 위태롭게 되니 바둑알을 쌓아 놓는 경우가 바로 그 예이다'라고 들었습니다. 지금 대왕의 토지는 천하에 두루 퍼져 동서의 변경까지 걸쳐 있습니다. 이것은 사람이 생긴 이래로 만승의 천자로도 가지지 못했던 것입니다. 선왕이신 혜문왕과 장왕莊王 그리고 대왕 자신까지 3대에 걸쳐서 제나라와 국경을 접함으로써 종친인 한나라와 위나라의 허리를 끊으려는 생각을 잊지 않고 있습니다. 대왕께서는 성교盛橋를 한나라 재상으로 추천해 보냈고, 그는 한나라 땅을 가지고 진나라로 들어왔습니다. 이것은 대왕께서 군대를 쓰거나, 위세를 과시하지 않으면서도 100리의 땅을 얻은 것이니 대왕께서는 실로 유능한 분이라 할 수 있습니다. 대왕께서는 또 군사를 일으켜서 위나라를 공격하여 대량의 문을 막아 버리고, 하내河內를 공략하고, 연燕, 산조酸棗, 허虛, 도桃를 함락시키고, 형邢으로 돌입하니 위나라 군대가 구름처럼 흩어져서 감히 구할 생각조차 못했습니다. 그리고 군사와 백성들을 휴식하게 한 뒤 2년 만에 다시 전쟁을 시작해 포蒲, 연衍, 수首, 원垣을 합병하시고, 인仁과 평구平丘에 다다르니 황黃, 제양濟陽의 성들이 문을 굳게 닫은 채 나오지 못하고 위나라는 굴복하고 말았습니다. 복마僕磨의 북쪽을 떼어 연나라에 할양함으로써 제나라와 진나라의 허리 부분을 끊고, 초나라와 조나라의 등뼈 부분을 자르니 천하의 제후들이 여섯 차례나 모여도 감히 이를 구하지 못한 적도 있습니다. 그러니 대왕의 위세 또한 극에 이르렀다 하겠습니다.

　이러한 때 대왕께서 만약에 쌓아 올린 공과 위엄을 지키면서도 남을 공격하여 탈취하려는 욕심을 버리고, 그 대신 인의仁義의 땅을 비옥하게 갈아 놓으셔서 후환이 없도록 하신다면 3왕三王에다 다시 대왕을 첨가할 필요가 없을 만큼 대왕께서는 위대하신 것이며, 오패의 업적도 왕의 업적을 따를 수 없을 것입니다. 그러나 대왕께서 만약에 자기를 따르는 백성의 많음을 믿고, 병력의 강대함을 의지하고, 위나라에 승리한 위세를 타서 힘으로 천하의 군주를 신하로 삼으려 하신다면 그 후환이 생기리라고 신은 걱정이 됩니다.《시경

詩經》에 '시작을 잘하지 못하는 사람은 없어도 끝맺음을 잘하는 사람은 드물다'라고 했으며 《역경易經》에서 '여우가 물을 건너려 할 때는 그 꼬리를 적시게 마련이다'라고 했습니다. 이러한 글들은 모두 일이란 시작하기는 쉬워도 끝맺기는 어려움을 뜻합니다.

옛날 지백智伯은 조나라를 정벌하는 것의 이익만 바라보고, 유차楡次에서 자신이 당할 화는 미리 내다보지 못했으며, 오나라는 제나라를 정벌하는 것의 편리함만 알았고, 간수干隧에서 패배하리라는 것은 몰랐습니다. 이 두 나라는 큰 공이 없었던 것이 아니고, 눈앞에 있는 이익에 빠져서 그 뒤에 있을 환난을 가볍게 여겼던 것입니다. 오나라는 월나라를 믿었기 때문에 제나라를 정벌할 수 있었던 것인데, 이미 애릉艾陵에서 제나라를 이기고도 삼저三渚의 포구에서 월왕越王에게 사로잡히는 신세가 되었습니다. 지백은 한나라와 위나라를 믿었기 때문에 뒤를 이어 조나라를 공격할 수 있었던 것인데 진양성晉陽城을 공격해 승리를 며칠 앞두고 한나라와 위나라가 지백을 배반하여 착대鑿臺의 밑에서 지백요智伯瑤를 죽였습니다. 지금 대왕께서는 초나라가 무너지지 않는 것을 투기하시느라 초나라를 무너뜨리는 것이 한나라와 위나라를 강하게 만든다는 사실을 잊고 계십니다. 신이 대왕을 위하여 생각건대, 이것을 찬성할 수 없습니다.

《시경》에 '병사를 잘 다스리는 자는 멀리 가서 정벌하지 않는다'라고 합니다. 이렇게 본다면 초나라는 진나라 편이고 한나라와 위나라는 적입니다. 또 《시경》에 '이리저리 날뛰는 교활한 토끼도 사냥개를 만나면 사로잡힌다. 다른 사람이 무언가 마음에 두고 있으면 내 마음으로 그걸 헤아려 안다'라고 했습니다.

지금 대왕께서 한나라와 위나라가 말을 공손히 하여 진나라의 걱정을 덜어 줄 듯이 하는 것은 사실 진나라를 속이려는 게 아닌가 걱정됩니다. 진나라는 대대로 한나라와 위나라에 덕을 베푼 일이 없고 오히려 원한을 사 왔기 때문입니다. 대체로 한나라와 위나라의 아버지와 아들과 형과 동생이 진나라와의 싸움에서 죽은 지가 이미 열 대가 될 것입니다. 그들의 나라는 피폐하게 되고, 사직은 기울어가며, 종묘는 허물어졌습니다. 그들은 배가 갈리고 창자가 끊어지고, 목을 잘리고 턱은 꺾어졌으며, 머리와 몸은 분리된 채 초원이나 연못 근처에 해골이 나뒹굴고, 두개골은 거꾸로 처박혀 국경에서 서로 바라보고 있습니다. 그리고 아버지와 아들, 늙은이와 어린이가 목을 매이고 손이 묶인 채 진나라의 포로가 되어 길 위에 끊일 날이 없습니다. 죽은 자의 영혼은 외로이 상처받고, 그들을 제사하는 남은 가족도 없습니다. 백성들은 삶을 영위하지 못하고 가족들은 여기저기로 흩어진 채 남의 종이 된 사람이 천하에 가득한 실정입니다. 그러한 까닭에 한나라와 위나라가 망하지 않는 것은 진나라의 걱정거리입니다. 그런데 지금 대왕께서는 그들의 힘을 빌려 함께 초나라를 공격하니 잘못된 일이 아니겠습니까? 게다가 대왕께서 초나라를 공격할 때에는 어느 길을 따라 군대를 파견하실 작정입니까? 대왕께서 장차 서로 원수 관계인 한나라와 위나라로부터 길을 빌리려 하십니까? 군대가 출병하는 날이 되면 대왕께서는 그들이 배반하지 않을까 걱정하실 것이니 이는 대왕께서 군대를 원수인 한나라와 위나라에게 대주는 것이라 하겠습니다. 대왕께서 만약에 원수인 한나라와 위나라로부터 길을 빌리지 않는다면 반드시 수수隨水의 오른편에 있는 땅을 공격해야만 할 것입니다. 그런데 수수의 오른편에 있는 땅은 모두 넓고, 큰 강과 산림계곡으로 식량이 나지 않는 곳입니다. 그러므로 대왕께서 비록 이러한 땅을 얻는다 하더라도 땅을 얻었다고 말할 수 없을 것입니다. 따라서 이것은 대왕께서 초나라를 쳤다는 이름만 남기고 실속은 없을 것입니다.

  또한 대왕께서 초나라를 공격하는 동안 네 나라에서는 반드시 군대를 일으켜서 대왕에게 대응할 것입니다. 진나라와 초나라의 군대가 전쟁을 쉬지 않고 하는 동안 위나라는 군대를 출격시켜 유留, 방여方與, 질銍, 호릉湖陵, 탕碭, 소蕭, 상相을 공격할 것이니, 그러면 옛 송나라의 땅은 모두 차지하게 될 것입니다. 제나라 사람들은 남쪽을 향하여 초나라를 공격할 것이니, 그러면 사상泗上은 반드시 정복당할 것입니다. 이들 땅은 모두 사방에 통할 수 있는 평원이며, 기름진 땅인데 그들로 하여금 단독으로 공격하여 얻을 수 있는 기회를 주는 것입니다. 대왕께서 초나라를 공격함으로써 중원 지방에 한나라와 위나라를 부유하게 만들어 주고, 제나라를 강하게 만들어 주게 됩니다. 그리하여 한나라와 위나라가 강해지면 진나라에 맞서 대항할 수 있을 것입니다.

한편 제나라는 남으로는 사수를 경계선으로 삼고, 동쪽으로는 바다를 등지고 있으며, 북쪽으로는 황하를 끼고 있으므로 후환이 없을 것입니다. 이렇게 된다면 천하의 나라 중에 제나라와 위나라보다 강한 나라는 없게 될 것입니다. 제나라와 위나라가 땅을 얻고 이익을 챙겨서 진나라의 하급 관리가 되어 섬기면 1년 뒤에는 비록 자기들이 황제가 되지는 못한다 할지라도 대왕께서 황제가 되는 것을 방해하기에 충분한 힘을 가질 것입니다.

생각건대, 대왕과 같이 많은 땅을 소유하고 있고, 많은 백성을 가지고 있으며, 강력한 군대를 보유하고 있는 처지에 전쟁을 하는 것은 잘못된 계책이라 하겠습니다. 신이 대왕을 위하여 깊이 생각하여 보건대, 초나라와 잘 지내는 것보다 더 나은 것이 없습니다. 만약에 진나라와 초나라가 화합하여 하나가 되어서 한나라에 대처한다면 한나라는 반드시 진나라에 복종을 하게 될 것입니다. 대왕께서 이때에 험준한 동산과 굽이진 황하의 이로움으로 나라를 튼튼히 하면 한나라는 반드시 대왕의 관문을 지키는 제후가 될 것입니다. 이와 같이 된 다음 대왕께서 10만의 군대로 정나라에 주둔한다면 위나라는 벌벌 떨고 허許와 언릉鄢陵의 성들이 문을 걸어 잠그고, 상채上蔡, 소릉召陵과 왕래할 수 없을 것입니다. 이와 같이 된다면 위나라도 또한 진나라를 위하여 제후를 감시하는 나라가 될 것입니다. 대왕께서 일단 초나라와 친하게 지내기만 하면 진나라의 전차만 대를 가진 두 군주를 관내의 제후로 맞아들이게 되고 영토를 제나라와 맞대게 되어 제나라 오른편에 있는 땅은 팔장 낀 채 그대로 얻을 수 있을 것입니다. 대왕의 땅이 일단 동해와 서해를 가로질러 형성이 된다면 천하의 허리를 장악하는 것이 됩니다. 이렇게 된다면 연나라와 조나라는 제나라와 초나라와 연결될 수 없고, 제나라와 초나라는 연나라와 조나라와 연결될 수 없을 것입니다. 그런 뒤에 연나라와 조나라를 위협하고, 바로 제나라와 초나라를 뒤흔들어 놓는다면 이 네 나라는 가혹히 공격하지 않는다 하더라도 복종할 것입니다."

황헐의 글을 읽은 소왕이 말했다.

"옳은 말이다."

소왕은 백기가 출발하려던 것을 멈추게 한 다음 한나라와 위나라에 사과했다. 그리고 초나라에 사신을 보내 예물을 주고, 동맹국이 되기로 약속했다. 황헐은 진나라 왕의 약속을 받고 초나라로 돌아왔다.

초나라는 황헐과 태자 완完을 진나라에 볼모로 들어가도록 했다. 진나라는 이들을 여러 해 동안 잡아 두었다. 그러자 초나라의 경양왕이 병들었는데 태자가 돌아올 수가 없었다. 그런데 초나라의 태자는 진나라의 승상인 응후와 사이가 좋았다. 황헐은 응후를 이렇게 설득했다.

"승상께서는 정말 초나라의 태자와 친하십니까?"

"그렇소."

그러자 황헐은 이렇게 말을 이었다.

"지금 초나라 왕은 병상에서 일어나지 못할 것 같으니 진나라는 초나라의 태자를 귀국시키는 것이 좋겠습니다. 태자가 초나라 왕 자리에 오르게 된다면 그는 분명히 진나라를 정성스럽게 섬길 것이며, 상국相國에 대해서도 무궁한 은혜를 베풀 것입니다. 이것은 동맹국과 친교를 두텁게 하는 것이며 만승의 왕에게 신임을 얻는 결과를 낳습니다. 그러나 만일에 태자가 돌아가지 못한다면 그는 다만 함양에 사는 평범한 선비에 불과할 뿐이니, 초나라는 다른 태자를 세우고 진나라를 섬기지 않을 것이 분명합니다. 무릇 동맹국을 잃고 만승의 나라와 평화를 깨뜨리는 것은 잘못된 계책이라 할 수 있습니다. 상국께서는 이를 깊이 생각하여 보시기 바랍니다."

이에 응후는 이러한 뜻을 진나라 왕에게 전했다. 그러자 진나라 왕은 이렇게 말했다.

"초나라 태자의 스승으로 하여금 먼저 초나라에 가서 초나라 왕의 병이 어떤 상태인가를 알아보고, 그가 돌아온 뒤에 어떻게 할 것인지 생각하도록 합시다."

이에 황헐은 초나라의 태자를 위하여 다음과 같은 계책을 태자에게 말했다.

"진나라가 태자를 붙잡아 두는 까닭은 그들에게 이익이 되는 것을 구하기 때문입니다. 그런데 지금 태자께서는 진나라를 이롭게 할 만한 힘이 없습니다. 이것이 제가 걱정하는 점입니다. 한편으로 양문군陽文君의 두 아들이 초나라에 있는데 대왕께서 만일에 돌아가신다면 태자께서 초나라에 계시지 않기 때문에 양문군의 아들이 왕의 자리를 물려받아 태자께서는 초나라의 종묘에 제사를 받들 수 없게 될 것입니다. 그러니 조속히 서두르시어 진나라에 사신 온 사람과 함께 진나라에서 도망하여 국경을 벗어나는 것이 제일 좋을 것입니다. 신은 여기에 그대로 머물러 있다가 죽음을 무릅쓰고 뒷일을 맡겠습니다."

초나라의 태자는 옷을 바꾸어 입고 초나라 사자의 마부로 변장하여 진나라의 관문을 벗어났다. 황헐은 태자의 숙소에 남아 태자가 병이 났다는 이유로 빈객의 방문을 거절했다. 태자가 이미 멀리 도망하여 진나라가 추격할 수가 없다고 판단되자 그는 스스로 진나라 소왕에게 나아가 다음과 같이 말했다.

"초나라의 태자는 이미 귀국길에 올라 국경선을 멀리 벗어났습니다. 제가 그 책임을 지고 죽어 마땅하오니 죽음을 내려 주시기 바랍니다."

소왕은 크게 노하여 그가 죽는 것을 내버려 두려 했다. 이때 응후가 이렇게 말렸다.

"황헐이 신하된 의리로써 자신을 내던져 군주를 위하여 죽고자 했으니 태자가 왕위에 오른다면 반드시 황헐을 기용할 것입니다. 그러하오니 죄를 주지 마시고 그대로 귀국하게 해 초나라와 친교를 맺는 것이 좋을 것입니다."

진나라는 황헐을 돌려보냈다.

황헐이 초나라로 돌아간 지 석 달 뒤에 초나라의 경양왕이 세상을 떠나고 태자 완이 왕위에 올랐다. 그가 바로 고열왕考烈王이다. 고열왕은 즉위 원년에 황헐을 재상으로 삼고, 그를 춘신군에 봉하고 회북淮北의 12현을 내렸다. 그 뒤 15년이 지나서 황헐은 초나라 왕에게 이렇게 말했다.

"회북의 땅은 제나라와 국경을 접한 곳이므로 정치적으로 긴요한 곳입니다. 그러므로 군郡으로 만드는 것이 편리할 것입니다."

그러고는 회북의 12현을 헌납하고 강동江東에 봉해 주기를 청했고, 고열왕은 이를 허락했다. 춘신군은 오나라의 옛 성지에 성을 쌓고 자신의 봉읍으로 삼았다.

춘신군이 초나라의 재상이 되었을 무렵에 제나라에는 맹상군이 있었고, 조나라에는 평원군이 있었으며, 위나라에는 신릉군이 있었다. 이들은 앞을 다투어 선비들을 예우하고 빈객을 불러 모으는 일에 힘썼다. 이들은 선비의 힘을 빌려 나라의 정치를 돕는 한편 자신들의 권력을 유지하려고 했다.

춘신군이 초나라의 재상이 된 지 4년 만에 진나라가 조나라의 장평에서 군사 40만을 격파하고, 이듬해에는 조나라의 한단을 포위했다. 이때 한단이 초나라에 위급한 사정을 고하자 초나라는 춘신군으로 하여금 군사를 이끌고 가서 구원을 하도록 했는데 마침 진나라 군대가 물러났기 때문에 춘신군도 돌아왔다. 춘신군이 초나라의 재상이 된 지 8년에 초나라를 위하여 북벌을 감행하여 노나라를 멸하고 순경荀卿을 난릉蘭陵의 현령으로 삼았다. 이 무렵 초나라는 다시 강해졌다.

조나라의 평원군이 춘신군에게 사신을 보냈는데 춘신군은 그를 상등의 객사에 머물게 했다. 조나라의 사자는 초나라에 자랑하고 싶어서 대모玳瑁로 만든 비녀를 꽂고 주옥으로 장식한 칼집을 가지고 춘신군의 빈객에게 만나기를 청했다. 그런데 춘신군의 빈객은 3천 명으로 그중 상등의 빈객은 모두 구슬로 장식한 신을 신고 조나라의 사신을 만났다. 조나라의 사신은 크게 부끄러워했다.

춘신군이 재상이 된 지 14년이 되었을 때 진나라의 장양왕莊襄王이 왕위에 오르고 여불위로 재상을 삼아 문신후文信候에 봉했다. 그리고 동주東周를 차지했다.

춘신군이 재상이 된 지 22년에 제후들이 진나라의 공격과 정벌이 그칠 날이 없음을 우려하고 서로 합종을 하여 서쪽으로 진나라를 정벌하기로 했다. 이때 초나라의 왕이 합종의 수장이 되고 춘신군이 그 실무를 담당했다. 연합군이 함곡관에 이르렀을 때 진나라가 군대를 내보내 공격하자 제후의 군대가 모두 패하여 달아났다. 초나라의 고열왕은 그 일을 춘신군의 잘못으로 돌렸고, 춘신군은 더욱 왕과 거리가 멀어졌다.

춘신군의 빈객 중에 관진觀津 사람인 주영朱英이라는 자가 있었다. 그가 춘신군에게 이렇게 말했다.

"사람들 말이 초나라는 원래 강대한데 당신이 맡으면서 군대가 나약해졌다고 합니다. 그러나 저는 그렇게 생각하지 않습니다. 선왕의 시절에 진나라와 친선을 한 기간이 20년이 되는데도 진나라가 초나라를 공격하지 않은 것은 무슨 까닭이겠습니까? 진나라가 맹애의 요새를 넘어서 초나라를 공격하는 것이 불편하며, 동주와 서주에게 길을 빌리고 한나라와 위나라를 등지고 초나라를 공격한다는 것이 사실상 불가능하기 때문이었습니다. 그런데 지금은 사정이 다릅니다. 위나라는 머지않아 망할 형편이므로 허許와 언릉 땅을 아까워할 겨를도 없이 허 땅을 갈라 진나라에 주었습니다. 그리하여 진나라 군대가 초나라의 수도인 진陳과 160리 정도 떨어져 있게 됩니다. 따라서 신이 보는 바로는 앞으로는 진나라와 초나라가 날마다 전쟁을 하리라는 것입니다."

초나라는 이에 진 땅을 떠나서 수춘壽春으로 수도를 옮겼다. 그리고 진나라는 위衛나라의 야왕을 다른 데로 옮기고 그 자리에 동군東郡을 설치했다. 춘신군은 이로 말미암아 오吳 땅에 봉해지고 재상의 일을 맡게 되었다.

초나라의 고열왕은 아들이 없었다. 춘신군은 이를 걱정하여 아들을 낳을 만한 부인을 여럿 구해 왕에게 바쳤으나 끝내 아들을 두지 못했다. 그때 조나라 사람인 이원李園이 그의 누이동생을 데리고 와서 초나라 왕에게 바치려고 했다. 그런데 누이가 아들 낳기에 적당하지 않다는 말을 듣고 오래도록 사랑을 받지 못할까 염려했다. 그래서 이원은 춘신군을 섬기어 그의 사인舍人이 되기를 구했다. 그 뒤 휴가를 얻어 고향으로 갔다가 일부러 돌아오는 날짜를 어기고 뒤늦게 돌아와 춘신군을 만나자 춘신군이 늦은 사정을 물었다. 이원이 이렇게 답했다.

"제나라 왕이 사자를 보내 신의 누이동생을 데려가려고 했습니다. 그 사자와 술을 마시느라고 이렇게 늦었습니다."

춘신군이 물었다.

"누이를 보내기로 했는가?"

"아직 보내지 않았습니다."

춘신군이 물었다.

"한번 누이를 볼 수 있겠는가?"

"좋습니다."

이원은 그의 누이동생을 춘신군에게 바쳤다. 그의 누이동생은 춘신군의 사랑을 받았다. 이원은 누이동생이 임신을 한 사실을 알고 누이동생과 계략을 짰다. 이원의 누이동생은 한가한 틈을 타서 춘신군에게 이렇게 말했다.

"초나라 왕이 당신을 대우하고 사랑하는 정도는 형제보다 더 깊습니다. 지금 당신께서 초나라의 재상이 되신 지 20여 년이 흘렀습니다마는 왕께서 아들이 없어서 왕께서 돌아가시고 난 뒤에는 다른 형제들 중에서 왕을 세울 것입니다. 새 임금은 예전부터 친했던 사람들과 친척을 아낄 것입니다. 그러니 당신이 어떻게 오래도록 사랑을 받으실 수 있겠습니까? 이것뿐만이 아닙니다. 당신은 높은 지위에 있으면서 정권을 잡은 지 오래되었으니 왕의 형제들에게 실례를 범한 것도 많을 것입니다. 그 형제들이 만일 왕위에 오른다면 화가 장차 당신에게 닥칠 것이니 무엇으로 재상의 인수와 강동의 봉토를 지키실 수 있겠습니까? 제가 임신한 것은 저만 알 뿐 다른 사람은 알고 있지 않습니다. 또 제가 당신의 사랑을 받은 지가 그리 오래되지 않았으므로 만일 당신의 높은 지위로 저를 초나라 왕에게 바친다면 왕은 반드시 저를 사랑할 것입니다. 그리하여 제가 하늘의 도움으로 아들을 얻게 된다면 이는 당신의 아들이 왕이 되는 것이고, 초나라를 얻을 수 있는 것입니다. 이것과 당신이 뜻하지 않은 재앙을 당하는 것 중 어느 편이 좋습니까?"

춘신군은 이 말을 그럴 듯하게 여겨 이원의 누이동생을 내보내 숙소에서 근신하게 하고 초나라 왕에게 그녀를 추천했다.

초나라 왕은 그녀를 궁궐로 불러들여서 아꼈는데 마침내 그녀가 아들을 낳았다. 초나라 왕은 아들을 태자로 삼고, 이원의 누이동생을 왕후로 삼았다. 초나라 왕이 이원을 아끼자 그는 정치에 관여할 수 있게 되었다.

이원은 그의 누이동생을 왕실에 들여보내 왕후로 만들고, 그 아들을 태자로 세운 뒤 춘신군이 그러한 사실을 누설하고 더욱 교만해질까 두려워하여 은밀하게 암살자를 길러 춘신군을 죽임으로써 그의 입을 막고자 했다. 그러나 초나라 사람 가운데 이러한 사실을 알고 있는 자가 상당수 있었다.

춘신군이 재상이 된 지 25년에 초나라의 고열왕이 병이 들었다. 주영이 춘신군에게 이렇게 말했다.
"세상에는 뜻밖에 찾아드는 복이 있고, 뜻밖에 찾아드는 화도 있습니다. 지금 당신은 뜻밖의 일이 벌어지는 세상에 처하여 뜻밖의 일을 당할 왕을 섬기고 계시니 어찌 뜻밖의 일을 할 수 있는 사람이 없어서야 되겠습니까?"
춘신군이 물었다.
"뜻밖에 찾아드는 복이란 무엇을 말하는가?"
주영이 대답했다.
"당신이 초나라의 재상이 된 지 20여 년 동안 비록 이름은 상국이었지만 실은 초나라의 왕이셨습니다. 지금 초나라 왕이 병이 들어서 머지않아 돌아가실 것입니다. 그러할 경우 당신은 어린 군주를 모시게 되어 그의 대리로 왕의 자리에 서서 나라를 다스리게 될 것입니다. 이때 만일 옛날 이윤이나 주공과 같이하신다면 왕이 장성한 뒤에 국정을 왕에게 되돌려 주시겠지만, 그렇지 않을 경우에는 왕 노릇을 하여 고孤라고 칭하면서 초나라를 차지할 수 있습니다. 이것이 이른바 뜻밖에 찾아든 복입니다."
춘신군이 다시 물었다.

"그러면 뜻밖의 화란 무엇인가?"

"이원은 당신이 있으면 자신이 권력을 잡을 수 없기 때문에 당신을 원수로 생각하고 오래전부터 당신을 해칠 병사를 키우고 있습니다. 만약에 초나라 왕이 죽으면 이원은 반드시 먼저 궁궐에 들어가 정권을 잡고 당신을 죽임으로써 입을 막으려 할 것입니다. 이것이 바로 뜻밖의 화입니다."

이에 춘신군이 물었다.

"그렇다면 뜻밖의 사람이란 무엇인가?"

"당신이 신을 낭중郞中의 자리에 임명하시면 초나라 왕이 돌아간 뒤에 이원이 분명히 먼저 궁궐에 들 것인즉 신이 당신을 위하여 이원을 죽이겠습니다. 이것이 바로 뜻밖의 사람입니다."

춘신군은 이렇게 말했다.

"이제 그만하시오. 이원은 나약한 사람이고, 또 내가 그를 잘 대우했는데 어떻게 그가 이러한 일까지 하겠소?"

주영은 자신의 계획이 받아들여지지 않음을 알고 화가 자신에게까지 미칠까 두려워 도망하여 초나라를 떠났다. 그리고 이런 일이 있은 뒤 17일 만에 초나라의 고열왕이 죽었다. 이원은 과연 먼저 궁궐로 들어와 극문棘門의 안에 자객을 잠복시켰다. 춘신군이 극문으로 들어오자 이원의 자객이 춘신군을 곁에서 부여잡고 찌르고는 그의 머리를 베어 극문의 밖으로 던져 버렸다. 그리고 관리를 시켜 춘신군의 집안사람까지 모두 죽였다.

이원의 누이동생은 당초에 춘신군의 사랑을 받아 임신을 했는데 왕궁에 들어가서 낳은 아들이 마침내 왕이 되었다. 이 사람이 바로 초나라의 유왕幽王이다.

이때가 진나라의 시황제가 등극한 지 9년째 되는 해였다. 노애嫪毒도 진나라에서 난을 일으키려다 발각되어 삼족이 몰살되었고, 여불위도 벼슬에서 쫓겨났다.

태사공은 이렇게 말한다.

"내가 초나라에 갔을 때 춘신군의 옛 성을 보았는데 그 궁실이 참으로 웅장했다. 당초 춘신군이 진나라의 소왕에게 유세하고, 몸을 바쳐서 초나라의 태자를 귀국시킬 적에는 얼마나 그 지혜가 명석했던가! 그 뒤에 이원에게 제압을 당한 것은 사리 판단에 어두워진 때문이리라. 속담에 '잘라야 할 때에 자르지 아니하면 도리어 그 난리를 당한다'라고 했는데 바로 춘신군이 주영의 말을 듣지 않은 것을 두고 한 말이 아닐까?"

박학다식한 언변으로 이름 높은 춘신군은 초나라 경양왕에게 특채되어 진나라에 파견되었다. 그는 한나라와 위나라가 연합해 초나라를 공격하려 한다는 정보를 입수한 후, 직접 진나라 소왕에게 탄원을 담은 편지를 올려 공격 계획을 취소시켰으며 초나라와 동맹까지 맺게 했다. 그는 20여 년 동안 재상 자리에 있으면서 합종책을 추진했고 초나라를 강하게 만들었지만 말년에는 권세와 부귀를 지키려다 이원의 음모에 빠져 비참한 최후를 맞았다. 《사기열전》에 등장하는 권력자들의 좋지 못한 말년만 보더라도 권력을 얻는 것보다 유지하는 것이 더 어려운 일이라는 것을 알 수 있다.

## 【 위공자 열전 】

위나라 공자 무기(無忌)는 위나라 소왕(昭王)의 막내아들이며, 위나라 안희왕(安釐王)의 배다른 동생이다. 소왕이 죽고 안희왕이 즉위하자 그는 공자를 신릉군(信陵君)에 봉했다. 그 무렵 범저가 위나라에서 도망해 진나라의 재상이 되었는데, 위나라 재상 위제(魏齊)에 대한 원한으로 진나라의 군대를 내어 대량을 에워싸게 하고 화양(華陽)에 진치고 있는 위나라 군대를 무찔러 위나라 장군 망묘(芒卯)를 달아나게 했다. 이에 위나라 왕과 공자는 이런 사태를 걱정했다.

공자는 사람됨이 어질고, 선비에 대해서 공손했다. 그는 선비라면 현명하고 모자라고를 가리지 않고 모두 겸양으로써 대우하고 예를 갖추어 사귀었으며, 자신이 부귀하다고 하여 결코 교만을 떨지 않았다. 이런 까닭에 선비들이 사방에서 앞을 다투어 모여들어 식객이 3천 명에 이르게 되었다. 이 무렵에 제후들은 공자가 현명하고 식객이 많은 것을 알고 섣불리 위나라를 공격하지 않은 지가 10여 년이나 되었다.

어느 날, 공자가 위나라 왕과 바둑을 두고 있었다. 그런데 북쪽 변방에서 봉화가 올라왔다는 보고가 들어왔다.

"조나라 군대가 침입하여 국경선을 넘으려 합니다."

그러자 위나라 왕은 바둑을 멈추고 대신을 불러 그 대책을 논의하려 했다. 그러자 공자는 왕을 만류하며 말했다.

"사실을 알아보니 조나라 왕이 사냥을 하는 것일 뿐, 침입을 하는 것이 아닙니다."

그러고는 그대로 바둑을 두었다. 왕은 걱정 때문에 바둑에 집중할 수가 없었다. 잠시 후 다시 북방으로부터 전갈이 왔다.

"조나라 왕이 사냥을 하러 나온 것일 뿐, 침입을 한 것이 아니라고 합니다."

그러자 위나라 왕은 크게 놀라 공자에게 물었다.

"공은 어떻게 그 사실을 알았소?"

공자가 대답했다.

"신의 손님 중에 조나라 왕의 비밀을 깊이 알고 있는 자가 있습니다. 조나라 왕이 하고 있는 일을 신에게 즉시 전해 줍니다. 이러한 까닭에 신이 알게 되었습니다."

그 뒤로 위나라 왕은 공자의 현명함과 능력을 두려워하여 감히 공자에게 나랏일을 맡길 수가 없었다.

위나라에는 후영侯嬴이라는 은사가 살고 있었다. 그는 나이가 일흔으로 집안이 가난하여 대량성 이문夷門의 문지기 노릇을 하고 있었다. 공자가 이러한 이야기를 듣고 그를 찾아가 빈객이 되기를 청하고 후한 선물을 주었다. 그러나 그는 받으려 하지 않으며 이렇게 말했다.

"신이 자기 자신을 닦으며 깨끗하게 산 지가 수십 년입니다. 새삼스럽게 문지기가 곤궁스럽다 하여 공자의 재물을 받을 수는 없습니다."

공자는 뒷날 술자리를 크게 벌이고 빈객들을 성대하게 모이게 했다. 연회장의 자리가 정해지자 공자는 수레와 말을 거느리고 왼쪽 자리를 비워 둔 채 몸소 이문의 후영을 맞이하러 갔다. 그때 후영은 헤진 의관을 걷어 올리며 다짜고짜 공자의 윗자리로 올라타고는 아무런 사양의 빛이 없었다. 그는 마치 공자를 시험하려는 듯했다. 공자는 말고삐를 더욱 공손하게 잡았다. 후영은 또 공자에게 이렇게 말했다.

"신의 친구가 시장의 푸줏간에 살고 있습니다. 수레와 말을 돌려서 그곳에 들러 주시기 바랍니다."

이 말을 듣고 공자는 수레를 이끌고 시장으로 들어갔다. 후영은 수레에서 내려 그의 친구인 주해朱亥를 만났다. 그는 곁눈질을 하면서 일부러 오랫동안 서서 친구와 이야기를 나누며 은밀히 공자의 행동을 관찰했다. 공자의 얼굴빛은 더욱 더 온화했다. 이때 공자의 집에서는 위나라의 장수와 재상, 종실과 빈객이 연회장에 가득 차 공자가 들어와 술잔을 들기만을 기다리고 있었다. 시장 사람들은 모두 공자가 말고삐를 잡고 있는 것을 보고 있었고, 그의 뒤를 따르는 기병들도 모두 속으로 후영을 욕하고 있었다. 후영은 공자의 안색이 끝내 변하지 않음을 보고 그제야 친구와 작별하고 수레에 올라탔다. 그들이 집에 도착하자 공자는 후영을 인도하여 윗자리에 앉히고 빈객들에게 일일이 소개했다. 그러자 빈객들은 모두 깜짝 놀랐다. 술자리가 무르익어 갈 무렵 공자가 일어나 후영의 앞으로 나아가 후영의 장수를 기원하는 술잔을 올렸다. 이것을 보고 후영은 공자에게 이렇게 말했다.

"오늘 저는 공자에 대하여 시험할 만한 일은 다 해 보았습니다. 저는 이문의 문지기에 불과합니다. 그러나 공자께서는 친히 수레와 말을 이끌고 많은 사람이 모인 넓은 곳에 몸소 맞이하여 주었습니다. 그분께서 들르기에는 마땅하지 않은 곳인데도 불구하고 공자께서는 들러 주셨습니다. 그러나 저는 공자의 이름을 높여 주기 위하여 고의로 공자의 수레와 말을 시장 가운데에 오랫동안 서 있게 했습니다. 지나가는 사람들이 공자를 보았을 때 공자는 더욱 더 공손했습니다. 저자의 사람들은 모두 저를 소인이라고 여겼던 반면에 공자께서는 덕이 있으며 선비에게 몸을 낮추는 분이라고 생각했을 것입니다."

 술자리가 끝나고 후영은 공자의 상객이 되었다. 후영이 공자에게 이렇게 말했다.

 "신이 잠시 들렀던 푸줏간의 주해라는 사람은 현자라 할 수 있는데 세상 사람들이 그를 알아주지 않습니다. 그래서 푸줏간의 일이나 하며 숨어 살고 있는 것입니다."

 이 말을 듣고 공자는 그를 찾아가서 여러 번 빈객이 되기를 청했다. 주해는 일부러 답례조차 하지 않았다. 공자는 이러한 이를 이상하게 생각했다.

 위나라 안희왕 2년에 진나라 소왕이 조나라 장평의 군대를 격파하고, 그 뒤에 다시 진격을 하여 한단을 포위했다. 공자의 누이는 조나라 혜문왕의 동생인 평원군의 부인이었던 관계로 평원군은 여러 번 위나라 왕과 공자에게 편지를 띄워서 위나라에게 구원을 요청했다. 이에 위나라 왕은 장군 진비晉鄙를 시켜 10만 명의 군대를 끌고 가서 조나라를 구원하도록 했다. 그러자 진나라가 사자를 보내 위나라 왕에게 이렇게 전했다.

 "우리가 조나라를 공격하여 이제 머지않아 항복을 받을 수 있다. 그런데 만일 제후 중에서 감히 조나라를 돕는 자가 있으면 조나라를 격파한 다음 반드시 군대를 옮겨 우선 그를 공격하겠다."

 이 말에 위나라 왕이 두려워서 사람을 보내 진비의 진격을 멈추게 하고, 업鄴 땅에서 군대를 주둔시키고 누벽壁壘을 쌓게 했다. 명목상으로는 조나라를 돕는다는 것이었으나 실은 양쪽의 전세를 가늠하며 관망하는 데 지나지 않았다. 평원군은 위나라에 계속 사자를 보내 위나라 공자를 꾸짖었다.

"내가 스스로 공자와 혼인의 관계를 맺은 까닭은 공자께서 숭고한 의리가 있어 다른 사람의 곤궁함에 재빨리 구원의 손길을 뻗치기 때문이었습니다. 지금 한단은 머지않아 진나라에 항복해야 할 상황인데도 위나라의 구원병이 도착하지 않으니 공자가 다른 사람의 곤궁함에 재빨리 구원의 손길을 뻗친다는 의리가 어디로 갔습니까? 비록 공자께서 저는 가볍게 여겨 진나라에 항복하도록 내버려 둔다 하더라도 공자의 누이에 대해서는 불쌍하게 여기지 않습니까?"

공자가 이러한 것을 근심하여 여러 번 위나라 왕에게 구원을 청하고, 그의 빈객과 변사들이 왕에게 온갖 수단을 써서 설득했으나 위나라 왕은 진나라를 두려워하여 공자의 말을 끝내 들으려 하지 않았다. 공자는 아무래도 왕의 허락을 얻지 못할 것이라고 판단하고, 조나라를 망하게 하고 자신만 살 수는 없는 일이라고 결정을 내렸다. 이에 수레와 말 100여 대를 마련하고 빈객들을 이끌고 진나라에 대항하여 조나라와 함께 죽기를 약속했다.

그들이 구원하러 가는 도중에 이문을 들러서 후영을 보고 진나라 군대와 싸우다 죽으려는 사정 이야기를 상세하게 들려주었다. 그리고 이별 인사를 하고 떠나려 하는데 후영이 이렇게 말했다.

"공자께서는 나가 열심히 싸우십시오. 이 늙은이는 따를 수가 없습니다."

공자가 몇 리를 가면서 생각해 보니 마음이 불쾌하여 이렇게 말했다.

"내가 후영을 대우함에 있어서 소홀하게 한 것이 아무것도 없다는 것은 천하에 모르는 사람이 없는데 지금 내가 죽으러 가는 길에 후영이 일언반구의 인사말도 없이 그냥 나를 보내다니 내가 그에게 무슨 잘못이라도 한 것일까?"

그러고는 다시 수레를 되돌려 돌아와 후영에게 그 까닭을 물었다. 후영은 웃으며 이렇게 대답했다.

"신은 공자께서 돌아오실 줄로 확신하고 있었습니다."

그리고는 이렇게 말을 이었다.

"공자께서 선비를 좋아하신다는 명성은 천하에 퍼져 있습니다. 지금 난처한 지경에 처하여 다른 기묘한 방책을 세우지 않은 채 진나라 군대와 부닥치려고 하니 이것은 비유하자면 굶주린 범에게 고기를 던져 주는 것과 같은 것이므로 무슨 공적을 이루겠습니까? 만일 이렇게 된다면 평소 빈객들을 대우해 기를 필요가 있었겠습니까? 그렇지만 공자께서는 신을 후하게 대우해 주셨는데 공자가 떠나는데도 신이 제대로 작별을 하지 않았으므로 공자께서 이를 한스럽게 여겨 다시 되돌아올 줄 알았던 것입니다."

이 말을 듣고 공자가 두 번 절하고 자문을 구했다. 후영이 그제야 다른 사람을 물리치고 조용히 이야기했다.

"제가 들으니 진비의 병부兵符가 대왕의 침실 안에 언제나 간수되어 있다고 합니다. 그런데 여희如姬라는 여자가 왕에게 가장 큰 사랑을 받고 있어서 대왕의 침실 안에 출입할 수가 있으므로 그 병부를 훔쳐 낼 수가 있습니다. 제가 들은 바에 의하면, 여희의 아비가 어떤 사람에게 죽임을 당했는데 여희는 그 원수를 갚을 사람을 3년간이나 찾고 있었습니다. 그리하여 왕뿐 아니라 여러 사람이 여희의 원수를 갚으려고 했으나 그 원수를 결코 찾지 못했습니다. 이에 여희가 공자의 앞에 가서 울었는데 공자께서 빈객을 시켜 그 원수의 머리를 베어다 여희에게 바쳤습니다. 그러니 여희가 공자를 위해서라면 목숨이라도 바치려고 할 것입니다. 공자께서 만일 한번 입을 열어 여희에게 청하기만 한다면 여희는 반드시 이를 허락할 것입니다. 그렇게 된 다음 병부를 얻어서 진비의 군대를 빼앗아 북쪽으로는 조나라를 구원하고, 서쪽으로는 진나라 군대를 물리치게 될 것이니 이는 오패五霸가 세웠던 공과 같은 것입니다."

이에 공자가 그의 계책을 따라 여희에게 부탁하자 여희는 정말로 진비의 병부를 훔쳐서 공자에게 건네주었다. 공자가 길을 떠나려 하자 후영이 말했다.

"장수가 적진에 있을 때에는 군주의 명령이라 하더라도 받아들이지 않는 경우가 있으니 그 이유는 그렇게 하는 것이 나랏일을 하는 데 편리하기 때문입니다. 공자께서 병부를 맞추어 보아 합해진다 하더라도 진비가 공자에게 군사를 양도하지 아니하고 다시 대왕에게 그 진위를 물어본다면 분명히 사태가 위태롭게 될 것입니다. 신의 빈객 중에 푸줏간을 하는 주해라는 사람이 있는데, 그와 함께 가시는 것이 좋을 것입니다. 이 사람은 힘이 센 장사입니다. 진비가 말을 들으면 대단히 좋은 일이지만 만일에 듣지 않는다면 그를 시켜 죽이도록 하는 것이 좋을 것입니다."

공자가 이 말을 듣고 눈물을 흘리자 후영이 물었다.

"공자께서는 죽음이 두려우십니까? 무슨 일로 우십니까?

공자가 대답했다.

"진비는 용맹스러운 노장이오. 내가 가면 나의 말을 듣지 않을 것 같은데 그를 꼭 죽여야만 하니 이 때문에 우는 것이오. 어찌 내가 죽음을 두려워하겠소?"

그리하여 공자는 주해에게 함께 가기를 청했다. 그러자 주해는 웃으며 이렇게 말했다.

"신은 시정에서 칼이나 휘두르며 짐승이나 잡는 사람에 불과한데 공자께서 친히 자주 찾아 주셨는데도 제가 그 은혜에 사례하지 아니한 것은 자질구레한 예절 같은 것은 쓸모가 없다고 생각했기 때문입니다. 지금 공자께서 급박하게 되셨으니 이는 바로 신이 목숨을 바칠 절호의 기회입니다."

드디어 주해는 공자와 함께 가게 되었다. 공자가 길을 떠나면서 후영에게 사례의 인사를 하자 후영이 말했다.

"신도 또한 마땅히 동행해야 할 것이로되 늙어서 할 수가 없습니다. 청컨대 공자께서 떠난 날짜를 헤아려서 진비의 주둔지에 도착한 날이 되면 북쪽을 바라보고 스스로 제 목을 벰으로써 공자를 전송하겠습니다."

공자가 마침내 길을 떠났다.

공자가 업 땅에 이르자 위나라 왕의 명령을 사칭하여 진비의 자리를 교체하려고 했다. 이에 진비가 그 병부를 가져다 맞추어 보니 합치했다. 그러나 그는 의심을 하고 손을 들어 공자를 바라보면서 말했다.

"지금 나는 10만 명의 군사를 거느리고 국경선 위에 주둔하고 있소. 그런데 나라의 막중한 임무를 지금 수레 한 대를 타고 와서 교체하려고 하니 그것이 말이 되는 일입니까?"

그는 말을 들으려 하지 않았다. 그때 주해가 40근짜리 철퇴를 소매 속에 감추고 있다가 진비를 내리쳐 죽였다. 그러자 공자가 마침내 진비 부대의 장수가 되었다. 공자는 군대를 정비하고 군중에 다음과 같이 명령을 내렸다.

"아버지와 아들이 함께 군대에 있는 경우에는 아버지가 돌아가고, 형제가 군대에 있는 경우는 형이 돌아가고, 외아들로서 형제가 없는 경우는 집에 돌아가 부모를 봉양하라."

그러고는 8만 명의 군사를 선발해 진나라 군대를 공격했다. 진나라 군대가 포위를 풀고 물러나자 드디어 한단의 포위가 풀리고 조나라를 구하게 되었다. 조나라 왕과 평원군은 몸소 국경선까지 나와서 공자를 맞이했다. 평원군은 직접 화살통을 등에 매고 공자를 위해 길 안내를 했다. 조나라 왕은 두 번 절하고 이렇게 말했다.

"자고로 어진 사람은 많지만 공자를 따라갈 사람은 아무도 없습니다."

이때 평원군은 감히 스스로를 공자와 겨루려 하지 않았다.

한편 공자가 후영과 결별을 하고 진비의 군대에 이르렀을 때 후영은 정말로 북쪽을 향해 목숨을 끊었다. 위나라 왕은 공자가 진비의 병부를 훔쳐 내어 왕의 명령을 사칭하여 진비를 죽인 일에 대해 화를 냈다. 공자도 또한 이러한 사실을 알고 있었다. 그리하여 진나라를 물리쳐서 조나라를 구하고 나서는 장수들에게 군대를 거느리고 위나라로 돌아가도록 명령하는 한편 자신은 혼자 빈객들과 함께 조나라에 머물러 있었다. 조나라의 효성왕은 공자가 왕의 명령을 사칭해 진비의 군사를 빼앗아 조나라를 구한 것을 고맙게 여겼다. 그래서 평원군과 상의해 성 다섯 개를 공자에게 봉읍으로 주었다. 공자가 이러한 소식을 듣고 내심 교만한 마음이 생겨 자신의 공을 자랑하는 티를 냈다. 그러자 빈객 중의 한 사람이 공자에게 이렇게 말을 했다.

"일에는 잊어서는 안 되는 것이 있고, 잊지 않아서는 안 되는 일이 있습니다. 다른 사람이 공자께 덕을 베풀었으면 공자께선 그러한 사실을 잊어서는 안 됩니다. 그러나 공자께서 다른 사람에게 덕을 베풀었으면 그것은 잊어 주시기 바랍니다. 게다가 공자께서는 위나라 왕의 명령을 사칭하여 진비의 군대를 빼앗아 조나라를 구한 것입니다. 이것은 조나라에 대해서는 공을 세운 것이지만 위나라에 대해서는 충성스러운 행동이라고 할 수는 없습니다. 그런데도 공자께서는 교만해져 자신의 공을 내세우니, 이는 공자께서 취하실 태도가 아닌 줄로 압니다."

공자는 즉시 스스로의 잘못을 부끄러워하며 몸둘 곳을 몰랐다. 조나라 왕은 몸소 길을 청소하고 스스로 공자를 맞이하여 주인의 예를 취하여 공자를 인도해 서쪽 계단으로 오르도록 안내했다. 그러나 공자는 곁으로 비켜서서 사양을 하고 동쪽 계단을 통해 올라갔다. 그리고 위나라를 저버리고, 조나라에 대해서는 공을 세우지 못했다고 스스로의 죄과를 말했다. 조나라 왕은 날이 저물 때까지 술심부름을 했지만 차마 성 다섯 개를 바치겠다는 말은 하지 못했다. 그 까닭은 공자가 너무 겸양했기 때문이다. 그러나 결국 공자는 조나라에 머물게 되었다. 조나라 왕은 호鄗 땅을 공자의 시중을 드는 읍으로 만들어 주었다. 한편 위나라에서도 신릉信陵의 땅을 공자에게 봉읍으로 주었다. 공자는 조나라에 머물러 살았다.

공자는 조나라에 모공毛公이라는 처사가 도박꾼 사이에 숨어서 살고, 설공薛公이라는 처사가 술 파는 집에 숨어 산다는 이야기를 들었다. 공자는 두 사람을 만나 보고자 했으나 두 사람은 스스로를 숨기고 공자를 만나 주려 하지 않았다. 공자는 그들이 사는 곳을 들어서 알고, 남몰래 두 사람을 찾아가 함께 사귀어 보고는 크게 기뻐했다. 평원군이 이런 소문을 듣고서 그의 부인에게 말했다.

"내가 예전에는 부인의 동생인 공자가 천하에 맞수가 없는 사람이라고 들었는데, 요사이 들어보니 도박꾼이나 술장사와 망령되게 돌아다닌다고 하니 공자는 망령된 사람일 뿐이오."

이 말을 부인이 공자에게 하자 공자가 누이에게 작별인사를 하면서 이렇게 말했다.

"처음에 나는 평원군이 현명하다는 소문을 듣고서 고의로 위나라 왕을 배반하면서까지 조나라를 구하여 평원군의 마음에 들려고 노력했습니다. 그런데 평원군의 사람 사귀는 것을 보면 단지 부귀한 사람들일 뿐이고 선비를 구하는 것은 아니었습니다. 나는 대량에 있을 때부터 이 두 사람이 현자라는 소문을 들었기 때문에 조나라에 온 뒤에는 그들을 혹시 만나 보지 못할까 두려웠습니다. 내가 그들을 따라다니며 사귀려고 해도 혹시 그들이 나를 받아들이지 않을까 두려웠습니다. 그런데 지금 평원군은 오히려 이러한 사귐을 부끄러운 것으로 여기고 있으니 평원군과는 더불어 사귈 수가 없습니다."

그러고는 짐을 챙겨 떠나려 했다. 부인이 이를 상세히 평원군에게 전했다. 이에 평원군이 관을 벗고 사죄하면서 몹시 공자를 만류했다. 평원군의 문하에 있던 사람들은 이러한 이야기를 듣고 그중 반은 평원군을 떠나 공자에게로 왔다. 그리고 천하의 선비들이 다시 공자에게로 모여들었으며, 공자는 평원군의 빈객들의 마음을 사로잡았다. 공자는 조나라에 머물러 있은 지 10년이 되어도 위나라로 돌아가지 않았다. 진나라는 공자가 조나라에 있다는 사실을 알고 날마다 군대를 보내 동쪽으로 향하여 위나라를 공격했다. 위나라 왕은 이를 걱정하여 사신을 조나라로 보내서 공자가 돌아오도록 청했다. 그러나 공자는 왕이 노했던 것을 두려워하여 문하의 사람들에게 경계를 하여 다음과 같이 말했다.

"감히 위나라 왕의 사신을 들어오게 하는 사람이 있으면 죽음을 당할 것이다."

그러나 빈객들이 모두 위나라를 등지고 조나라로 향했으며, 감히 공자에게 위나라로 돌아가기를 권하는 사람이 없었다. 그때 모공(毛公)과 설공(薛公) 두 사람이 공자를 찾아와서 이렇게 말했다.

"공자께서 조나라에서 존중을 받고, 그 이름이 천하에 유명한 까닭은 위나라가 배후에 있기 때문입니다. 지금 진나라가 위나라를 공격하여 위나라가 위급한데도 공자께서 이를 모른 체하고 계시니, 만일 진나라로 하여금 대량을 격파시키게 하고 선왕의 종묘를 허물어뜨리게 한다면 공자께서는 무슨 면목으로 천하에 나설 수가 있겠습니까?"

그 말이 끝나기도 전에 공자는 금세 얼굴빛이 변하더니 수레를 준비시키고 위나라를 구원하러 돌아가기로 했다.

위나라 왕은 공자를 보자 반가워 서로 울음을 터뜨리고, 상장군의 인수를 공자에게 주었다. 공자는 드디어 장수가 되었다. 위나라 안희왕 30년에 공자는 사신을 제후들에게 보내서 장수가 된 사실을 알리게 했다. 제후들은 공자가 장수가 된 사실을 듣고 제각기 장수를 보내 군대를 이끌고 가서 위나라를 구원하게 했다. 공자는 다섯 나라의 군대를 이끌고 하외(河外)에서 진나라 군대를 격파하고, 몽오(蒙驁)를 달아나게 했다. 승승장구하여 진나라 군대를 추격하여 함곡관에까지 이르러 진나라 군대를 억제하자 진나라 군대가 감히 함곡관을 나올 수가 없었다. 이 무렵 공자의 위세는 천하에 떨쳐져 제후의 빈객들이 공자에게 병법을 많이 바쳤는데, 공자는 병법 모두에 그의 이름을 붙였다. 그러한 까닭에 세상에서는 이를 위공자병법(魏公子兵法)이라고 한다.

   진나라 왕이 이러한 상황을 근심하여 위나라에 금 10만 근을 풀어서 진비의 빈객을 구하여 위나라 왕에게 공자를 다음과 같이 헐뜯게 했다.

   "공자는 외국에서 10년간이나 망명하고 있었습니다. 지금 위나라의 장수가 되자 제후들의 장수도 모두 그에게 귀속되어 있습니다. 제후들은 단지 위나라 공자에 대해서만 이야기를 들을 뿐이고 위나라 왕에 대해서는 듣지 못하고 있습니다. 공자도 또한 이러한 시기를 이용해 왕이 되고자 하고 있습니다. 한편 제후들도 공자의 위세를 두려워하여 지금 모두 힘을 모아 그를 왕에 세우려 하고 있습니다."

그리고 진나라는 자주 이간질하는 사람을 보내 공자가 위나라 왕에 등극했느냐고 거짓으로 축하 사절을 보내곤 했다. 위나라 왕은 날마다 공자를 헐뜯는 소문을 듣자 믿지 않을 수가 없어 공자 대신 다른 사람을 장수에 앉혔다. 공자도 자신이 모함 때문에 자리에서 물러났다는 것을 깨닫고 병을 핑계로 조회에 나가지 않았다. 그리고 빈객과 더불어 날마다 밤새도록 술을 마셨다. 그는 좋은 술을 마시고, 여인들을 가까이했다. 밤낮으로 즐기고 마시기를 4년 동안 하다가 마침내 술 중독으로 병이 생겨 죽었다. 그해에 위나라의 안희왕도 죽었다. 진나라는 공자가 죽었다는 소식을 듣고 몽오를 시켜 위나라를 공격하게 해, 성 스무 개를 함락시키고 처음으로 동군東郡을 설치했다. 그 뒤로 진나라는 조금씩 위나라를 잠식하여 18년이 지난 뒤 위나라 왕을 포로로 사로잡고, 대량을 도륙했다.

한나라 고조高祖는 아직 미천하고 젊을 적에 공자의 현명함에 대해서 자주 들었다. 그 뒤 천자의 자리에 즉위한 뒤 대량을 지날 적마다 언제나 공자를 위하여 제사를 지냈다. 고조 12년에 경포黥布를 치고 돌아오는 길에는 공자를 위하여 그의 묘역을 관리하는 묘지기 집을 다섯 채나 짓고 대대로 해마다 사계절에 공자의 제사를 지내도록 했다.

태사공은 이렇게 말한다.

"내가 일찍이 대량의 옛터를 지나가면서 이른바 이문에 대해 물어본 적이 있었다. 이문이란 성의 동쪽 문이었다. 천하의 많은 공자들 중에 선비를 좋아하는 사람이 많았으나 특히 신릉군이 깊은 산과 계곡에 사는 사람들을 만나고 신분이 낮은 사람들과의 사귀는 것을 부끄러워하지 않은 것에는 그 까닭이 있다. 그의 명성이 제후들의 위에 있었던 것은 헛소문만은 아니었다. 한나라 고조도 대량을 지날 적마다 백성을 시켜 신릉군의 제사를 받들어 끊이지 않도록 했다."

> 위공자는 어질고 능력 있었던 전국 시대 네 공자 중 한 명으로, 예를 다해 사람을 사귄 덕분에 선비들이 사방에서 모여들었다. 특히 그는 낮고 천한 자들과 사귀는 것도 부끄럽게 여기지 않았다. 위공자의 일생에서 가장 두드러진 공적은 조나라를 도와 진나라를 무찌른 일인데, 이것은 빈객들의 도움이 있었기에 가능했다. 주변 사람들의 능력을 면밀히 살필 줄 아는 혜안이야말로 권력을 가지는 첫걸음이다. 모름지기 주변을 두루 살필 일이다.

## 【 역생 · 육고 열전 】

● ─────── 역생鄘生 이기食其는 진류현陳留縣 고양高陽 사람이다. 그는 독서를 좋아했으나 집안이 가난해 뜻한 바를 이루지 못하고 생계조차 이을 수 없게 되자 어느 마을의 성문을 관장하는 벼슬아치가 되었다. 그렇지만 현 안의 현인이나 부호들은 그를 전혀 쓰려고 하지 않았고, 현 사람들도 모두 그를 미치광이라고 불렀다.

진승과 항량 등이 봉기를 하고 난 뒤에 장수들이 각지를 공략하는 길에 고양을 지나간 사람이 수십 명이나 되었다. 역생은 장수들이 모두 악착같은 사람들로 자질구레한 예법을 지키기를 좋아하며 자기 생각만 옳다고 여겨, 원대한 포부를 가진 말을 들어주려 하지 않는다는 이야기를 듣고 숨어 지냈다. 그 뒤에 역생은 패공이 군사를 거느리고 진류현의 외곽 지역을 공략한다는 말을 듣게 되었다. 그때 패공의 휘하에 있는 기병 한 사람이 마침 역생과 고향이 같았다. 폐공은 때때로 그 기병에게 읍 가운데 어진 선비와 호걸이 누구냐고 물었다. 그 기병이 마을로 돌아왔을 때 역생은 그를 만나서 이렇게 말했다.

"내가 들은 바로는 패공은 사람이 오만하여 남을 업신여기지만 큰 지혜를 가지고 있다고 했으니, 이 사람이 바로 내가 추종하고자 하는 사람이다. 그렇지만 나를 그에게 소개하는 사람이 지금껏 없었다. 자네가 만일 패공을 보거든 '신의 고향에 역생이라고 하는 사람이 있는데 나이는 예순 살이요, 신장은 8척이고, 사람들은 모두 그를 미치광이라고 부릅니다마는 본인 스스로는 그렇지 않다고 하는 사람입니다'라고만 해 주게."

그러자 기병이 말했다.

"패공은 선비를 좋아하지 않아서 빈객 중에 관을 쓰고 찾아오는 사람이 있으면 패공은 그 빈객의 관을 벗겨서 그 안에 오줌을 누어 버립니다. 그리고 패공은 다른 사람과 대화를 할 때 상대방을 큰소리로 욕하곤 합니다. 그러니 선비의 신분으로 그를 만나 유세하는 것은 불가능합니다."

"어쨌든 그에게 내 말을 전하기만 해 주시오."

그 기병은 역생이 말한 바를 그대로 패공에게 전했다.

패공은 고양의 객사에 머물면서 사람을 시켜 역생을 불렀다. 역생이 객사에 이르러 안으로 들어가 만났다. 그때 패공은 침상에 걸터앉아 두 여자로 하여금 발을 씻기게 하고 있었는데, 그 모습 그대로 역생을 만났다. 역생은 들어가 길게 읍을 할 뿐 절을 올리지는 않았다. 그리고 이렇게 말했다.

"당신은 진나라를 도와서 다른 제후들을 공격하시려 하십니까? 아니면 제후들을 이끌고 진나라를 격파하시려 하십니까?"

그러자 폐공은 역생을 꾸짖었다.

"글이나 파먹는 이놈아! 천하가 함께 진나라의 고초를 겪은 지가 오래된 까닭에 제후들이 서로 협력하여 진나라를 공격하려 하고 있는데 너는 어찌하여 진나라를 도와 다른 제후들을 공격한다는 말을 하는가?"

역생이 말했다.

"사람을 모으고 의병을 합쳐서 저 무도한 진나라를 없애고자 하신다면 오만한 태도로 나이 든 사람을 만나서는 안 됩니다."

그러자 패공은 발 씻기를 멈추고 일어나 옷깃을 여미고서 역생을 이끌어 윗자리에 앉게 한 뒤 사과했다. 역생은 여섯 나라가 합종하고 연횡했던 때의 형세에 대하여 설명했다. 그의 설명을 듣고서 패공은 기뻐하여 역생에게 음식을 하사한 뒤 물었다.

"그렇다면 나는 어떻게 행동해야 하겠소?"

역생이 말했다.

"당신은 오합지졸을 모으고, 뿔뿔이 흩어진 병사를 수습하여 군대를 만들었는데 그 수 또한 1만 명을 넘지 않습니다. 이러한 병력을 가지고 강한 진나라로 쳐들어가는 것은 이른바 호랑이의 입속으로 뛰어드는 것과 같습니다. 진류현은 천하의 요충 지대로, 사통오달의 지역입니다. 그리고 성에는 식량을 많이 쌓아 놓고 있습니다. 신은 그 현의 현령과 잘 아는 사이이니 제가 사신으로서 그에게 갈 수만 있다면 그로 하여금 당신께 항복하도록 설득하겠습니다. 그러나 만일 그가 제 말을 듣지 않는다면 군대를 일으켜 그 성을 공격하십시오. 제가 안에서 응대를 하겠습니다."

이에 폐공은 역생을 사신으로 파견하고, 그 자신은 군대를 이끌고서 그의 뒤를 따라가서 마침내 진류를 항복시켰다. 그 뒤에 패공은 역생을 광야군廣野君으로 봉했다.

한편 역생은 자기의 친동생인 역상酈商을 패공에게 추천하고, 역상으로 하여금 수천 명의 군사를 거느리고 패공을 따라서 남쪽 지방을 공략하게 했다. 역생은 언제나 세객說客의 신분으로 제후들에게 왕래했다.

한나라 3년 가을에 항우가 한나라를 공격하여 형양을 함락시켰는데, 한나라는 퇴각하여 공鞏과 낙洛을 지키고 있었다. 그 무렵 초나라 군은 회음후가 조나라를 격파했다는 소식과 팽월이 여러 차례 양 땅에서 반란을 꾀했다는 소식을 듣고서 군대를 나누어 지원하도록 했다. 이때 회음후는 동쪽으로 제나라를 공격하고 있었고, 한나라 왕은 여러 차례 형양과 성고에서 곤욕을 치렀기 때문에 한나라는 성고 동쪽 지역을 포기하고 공과 낙 지역에 군대를 주둔시켜서 초나라에 대항할 계획을 하게 되었다. 이러한 상황이 되자 역생은 이렇게 말했다.

"신이 듣건대 하늘이 하늘이 될 수밖에 없는 까닭을 아는 사람만이 천하의 패왕이 되는 대업을 이룰 수 있는 반면 하늘이 하늘이 될 수밖에 없는 까닭을 알지 못하는 사람은 천하의 패왕이 되는 대업을 이룰 수가 없다고 했습니다. 그렇기 때문에 천하의 왕자가 되는 사람은 백성을 하늘을 삼고, 그리고 그 백성들은 양식으로써 하늘을 삼는다고 했던 것입니다. 오창敖倉이라고 하는 곳은 천하의 양곡이 교역되는 중심지로 이용된 지가 이미 오래되었습니다. 신이 들은 바로는, 오창에는 지하에 막대한 양곡이 저장되어 있다고 합니다. 초나라 군이 형양을 탈취하고 난 다음 오창을 견고하게 수비하지 않은 채 군대를 이끌고 동쪽으로 가면서 수비병을 여러 부대로 나누어 성고를 수비하게 했으니 이것은 바로 하늘이 한나라에게 기회를 주는 것입니다. 그런데 현재 초나라를 이기기에 쉬운 상황인데도 한나라는 오히려 퇴각함으로써 스스로 호기를 놓치고 있으니, 신은 이러한 계획이 잘못된 것이라고 생각합니다.

또 두 개의 강한 나라가 함께 설 수는 없는 것입니다. 초나라와 한나라가 오래도록 대치하여 승세가 결판나지 않은 까닭에 백성들이 안정을 찾지 못하고, 천하가 불안에 떨고 있으며, 농부들은 쟁기를 놓고 있고, 여인들은 베틀에서 내려와 일을 하지 않고 있는 형편이라 천하의 마음이 안정되지 않고 있습니다. 원컨대, 당신은 재빨리 다시 군대를 진격하여 형양을 탈환하고, 오창의 양곡을 점거하여, 성고의 험난한 지세를 수비하고, 태항산으로 가는 길목을 차단하며, 비호飛狐의 입구를 장악하고, 백마진白馬津을 견고히 지킴으로써 제후들에게 현재의 실제적인 형세가 누구에게 기울고 있는가를 보여 주십시오. 그렇게 할 경우 천하가 귀속할 곳이 어느 나라인지를 알게 될 것입니다.

현재 연나라, 초나라는 이미 평정되었으나 오직 제나라만이 무너지지 않고 있습니다. 지금 전광은 1천 리의 넓은 제나라를 차지하고 있고, 전간은 20만의 군대를 거느리고서 역성歷城에 주둔하고 있습니다. 게다가 이들 전씨의 세력은 강대하여 바다를 등에 지고, 하수와 제수를 사이에 두고 있으며, 남쪽으로는 초나라 지방과 가까이에 있습니다. 그리고 그 나라 사람들은 권모술수에 능하여 당신이 비록 수십만의 군사를 내어 그들을 공격한다 하더라도 어느 세월에 그들을 격파할는지 알 수가 없습니다. 그러므로 신은 당신의 조칙을 받들어 제나라에 사신으로 가서 제나라로 하여금 한나라를 위하여 동쪽의 속국이 되도록 만들고자 합니다."

이 말을 듣고 패공이 말했다.

"좋다."

패공은 역생의 계획에 따라서 다시 오창을 공격하여 빼앗은 다음 수비를 하고, 역생으로 하여금 제나라에 사신으로 가게 했다. 역생은 제나라 왕에게 다음과 같이 유세했다.

"대왕께서는 천하가 어디로 귀속될 것인지 알고 계십니까?"

제나라 왕이 말했다.

"모르오."

역생이 말했다.

"왕께서 만일에 천하가 어디로 귀속될 것인지를 아신다면 제나라를 차지하실 수 있겠지만, 만일 천하가 어디로 귀속될 것인지 모르신다면 제나라를 보존할 수 없을 것입니다."

제나라 왕이 물었다.

"천하의 민심이 어디로 향할 것 같소?"

역생이 말했다.

"한나라에 돌아갈 것입니다."

왕이 말했다.

"선생은 무슨 근거로 그렇게 말하는 거요?"

역생이 대답했다.

"한나라 왕이 항왕項王과 더불어 힘을 다하여 서진을 하여 진나라를 공격할 때 먼저 함양에 들어서는 자가 왕이 되기로 약속했습니다. 그런데 한나라 왕이 먼저 함양에 입성하자 항왕은 약속을 저버리고 한나라 왕에게 함양 땅을 주지 아니하고, 한중漢中의 왕에 봉했을 뿐이었습니다. 항왕은 의제를 내쫓아 죽였습니다. 한나라 왕이 이 소식을 듣고 촉나라와 한나라의 군대를 동원하여 삼진三秦을 공격하고, 함곡관을 나와서 의제를 살해한 곳이 어디인가 항왕에게 따졌습니다. 그러고서 천하의 병사를 수습하고, 각 제후의 후사를 세워 주었습니다. 그는 성을 차지하면 바로 그 장수를 후로 봉하고, 재화를 얻으면 바로 병사들에게 나누어 주는 등 천하와 더불어 그 이익을 함께했습니다. 호걸, 영웅과 현자, 재사가 모두 한나라 왕에게 기용되기를 기쁘게 여겼습니다. 그리하여 제후들의 군대가 사방에서 한나라 왕에게로 이르러 왔으며, 촉한의 곡물을 실은 배가 머리를 나란히 하고 장강을 따라서 내려오고 있습니다. 그렇지만 항왕은 약속을 저버렸다는 악명을 쓰고 의제를 죽였다는 큰 죄를 범했으며, 또한 다른 사람이 세운 공은 기억하는 일이 없으면서 다른 사람이 저지른 죄에 대해서는 잊어버리는 일이 없습니다. 그러한 까닭에 전투에서 승리를 거둔다 하더라도 그에 대한 상을 받을 수 없으며, 성을 함락시킨다 하더라도 후에 봉해질 수가 없습니다.

   또한 항씨의 일족이 아니면 그의 신임을 얻어서 일을 할 수가 없으며, 그의 사람됨이 벼슬과 상을 주는 데 인색하여 후에게 주는 인장을 끼고 앉아서 아까워하기만 하지 다른 사람에게 주지를 못합니다. 그리고 성을 공격하여 재화를 얻을 경우에는 그 재화를 쌓아 둘 뿐 다른 사람에게 상으로 나누어 주지 않습니다. 이러한 까닭에 천하의 사람들이 그에게 반기를 들 뿐만 아니라 현인과 재사들이 그를 원망하고 있는 형편이고, 아무도 그를 위하여 일하기를 원하지 않습니다.

제3장 **사람을 알아보는 눈**

따라서 천하의 선비들이 한나라 왕에게로 돌아가리라는 것은 추측하기 어려운 일이 아닙니다. 한편 한나라 왕은 촉한의 군사를 일으켜서 삼진의 땅을 평정시키고, 서하 밖을 건너 상당의 군대를 동원하여 정형을 함락시키고 성안군成安君을 죽이고, 북위를 격파하고 나 뒤 성 서른두 개를 함락시켰으니 이와 같은 일은 치우蚩尤의 군대이지 인간의 군대라고 할 수 없습니다. 이것은 하늘이 내려 준 복입니다. 현재 한나라 왕은 이미 오창의 곡물을 점거해 차지하고 있으며, 성고의 험준한 지세를 이용하여 수비하고 있고, 백마진을 경계하고, 태항산으로 가는 길목을 차단하고 있으며, 비호의 입구를 장악하고 있는 상황입니다. 이러한 때 만일 천하의 제후 중에 뒤늦게 한나라 왕에게 항복하는 자는 남보다 앞서서 멸망하게 될 것입니다. 왕께서 재빨리 먼저 한나라 왕에게 항복한다면 제나라의 사직을 보존할 수 있으실 것입니다. 그러나 만일 한나라 왕에게 항복하지 않으신다면 위태로운 일과 멸망은 곧바로 닥쳐올 것입니다.”

전광은 역생의 말이 옳다고 생각하고 역하를 지키며 전투 준비를 하던 군대를 쉬게 하고 역생과 더불어 온종일 술을 마셨다.

한편 회음후는 역생이 아무런 병력의 손실도 없이 수레 위에 앉아서 변론의 힘으로 제나라 70여 성의 항복을 받았다는 소식을 듣자 밤을 틈타 평원을 가로질러 제나라를 습격했다. 제나라 왕 전광은 한나라 군대가 쳐들어왔다는 소식을 접하고 역생이 자신을 속였다고 생각하고 이렇게 말했다.

"네가 만일 한나라 군을 멈추게 할 수 있다면 살려 주겠지만, 만일 그렇게 할 수 없다면 나는 너를 삶아서 죽이겠다."

그러자 역생이 말했다.

"큰일을 하는 사람은 자질구레한 일을 신경 쓰지 않으며, 덕을 많이 가진 사람은 다른 사람의 비난을 돌아보지 않는다고 했습니다. 당신은 내가 당신을 위해 그것을 바꾸게 할 수 없습니다."

제나라 왕은 결국 역생을 삶아 죽이고 군대를 이끌고서 동쪽으로 도망쳤다.

한나라 12년에 곡주후曲周候 역상은 승상의 지위를 가지고 군대를 거느리고 경포를 정벌하여 공을 세웠다. 고조는 열후와 공신의 공을 논할 때 역생을 떠올렸다. 역생의 아들인 개疥는 여러 번 군대를 거느리고 전투를 했으나 벼슬에 봉해질 정도는 아니었다. 그렇지만 고조는 그 아버지인 역생의 공로를 생각해 개를 고량후高梁侯에 봉했다. 그 뒤에 역개는 또 무수武遂를 식읍으로 받고 3대째 그 작위를 계승했다. 원수元狩 원년 중에 무수후武遂侯인 역평酈平이 조칙을 사칭하여 형산왕衡山王의 황금 100근을 탈취한 일이 발생했는데, 그의 죄는 마땅히 사형에 처한 다음 시체를 시장에 버리는 형벌에 처하여야 했으나 병으로 죽은지라 그의 나라만 몰수했다.

육고陸賈는 초나라 사람이다. 그는 식객으로 고조를 추종해 천하를 평정했다. 그는 구변에 능한 변사로 명성이 있어서 언제나 고조의 좌우에 있으면서 제후들에게 사신으로 가곤 했다.

고조가 비로소 중국을 평정했을 무렵 위타尉他라는 자가 남월南越을 평정하여 그곳의 왕이 되었다. 고조는 육고를 남월에 사신으로 보내 위타에게 남월 왕의 인을 하사하도록 했다. 육고가 남월에 이르자 위타는 송곳 같은 상투를 틀고서 두 다리를 죽 벌려 앉은 채 육고를 만났다. 육고는 그러한 모습을 보고서 그의 앞에 나아가 다음과 같이 말했다.

"당신은 중원 사람으로 친척과 형제, 그리고 조상의 무덤이 진정眞定 땅에 있습니다. 그런데 지금 당신은 하늘의 이치를 어기고, 관대를 버린 채, 보잘것없는 월나라를 믿고서 중국의 천자와 대항하여 적국이 되고자 하오니 그 화가 장차 당신에게 미칠 것입니다. 진나라가 정치를 잘못했기 때문에 제후와 호걸들이 모두 봉기하여 진나라에 반기를 들었습니다. 그중에서 한나라 왕만이 남보다 앞서서 함곡관 안으로 들어가 함양을 차지했습니다. 그런데 항우는 제후와의 약속을 저버리고 스스로 서초 패왕의 자리에 올랐고 다른 제후들도 그에게 귀속되었으니 매우 강한 나라라고 할 수 있습니다. 그러나 한나라 왕이 파와 촉에서 봉기하여 천하에 대하여 채찍질을 하고 다른 제후들을 평정한 다음 마침내는 항우를 베어 멸망시켰습니다. 그리하여 5년 만에 천하가 평정되었으니 이것은 사람의 힘으로는 불가한 것이요, 하늘이 세워 준 것입니다.

천자께서는 당신이 남월의 왕이 된 뒤 천하를 도와서 폭도와 반역자를 죽이지 않았기 때문에 장군과 재상들이 군대를 이리 보내 당신의 목을 베고자 한다는 말을 들었지만 천자께서는 또다시 백성이 고달파질 것을 가엽게 여겨 잠시 쉬도록 하고 신을 이 땅으로 보내 왕의 인을 주고, 사신을 왕래하도록 하신 것입니다. 당신은 마땅히 교외에 나와서 사신을 맞이하고 북면을 하여 신하라고 일컬어야 하는 것이 도리인데도 새로 만들어 안정되지도 않은 월나라를 가지고 이와 같이 한나라에 대하여 강경하게 나오고 있습니다. 한나라에서 만일 이와 같은 사정을 알게 될 경우에는 당신 선조의 묘를 파내어서 불태우고, 종족을 모두 없앨 것이며, 한 사람의 부장으로 하여금 10만의 군대를 거느리고서 월나라를 공격하게 할 것입니다. 그때에는 월나라 사람들이 당신을 죽여서 한나라에 항복하는 것이 손바닥을 뒤집는 것처럼 쉬울 것입니다."

그러자 위타는 벌떡 일어나 꿇어 엎드린 채 사죄하며 말했다.

"오랑캐의 나라에 오래 거하다 보니 예의를 잊어버렸습니다."

그리고는 육고에게 다음과 같은 질문을 던졌다.

"나를 소하, 조참, 한신과 비교할 때 누가 가장 낫다고 생각하시오?"

육고가 말했다.

"왕께서 가장 현명한 듯합니다."

위타가 다시 물었다.

"나를 황제와 비교하면 누가 더 낫다고 생각하시오?"

육고가 대답했다.

"황제께서는 풍현과 패현 땅에서 일어나 포악한 진나라를 토벌하고 강한 초나라를 무찔러 천하를 위하여 이익을 만들고, 해를 제거하신 다음 삼황오제의 대업을 계승해 중원을 다스리시고 계십니다. 또한 중원 지방은 인구가 많고, 영토는 사방이 1만 리에 이르며 천하의 기름진 땅을 차지하고 있습니다. 사람은 많고, 수레도 많으며, 모든 것이 풍부한데다가 정치는 한 집안에서 장악하고 있으니 이러한 일은 천지가 열린 이래로 없었던 일입니다. 지금 왕의 인구는 수십 만에 불과하고 게다가 모두 오랑캐입니다. 또 산과 바다 사이에 구차하게 끼어 있어 한나라의 한 군과 같습니다. 그런데 왕께서는 어찌하여 자신을 한나라의 천자에 비교하겠습니까?"

그러자 위타가 크게 웃으며 이렇게 말했다.

"나는 중원 지방에서 일어나지 않았기 때문에 이곳의 왕 노릇을 하는 것일 뿐이오. 만일 내가 중원에 거하도록 기회가 주어진다면 어찌 한나라의 천자보다 못하겠소?"

위타는 육고가 아주 마음에 들었기 때문에 그를 만류하여 수개월 동안 술을 마시며 함께 노닐었다. 그는 육고에게 이렇게 말했다.

"남월에는 더불어 이야기를 나눌 사람이 없소. 선생이 이곳에 온 뒤로 나에게 그동안 들을 수 없었던 소식을 듣게 해 주었소."

그리고는 육고에게 천금을 넣은 보물을 자루에 넣어 주었고, 천금 가치의 다른 예물도 보내 주었다. 육고는 마침내 위타를 남월왕에 임명하고, 그로 하여금 한나라의 신하라 일컬으면서 한나라를 받들 것을 약속받았다. 육고가 한나라로 돌아와서 보고하자 고조는 대단히 기뻐하여 그를 태중대부에 임명했다.

육고는 때로 황제의 앞에서 《시경》,《서경》에 대해 인용했다. 고조는 육고를 꾸짖었다.

"나는 말 위에서 천하를 얻었다. 어찌 《시경》,《서경》 따위를 일삼을 필요가 있겠느냐?"

그러자 육고가 말했다.

"말 위에서 천하를 얻으셨지만 어찌 말 위에서 천하를 다스릴 수 있겠습니까? 옛날의 은나라 탕왕과 주나라 무왕은 반역으로써 천하를 얻었지만 민심에 순응하여 나라를 지켰으니, 이와 같이 문무文武를 함께 사용하는 것이 나라를 길이 보존하는 기술인 것입니다. 옛날에 오나라 왕 부차와 진나라의 지백智伯은 무력을 너무 지나치게 사용함으로써 나라를 망하게 했으며, 진나라는 형법만 쓰다가 결국 조씨趙氏는 멸망하게 되었습니다. 만일 진나라가 천하를 통일하고 난 다음에 인의를 행하고, 옛 성인을 본받았다면 폐하께서 어떻게 이 천하를 차지할 수 있었겠습니까?"

고조는 육고의 말이 불쾌했지만 얼굴에는 부끄러워하는 기색이 나타났다. 고조는 육고에게 이렇게 말했다.

"그렇다면 시험 삼아 나를 위하여 진나라가 천하를 잃은 이유가 무엇이고, 내가 천하를 얻은 이유는 무엇인지, 아울러서 고대의 국가가 성공하고 실패한 원인에 대해 글을 지어 올리도록 하라."

육고는 이에 국가 존망의 조짐에 대하여 간략하게 저술하여 모두 12편을 지었다. 그가 1편을 고조에게 올릴 때마다 훌륭하다는 칭찬을 받았으며 좌우에 있던 사람들도 만세를 외쳤다. 그 책을 《신어新語》라 했다.

효혜제 시절에 여태후가 정사를 맡아서 여러 여씨들을 왕으로 세우려 했다. 그러나 여후는 대신들의 간언이 두려웠다. 육고는 여태후와는 싸울 힘이 없다고 스스로 판단하고 병을 구실로 사직하고서 집에 머물렀다. 육고는 호치好畤에 있는 전답이 좋은 곳이라 하여 그곳에 정착하기로 했다. 그에게는 다섯 아들이 있었는데, 그가 월나라에 사신으로 갔을 때 얻은 보물을 팔아서 천금을 만들고 이를 아들들에게 나누어 한 사람에게 200금씩 가지고 살림밑천을 삼도록 했다. 육고는 언제나 네 마리의 말이 끄는 마차에 편안히 앉아 가무를 하고, 거문고를 타는 시종 열 명을 데리고 다녔다. 그에게는 100금이나 하는 값비싼 칼이 있었는데 어느 날 아들들에게 이렇게 말했다.

"한 가지 약속을 하자. 내가 너희 집을 지나가면 너희는 내가 거느린 사람과 말에게 술과 음식을 제공하도록 하라. 아무리 오래 머문다 하더라도 열흘이면 다른 데로 옮길 것이다. 내가 죽음을 맞이하는 집에서는 보검과 수레와 말, 시종들을 갖도록 하라. 1년 동안 다른 지방을 들르는 경우도 있으니 대략 두세 번 정도 너희 집을 찾아갈 것이다. 너희를 자주 보게 되면 반갑지 않을 테니 너희들이 귀찮지는 않도록 하겠다."

여태후의 때에 여러 여씨들을 왕으로 삼았는데, 여씨 일족은 정권을 전횡하고 어린 황제를 협박하여 유씨의 한나라를 위태롭게 하려 했다. 우승상인 진평은 이러한 상황을 근심하고 있었으나 힘으로는 그들과 다툴 수 없었기 때문에 그 화가 자기 자신에게까지 미칠까 두려워서 언제나 깊은 상념에 잠겨 있었다. 어느 날 육고가 진평의 문안을 물으러 그를 찾았으나 그는 깊은 상념에 잠겨 육고가 들어 온 것을 알지 못했다. 육고가 말했다.

"무슨 생각을 그리 깊이 하고 계십니까?"

진평이 대답했다.

"선생은 내가 무슨 생각을 하고 있다고 생각하시오?"

육고가 대답했다.

"당신은 지위가 최상의 재상에 이르고 있으며, 식읍이 3만 호가 되는 열후로 부귀의 극을 달리고 있으므로 더 이상 바랄 것이 없을 것입니다. 그럼에도 근심스러운 생각을 가지고 계시니, 이는 여러 여씨와 어린 군주를 걱정하는 것이겠지요."

진평이 말했다.

"그렇소. 이 일을 어떻게 했으면 좋겠소?"

육고가 말했다.

"천하가 안정되어 있을 때에는 재상에게 주의를 기울여야 하며,

천하가 위태로울 때에는 장군에 주의를 기울여야 합니다. 만일 장군과 재상이 사이가 좋고 서로 협력하고 있다면 선비들이 모두 그들을 따르고 사모할 것이며, 선비들이 따르고 사모할 경우에는 비록 천하에 변란이 발생한다 하더라도 국가의 권력은 분산되지 않을 것입니다. 사직을 위하여 계획을 해 본다면, 모든 일이 승상과 장군이 서로 손을 잡는 방법밖에 없습니다. 신은 언제나 태위인 강후, 즉 주발에게 이러한 이야기를 하고자 했으나 강후는 나와 농담을 곧잘 하는 사이여서 나의 말을 가볍게 여기고 있습니다. 당신은 어찌하여 태위와 사이좋게 지내 손을 굳게 잡지 않습니까?"

그리고 나서 육고는 진평을 위하여 여씨에 대처하는 몇 가지 계책을 일러 주었다. 진평은 육고의 계책을 따라 500금을 가지고 강후 주발에게 예물로 주어 장수를 축복하고 음식을 후하게 장만하고 즐겁게 술을 나누어 마셨다. 태위도 그에 대한 보답으로 진평과 똑같이 했다. 이 두 사람의 관계가 밀접하게 되자 여씨들의 음모는 점차 움츠러들었다. 진평은 이에 노비 100명과 수레와 말 50승, 돈 500만을 육고에게 주어 음식의 비용으로 사용하게 했다. 육고는 이를 자금으로 한나라 조정의 공경들 사이에서 교유를 하니, 그의 명성이 매우 높아졌다.

여러 여씨들을 죽이고 효문제를 세우는 일에 있어 육고는 상당한 공을 세웠다. 효문제가 즉위하자 남월에 사신을 보내려고 했다. 그때 진평 등이 육고를 추천하여 태중대부로 삼아 사신으로 위타에

가도록 했다. 육고는 위타가 천자처럼 황색의 수레 덮개를 사용하는 것을 포기하도록 했고, 제(制. 황제를 일컬음)를 칭하는 등의 참월한 행위를 그만두도록 해, 제후와 동등하게 만들어서 황제의 마음에 들게 했다. 이와 같은 이야기는《남월전南越傳》가운데 상세하게 기록되어 있다. 육고는 마침내 수명을 다하고 죽었다.

평원군平原君 주건朱建은 초나라 사람이다. 예전에 그는 회남왕인 경포의 재상으로 있었는데, 죄를 벌하고 그를 떠났다가 그 뒤에 다시 경포를 섬겼다. 경포가 반란을 일으키려고 할 때에 평원군에게 자문을 구하자 평원군은 반대했다. 그러나 경포는 그의 말을 듣지 않고 도리어 양보후梁父侯의 말을 듣고서 반란을 일으켰다. 한나라가 경포를 죽이고 난 다음 평원군은 경포에게 간언을 하고 반란의 모의에 동참하지 않았다는 사실을 알고서 그를 죽이지 않았다. 이러한 사건은《경포 열전》에 자세히 기록되어 있다.

평원군은 사람됨이 변론을 잘하고, 말재주가 있었으나 엄격하고 강직한 성격을 가지고 있었다. 그는 장안에 살고 있었는데 구차하게 남의 비위를 맞추지 않고, 의리에 벗어나는 행동을 하는 자와는 타협하지 않았다. 벽양후辟陽侯, 심이기審食其는 행실이 올바르지 못한 사람인데도 여태후의 사랑을 받았다. 그 무렵에 벽양후는 평원군과 사귀고자 했으나 평원군은 그를 만나 주려 하지 않았다. 평원군의 어머니가 죽었을 때 육고는 평소에 평원군과 사이가 좋았던 관계로 그의 집에 문상을 하러 갔다. 그런데 평원군은 너무나 가난해 장례도 치르지 못하고 상복과 장례도구를 빌려 오려던 중이었다. 육고는 평원군으로 하여금 장례를 치를 수 있도록 해 준 뒤 벽양후를 찾아가서 그에게 이렇게 말을 건넸다.

"평원군의 어머니께서 돌아가셨소."

그러자 벽양후가 말했다.

"평원군의 어머니께서 돌아가셨는데 어찌하여 나에게 축하를 한단 말입니까?"

육고가 대답했다.

"전날 당신이 평원군과 사귀기를 바랐는데, 평원군은 의리를 지키느라 그대와 사귀지 않았소. 그 이유는 어머니 때문이었소. 그런데 지금 그의 어머니께서 돌아가셨으니 그대가 만일 후하게 조의를 표한다면 저 사람은 그대를 위하여 목숨도 내놓을 것이오."

이 말을 듣고 벽양후는 100금을 가지고 평원군을 찾아가서 조의금을 냈다. 그러자 열후와 귀인들이 벽양후의 체면을 보아 평원군을 찾아가서 조의금을 보냈으므로 모두 500금이 모였다.

벽양후가 여태후의 사랑을 받자 어떤 사람이 효혜제에게 벽양후를 헐뜯었다. 그러자 효혜제는 크게 노하여 벽양후를 감옥에 가두고 죽이려 했다. 그렇지만 여태후는 자신과 벽양후 사이의 관계가 부끄러워서 아무 말도 하지 못했다. 한편 대신들은 벽양후의 행실을 싫어했기 때문에 그를 죽이고자 했다. 벽양후는 사정이 급해지자 사람을 시켜 평원군을 만나 보고자 했다. 그러나 평원군은 이를 거절하며 이렇게 말했다.

"사안이 급박하므로 감히 당신을 만날 수 없습니다."

그리고 난 다음 평원군은 효혜제가 사랑하는 신하인 굉적유를 찾아가서 이렇게 그를 설득했다.

"당신이 황제의 사랑을 받는 이유는 천하의 사람 중에 모르는 사람이 없소. 그런데 지금 벽양후는 태후에게 사랑을 받았다고 하여 옥에 갇혀 있는데 길거리에서는 모두가 당신이 중상해서 그를 죽이려 한 것이라 떠들고 있소. 지금 만일 벽양후가 죽임을 당한다면 다음날에는 여태후께서 분노를 감추어 두고 있다가 당신 역시 죽여 버릴 것이오. 그런데 어찌하여 어깨를 드러내고 벽양후를 위하여 황제께 부탁하지 않습니까? 황제께서 만일 당신의 청을 들어 벽양후를 옥에서 내보내 준다면 태후께선 크게 기뻐하실 것이오. 그렇게 된다면 두 분의 군주께서 당신을 사랑하실 것이니 당신의 부귀는 이전에 비하여 배나 더할 것이오."

이 말을 듣고 굉적유는 크게 두려워하여 그의 계책에 따라 황제에게 간청하자 황제는 짐작대로 벽양후를 풀어 주었다. 벽양후는 자기가 감옥으로 갈 때 평원군을 만나려 했으나 평원군이 자신을 만나 주지 않았기 때문에 그가 자신을 배반했다고 생각하고 매우 화가 나 있었다. 그러나 평원군이 계략을 성공시켜 그를 석방시키자 벽양후는 매우 놀랐다.

여태후가 죽자 대신들이 여씨 일족을 모두 죽였다. 그러나 벽양후는 여씨 일족과 대단히 밀접한 관계였음에도 끝내 죽임당하지 않았다. 그가 온전할 수 있도록 계획을 세워 준 사람은 바로 육고와 평원군이었다.

효혜제의 시절에 회남의 여왕厲王이 벽양후를 죽였는데, 그것은 여씨 일족과의 관련 때문이었다. 효문제는 벽양후의 식객인 평원군이 벽양후를 위하여 계책을 세워 주었다는 이야기를 듣고 관리를 시켜 평원군을 체포하여 그 죄를 다스리도록 했다. 그리하여 관리들이 문에 다다랐다는 소식을 접했을 때 평원군은 스스로 목숨을 끊으려 했다. 그러자 여러 아들과 관리들이 모두 이렇게 말하며 그를 말렸다.

"이 일이 어떻게 될지 아직은 알 수 없는 것입니다. 어찌해서 섣불리 목숨을 끊으려 하십니까?"

그러자 평원군이 말했다.

"내가 죽으면 화가 너희들에게까지 미치지는 않을 것이다."

그리고는 마침내 스스로 목을 찔러 죽었다. 효문제는 이 소식을 듣고 슬퍼하며 말했다.

"나는 그를 죽일 뜻이 없었다."

그러고는 평원군의 아들을 불러서 중대부에 임명했다. 그는 흉노에 사신으로 갔는데 흉노의 왕 선우單于가 무례하게 대하자 그를 꾸짖었다가 결국 흉노의 땅에서 죽음을 맞았다.

처음 패공이 군대를 이끌고 진류 땅을 지나갈 때 역생이 군문 앞까지 몸소 찾아와서 명함을 올리고 만나기를 청했다.

"고양 땅의 천민 역생이 패공께서 노숙을 하면서 군대를 거느리고 초나라를 도와 불의한 진나라를 토벌한다는 소식을 듣고 삼가 따르는 자들을 위로하고 멀리서나마 패공을 뵙고 천하의 큰일을 논하고자 합니다."

사자가 들어가서 아뢰자 패공은 발을 씻고 있다가 물었다.

"어떠한 사람이더냐?"

사자가 이렇게 대답했다.

"그의 용모로 보아서 큰 선비 같습니다. 선비 옷을 입고, 측주(側注. 유자들이 쓰는 관의 이름)를 쓰고 있습니다."

그러자 패공이 말했다.

"네가 나를 대신해 만남을 거절하도록 하라. 나는 지금 천하의 일에 바쁘기 때문에 선비를 볼 여유가 없다고 말하도록 하라."

사자가 이에 밖으로 나와서 역생에게 사절의 뜻을 전했다.

"패공께선 선생께 정중히 거절하며 사과하라고 하셨습니다. 지금은 천하의 대사에 바쁘기 때문에 선비를 만날 여유가 없습니다."

그러자 역생은 눈을 부릅뜨고 검을 움켜쥐더니 호령했다.

"다시 들어가 봐라! 다시 들어가서 패공께 나는 고양의 술꾼이지 선비가 아니라고 전하라!"

사자는 두려움에 명함을 떨어뜨렸다가 허리를 굽혀서 그 명함을 주워 든 뒤 다시 들어가 다음과 같이 아뢰었다.

"바깥에 와 있는 손님은 천하의 장사입니다. 저를 질책했는데 두려워서 명함을 떨어뜨릴 정도였습니다. 그 손님은 '다시 들어가 봐라! 다시 들어가서 나는 고양의 술꾼이라고 여쭈어라!' 하고 말했습니다."

그러자 패공은 맨발로 창을 잡고서 말했다.

"그 손님을 맞이하여 들이라!"

역생은 들어오자 패공에게 읍을 하고서 이렇게 말했다.

"고생이 많으십니다. 옷을 따가운 햇볕에 쏘이면서 고생고생하여 군대를 이끌고 초나라를 도와 불의한 군주를 정벌하는데 어찌하여 흔쾌히 인재를 맞지 않으시는지요? 그리고 신이 천하의 큰일에 대한 계책을 가지고 뵈려고 했는데 '나는 지금 천하대사로 바쁘기 때문에 선비를 만나볼 여유가 없다'라고 말씀하시다니! 당신은 천하의 큰일을 일으켜서 큰 공을 세우려 하면서 사람의 생김새만 가지고 그 사람을 평가하여 천하의 재주 가진 선비를 놓칠 것입니다. 제 생각으로는 당신의 지혜가 저보다 못하고, 당신의 용맹도 저보다 못합니다. 당신이 천하를 도모한다면서 나를 만나지 않는다면 이는 인재를 잃는 것이 될 것입니다."

이 말을 듣고 패공은 사과했다.

"앞서는 선생의 생김새에 대해 들었고, 지금은 선생의 포부에 대하여 직접 들었습니다."

그리고 역생을 맞아들여 자리에 앉히고서 천하를 취할 수 있는 방도에 대하여 물었다. 역생은 이렇게 말했다.

"당신이 큰 공을 이루고자 하신다면 진류 땅에 머무는 것보다 나은 계책이 없습니다. 진류는 천하의 요충지로 군대가 모이는 곳이며, 수십만 석의 곡식을 저장하고 있는 곳이기도 하여, 성에 대한 수비가 대단히 견고합니다. 신은 평소부터 진류의 현령과 잘 아는 사이이므로 당신을 위하여 그를 설득하여 보겠습니다. 그러나 그가 신의 말을 듣지 아니하면 신은 그를 죽이고서라도 진류를 함락시키도록 하겠습니다. 그러니 당신은 진류의 군대를 거느리고, 진류의 성에 웅거하여 진류에 쌓인 곡식을 군량미로 천하의 군사를 모집하십시오. 당신을 따르려는 군사가 많으면 천하에 횡행하더라도 당신을 해칠 수 있는 사람은 아무도 없을 것입니다."

패공은 이 말을 듣고 말했다.

"삼가 선생의 가르침대로 따르겠습니다."

이리하여 역생은 밤을 틈타 진류의 현령을 만나서 그를 다음과 같이 설득했다.

"진나라는 천도에 어긋난 정치를 하여 천하가 반기를 들고 있소. 지금 당신이 천하의 대세에 따른다면 큰 공을 성취할 수 있을 것이오. 그러나 당신 혼자 망해 가는 진나라를 위해 성을 굳게 지킨다면 신은 당신을 위하여 생각해 보건대, 대단히 위태로운 일이라고 생각합니다."

그러자 진류의 현령은 다음과 같이 말했다.

"진나라의 법은 너무도 엄중하니 함부로 망령된 말을 할 수가 없는 것이오. 그리고 함부로 망령된 말을 하는 사람은 그 집안을 모두 죽이므로 나는 선생의 말에 따를 수 없소. 선생이 나에게 가르쳐 준 것은 신의 뜻한 바가 아니므로 다시는 이 같은 말을 마시오."

역생은 그곳에 머물러 자다가 한밤이 되자 진류 현령의 머리를 베어 가지고 성을 내려와 패공에게 그 사실을 알렸다. 그러자 패공은 군사를 이끌고 성을 공격했다. 패공은 진류 현령의 머리를 긴 장대 위에 매달아 성 위에 있는 사람에게 보이면서 이렇게 말했다.

"빨리 항복하라! 너희 현령의 머리는 이미 베어 버렸다. 지금부터 뒤늦게 항복하는 사람은 반드시 먼저 참수할 것이다!"

진류성 사람들은 현령이 벌써 죽은 것을 알고서 서로 앞을 다투어서 패공에게 항복했다. 패공은 진류의 남쪽 성문 위에 주둔한 채 진류의 물자와 군사를 이용하고, 저장하여 놓은 식량을 먹으며 3개월 동안 진류에 머물면서 군사를 모집해 수만 명의 군사를 얻었다. 그래서 드디어 함곡관에 들어가 진나라를 격파할 수 있었다.

태사공은 말한다.

"역생의 일생에 대하여 쓸 세상의 전기에서는 대개 한나라 왕이 이미 삼진을 함락시킨 뒤 동진하여 항우를 공격하여 공과 낙양 사이에서 군대를 지휘하고 있을 무렵에 역생이 선비의 옷을 입고서 한나라 왕에게 유세했다고 하는데, 이것은 잘못된 기록이다. 패공은 함곡관 안에 들어가기 전에 항우와 결별하고 고양에 이르러서 역생 형제를 휘하에 두었던 것이다. 내가 《신어新語》라는 책 열두 편을 읽어 보니 역생은 과연 그 시대의 변사라고 할 수 있었다. 나는 평원군의 아들과 잘 아는 사이였기에 그의 사적에 대해 덧붙여서 서술했다."

역사상 뛰어난 변설가였던 역생, 육고, 평원군의 이야기다. 변설이란 '말을 잘 하는 재주'인데 오늘날에도 '화술'은 성공의 중요한 필요 덕목이기도 하다. 선비를 싫어하는 오만한 패공을 꺾어 넘긴 역생의 화술은 단연 돋보이는 대목이다. 좀체 움직이지 않을 것 같은 사람을 마음을 움직이는 것은 무력이 아니라 세 치 혀에서 나오는 말이라는 것이 놀랍고도 경이롭다. 한나라 고조에게 '말 타고 천하를 얻었다 하여 말 타고 천하를 다스릴 수는 없다'라고 가르친 육고의 말에서 권력을 얻는 것은 힘이지만, 지키는 것은 인이 아닐까 조심스럽게 생각해 본다.

# 【 관중 · 안자 열전 】

관중管仲 이오夷吾는 영수頴水 기슭에 살던 사람이다. 젊었을 때부터 포숙아鮑叔牙와 사귀었는데, 포숙은 그가 보통 사람이 아니란 것을 알아보았다. 관중은 가난했기 때문에 종종 포숙을 속였다. 그러나 포숙은 언제나 관중을 좋게만 대했을 뿐, 그에 대해서는 눈감아 주었다.

얼마 뒤에 포숙은 제나라 공자 소백小白을 섬기게 되었고, 관중은 공자 규糾를 섬기게 되었다. 소백이 즉위하여 환공桓公이 되자 왕권 다툼에 패한 규는 죽고 관중은 옥에 갇혔다. 그러자 포숙은 관중을 환공에게 천거했다. 관중이 등용되어 제나라의 정치를 맡게 되자 제나라 환공이 패자霸者가 되었다. 여러 제후들을 아홉 차례나 불러 모아 천하를 바로잡은 것도 모두 관중의 지략 덕분이었다.

관중은 출세한 뒤에 이렇게 말했다.

"나는 가난한 시절, 포숙과 함께 장사를 했다. 이익을 나눌 때마다 나는 더 많은 몫을 챙겼다. 하지만 포숙은 나에게 욕심쟁이라고 말하지 않았다. 내가 가난한 것을 알았기 때문이다. 한번은 내가 포숙을 위해 어떤 일을 꾸미다가 실패해 더욱 곤궁해졌다. 그러나 포숙은 나를 어리석다고 나무라지 않았다. 때에 따라 사람이 이로울 수도 있고 불리할 수도 있다는 것을 알고 있었기 때문이다. 내가 일찍이 세 차례나 벼슬길에 나갔다가 세 번 다 임금에게 쫓겨났지만 포숙은 나에게 못난이라고 비웃지 않았다. 내가 아직 때를 만나지 못했음을 알고 있어서였다. 또 나는 세 번 싸우러 나갔다가 세 번 달아났지만 포숙은 나더러 겁쟁이라고 욕하지 않았다. 내게 늙으신 어머님이 계시다는 것을 알았기 때문이다. 공자 규가 왕권 다툼에서 패했을 때에 동료인 소홀은 싸우다 죽고 나만 산 채로 감옥에 갇혀 치욕을 받았지만, 포숙은 나더러 부끄러움을 모르는 놈이라고 야단치지 않았다. 내가 임금을 따라 죽어야 할 하찮은 절개를 부끄러워하기보다는 공명을 천하에 떨치지 못하는 것을 부끄러워하는 줄 알았기 때문이다. 나를 낳아 준 이는 부모님이지만 나를 알아준 이는 포숙이다."

관중은 제나라 재상이 되어 정치를 맡게 되었다. 제나라는 바닷가에 자리 잡고 있어 힘이 약한 나라였지만 해산물을 팔아 재물을 쌓고, 나라 살림을 넉넉하게 만들고 군비를 튼튼히 갖춰 나갔다. 그리고 백성과 더불어 즐거움과 괴로움을 함께 나누었다.

그가 지은 《관자管子》에는 이런 구절이 있다.

"백성은 창고가 가득 차야만 예절을 알고 옷과 밥이 넉넉해야만 영화와 치욕을 안다. 윗사람이 법도를 지키면 육친六親이 굳게 결합된다. 예의와 염치가 없으면 나라가 망한다. 한번 명령을 내리면 마치 물이 낮은 곳으로 흐르듯 민심이 따르게 해야 한다."

그러므로 나라에서 의논하는 정책을 낮추어서 백성들이 쉽게 행할 수 있도록 했다. 백성들이 바라는 것은 그대로 들어주었고, 백성들이 싫어하는 것은 없앴다.

그가 정치를 하는 방법은 화가 될 일을 잘 이용해 복이 되게 하고, 실패를 돌이켜서 성공으로 만드는 것이었다. 그는 일의 가볍고 무거움을 잘 비교하여 균형을 얻는 데 힘을 썼다.

예를 들면 환공이 소희(少姬, 채나라 사람으로 환공의 후궁. 뱃놀이에서 환공을 놀라게 한 죄로 채나라로 쫓겨 갔다. 채나라에서는 소희를 다른 나라로 다시 시집보냈다.)의 일 때문에 몹시 화가 나서 채나라를 공격했을 때 관중은 여세를 몰아 초나라까지 함께 쳤다. 마침 초나라가 주나라 왕실에 공물인 띠풀 묶음을 바치지 않았기 때문에 잘못을 따진다는 명분을 세운 것이다. 또 환공이 북쪽 산융山戎을 치자 관중은 그 걸음에 연燕나라에 압력을 가해 그 조상인 소공召公의 정치를 부활시켰다. 또 가柯의 회의에서 환공이 조말曹沫에게 강요받은 약속을 어기려 하자 관중은 화를 복으로 돌리기 위해 환공에게 약속을 지키게 했다. 조말은 노나라 사람으로 제나라와 싸웠으나 세 번 싸워 세 번 패하고 노나라 땅을 빼앗겼다. 그러나 강화회의 석상에서 조말은 비수로 제나라 환공을 위협하여 500리의 땅을 되돌려주겠다는 약속을 받아냈다. 환공이 이 약속을 어기려 하자 관중이 나서서 되돌려주게 한 것이다. 제후들은 환공이 약속을 실천하는 것을 보고 더욱 제나라를 믿고 따랐다. 그래서 정치의 요체란 '주는 것이 곧 가지는 것'이라는 말이 생겼다.

관중의 재산은 제나라 왕실과 맞먹을 정도였다. 삼귀(三歸, 이성의 세 여인을 거느리고 각기 살림을 차려 준 집)와 반점(反坫, 제후가 회견할 때 술잔을 바치는 예가 끝나면 술잔을 엎어 놓는 받침)까지 갖췄지만 제나라 사람들은 이것을 사치스럽다고 여기지 않았다. 관중이 죽은 뒤에도 제나라는 그의 정책을 받들어 제후들 가운데 가장 강한 나라가 되었다.

관중이 죽은 후 100여 년 뒤에 안자(晏子)가 나타났다. 안자(晏平仲, 평은 호, 중은 자, 이름은 嬰)는 내(萊)나라 이유(夷維) 사람이다. 제나라 영공(靈公), 장공(莊公), 경공(景公)을 섬기며 절약과 검소한 생활을 힘써 행하여 제나라에서 높이 쓰였다. 제나라 재상이 된 후에도 밥상에 두 가지 고기반찬을 겹쳐 놓지 않았고, 아내도 비단옷을 입지 않았다. 조정에 있을 때에 임금이 말을 걸어오면 겸손하게 대답했고 말을 걸어오지 않으면 몸가짐을 더욱 조심했다. 나라에 도가 있을 때에는 그 명령에 따랐고, 도가 없을 때에는 명령이 올바른 것인지 잘 헤아렸다. 그래서 3대에 걸쳐 제후들 사이에서 이름을 날렸다.

하루는 안자가 길을 가다가 월석보越石父라는 현인이 죄를 짓고 묶여 있는 것을 우연히 보게 되었다. 안자는 자기 수레에 매인 왼쪽 말을 풀어서 그의 속죄금으로 내주고 그를 자기 수레에 태워 돌아왔다. 집으로 돌아온 안자는 아무런 말도 없이 안채로 들어가 버렸다. 잠시 뒤에 월석보가 사람을 시켜 안자에게 절교하기를 청했다. 안자가 깜짝 놀라 의관을 바로 잡고 석보에게 물었다.

"제가 비록 어질지는 못하지만 선생을 어려움에서 구해 드렸습니다. 그런데 선생께서는 어째서 이다지도 성급하게 절교를 하시려 하는지요?"

그러자 석보가 대답했다.

"그렇지 않소. 내가 듣기로 군자는 자기를 모르는 자에게는 자기 뜻을 굽히지만 자기를 아는 자에게는 자기 뜻을 편다고 했소. 내가 죄수로 묶였을 때에 나를 죄준 자는 나를 모르는 자였소. 그러나 재상께서는 내가 죄 없음을 깨닫고 내 죗값을 내어 풀어 주셨으니 그게 바로 나를 알아주신 것이오. 그런데 나를 알아주고도 예의를 차리지 않는다니 차라리 죄수로 묶여 있는 것보다 못하오."

안자는 그제야 말을 알아듣고 석보를 안채로 모시고 상객으로 대우했다.

또 하루는 안자가 외출을 준비하고 있었다. 그런데 마부의 아내가 문틈으로 자기 남편의 모습을 엿보았다. 남편은 안자의 마부였다. 마부는 커다란 햇빛 가리개를 받쳐 들고 네 마리의 말에 채찍질을 하면서 아주 흐뭇한 얼굴로 의기양양해했다. 얼마 뒤에 마부가 외출에서 돌아오자 아내는 이혼을 청했다. 남편이 까닭을 묻자 아내는 이렇게 대답했다.

"안자는 키가 6척도 못되지만 그 몸으로 제나라 재상이 되어 제후들 가운데 이름을 날리더군요. 아까 그가 외출하는 모습을 보니 생각이 깊은데다 언제나 남에게 겸손하게 굽디다. 그런데 당신은 키가 8척이나 되면서도 남의 마부 노릇이 대단하거나 한 것처럼 의기양양하더이다. 내가 그걸 보고서 이혼하려는 거라오."

이 말을 들은 마부는 스스로 행동을 억제하며 겸손하게 살았다. 안자가 이상히 여겨 물어보자 마부가 사실대로 말했다. 안자는 그 마부를 조정에 천거하여 대부로 삼았다.

태사공은 말한다.

"나는 관중이 쓴 책《목민牧民》,《산고山高》,《승마乘馬》,《경중輕重》,《구부九府》의 여러 편과《안자춘추晏子春秋》를 읽어 보았는데, 그 내용이 아주 자세했다. 그의 저서를 보고 난 뒤에 그가 행한 사적까지 살펴보고 싶었으므로 여기에 그의 열전을 지은 것이다. 그의 저서에 대해서는 세상에 많이 이야기가 되었으므로 여기서 다시 논하지 않고 잘 알려지지 않은 이야기만을 말했다.

관중은 세상에서 흔히 말하는 어진 신하였지만 공자는 그를 소인이라고 했다. 주나라 왕실이 쇠미해진 것을 보고 현명한 임금인 환공을 도와 어진 왕자(王者)가 되도록 힘쓰지 않고 패자(霸者)의 이름에만 그치게 한 것 때문이 아니겠는가. '좋은 점을 더욱 길러 주고 나쁜 점을 바로잡아 주면 윗사람과 아랫사람이 서로 친근해진다'라는 말이 있는데, 바로 관중의 경우일 것이다.

 안자는 제나라 장공이 반역한 신하에게 죽임을 당했을 때에 그 시체 앞에 엎드려 통곡했다. 그러나 그 예를 마친 다음에는 반역한 신하를 치지도 않고 그대로 가 버렸다. 그렇다면 안자야말로 의를 보고도 행하지 않은 비겁자였던 것일까? 그러나 그가 임금에게 충성을 다해 간할 적에 조금도 임금에게 겁먹지 않았던 것을 본다면 그야말로 '나아가서는 충성을 다할 것을 생각하고 물러나서는 허물을 고칠 것을 생각한다'라는 마음가짐의 소유자가 아니었을지. 만약 안자가 오늘날 살아 있다면 나는 그의 마부가 되는 것을 부끄러워하지 않을 만큼 그를 흠모한다."

우정의 대명사인 관포지교는 관중과 포숙아의 우정을 말한다. 포숙아는 관중을 알아보고 오랫동안 그의 허물을 눈감아 주었다. 제나라 양공이 피살된 후 소백과 규는 서로 왕이 되기 위해 다투었다. 관중은 규를 섬겼고, 포숙은 소백을 섬겼다. 결국 소백이 왕이 되었으니, 그가 바로 환공이다. 그러나 환공은 옛 원수인 관중을 재상으로 받아들였다. 물론 포숙이 천거하긴 했으나 이는 환공이 사람 보는 눈이 있었기 때문이다. 덕분에 환공은 제나라의 패자가 될 수 있었다.

안자는 겸손의 미덕을 행한 인물이다. 덕분에 제나라의 세 임금을 연달아 섬기며 나라를 중흥시킬 수 있었다. 실력을 갖추는 것 못지않게 중요한 것이 바로 사람 보는 눈과 겸손한 마음이다.

# 【 손자 · 오기 열전 】

제나라 사람인 손무(孫武)는 병법에 뛰어났다. 그는 오나라 왕 합려(闔廬)에게 부름을 받았다. 합려가 손무에게 물었다.

"그대가 지은 열세 편의 병서는 내가 모두 읽어 보았소. 군대를 한번 지휘해 보일 수 있겠소?"

"좋습니다."

"여자들로도 해 볼 수 있겠소?"

"괜찮습니다."

손무가 대답하자 합려는 궁녀 180명을 불러들였다. 손무는 그들을 두 편으로 나누고 오나라 왕이 사랑하는 궁녀 두 사람을 각 편의 대장으로 삼았다. 그리고 모든 궁녀들에게 창을 쥐게 하고 이렇게 물었다.

"여러분은 자기의 가슴과 왼쪽, 오른쪽의 손과 등을 알고 있는가?"

"알고 있습니다."

그러자 손무가 다시 말했다.

"'앞으로!' 하고 호령하면 가슴 쪽을 보고, '좌로!' 하면 왼손 쪽을 보라. '우로!' 하면 오른손 쪽을 보라. '뒤로!' 하면 등 뒤쪽을 보도록 하라."

"알겠습니다."

손무는 이렇게 설명한 뒤 군법으로 사람을 죽일 때 쓰는 도끼를 세워 둔 채, 몇 번이나 되풀이해서 군령을 내렸다. 그러나 궁녀들은 크게 웃기만 했다.

"군령이 분명치 못하고 호령에 익숙해지도록 거듭하지 않은 것은 장수의 죄이다."

손무는 이렇게 말하고 다시 군령을 설명한 후 북을 치면서 호령했다. 그러나 궁녀들은 여전히 웃기만 했다. 그러자 손무가 말했다.

"군령이 분명치 못하고 호령에 익숙해지도록 거듭하지 않은 것은 장수의 죄이지만, 이미 군령이 분명히 전달되었는데도 병졸들이 병법대로 움직이지 않는 것은 대장의 죄이다."

그러고는 두 편의 대장의 목을 베려 했다. 누대 위에서 앉아서 이 장면을 지켜본 오나라 왕은 자신이 사랑하는 궁녀들의 목을 베려는 것을 보고 급히 사람을 보내 명을 내렸다.

"과인은 이미 장군이 용병에 뛰어나다는 것을 알았소. 과인은 이 두 궁녀가 없으면 밥을 먹어도 맛을 알 수가 없으니 부디 그들의 목숨만은 살려 주시오."

그러나 손무는 이렇게 거절했다.

"신은 이미 왕명을 받아 장수가 되었습니다. 장수가 군대에 있을 때는 왕의 명이라도 받들지 않는 경우가 있습니다."

그러고는 두 대장의 목을 벤 후 궁녀에게 돌려 가며 보게 했다. 그리고 그들 다음으로 왕의 총애를 받는 궁녀를 뽑아 대장으로 삼고 다시 북을 치면서 호령했다. 그러자 궁녀들은 좌로, 우로 다시 앞으로, 뒤로 앉았다가 일어서는 것까지 자로 잰 듯이 정확하게 호령에 잘 따랐으며 아무런 불평도 하지 않았다. 손무는 사람을 보내 오나라 왕에게 전했다.

"군대는 이미 잘 갖추어졌습니다. 왕께서는 내려오시어 시험해 보십시오. 왕께서 쓰고자 한다면 그들은 물불 가리지 않고 달려들 것입니다."

그러나 오나라 왕은 이렇게 말했다.

"장군은 훈련을 마치고 그만 숙소로 돌아가시오. 과인은 내려가 보고 싶지 않소."

그러자 손무가 말했다.

"왕께서는 한갓 병법에 쓰여 있는 말만 좋아할 뿐이지, 병법을 사용하지는 못하십니다."

그러자 오나라 왕은 손무의 뛰어난 용병술을 인정하고 그를 장군으로 삼았다. 그 뒤 오나라가 서쪽의 강대국인 초나라를 무찔러 수도 영郢을 차지하고 북쪽으로 제나라와 진晉나라를 위협해 제후들 사이에서 이름을 떨친 데에는 손무의 힘이 컸다.

손무가 세상을 떠난 지 100여 년쯤 뒤에 손빈孫臏이 세상에 나타났다. 손빈은 제나라의 아읍阿邑과 견읍鄄邑 사이에서 태어났는데 손무의 후손이었다. 손빈은 일찍이 방연龐涓과 함께 병법을 배웠다.

방연은 위魏나라에서 벼슬을 해 혜왕惠王의 장군이 되었다. 방연은 손빈의 실력이 자신보다 낫다고 생각하고 몰래 사람을 보내 손빈을 불러왔다. 손빈이 찾아오자 방연은 그가 자기보다 현명한 것을 두렵게 생각하고는 미워했다. 그래서 그에게 죄를 뒤집어 씌워 그 벌로 두 다리를 자르고 이마에 먹 글씨를 새겨 넣었다. 그렇게 하면 손빈이 세상에 나오지 못하고 평생 숨어 살 것이라고 생각한 것이다.

그 뒤 제나라 사신이 위나라를 방문했다. 손빈은 몰래 사신을 만나 설득했다. 제나라 사신은 그를 대단한 사람이라 생각하고 자기 수레에 몰래 태워 함께 제나라로 왔다. 제나라 장군 전기田忌는 손빈의 재능을 알아보고 빈객으로 대우해 주었다.

전기는 제나라의 여러 공자들과 마차를 몰아 승부를 짓는 돈내기를 좋아했다. 어느 날 손빈이 살펴보니 그 말들의 달리는 속도에는 별 차이가 없었는데 상, 중, 하 세 등급으로 나뉘어 있는 것을 보았다. 손빈은 전기에게 이렇게 말했다.

"장군께서는 내기를 좋아하시니 제가 장군을 이기도록 해 드리겠습니다."

전기가 손빈의 말을 믿고 왕과 여러 공자들에게 1천 금을 건 내기 마차 경주를 제안했다. 경기가 시작될 무렵 손빈이 말했다.

"장군의 하급 말과 상대방의 상급 말을 겨루게 하고, 장군의 상급 말과 상대방의 중급 말을 겨루게 하며, 장군의 중급 말과 상대방의 하급 말을 겨루게 하십시오."

세 번의 시합이 끝나자 전기는 첫 번째는 지고, 두 번째와 세 번째를 이겨 1천 금을 얻었다. 손빈이 범상치 않음을 알아본 전기는 위나라 왕에게 그를 추천했다. 위나라 왕은 그에게 병법을 묻고는 군사軍師로 삼았다.

그 뒤 위나라가 조趙나라를 공격했다. 조나라는 다급해 제나라에 도움을 요청했다. 제나라 위나라 왕이 손빈을 장군으로 삼으려 하자 손빈은 사양했다.

"형벌을 받은 사람은 장군이 될 수 없습니다."

그래서 전기를 장수로 삼고 손빈을 군사로 삼아 휘장을 친 수레 안에서 작전을 펴도록 했다. 전기가 군대를 몰고 성급하게 조나라로 가려 하자 손빈이 말렸다.

"어지럽게 엉킨 실타래를 풀려면 주먹을 휘둘러서는 안 됩니다. 급소를 치고 빈틈을 찔러 상대방의 형세를 불리하게 만들면 저절로 싸움은 풀리게 됩니다. 위나라와 조나라는 정신없이 싸우고 있습니다. 그래서 날쌘 군사는 반드시 나라 밖으로 싸우러 나가고 위나라 안에는 늙고 병든 자들만 남아 있을 것입니다. 장군께서는 군대를 이끌고 빨리 위나라 수도인 대량으로 달려가시는 것이 좋습니다. 대량을 점령하고 빈틈을 찌르십시오. 그러면 그들은 틀림없이 조나라에 대한 공격을 멈추고 자기 나라를 구하러 들어올 것입니다. 이렇게 되면 우리는 한 번 움직여 조나라의 포위망을 풀어 주고 위나라를 황폐하게 할 수 있습니다."

전기는 손빈의 말을 따랐다. 위나라는 과연 조나라의 수도에서 물러났다. 제나라 군대는 계릉桂陵에서 위나라 군대를 대파했다.

그로부터 13년 뒤, 위나라와 조나라가 한韓나라로 쳐들어갔다. 한나라는 급한 사정을 제나라에 알렸다. 제나라에서는 전기를 장수로 삼아 곧장 대량으로 달려가게 했다. 위나라 장수 방연은 그 소식을 듣자마자 한나라를 버려 두고 자기 나라로 돌아왔다. 그러나 이미 위나라 국경을 넘어선 제나라 군대는 계속 서쪽으로 진격해 갔다. 손빈은 전기에게 말했다.

"저 삼진三晉의 군사들은 본래 사납고 용맹스러워 제나라를 깔보고 있으며 제나라 군사를 겁쟁이라고 부릅니다. 전쟁을 잘하는 사람은 주어진 형세를 이용해 자기에게 유리하도록 이끌어야 합니다.

병법에 '이익에 팔려 100리나 달려가는 군대는 그 상장군을 죽게 만들고, 이익에 팔려 50리를 달려가는 군대는 반만이 도착한다'라고 했습니다. 제나라 군대가 위나라 땅에 들어선 첫날은 10만 개의 아궁이를 만드십시오. 이튿날은 5만 개의 아궁이를 만드십시오. 또 그다음 날은 3만 개의 아궁이를 만드십시오."

방연은 제나라 군대를 뒤쫓은 지 사흘째가 되자 기뻐하며 이렇게 말했다.

"나는 처음부터 제나라 군대가 겁쟁이인 줄 알고 있었지만 우리 땅에 들어온 지 사흘 만에 도망간 병사가 벌써 절반도 넘는구나."

그래서 방연은 보병은 떼놓고 정예병만 이끌고 행군 속도를 배나 빠르게 하여 제나라 군대를 뒤쫓았다. 손빈이 그들의 행군 속도를 헤아려 보니 저녁이면 마릉(馬陵)에 도착할 듯했다. 마릉은 길이 좁은데다 양쪽은 험난하고 막힌 곳이 많아 복병을 숨겨 두기에 안성맞춤이었다. 손빈은 큰 나무의 껍질을 벗겨 내고 만든 흰 부분에 이렇게 써 놓았다.

"방연은 이 나무 아래에서 죽는다."

그러고는 제나라 군사 가운데 활을 잘 쏘는 장수를 뽑아 1만 개의 쇠뇌를 준비해 길 양쪽에 숨어 있게 한 다음 이렇게 말했다.

"밤에 불빛이 보이거든 일제히 쇠뇌를 쏴라!"

밤이 될 무렵 손빈이 예측한 대로 방연이 도착했다. 그는 흰 부분에 씌어 있는 글씨를 발견하고는 불을 밝혀 비추어 보았다. 방연이 미처 그 글을 다 읽기도 전에 제나라 군사들은 한꺼번에 쇠뇌를 쏘아 댔다. 위나라 군사들은 우왕좌왕하며 뿔뿔이 흩어졌다. 방연은 자신의 지혜가 모자라 싸움에 진 것을 알고 스스로 자결하며 탄식했다.

"끝내 어린애 같은 놈의 이름을 떨치게 만들었구나."

제나라 군사들은 승리의 기세를 몰아 위나라 군사를 전멸시키고 위나라 태자 신(申)을 사로잡아 돌아왔다. 손빈은 이 승리로 이름을 천하에 알렸고 그의 병법도 세상에 전해지게 되었다.

오기(吳起)는 위(衛)나라 사람인데 병사를 다루는 기술이 뛰어났다. 일찍이 증자(曾子)에게 학문을 배우고 노(魯)나라 임금을 섬겼다. 제나라 군대가 노나라를 공격하자 노나라에서는 오기를 장수로 삼으려 했으나 오기의 아내가 제나라 여자였기 때문에 미심쩍어 했다. 오기는 이 기회를 잡아 이름을 날리고 싶었으므로 끝내 아내를 죽여 자신이 제나라 편이 아니라는 것을 밝혔다. 노나라에서는 결국 그를 장수로 삼았고 그는 군사를 거느리고 제나라를 공격해 크게 이겼다. 그러나 노나라 사람 가운데는 오기를 헐뜯는 사람도 있었다.

"오기는 시기심이 많고 잔인하다. 그가 젊었을 때 그의 집에는 수천금이 있었다. 그러나 그가 벼슬을 구하러 돌아다니다가 가산만 탕진하고 빈손으로 돌아오자 마을 사람들이 그를 비웃었다. 그는 자기를 비웃은 사람 30여 명을 죄다 죽이고 동쪽을 향해 위나라 성문을 나서면서 어머니에게 하직 인사를 했다. 그때 그는 자신의 팔을 물어뜯으면서 '제가 경卿이나 재상이 되기 전에는 위나라로 돌아오지 않겠습니다'라고 맹세했다. 그러고 나서 증자를 섬겼는데 어머니가 죽었다는 소식을 들어도 끝내 돌아가지 않았다. 증자가 그 행동을 박정하게 여기고 제자로 삼는 것을 거절했다. 그래서 그는 노나라로 온 것이고 병법을 배워 노나라 임금을 섬기게 된 것이다. 노나라 왕이 자기를 의심하자 자기의 아내까지 죽여 장군 벼슬을 얻었다. 원래 노나라는 작은 나라인데 전쟁에 이겼다고 이름이 났으니 제후들의 공격 표적이 될 것이다. 게다가 노나라와 위나라는 형제의 나라인데 우리 나라가 오기를 등용했으니 이는 곧 위나라를 저버리는 것이다."

이런 소문을 들은 노나라 왕은 오기를 탐탁지 않게 여겨 내쳤다. 오기는 위나라 문후文候가 현명하다는 소문을 듣고 그를 섬기려 했다. 문후가 이극李克에게 물었다.

"오기는 어떤 사람이오?"

"그는 재물을 탐내고 여색을 좋아합니다. 그러나 용병술에 있어서만큼은 사마 양저도 따라갈 수가 없을 정도입니다."

문후는 그를 장군으로 삼았다. 오기는 진秦나라를 쳐서 성 다섯 개를 함락시켰다.

오기는 장군이 되고 나서도 가장 낮은 병졸과 마찬가지로 입고 먹었다. 누울 때도 자리를 깔지 않았고, 다닐 때에도 수레를 타지 않았다. 자기가 먹을 양식까지 직접 싸들고 다니며 병졸들과 괴로움을 함께했다. 병졸 가운데 등창이 난 사람이 생기자 오기는 직접 그 고름을 입으로 빨아냈다. 그 병졸의 어머니가 그 소식을 듣고 통곡했다. 어떤 사람이 그 까닭을 물었다.

"당신 아들이 병졸인데도 장군께서 친히 입으로 그 고름을 빨아 주었소. 그런데 어째서 그토록 슬피 우는 것이오?"

그러자 병졸의 어머니가 대답했다.

"그런 게 아닙니다. 지난해에 오 장군이 그애 아비의 고름을 빨아 준 적이 있는데 그 아비가 싸움터에 나가 돌아서지 않고 싸우다 결국 죽었습니다. 오 장군이 이번에는 아들놈의 고름까지 빨아 주었으니 저는 아들이 언제 어디서 죽을지 알 수가 없게 되었습니다. 그래서 우는 거랍니다."

문후는 오기가 병사를 다루는 일에 뛰어나고 청렴할 뿐만 아니라 공정하여 병사들의 마음을 얻고 있는 것을 알았으므로 그를 서하西河 태수로 삼아 진秦나라와 한韓나라의 군사를 막게 했다.

문후가 세상을 뜬 후 오기는 그 아들 무후武侯를 섬겼다. 무후가 서하에 배를 띄우고 내려가다가 중류에서 오기를 돌아보며 말했다.

"아름답구려. 산하의 험난함이여. 이 험난한 산하야말로 위나라를 지켜 주는 보배구려."

그러자 오기가 말했다.

"나라의 보배는 임금의 덕에 있지, 험난한 산하에 있는 것이 아닙니다. 옛날 삼묘씨三苗氏는 동정호를 왼쪽에 끼고 팽려의 험난한 땅을 오른쪽에 끼고 있었지만 덕과 의를 닦지 않았기 때문에 우임금이 그들을 멸망시켰습니다. 하나라 걸왕桀王이 살던 곳은 황하와 제수濟水를 왼쪽에 끼고, 태산泰山과 화산華山이 오른쪽에 있으며, 이궐산이 그 남쪽에 있고, 양장羊腸이 그 북쪽에 있지만 어진 정치를 베풀지 않아 은나라의 탕湯임금에게 내쫓겼습니다. 또 은나라 주왕紂王은 맹문산이 왼쪽에 있고 태행산이 오른쪽에 있으며 상산이 북쪽에 있고 황하가 남쪽으로 지나지만 덕망 있는 정치를 하지 않아 무왕武王이 그를 죽였습니다. 이런 옛일을 보면 나라의 보배는 임금의 덕에 있는 것이지 험난한 산하에 있는 것이 아닙니다. 만약 임금께서 덕을 닦지 않는다면 이 배 안에 있는 사람들도 모두 적으로 변하게 될 것입니다."

무후가 말했다.

"옳은 말이오."

오기가 서하의 태수가 되자 명성이 훨씬 높아졌다. 그러나 위나라에서 새로 재상의 자리를 만들었는데 전문田文을 재상으로 삼았다. 오기가 못마땅히 여겨 전문에게 물었다.

"그대와 공로를 비교하고 싶은데 어떻소?"

"좋소."

그러자 오기가 물었다.

"삼군의 장수가 되어 사졸들로 하여금 나라를 위해 기꺼이 죽게 하며 또 적국이 감히 우리 위나라를 넘볼 수 없게 하는 점에 이어서 그대와 나 가운데 누가 더 낫겠소?"

"내가 그대만 못하오."

"백관을 다스리고 만민을 친애하게 하며 나라의 창고를 충실하게 하는 점에 있어서는 그대와 나 가운데 누가 더 낫겠소?"

"내가 그대만 못하오."

"서하를 지켜 진나라 군사가 감히 동쪽으로 향해 오지 못하게 하고 한나라와 조나라를 복종하게 하는 점에 있어서는 그대와 나 가운데 누가 더 낫겠소?"

"내가 그대만 못하오."

"이 세 가지 점에 있어서 그대는 모두 나만 못하오. 그런데도 나보다 벼슬이 높아졌으니 어찌 된 일이오?"

그러자 전문이 대답했다.

"임금이 아직 어려서 온 나라가 불안해하고 대신들이 따르지 않으며 백성들도 믿지 않고 있소. 이런 때에 재상 자리를 그대에게 맡기겠소? 아니면 내게 맡기겠소?"

오기가 잠자코 생각하다가 한참 뒤에 대답했다.

"그대에게 맡기겠지요."

"이게 바로 내가 그대보다 윗자리에 앉게 된 까닭이라오."

그제야 오기는 자기가 전문보다 못하다는 것을 깨닫게 되었다.

전문이 세상을 뜨자 공숙公叔이 재상이 되었다. 공숙은 위나라 공주에게 장가까지 들었기 때문에 오기는 그를 불편해했다. 어느 날 공숙의 하인이 말했다.

"오기를 간단히 내쫓을 수 있습니다."

"어떻게 하면 되겠느냐?"

"오기는 지조가 있고 청렴하며 명예를 소중히 여깁니다. 먼저 상공께서 무후와 만나 '오기는 현명한 사람입니다. 그런데 우리 나라는 작은데다 강한 진나라와 국경을 맞대고 있습니다. 신은 오기가 위나라에 마음을 붙이지 않을까 봐 걱정됩니다'라고 말하십시오. 그러면 임금께서는 어찌하면 좋겠냐고 물을 것입니다. 그러면 상공께서는 '시험 삼아 공주를 그에게 시집보낸다고 해 보십시오. 그가 우리 나라에 머물 생각이 있으면 반드시 공주를 받아들일 것이고 그렇지 않다면 사양할 테지요. 이것으로 그의 마음을 점쳐 보십시오'라고 말하면 됩니다. 그러고 나서 상공께서는 오기를 초대해 함께 댁으로 돌아오신 후에 공주에게 성내며 상공을 모욕하라 하십시오. 그런 무례한 모습을 오기가 본다면 그는 반드시 임금의 부마되기를 사양할 것입니다."

하인의 말처럼, 오기는 공주가 위나라 재상을 천대하는 모습을 보고 위나라 무후에게 부마 되기를 사양했다. 그러자 무후도 그를 믿지 않게 되었다. 오기는 화를 입을까 두려워 결국 위나라를 떠나 초나라로 갔다.

초나라 도왕(悼王)은 오기가 현명하다는 말을 자주 들어 왔으므로 그가 도착하자마자 초나라의 재상으로 삼았다. 오기는 법령을 정비하고 불필요한 관직을 정리했으며 왕실과 촌수가 먼 왕족들의 녹봉을 없애고 그 재원으로 군사를 길렀다. 그는 강병책을 내세움으로써 합종合從과 연횡을 주장하는 유세객들을 물리쳤다. 그리하여 남쪽으로는 백월百越을 평정하고 북쪽으로는 진陳나라와 채蔡나라를 합병했다. 삼진三晉을 물리치고 서쪽으로 진秦나라를 쳤다. 제후들은 초나라가 강해지는 것을 두려워했다.

예전에 초나라 귀족들은 모두들 오기를 해치려고 기회를 엿보고 있었다. 그러다 도왕이 죽자 왕족과 대신들은 난을 일으켜 오기를 공격했다. 궁지에 몰린 오기는 도왕의 시체가 있는 곳으로 달아나 그 위에 엎드렸다. 뒤쫓던 무리들이 화살을 쏘아 오기를 죽이자 도왕의 시신에도 화살이 꽂혔다. 도왕을 장사지낸 다음 태자가 즉위하자 영윤令尹에게 명해 오기를 활로 쏘고 도왕의 시체에까지 화살을 쏜 자들을 모두 목 베어 죽이도록 했다. 오기를 쏜 일에 연루되어 멸족의 화를 당한 집안은 70여 집안이나 되었다.

태사공은 말한다.

"세상에서 병법을 논하는 사람이라면 모두 《손자》 열세 편과 오기의 《병법》에 대해 거론한다. 이 두 권의 책은 많이 알려져 있으므로 서술하지 않고 그들이 활동한 행동을 기록했다. 옛말에 '실천을 잘하는 사람이 꼭 말을 잘하는 것은 아니며, 말을 잘하는 사람이 반드시 실천을 잘하는 것은 아니다'라고 했다. 손자가 방연을 해치운 계략은 실로 절묘했지만 그에 앞서 다리가 잘리는 형벌을 당하는 재앙을 막지는 못했다. 오기도 무후에게는 험난한 지형보다는 임금이 덕을 닦는 것이 낫다고 말했지만 초나라에서는 인정사정없이 개혁하다가 목숨을 잃었으니 슬픈 일이구나."

    무력만으로는 좋은 장수가 될 수 없다. 장수의 다섯 가지 덕목으로 지혜, 믿음, 사랑, 용기, 엄명을 이야기하는데 지혜는 훌륭한 전략, 믿음은 신상필벌, 사랑은 사병에 대한 관심과 애정, 용기는 용맹함 그리고 엄명은 군기를 가리킨다.

  오기는 부하의 종기를 직접 입으로 빨아 낼 정도로 병졸들을 아꼈고, 손무는 그 자리에서 임금이 사랑한 궁녀의 목을 벰으로써 군기를 잡았고, 손빈은 훌륭한 전략으로 전쟁을 승리로 이끌어 좋은 장수의 반열에 올랐다. 이런 덕목을 갖추지 못했다면 비록 병법을 익혔다고는 하더라도 최고의 용병술을 가졌다 할 수는 없을 것이다.

## 【 장의 열전 】

장의張儀는 위魏나라 사람이다. 일찍이 소진과 함께 귀곡선생을 스승으로 섬기면서 합종과 연횡술을 배웠는데, 소진은 스스로 장의를 따르지 못한다고 생각했다.

장의는 귀곡선생에게 다 배우고 나서, 제후들을 찾아다니며 유세遊說했다. 한번은 초나라 재상과 함께 술을 마셨는데, 얼마 뒤에 초나라 재상이 구슬을 잃어버렸다. 재상의 집에 있던 사람들이 장의를 의심하면서 이렇게 말했다.

"장의가 가난하고 행실이 좋지 않으니, 반드시 이 사람이 재상의 구슬을 훔쳤을 것입니다."

그러고는 함께 장의를 잡아다가 수백 대의 매를 때렸다. 그래도 장의가 훔치지 않았다고 하자 풀어 주었다. 장의의 아내가 말했다.

"가엾구려. 당신께서 글을 읽어 유세하지 않았더라면, 어찌 이러한 모욕을 당했겠소?"

장의가 말했다.

"내 혀가 아직도 남아 있는지 보아 주시오."

그 아내가 웃으며 말했다.

"혀는 그대로 있소."

"그러면 됐소."

이 무렵 소진은 이미 조왕(趙王)을 설득하여 합종할 것을 약속받았다. 그러나 진나라가 제후들을 치게 되면 제후들이 합종의 맹약을 깨뜨리고 배반하지나 않을까 두려웠다. 아무리 생각해 봐도 진나라에 보낼 만한 사람이 없었다. 그래서 장의에게 사람을 보내 은근히 권유했다.

"당신은 처음에 소진과 사이가 좋았습니다. 지금 소진은 이미 중요한 자리에 올랐습니다. 당신은 어째서 그를 만나 보고 당신의 소원을 이루어 달라고 부탁하지 않으십니까?"

장의가 그 말을 듣고 조나라로 가서 명함을 올리고, 소진에게 만나 보기를 청했다. 소진이 문하의 사람들에게 일러서, 그를 들어오지도 못하게 하고 나갈 수도 없게 했다. 그렇게 한 지 며칠 뒤에야 그를 만날 수 있었다. 소진은 장의를 마루 아래에 앉히고 하인이나 첩에게 주는 음식을 주었다. 그리고는 죄목을 하나씩 들어가면서 그를 꾸짖었다.

"그대 같은 재주를 가지고도 어찌 이렇게 부끄러운 처지까지 되었는가. 내 어찌 그대의 재주를 왕에게 말해 부귀하게 만들 수 없으랴마는, 그대는 거두어 쓸 만한 인간이 못 되네."

그러고는 장의의 부탁을 거절하고 돌려보냈다. 장의가 처음 올 때에는 소진을 옛 친구라고 생각했는데, 도리어 모욕을 당하자 화가 치밀어 올랐다. 장의는 제후들 가운데 섬길 만한 사람은 없지만, 진나라라면 조나라를 괴롭힐 수 있을 것이라 생각하고 진나라로 들어갔다.

소진은 장의가 돌아간 뒤 사인舍人에게 말했다.

"장의는 천하에 현명한 선비이다. 나도 그를 따라갈 수가 없다. 내가 다행히도 먼저 등용되었을 뿐이다. 이제 진나라의 권력을 잡을 수 있는 사람은 오직 장의뿐이다. 그러나 가난하여 진나라까지 갈 수가 없었다. 나는 그가 작은 이익을 탐내다가 큰 뜻을 이루지 못할까 염려했기 때문에, 그를 불러다 모욕함으로써 그의 뜻을 북돋운 것이다. 그러니 너는 날 위해 몰래 그를 도와주어라."

그러고는 조왕에게 말하여 돈과 수레를 내주고, 그 사람을 시켜 장의를 몰래 따라가게 했다. 그는 장의와 한 집에서 자며 차츰 가까워졌고, 수레와 말을 제공했다. 장의가 쓰려고 하는 것이라면 무엇이든지 대주면서도, 소진이 시킨 것이라고는 말하지 않았다. 장의가 드디어 진나라 혜왕惠王을 만나게 되었다. 혜왕은 그를 객경客卿으로 삼고, 제후를 정벌할 계획에 대해 모의했다.

소진의 사인이 장의에게 하직하고 돌아가려 하자, 이때 장의가 말했다.

"그대 덕분에 내가 높은 벼슬에 올랐다. 이제 그대의 은덕을 갚으려고 하는데, 어째서 돌아가려고 하는가?"

사인이 말했다.

"제가 당신을 알아준 것이 아니라, 당신을 알아준 사람은 바로 소군蘇君입니다. 소군께서는 진나라가 조나라를 쳐서 합종의 맹약이 깨어지지나 않을까 걱정했습니다. 그래서 당신이 아니면 진나라의 정권을 잡을 사람이 없다고 생각하셨기에, 일부러 당신을 노엽게 만들고는, 신으로 하여금 당신의 진나라 여행길을 몰래 도와드리도록 시켰습니다. 이 모든 것이 소군의 계책입니다. 지금 당신께서 등용되셨으니 저는 이제 소군께로 돌아가 아뢸 수 있도록 해 주십시오."

장의가 말했다.

"아아! 내가 배운 유세술에 있던 것인데 깨닫지 못했구나. 내가 소군을 따라가지 못하는 게 분명해졌다. 이렇게 하여 내가 등용되었으니, 어찌 조나라를 치려고 계획하겠는가? 내 대신 소군에게 가서 말하라. '소군이 있는데 장의가 감히 무엇을 말하며, 소군이 있는데 장의가 무엇을 할 수 있겠느냐?'라고."

그 뒤 장의는 진나라 재상이 되어 격문檄文을 지어 초나라 재상에게 보냈다.

"내가 처음 당신과 함께 술을 마셨을 때, 나는 당신의 구슬을 훔치지 않았소. 그런데도 당신은 나를 때렸소. 당신은 당신의 나라를 잘 지키시오. 내가 장차 당신 나라의 성을 훔칠 것이오."

그 무렵 저(苴)나라와 촉(蜀)나라가 서로 공격했는데, 각기 진나라를 찾아와서 위급한 사정을 호소했다. 진나라 혜왕이 군대를 동원하여 촉나라를 치려고 했지만, 길이 험하고도 좁아서 가기 어려울 듯했다. 그런데 한나라가 또한 진나라에 쳐들어왔다. 진나라 혜왕은 먼저 한나라를 치고 나중에 촉나라를 칠까 생각했지만, 불리해질까 봐 두려웠다. 그래서 촉나라를 먼저 칠까 생각도 해봤지만, 진나라가 피폐해졌을 때에 한나라가 습격해 올 것이 또 두려웠다. 그래서 이러지도 못하고 저러지도 못하게 되었다. 진나라 장수 사마조(司馬錯)와 장의가 혜왕의 앞에서 논쟁했다. 사마조는 촉나라를 치자고 했으나 장의가 이렇게 말렸다.

"한나라를 치는 것보다 못합니다."

혜왕이 말했다.

"그 이유를 들어 봅시다."

장의가 설명했다.

"우리가 먼저 위나라와도 가까이 지내고 초나라와도 잘 지냅니다. 그리고는 군대를 삼천(三川)으로 내려보내 십곡(什谷) 어귀를 막고, 둔류(屯留)의 길목을 지킵니다. 위나라는 남양(南陽)의 길을 끊고, 초나라를 남정(南鄭)에 임하게 합니다. 그리고 진나라가 신성(新城)과 의양(宜

陽을 공격하여 이주(二周의 교외에 들이닥쳐서 주왕(周王)의 죄를 꾸짖고 초나라와 위나라의 땅을 침략하면, 주나라도 스스로 구원받지 못할 것을 알고 구정보기(九鼎寶器, 우임금 때에 천하 구주의 금을 거둬들여 만든 솥으로 천자의 상징이다. 하·은·주 3대에 걸쳐 내려오면서 천자의 보물로 전해졌다.)를 반드시 내어놓을 것입니다. 그 구정(九鼎)에 의거하여 도적(圖籍, 나라의 지도와 호적, 기타 중요한 장부)을 점검하고, 천자(天子)를 끼고서 천하 제후들에게 명령내리면, 천하에서 왕의 말을 듣지 않을 사람이 없습니다. 이것은 왕업(王業)입니다. 지금 촉나라는 서쪽 외진 곳에 있는 나라이니 오랑캐와 같은 무리입니다. 군대를 지치게 하고 백성을 힘들게 하더라도 그것으로 이름을 이루기에는 부족합니다. 그 땅을 얻더라도 이익이 되기에는 부족합니다. 신이 들으니, '이름을 다투는 자는 조정에서 다투고, 이익을 다투는 자는 시장 바닥에서 다툰다'라고 합니다. 지금 삼천과 주나라 왕실은 천하의 시장 바닥이고 조정입니다. 그런데 왕께서 여기에서 다투지 않고 오랑캐 땅에서 다투신다면, 왕업과는 거리가 먼 일입니다."

사마조가 말했다.

"그렇지 않습니다. 신이 들으니, '나라를 부유하게 하려는 자는 그 땅을 넓히기에 힘쓰고, 군대를 강하게 하려는 자는 그 백성을 부유하게 하기에 힘쓰며, 왕이 되려는 자는 그 덕을 넓히기에 힘쓴다'라고 합니다. 이 세 가지 자격이 갖추어지면, 왕업은 자연히 이루어지는 것입니다. 지금 왕께서는 땅이 작고 백성은 가난합니다. 그래서 신은 쉬운 일부터 시작하기를 원합니다. 촉나라는 서쪽의 구석진 나라로 오랑캐의 우두머리이며 걸桀이나 주紂처럼 난폭합니다. 만약 우리 진나라가 촉나라를 공격한다면 마치 이리나 승냥이가 양 떼를 쫓는 것처럼 쉽게 이길 것입니다. 그 땅을 얻으면 진나라 땅을 넓히기에 넉넉하고, 그 재물을 가지면 백성을 부유하게 만들기에 넉넉하며, 무기를 수선하기에도 넉넉할 것입니다. 많은 사람들을 다치게 하지 않고도 저들은 항복할 것입니다. 나라 하나쯤 빼앗더라도 천하 사람들이 포악하다고 생각하지 않을 것이며, 그 서쪽 오랑캐의 이익을 다 차지하더라도 천하 제후들이 탐욕스럽다고 비난하지 않을 것입니다. 이렇게 되면 우리 나라가 한꺼번에 명예와 실리를 거둘 수 있습니다. 게다가 난폭한 행동을 금지시켰다는 명분까지도 얻게 됩니다. 지금 우리가 한나라를 치고 천자를 위협하면 악명惡名을 남기게 되며, 반드시 이익을 얻게 된다는 보장도 없습니다. 도리어 불의不義의 짓을 했다는 이름이나 얻게 됩니다. 천하가 하려고 하지 않는 짓을 저지르는 것은 위험합니다. 신이 그 까닭을 말씀드리겠습니다.

주나라는 천하의 종실宗室입니다. 한나라는 제나라의 동맹국입니다. 주나라가 스스로 구정九鼎을 잃을 것을 알고 한나라가 삼천三川을 빼앗길 줄 안다면, 장차 그 두 나라가 힘을 합하고 꾀를 모아서, 제나라와 조나라를 통해서 진나라와 위나라에 구원을 청할 것입니다. 만약 주나라가 구정을 초나라에 주고 땅을 위나라에 주더라도,

왕께서 그것을 막을 수는 없습니다. 그래서 신은 위태롭다고 말씀드리는 것입니다. 주나라를 치는 것이 촉나라를 치는 것보다는 완전치 못합니다."

혜왕이 말했다.

"좋소. 과인은 그대의 말에 따르겠소."

드디어 군사를 일켜 촉나라를 쳐서 10월에 정복했다. 나라를 평정한 뒤에 촉나라 왕을 낮추어 후侯로 칭호를 고치고, 진장陳莊을 촉나라 재상으로 삼았다. 촉나라가 진나라에 예속되자, 진나라는 더욱 강하고 부유해졌으며 제후들을 업신여겼다.

진나라 혜왕 10년에 공자 화華와 장의를 시켜 위나라 포양蒲陽을 에워싸고 항복을 받았다. 장의는 진왕에게 말하여 그 땅을 다시 위나라에 주게 하고, 진나라의 공자 요繇를 위나라에 인질로 보냈다. 장의가 그 일을 가지고 위나라 왕을 설득했다.

"진왕이 위나라를 매우 두텁게 대우하는데, 위나라에서 사례하지 않을 수 없습니다."

그래서 위나라가 상군上郡과 소량少梁을 진나라에 바쳐 혜왕에게 사례했다. 혜왕이 드디어 장의를 재상으로 삼고, 소량의 이름을 고쳐서 하양夏陽이라고 했다. 장의가 진나라 재상이 된 지 4년 만에 혜왕을 세워 왕이 되게 했다. 그리고 1년 뒤에 진나라 장수가 되어 섬陝을 빼앗고 상군에 요새를 쌓았다.

그로부터 2년 뒤에는 사신이 되어 제나라와 초나라의 재상들과 함께 설상齧桑에서 만났다. 다시 동쪽으로 돌아와서 재상 벼슬을 내어놓고 위나라의 재상이 되었는데, 진나라를 위해서 일했다. 먼저 위나라로 하여금 진나라를 섬기게 하여, 제후들도 그러한 관계를 본받게 하려고 했다. 그러나 위나라 왕은 장의의 의견을 받아들이려 하지 않았다. 진왕이 성내며 위나라를 쳐서 곡옥曲沃과 평주平周를 빼앗았다. 그러고 나선 다시 몰래 장의에게 극친히 대했다. 장의가 부끄러워져서 진나라에 돌아가 아뢸 수가 없었다. 위나라에 머문 지 4년 만에 위나라 양왕襄王이 죽고, 애왕哀王이 즉위했다. 장의가 다시 애왕을 설득했지만, 애왕도 듣지 않았다. 그러자 장의가 몰래 진나라를 시켜서 위나라를 치게 했다. 위나라는 진나라와 싸워서 패했다.

그 이듬해에는 또 제나라 군대가 쳐들어와 관진觀津에서 위나라 군대를 깨뜨렸다. 진나라가 다시 위나라를 치려고, 먼저 한나라 신차申差의 군대를 깨뜨렸다. 머리를 벤 것이 8만이나 되자, 제후들이 두려워 떨었다. 그때 장의가 다시 위나라 왕을 설득했다.

"위나라 땅은 사방 천 리가 못 되며, 병졸도 30만을 넘지 못합니다. 땅은 사방이 평탄하여 제후들의 나라와 사방으로 길이 통하고, 높은 산이나 큰 강이 가로막히지도 않았습니다. 정鄭에서 대량에 이르기까지 200여 리밖에 안 되어, 수레를 달리고 사람이 뛰면 힘들이지 않고도 올 수 있습니다. 위나라는 남쪽으로 초나라와 국경을 맞대고, 서쪽으로는 한나라와 국경을 맞대고 있습니다. 북쪽으로는 조나라와 국경을 맞대고 동쪽으로는 제나라와 국경을 맞대고 있습니다. 병졸들이 사방을 지키고 변방의 관문을 지키려면 10만을 넘어야만 합니다. 위나라 땅의 형세는 본래부터 싸움터가 되기에 알맞습니다. 위나라가 남쪽으로 초나라와 한편이 되고 제나라와 함께하지 않으면, 제나라가 그 동쪽을 공격할 것입니다. 그렇다고 동쪽으로 제나라와 한편이 되어 조나라와 함께하지 않으면, 조나라가 그 북쪽을 공격할 것입니다. 한나라와 뜻을 같이하지 않으면 한나라가 그 서쪽을 공격할 것이고, 초나라와 가까이하지 않으면 초나라가 그 남쪽을 공격할 것입니다. 이게 바로 사분오열四分五裂의 꼴입니다. 게다가 합종하려는 제후들은 장차 사직社稷을 편안히 하고 임금을 높이며, 군대를 강하게 하여 이름을 드러내려고 합니다. 이제 합종하려는 제후들이 천하를 하나로 단결하여 형제같이 되기를 약속하고, 원수洹水 위에서 백마를 죽여 피를 마시며 맹약하고 서로 굳게 지키자고 했습니다. 그러나 부모를 같이한 친형제 사이에도 오히려 돈과 재물을 다투는 일이 있는데 간사하고 거짓되며 늘 남이나 속이는 소진의 꾀를 믿으려고 하니, 합종책이 성공하지 못하리란 것은 분명합니다.

만일 왕께서 진나라를 섬기시지 않는다면, 진나라가 군대를 출동시켜 하외河外를 치고 권卷, 연衍, 산조酸棗 같은 곳에 웅거하면서, 위衛나라를 협박하여 양진陽晉을 취할 것입니다. 그렇다고 해서 조나라가 남쪽으로 내려와서 위나라를 돕지는 않을 것입니다. 조나라가 남쪽으로 내려오지 않는다면, 양도 북쪽으로 올라올 수 없습니다. 양이 북쪽으로 올라오지 않으면, 합종의 길은 끊어집니다. 합종의 길이 끊어진다면, 왕의 나라가 위태로워지지 않기를 바라더라도 어쩔 수가 없습니다. 진나라는 한나라를 꺾고 양을 칠 것입니다. 한나라가 진나라에게 겁먹고 진나라와 한나라가 한편이 된다면, 양이 망하리란 것은 뻔한 일입니다. 이게 바로 신이 왕을 위해 근심하는 것입니다.

　왕을 위한 계책 가운데 진나라를 섬기는 것보다 나은 방법은 없습니다. 진나라를 섬기게 되면 초나라와 한나라가 감히 움직이질 못합니다. 초나라와 한나라의 근심이 없다면, 대왕께서는 베개를 높이 하고 누워만 있더라도 나라에 근심이 없을 것입니다.

　진나라가 약화시키려고 하는 나라는 초나라밖에 없습니다. 그런데 초나라를 약하게 만들 수 있는 나라는 우리 위나라밖에 없습니다. 초나라가 비록 부유하고 강대하다고 이름났지만, 실은 텅 비어 있습니다. 그 병졸이 비록 많다고 하지만 경솔하게 달아나 패배하기가 쉽고, 굳게 지켜 싸우지는 못합니다. 우리 양의 군대를 모두 동원하여 남쪽으로 가서 초나라를 친다면, 승리할 것이 틀림없습니다. 초나라 땅이 베어져서 우리 양에게 보태지고 초나라가 이지러져서 진나라 마음에 맞게 되면, 화를 다른 나라에 옮겨 주고 우리 위나라는 편안해질 것입니다. 이게 바로 최선의 방법입니다. 왕께서 신의 말을 듣지 않으신다면, 진나라는 군대를 내보내 동쪽으로 우리 위나라를 칠 것입니다. 그때 가서는 비록 진나라를 섬기고 싶어도 그럴 수가 없습니다.

또 합종을 내세우는 자들은 큰소리만 칠 뿐 믿을 수가 없습니다. 한 제후만 설득하면 제후에 봉해지므로, 천하의 유세객들은 밤낮으로 팔을 걷어붙이고 눈을 부릅뜨며, 이를 갈며 합종의 이로움을 말하여 임금을 설득합니다. 임금이 그 말솜씨를 현명하게 여겨 그 설득에 걸려들게 되니, 어찌 현혹되지 않았다고 할 수 있겠습니까? 신이 들은 말로는, '가벼운 깃털도 많이 실으면 배를 가라앉히며, 가벼운 사람도 많이 태우면 수레의 축을 부러뜨리고, 여러 사람의 입은 쇠도 녹이며, 헐뜯음이 쌓이면 뼈도 녹인다'라고 합니다. 그러니 대왕께서는 이러한 계책을 깊이 살펴서 결정하시기 바랍니다. 신은 잠시 휴가를 얻어 위나라를 떠나 있고자 합니다."

위나라 애왕이 이 말을 듣고 드디어 합종의 약속을 배반하고, 장의를 통하여 진나라에 강화를 청했다. 장의는 돌아가서 다시 진나라의 재상이 되었다. 3년 뒤에 위나라가 다시 진나라를 배반하고 합종의 약속에 따랐다. 진나라가 위나라를 쳐서 곡옥을 빼앗았다. 그 이듬해에 위나라가 다시 진나라를 섬겼다.

진나라가 제나라를 치려고 하자, 제나라와 초나라가 합종했다. 그래서 장의가 초나라로 가서 재상이 되었다. 초나라 회왕懷王은 장의가 온다는 말을 듣고서 훌륭한 숙소를 비워 놓고 몸소 안내하며 물었다.

"이곳은 외지고도 누추한 나라입니다. 선생께서는 무엇을 가르쳐 주려고 오셨습니까?"

장의가 초나라 왕을 설득했다.

"왕께서 참으로 신의 말을 옳게 들으시어 관문을 닫아걸고 제나라와의 합종 약속을 끊으신다면, 신은 상商과 오於 일대의 땅 600리를 초나라에 바치고, 진나라의 여자로 왕의 시첩을 삼게 할 것이며, 진나라와 초나라가 서로 며느리를 맞아오고 딸을 시집보내 길이 형제의 나라가 되게 하겠습니다. 이것이 북쪽으로는 제나라를 약하게 만들고 서쪽으로는 진나라를 유익하게 하는 계책이니, 이보다 더 나은 방법은 없습니다."

초나라 왕이 매우 기뻐하며, 그렇게 하자고 허락했다. 여러 신하들이 모두 축하했지만, 진진陳軫만은 이것을 불행한 일이라고 슬퍼했다. 초나라 왕이 성내며 말했다.

"과인이 군대를 동원하지 않고도 600리 땅을 얻게 되어 모든 신하들이 축하하는데, 그대만이 홀로 슬퍼하니 어찌 된 일인가?"

진진이 대답했다.

"그렇지 않습니다. 신이 보기로는 상과 오 일대의 땅은 얻을 수 없고, 제나라와 진나라가 힘을 합할 것입니다. 제나라와 진나라가 힘을 합하게 되면, 반드시 환난이 올 것입니다."

초나라 왕이 물었다.

"무슨 근거로 그런 말을 하는가?"

진진이 대답했다.

"저 진나라가 초나라를 중하게 여기는 까닭은 제나라와 친하게 지내기 때문입니다. 이제 제나라 사이의 관문을 닫아걸고 합종의 약속을 끊으신다면, 초나라는 고립됩니다. 진나라가 어찌 고립된 나라와 친교하기를 탐내어 600리나 되는 상과 오의 땅을 주겠습니까? 장의가 진나라에 이르면 반드시 왕을 배반할 것입니다. 이러한 결정이 북쪽으로는 제나라와의 친교를 끊게 되고, 서쪽으로는 진나라에 대한 근심만 만들게 됩니다. 그렇게 되면 제나라와 진나라의 군대가 반드시 함께 쳐들어올 것입니다. 왕을 위해서 가장 좋은 계책은 제나라와 몰래 합종하면서도 겉으로는 친교를 끊는 척하고, 사람을 시켜 장의를 따라가게 하는 것입니다. 정말 우리에게 상과 오의 땅을 준다면, 그런 뒤에 제나라와 친교를 끊어도 늦지 않습니다. 만약 우리에게 땅을 주지 않으면, 제나라와 몰래 합종하여 계책을 세우십시오."

초나라 왕이 말했다.

"진자陳子는 입을 다물고, 다시는 말하지 마시오. 과인이 땅을 얻는 것이나 두고 보시오."

그러고는 초나라 재상의 인印을 장의에게 주고, 많은 선물까지 주었다. 아울러 제나라 사이의 관문까지 닫아걸고 합종의 약속까지도 끊었으며, 한 장군을 시켜서 장의를 따라가게 했다.

장의가 진나라에 도착하자, 거짓으로 수레 끈을 놓친 척하고 수레에서 떨어져 석 달이나 조정에 나아가지 않았다. 초나라 왕이 그 소식을 듣고 말했다.

"장의는 과인이 제나라와 완전히 교류를 끊지 않았다고 생각하는 모양이다."

초나라 왕은 날랜 군사를 송나라에 보내 송나라의 통행증을 빌어 가지고, 북쪽으로 가서 제나라 왕을 꾸짖게 했다. 제왕이 매우 노하여 몸을 굽히어 진나라에 굴복했다. 진나라와 제나라의 친교가 이루어지자, 장의가 조정에 나아가 초나라 사자에게 말했다.

"신에게 봉읍封邑 6리가 있으니, 그것을 왕의 측근에게 바치고 싶습니다."

초나라 사자가 말했다.

"신이 우리 왕께 명령을 받기로는 상과 오의 땅 600리라고 했지, 6리라고 듣지는 않았습니다."

그 사자가 초나라 왕에게 돌아와 그대로 아뢰자, 초나라 왕이 크게 노하여 군대를 출동시켜 진나라를 치려고 했다. 진진이 말했다.

"이제는 신이 입을 열어 말해도 되겠습니까? 진나라를 치는 것이 땅을 베어 진나라에게 주는 것보다 못합니다. 진나라에게 땅을 주고 군대를 합하여 제나라를 친다면, 우리가 땅을 진나라에게 내주고 제나라로부터 보상을 받는 셈이니, 왕의 나라가 그대로 존속할 수 있습니다."

초나라 왕이 듣지 않고 마침내 군대를 출동시켜 장군 굴개屈匄로 하여금 진나라를 치게 했다. 진나라가 제나라와 함께 초나라를 공격하여 목을 벤 것이 8만이나 되고, 굴개를 죽였으며, 단양丹陽과 한중漢中의 땅을 빼앗았다. 초나라가 다시 더 많은 군대를 출동시켜 진나라를 습격했다. 남전藍田에 이르러 크게 싸웠지만, 초나라가 크게 패했다. 그래서 초나라는 두 성을 진나라에게 떼어 주고 강화를 맺었다. 진나라가 초나라 검중黔中의 땅을 얻으려고, 무관武關 밖의 땅과 바꾸자고 강요했다. 초나라 왕이 말했다.

"땅을 바꾸기를 원하지는 않습니다. 장의만 보내 주시면, 검중의 땅을 바치겠습니다."

진나라 왕은 장의를 보내고 싶었지만, 차마 입 밖에 꺼낼 수가 없었다. 장의가 자진하여 가기를 청하자 혜왕이 말했다.

"초나라 왕은 그대가 상과 오의 땅을 주겠다고 했던 약속을 저버린 사실에 대해 매우 화가 나 있소. 아마도 분풀이나 하자는 생각일 게요."

장의가 말했다.

"진나라는 강하고 초나라는 약합니다. 신은 근상靳尙과 사이가 좋습니다. 상은 초나라 부인 정수鄭袖의 사랑을 받고 있는데, 초나라 왕은 정수의 말이라면 다 들어줍니다. 게다가 신이 대왕의 부절符節을 받들고 초나라에 사신으로 가는 것이니, 초나라가 어찌 저를 죽이겠습니까? 혹시 신의 목이 베이더라도 진나라가 검중의 땅을 얻게 된다면, 그것은 신이 몹시 바라는 바입니다."

장의가 드디어 초나라에 사신으로 갔다. 초나라 회왕은 장의가 오자마자 감옥에 가두고 죽이려 했다. 근상이 정수에게 말했다.

"부인께서는 왕의 총애가 식어 천대받게 되리란 사실을 알고 계십니까?"

"무슨 말이오?"

근상이 대답했다.

"진나라 왕이 장의를 매우 사랑하니, 옥에서 내보내려고 할 것입니다. 그래서 장차 상용上庸의 땅 여섯 고을을 초나라에 뇌물로 주고 미인을 초나라 왕께 바치며, 노래 잘 부르는 궁녀들로 하여금 그 미인의 시녀를 삼으려 하고 있습니다. 초나라 왕은 땅을 귀중히 여기며 진나라를 존중하고 있으니, 진나라 미녀는 반드시 귀해질 것이고 부인께서는 버림받을 것입니다. 그러니 초나라 왕께 말씀드려 장의를 놓아주는 것이 더 낫겠습니다."

그날부터 정수가 밤낮으로 회왕에게 말했다.

"남의 신하가 된 사람들은 각기 자기 임금을 위해 힘씁니다. 지금 우리 초나라의 땅이 아직 진나라에 들어가지 않았는데 진나라에서 장의를 보내온 것은 왕을 지극히 존중하기 때문입니다. 왕께서 그러한 예를 받아들이지 않고 장의를 죽인다면, 진나라는 반드시 크게 성내어 초나라를 칠 것입니다. 첩은 자식들을 데리고 함께 강남江南으로 옮겨 가서, 진나라에게 짓밟히지 않으려고 합니다."

회왕이 뒤늦게 뉘우치면서 장의를 놓아주고, 예전처럼 후하게 예우했다. 장의가 옥에서 풀려 나와 아직 떠나기 전, 소진이 죽었다는 소문이 들려왔다. 그래서 초나라 왕을 설득했다.

"진나라 땅은 천하의 절반이며, 군대는 사방 나라들과 맞설 수 있습니다. 험준한 산들로 둘러싸였으며 황하가 띠처럼 둘려 있어서, 사방이 막혀 견고합니다. 용맹한 군사가 100여만이고 전차가 1천 승이나 되며 기마가 만 필이며, 군량미가 산더미처럼 쌓였습니다. 법령이 분명해서, 병졸들은 어려운 일도 편안히 여기고 죽음도 기뻐합니다. 임금은 현명하고도 엄격하며, 장군은 지혜롭고도 용맹스럽습니다. 비록 기갑병을 출동시키지 않더라도 험준한 상산常山을 석권하여 반드시 천하의 척추를 꺾고야 말 것입니다. 천하 제후 가운데 나중에 복종하는 자들이 먼저 망할 것입니다. 또 합종하는 자들은 양떼를 몰아서 사나운 범을 공격하는 것과 다를 게 없습니다. 범과 양이 맞설 수 없다는 것은 뻔한 사실입니다. 지금 왕께서는 사나운 범 편이 되지 않으시고 양떼의 편이 되셨습니다. 신의 생각으로는 대왕의 계책이 잘못된 것 같습니다.

대체로 천하 강국은 진나라가 아니면 초나라이고, 초나라가 아니면 진나라입니다. 그런데 이 두 나라가 서로 다툰다면, 그 형세가 둘 다 남아날 수는 없습니다. 왕께서 진나라 편이 되지 않으신다면, 진나라는 기갑병을 출동시켜 의양宜陽을 점거할 것입니다. 그렇게 되면 한나라 위의 땅과는 길이 통하지 않게 됩니다. 진나라 군대가 하동河東으로 내려와서 성고成皐를 빼앗게 되면, 한나라는 반드시 진나라의 신하가 될 것입니다. 그렇게 되면 위나라는 바람 부는 대로 따라 움직일 것입니다. 진나라가 초나라의 서쪽을 치고 한나라와 위나라가 초나라의 북쪽을 치면, 초나라의 사직이 어찌 위태로워지지 않겠습니까?

합종을 내세우는 자들이 여러 약한 제후들을 모아 지극히 강한 진나라를 치기로 했습니다. 그런데 적의 힘을 헤아리지 않고 가볍게 전쟁을 일으키고 나라는 가난한데 자주 군대를 출동시킨다면, 결국은 위태롭게 되고 망하게 됩니다. 신은 '군대가 상대방보다 못하면 싸움을 걸지 말고, 군량미가 상대방보다 못하면 싸움을 오래 끌지 말라'라고 들었습니다. 합종을 주장하는 저들은 헛된 말을 교묘하게 꾸며 임금의 절조節操가 높다고 추켜세우며 이로운 점만 말하고 해로운 점은 말하지 않습니다. 그러다가 끝내는 진나라의 공격을 받더라도 어쩔 수가 없게 됩니다. 그러니 왕께서는 깊이 헤아려 보십시오.

진나라는 서쪽으로 파巴와 촉蜀이 있으니, 큰 배에 곡식을 싣고 문산汶山에서 출발하여 강물을 타고 내려오면 초나라에 이르기까지 3천여 리입니다. 배들을 두 척씩 나란히 이어 한 배에 병졸 50명과 석 달 치 식량을 싣고 강물을 따라 떠내려 온다면, 하루에 300리는 달릴 것입니다. 비록 먼 길이라고 하지만, 소나 말의 힘을 빌리지 않고도 열흘이 못 되어 간관扞關에 닿을 것입니다. 간관이 깜짝 놀라게 되면 국경 동쪽의 성들은 꼼짝 못하고 모두 성안에서 지키기만 할 것입니다. 그렇게 되면 검중과 무군(巫郡)은 벌써 왕의 소유가 아닙니다. 진나라가 기갑병을 출동시켜 무관으로 나와서 남쪽을 향해 친다면, 북쪽의 땅은 연락이 끊어질 것입니다. 진나라 군대가 초나라를 치면 위태로운 상황은 석 달 안으로 끝날 텐데, 초나라가 제후들의 도움을 기다리려면 반 년은 지나야 할 것입니다. 그러니 그 세력이 필요한 때에 미치지 못합니다. 약한 나라의 도움을 기다리면서 강한 진나라의 침략을 잊으려 하신다니, 신은 왕을 위해 이 사실을 걱정하는 바입니다.

왕께서는 일찍이 오나라와 싸운 적이 있는데, 다섯 번 싸워서 세 번 이겼습니다. 그러느라 병졸들은 다 없어졌으며, 외진 곳에 새로 쌓은 성들을 지키고자 살아남은 백성들마저 괴로웠습니다. 신이 들으니, '공이 커지면 위태롭기 쉽고, 백성이 피폐해지면 윗사람을 원망한다'라고 합니다. 위태로워지기 쉬운 공(功)을 지키기 위해 강한 진나라의 비위를 거스르는 것은 신의 생각으로는 왕께 위험한 일입니다.

진나라가 함곡관(函谷關) 밖으로 군대를 내보내 제나라나 조나라를 치지 않은 지가 15년이나 됩니다. 왜냐하면 천하의 인심에 영합하려는 속내가 있기 때문입니다. 초나라가 예전에 진나라와 어려운 문제에 얽혀 한중(漢中)에서 싸운 적이 있습니다. 초나라가 결국 졌는데 열후(列侯)나 작위(爵位)를 가진 자들이 일흔 명이나 죽었으며, 끝내 한중을 빼앗겼습니다. 초나라 왕이 크게 성내어 군대를 동원하여 진나라를 습격했습니다. 남전에서 싸웠으니, 이야말로 용과 범이 서로 싸우는 전쟁이었습니다. 결국 진나라와 초나라는 서로 피폐해지고, 한나라와 위나라가 온전하게 그 후방을 제어하게 되었습니다. 이보다 더 위태로운 계책은 없습니다. 왕께서는 이 점도 깊이 헤아려 보십시오.

진나라가 군대를 내려보내 위衛나라 양진陽晉을 공격하면, 반드시 천하 제후들의 가슴을 막아 버리게 될 것입니다. 대왕께서 군대를 총동원하여 송나라를 치신다면, 두어 달도 채 못 되어서 송나라를 빼앗을 수 있습니다. 그런 뒤에 송나라를 이끌고 동쪽을 지향한다면, 사수泗水 유역 열두 제후의 땅은 모두 왕의 소유가 될 것입니다.

천하의 제후들이 서로 믿고 합종의 약속을 해서 서로 견고하게 하자고 주장한 자는 소진입니다. 소진은 무안군武安君에 봉해지고, 연나라 재상이 되었습니다. 그러고는 연나라 왕과 몰래 짜고 제나라를 쳐서 깨뜨린 뒤에 그 땅을 나누어 가지려고 했습니다. 그래서 연나라에서 죄를 지은 것처럼 꾸미고서, 달아나 제나라에 들어갔습니다. 제왕이 그를 받아들여 재상으로 삼았지만, 2년 만에 그 음모가 드러났습니다. 제왕이 매우 성내어 길바닥에서 소진의 몸을 수레에 매어 찢어 죽였습니다. 한낱 거짓말쟁이에 지나지 않는 소진이 천하를 경영하여 제후들을 하나로 단결시키려고 했으니, 그의 꾀가 이루어질 수 없었던 것은 너무나도 분명합니다.

지금 진나라와 초나라는 국경을 맞대고 있습니다. 지리적으로 보더라도 가깝게 지내야 할 나라입니다. 왕께서 참으로 신이 아뢰는 말을 들으신다면, 신은 진나라 태자로 하여금 초나라에 들어와 인질이 되도록 하겠습니다. 또한 초나라 태자도 진나라로 들어가 인질이 되게 하십시오. 진나라 여인으로 왕의 시첩이 되게 할 것이며, 만호萬戶의 도읍을 바쳐서 대왕의 탕목읍湯沐邑으로 삼게 하겠습니다. 그러면 진나라와 초나라는 형제의 나라가 되어 죽을 때까지 서로 쳐들어가는 일이 없도록 하겠습니다. 신이 생각하기에 이보다 더 나은 계책은 없습니다."

이 말을 듣고 초나라 왕은 장의를 이미 얻은데다 검중의 땅을 내주기도 아까웠으므로, 장의의 의견을 받아들이려고 했다. 그러자 굴원屈原이 말했다.

"전에 왕께서 장의에게 속았습니다. 장의가 왔기에 신은 왕께서 그를 삶아 죽일 것이라고 생각했습니다. 지금 비록 차마 죽이지는 못한다 하더라도, 그의 간사한 말을 또 듣는 것은 옳지 않습니다."

회왕이 말했다.

"장의를 용서하고 검중을 보전했으니 큰 이득이다. 한번 약속한 뒤에 배반하는 것은 옳지 않다."

회왕은 끝내 장의를 용서하고, 진나라와 화친했다.

장의는 초나라를 떠나, 그 길로 한나라로 가서 한나라 왕을 설득했다.

"한나라는 땅이 험난해서 백성들이 산에 살고 있습니다. 생산되는 곡식이라야 콩 아니면 보리이고, 백성들이 먹는 것은 콩밥과 콩잎으로 끓인 국입니다. 한 해만 흉년이 들어도 백성들은 지게미나 쌀겨마저 실컷 먹지 못합니다. 땅은 900리에 불과하고, 2년을 견딜 만한 식량이 없습니다. 왕의 군대를 헤아려 보니 모두 해야 30만을 넘지 못합니다. 그나마 막일하는 병사와 물건을 지어 나르는 잡부도 그 가운데 포함되었으며, 변방의 역참과 관문의 요새를 지키는 자들을 제외한다면 병력은 20만에 불과합니다.

   진나라는 무장 군사가 100여만이며, 병거(兵車, 전쟁할 때 쓰는 수레)가 1천 승에다 기마가 1만 필입니다. 용사들 가운데 투구도 쓰지 않은 맨머리로 턱을 붙들고 창을 잡은 채 용감하게 적진으로 뛰어드는 자들은 이루 다 셀 수가 없습니다. 진나라의 말은 좋고 군사도 많습니다. 앞발로 더듬고 뒷발로 차면 한 번 뛰어 세 길을 넘는 말만도 이루 다 셀 수가 없습니다. 산동山東 군사들은 갑옷을 입고 투구를 써야만 싸움에 나서지만, 진나라 사람들은 갑옷을 버리고 맨발에다 어깨를 드러낸 채로 적진 속에 뛰어들어, 왼손으로는 남의 머리를 잡아 끌고 오른손으로는 산 채로 잡은 포로를 겨드랑이에 꼭 낍니다. 진나라 군사와 산동의 군사를 비교한다면 마치 용사 맹분孟賁과 겁쟁이의 대결 같습니다. 무거운 힘으로 치더라도 마치 오획烏獲이 어린아이와 싸우는 꼴입니다. 맹분이나 오획 같은 용사를 싸우게 하여 굴복하지 않는 약소국을 치는 것은 마치 천균千鈞의 무게를 새알 위에 떨어뜨리는 것과 다름이 없습니다. 요행으로 무사할 수는 없습니다.

여러 신하와 제후들은 땅이 작은 것은 생각하지 않고 합종책을 주장하는 유세객의 달콤한 말과 아름다운 말에 빠져 한패가 되어, 서로 말을 꾸며 대면서 '나의 계책을 들으면 강대해져서 천하의 패자霸者가 될 수 있다'라고 합니다. 나라의 오랜 이익을 돌아보지 않고 순간적인 감언이설을 듣게 되면, 임금을 그르치게 하는 것 가운데 이보다 더한 것이 없습니다.

왕께서 진나라를 섬기지 않으시면, 진나라는 군대를 출동시켜 의양을 점거하고 한나라의 위쪽 땅을 차단할 것입니다. 동쪽으로는 성고와 형양을 빼앗을 것입니다. 그렇게 되면 이미 홍대鴻臺의 궁전과 상림桑林의 궁궐은 왕의 소유가 아닙니다. 성고를 막고 위쪽 땅을 차단하면, 왕의 나라는 나누어지게 됩니다.

먼저 진나라를 섬기면 편안할 것이고, 진나라를 섬기지 않으면 위태로울 것입니다. 지금 왕께선 화禍를 만들어 놓고 복 받기를 바라니, 계책은 얕고 원망은 깊어질 것입니다. 진나라를 거역하고 초나라에 순종하면서도 멸망하지 않기를 바라시지만, 그렇게 될 수는 없습니다.

그러니 왕을 위한 계책으로는 진나라를 위하는 일보다 더 나은 것이 없습니다. 진나라가 하려고 하는 일 가운데 초나라를 약화시키는 것보다 더 중요한 일은 없습니다. 그런데 초나라를 약하게 만들 수 있는 나라로서는 한나라가 가장 낫습니다. 한나라가 초나라보다 강하기 때문이 아니라 지형이 그러하기 때문입니다. 이제 왕께서 서쪽을 향해 진나라를 섬기고 초나라를 친다면, 진왕은 반드시 기뻐할 것입니다. 초나라를 쳐서 그 땅을 얻고 화를 돌려서 진나라를 즐겁게 만든다면, 이보다 더 나은 계책은 없습니다."

한나라 왕은 장의의 계책을 따르기로 했다. 장의가 진나라로 돌아가 아뢰자, 혜왕이 장의를 다섯 고을에 봉하고 무신군武信君이라고 불렀다.

진나라 혜왕은 장의를 시켜 동쪽으로 제나라에 가서 민왕을 설득하게 했다. 장의가 민왕에게 말했다.

"천하의 강국 가운데 제나라보다 나은 나라는 없습니다. 대신과 왕족들은 편안하고 부유합니다. 그러나 대왕을 위해 계책을 세우는 자들은 모두 한때 얼버무리는 얘기만 하고 백세의 이익은 돌아보지 않습니다. 합종책을 내세우는 자가 대왕을 설득할 때에는 반드시 이렇게 말합니다. '제나라 서쪽에는 강한 조나라가 있고 남쪽에는 한나라와 위나라가 있습니다. 제나라는 바다를 등지고 있는 나라인데다, 땅은 넓고 백성은 많으며 군대는 강하고도 용맹스럽습니다. 비록 100개의 진나라가 있더라도 장차 제나라를 어떻게 할 수 없을 것입니다.' 왕께선 그 말을 현명하게 생각하고, 그 실제 상황을 헤아리진 않으십니다. 합종을 주장하는 자들은 붕당을 만들어 서로 두둔하면서, 합종하는 것이 옳지 않다고 하는 사람이 없습니다. 신이 들으니, '예전에 제나라와 노나라가 세 번 싸워서 노나라가 세 번 다 이겼지만, 그것 때문에 노나라가 위태로워지고 멸망이 뒤따라왔다'라고 합니다. 비록 싸움에 승리했다는 이름은 얻었지만, 실제로는 나라가 망했습니다. 이것은 어째서입니까? 제나라는 크고, 노나라는 작기 때문입니다.

지금 진나라와 제나라의 관계는 제나라와 노나라의 관계 같습니다. 진나라와 조나라가 황하와 장수에서 싸운 적이 있었는데, 두 번 싸워서 조나라가 두 번 다 진나라를 이겼습니다. 파오番吾에서도 싸운 적이 있었는데, 두 번 싸워서 또 두 번 다 진나라에 이겼습니다. 그러나 이렇게 네 번 싸운 뒤 조나라는 수십만 군사를 잃었고, 수도 한단만이 겨우 남았습니다. 비록 전쟁에서 이겼다는 이름은 얻었지만, 나라는 이미 깨졌습니다. 이것은 어째서입니까? 진나라는 강하고 조나라는 약하기 때문입니다.

이제 진나라와 초나라는 서로 딸을 시집보내고 며느리를 맞아오는 형제의 나라가 되었습니다. 한나라는 의양을 진나라에 바치고, 위나라는 하외河外를 진나라에 바쳤으며, 조나라는 민지에 입조하여 하간河間의 땅을 떼어 바쳐 진나라를 섬깁니다. 왕께서 진나라를 섬기지 않는다면, 진나라는 한나라와 위나라의 군대를 몰아 제나라의 남쪽 땅을 칠 것입니다. 또 조나라도 군대를 총동원하여, 청하淸河를 건너서 박관博關으로 쳐들어올 것입니다. 그렇게 되면 임치臨淄와 즉묵卽墨은 왕의 소유가 아닙니다. 나라가 하루라도 공격을 당하게 되면, 다시 진나라를 섬기고 싶어도 어쩔 수가 없습니다. 그러니 대왕께서는 이 점을 깊이 헤아려 보십시오."

제나라 왕이 말했다.

"제나라는 외지고 누추해서 동해 가에 숨어 지냈소. 그래서 이제껏 사직의 장구한 이득에 대한 말을 들어 보지 못했소."

그러고는 장의의 말을 따르겠다고 허락했다.

장의는 제나라를 떠나, 서쪽으로 가서 조나라 왕을 설득했다.

"저희 진나라 왕께서는 사신을 시켜서 어리석은 생각을 왕께 아뢰도록 했습니다. 왕께서는 천하의 제후들을 거두어 거느리고 진나라를 배척했습니다. 그래서 진나라 군대가 감히 함곡관을 나오지 못한 지가 15년이나 되었습니다. 대왕의 위엄이 산동에 떨치니 저희 진나라는 두려워하고 위축되어, 무기를 수선하고 군대를 단련했으며 병거와 기마를 갖추었습니다. 말 달리고 활쏘기를 익혔으며, 농사에 힘써 양식을 저축했습니다. 사방의 국경을 지키면서 근심과 두려움 속에 지낼 뿐, 감히 동요하지 못했습니다. 그 까닭은 왕께서 진나라의 허물을 깊이 꾸짖으시려는 뜻이 있었기 때문입니다.

이제 진나라는 왕의 힘으로 파와 촉을 얻었고 한중漢中을 통일했으며, 양주兩周를 포함하여 구정九鼎을 옮겨오고 백마진白馬津을 지키게 되었습니다. 진나라가 비록 한쪽에 치우쳐 있는 먼 벽지의 나라이기는 하지만, 마음속으로 분히 여기며 노여움을 품어온 지가 오래됩니다. 이제 진나라는 떨어진 갑옷과 지친 군대나마 가지고 있어서, 민지에 주둔하고 있습니다. 왕께서 원하신다면 황하를 건너고 장수를 넘어서, 파오를 점거하고 한단 아래에서 만나도록 하겠습니다. 갑자일에 한단성 아래에서 서로 만나 싸워 은나라 주왕(紂王)을 정벌한 것처럼 잘못된 일을 바로잡기를 바랍니다. 이렇듯 사신으로 하여금 먼저 왕께 아뢰는 바입니다.

왕께서 합종을 믿게 된 까닭은 소진을 믿었기 때문입니다. 소진은 제후들을 현혹시켜서 올바른 것을 잘못되었다고 했으며, 잘못된 것은 올바르다고 했습니다. 제나라를 배반하려다가, 스스로 시장 바닥에서 수레에 몸이 찢겨 죽었습니다. 그러니 천하를 하나로 묶을 수 없는 게 또한 분명해졌습니다. 지금 초나라와 진나라는 형제의 나라가 되었습니다. 한나라와 위나라는 스스로 동쪽 울타리가 되는 신하라고 일컬으며, 제나라는 생선과 소금이 나는 땅을 바쳤습니다. 이것은 조나라의 오른쪽 팔을 끊어 버린 셈입니다. 오른쪽 팔을 끊긴 채로 남과 싸우며 자기 무리를 잃고 고립되어 지내면서, 위태롭지 않기를 바란들 어찌 가능하겠습니까?

지금 진나라가 세 장군을 내보낸다면, 그 한 군대는 오도(午道)를 막고 제나라에 알려서 군대를 일으켜 청하(淸河)를 건너 수도 한단의 동쪽에 진군하게 할 것입니다. 또 한 군대는 성고에 진치고 한나라와 위나라의 군대를 몰아 하외(河外)로 진군하게 할 것입니다. 또 다른 한 군대는 민지에 진을 칠 것입니다. 이 네 나라가 하나로 뭉쳐서 조나라를 공격한다면, 조나라는 반드시 깨어질 것입니다. 그렇게 되면 반드시 그 땅을 네 나라가 나누어 가질 것입니다. 그러므로 우리의 뜻을 감추거나 정상을 숨기지 않고, 먼저 왕께 아룁니다. 신이 대왕을 위해 가만히 생각해 보니, 왕께서 진나라 왕과 민지에서 만나 서로 얼굴을 맞대고 직접 입으로 우호를 맺어, 군대를 어루만져 공격하지 말도록 청하는 것이 가장 좋겠습니다. 왕께서 계책을 정하시기 바랍니다."

조나라 왕이 말했다.

"선왕先王 때에 봉양군奉陽君이 정권을 잡고 권세를 휘둘러, 선왕을 속이고서 모든 일을 자기 멋대로 처리했소. 과인은 아직 어려서 스승에게서 가르침을 받고 있었을 뿐, 나라의 계책에는 참여하지 않고 있었소. 선왕께서 여러 신하들을 버리고 승하하셨을 때에 과인은 나이 어린데다 제사를 받들게 된 날이 새로웠지만, 마음속으로 가만히 의심하면서 합종하여 진나라를 섬기지 않는 것은 우리나라의 장구한 이익이 아니라고 생각했소. 그러니 이젠 마음을 고치고 생각을 바꿔서 땅을 베어 바치며 예전의 잘못을 사과하고, 진나라를 섬기겠소. 곧 수레를 마련하여 진나라로 달려가려던 참인데 이렇게 사자의 밝은 가르침을 듣게 되었소."

조나라 왕이 장의의 의견을 받아들이자, 장의는 바로 조나라를 떠났다.

장의는 북쪽의 연나라로 가서, 연나라 소왕昭王을 설득했다.

"왕께서 친교한 나라 가운데 조나라보다 더한 나라는 없습니다. 그러나 옛날 조양자趙襄子는 일찍이 자기 누이를 대왕代王의 아내로 삼고도, 대代나라를 집어삼킬 생각으로 대왕과 구주句注의 요새에서 만나자고 약속했습니다. 양자는 공인工人을 시켜서 쇠로 국자를 만들게 했는데, 그 자루를 길게 하여 그것으로 사람을 칠 수 있도록 했습니다. 왕과 함께 술을 마시게 되자 몰래 주방 사람에게 이르기를, '술이 한창 취하여 즐겁게 되거든 뜨거운 국을 올리다가, 쇠국자를 뒤집어 쳐라' 하고 말했습니다. 그리고 술자리가 한창 무르익어 즐겁게 되자 뜨거운 국을 올리고, 주방 사람이 앞에 나아가 국을 따르다가 그대로 쇠국자를 뒤집어 왕을 쳐서 죽였습니다. 왕의 뇌수가 땅바닥에 쏟아졌습니다. 그 누이가 그 소문을 듣고는 비녀를 날카롭게 갈아서 자기 목을 찔러 죽었습니다. 그래서 지금도 마계산摩笄山이란 이름이 있습니다. 대나라 왕이 죽은 이야기는 천하에 듣지 않은 사람이 없습니다.

  조나라 왕이 심술궂고 친근함이 없는 것은 왕께서도 분명히 보셨습니다. 그런데도 조나라 왕을 가까이할 만한 사람이라고 생각하십니까? 조나라가 군대를 일으켜 연나라를 치면서, 두 번이나 연나라 도읍을 에워싸고 왕을 위협했습니다. 왕께서는 성 열 개를 떼어 주면서 사과까지 했습니다. 지금 조나라 왕은 이미 민지에 입조入朝하여 하간河間의 땅을 바치고 진나라를 섬기기로 했습니다. 이제 대왕께서 진나라를 섬기지 않으시면, 진나라가 군대를 운중雲中과 구원九原으로 군사를 보내 조나라 군대를 몰아 연나라를 공격할 것입니다. 그렇게 되면 역수易水와 장성長城은 왕의 소유가 아닙니다. 게다가 지금의 조나라는 진나라의 한 군郡이나 현縣 같아서, 함부로 군사를 일으켜 쳐들어올 수가 없습니다. 이제 왕께서 진나라를 섬기시면 진왕은 반드시 기뻐할 것이며, 조나라도 감히 함부로 움직이지 못할 것입니다. 이렇게 되면 서쪽으로는 강한 진나라의 원조가 있고, 남쪽으로는 제나라나 조나라의 근심이 없게 됩니다. 그러니 왕께선 이러한 점을 깊이 생각하십시오."

연나라 왕이 말했다.

"과인은 오랑캐로 외진 곳에 살다 보니, 다 큰 남자이면서도 마치 어린애와 같아서 바른 계책을 받아들일 만한 충고도 없었소. 이제 상객上客께서 다행히 가르쳐 주셨으니, 서쪽을 향한 나라를 섬기기를 청하오. 그런 뜻에서 항산恒山의 끄트머리에 있는 성 다섯 개를 바치겠소."

연나라 왕이 장의의 말을 받아들이자, 장의가 보고하기 위해 진나라로 돌아갔다. 그러나 미처 함양咸陽에 도착하기 전에 진나라 혜왕이 죽고, 무왕武王이 임금이 되었다.

진나라 무왕이 태자였을 때부터 장의를 좋아하지 않았다. 그가 임금이 되자 여러 신하들이 장의를 헐뜯었다.

"장의는 신의가 없습니다. 왼쪽으로도 오른쪽으로도 나라를 팔아서, 자신이 받아들여지기만을 구하고 있습니다. 진나라가 다시 그를 등용한다면, 천하의 웃음거리가 될까 봐 걱정입니다."

제후들은 장의가 무왕과 틈이 벌어졌다는 소문을 듣고, 모두들 진나라와의 연횡連衡을 배반하고 다시 합종했다.

　진나라 무왕 원년에 여러 신하들이 밤낮으로 장의를 헐뜯었는데, 제나라에서도 사신을 보내 장의의 신의 없는 행동을 책망했다. 장의는 죽을까 두려워 진나라 무왕에게 이렇게 말했다.

　"저에게 비록 어리석지만 계책이 있습니다. 그것을 아뢰게 해 주십시오."

　무왕이 말했다.

　"어떤 계책이오?"

　장의가 대답했다.

　"진나라 사직을 위한 계책입니다. 동방에 커다란 변란이 일어난 뒤에라야 왕께서 그 변란을 계기로 많은 땅을 베어 받을 수 있습니다. 지금 들으니 제왕이 저를 매우 미워한다고 합니다. 장의가 가 있는 곳이라면, 제왕이 반드시 군사를 이끌고 와서 칠 것입니다. 그러기에 저는 이 불초한 몸으로 위나라에 가기를 원합니다. 그러면 제나라가 반드시 군사를 일으켜서 양梁을 칠 것입니다. 위나라와 제나라의 군사들은 성 아래에서 맞붙어 싸우느라고, 그곳을 떠나지 못할 것입니다. 왕께서는 그 틈을 타서 한나라를 쳐서 삼천에 들어가시고, 군대를 함곡관 밖으로 내보내시어 공격도 하지 않은 채로 주나라에 들이닥치면, 주나라는 반드시 제기祭器를 내어놓을 것입니다. 천자를 끼고 천하의 지도와 호적을 점검하는 것이 바로 왕업王業입니다."

진나라 왕이 그럴 듯하게 생각하고, 전차 서른 대를 갖추어 장의를 양梁으로 들어가게 했다. 제나라는 과연 군대를 일으켜서 양을 공격했다. 위나라 애왕이 두려워하자, 장의가 말했다.

"왕께서는 염려하지 마십시오. 제가 제나라에게 싸움을 끝내도록 하겠습니다."

그러고는 자신의 사인인 풍희馮喜를 초나라로 보내 초나라 사신이라는 이름을 빌려, 제나라에 가서 제왕에게 말하게 했다.

"왕께서는 몹시 장의를 미워하십니다. 그러면서도 왕께서는 진나라보다 더 장의에게 의지하고 있습니다."

제나라 왕이 말했다.

"과인은 장의를 미워하므로 장의가 있는 곳이라면 어디라도 군사를 일으켜서 그를 치려고 하오. 그런데 무슨 까닭으로 내가 장의를 의탁한다고 말한 것인가?"

"그것이 바로 왕께서 장의에게 의탁하는 것입니다. 장의가 진나라를 떠났을 때에 진나라 왕과 이렇게 약속했다고 합니다. '왕을 위해 계책을 세워 드리겠습니다. 동방에 커다란 변란이 있은 뒤에라야 왕께서 많은 땅을 떼어 받을 수 있습니다. 지금 제왕이 저를 매우 미워하여, 제가 있는 곳이라면 반드시 군대를 일으켜서 칠 것입니다. 그러기에 저는 이 불초한 몸을 빌려 위나라로 가기를 원합니다. 그러면 제나라가 반드시 군대를 일으켜 양梁을 칠 것입니다. 제나라와 양의 군대는 성 아래에서 서로 맞붙어 싸우느라고, 그곳을 떠나지 못할 것입니다. 왕께서 그 틈을 타서 한나라를 쳐서 삼천으로 들어가시고, 군대를 함곡관 밖으로 내보내 공격하지 않은 채로 주나라로 들이닥치면, 주나라는 반드시 제기祭器를 내어놓을 것입니다. 천자를 끼고 천하의 지도와 호적을 조사하여 제후들을 다스리는 것이 바로 왕업王業입니다.' 진나라 왕도 그럴 듯하다고 생각했으므로, 병거 서른 대를 갖추어 장의에게 주어서 양梁으로 들여보냈던 것입니다.

지금 장의가 양으로 들어가자, 왕께서 과연 그를 치려고 하십니다. 이번 싸움은 왕께서 안으로는 제나라를 피폐하게 만들고 밖으로는 동맹국을 쳐서, 이웃의 적국을 넓혀 주는 데 가담하는 것입니다. 그렇게 함으로써 장의를 진나라 왕에게 신임받도록 만드는 계기가 됩니다. 그래서 신은 '왕께서 장의에게 의지하신다'라고 말했던 것입니다."

"그 말이 옳소."

그러고는 공격을 중지시켰다. 장의는 위나라 정승이 된 지 1년 만에 위나라에서 죽었다.


진진陣軫은 유세하는 선비이다. 장의와 함께 진나라 혜왕을 섬기어 중요한 인물이 되어 왕의 총애를 다투었다. 장의가 진왕에게 진진을 헐뜯어 말했다.

"진진이 많은 선물을 가지고 진나라와 초나라 사이에 자주 사신으로 다니는 까닭은 장차 국교國交에 도움이 있게 하기 위한 것입니다. 그런데 지금 초나라가 진나라와 더 가까워지지도 않으면서 진진에게만 잘 대해 주는 까닭은 진진이 자신을 위해서만 열심히 노력하고 왕을 위해서는 소홀했기 때문입니다. 진진이 이제 또 진나라를 떠나서 초나라로 가려고 합니다. 왕께서는 어찌 그 까닭을 묻지 않으십니까?"

왕이 진진에게 물었다.

"내 들으니 그대가 진나라를 떠나 초나라로 가려고 한다던데, 정말 그런가?"

진진이 대답했다.

"네. 그렇습니다."

"장의의 말이 과연 맞구나."

진진이 말했다.

"그것은 장의 혼자서 아는 것이 아니라, 길 가는 사람들도 다 알고 있습니다. 옛날 오자서伍子胥는 자기 임금에게 충성했기 때문에 온 천하 제후들이 그를 자기의 신하로 삼으려고 다투었으며, 증삼曾參이 자기 어버이에게 효도했기 때문에 온 천하의 어버이들이 그를 아들로 삼고 싶어 했습니다. 그러므로 종이나 첩을 팔 때에도 마을 밖을 미처 나가기도 전에 그 마을 안에서 당장 팔리는 자가 바로 좋은 종이며 좋은 첩입니다. 시집에서 쫓겨나고서도 같은 마을로 다시 시집가게 되는 여자는 좋은 부인입니다. 지금 제가 그 임금에게 충성스럽지 않았다면, 초나라에서 어찌 저더러 충성스럽다고 하겠습니까. 진나라에 충성하고도 이제 버림을 당하려고 하니, 제가 초나라로 가지 않으면 어디로 가겠습니까?"

왕이 그의 말을 옳다고 생각하고, 그를 잘 대해 주었다.

진진이 진나라에 머문 지 1년 만에 혜왕은 장의를 재상으로 삼았다. 그러자 진진은 초나라로 달아났다. 초나라에선 아직 그를 높이 쓰지 않았지만, 진진을 진나라에 사신으로 보냈다. 진진이 위나라를 지나다가 서수犀首를 만나려고 했지만, 서수가 만나 주지 않았다. 진진이 말했다.

"내가 공을 만날 일이 있어서 찾아왔는데 공께서 저를 만나 주시지 않으니, 이제 두 번 다시 나를 만날 수 없을 것이오."

서수가 진진을 만나자 진진이 이렇게 말했다.

"공께서는 어찌 술 마시기를 좋아하십니까?"

서수가 말했다.

"일이 없기 때문입니다."

"그렇다면 제가 공께서 일에 신물이 나도록 해 드려도 되겠습니까?"

"어떻게 말이오?"

"위나라 재상 전수田需가 제후들과 약속하여 합종하려고 하지만, 초나라 왕이 의심하여 아직 믿지 않습니다. 공께서 위나라 왕에게 아뢰기를, '신이 연나라와 조나라의 왕과 옛부터 가까이 지냈는데 자주 사람을 보내 말하기를 위나라에서 일이 없으면서 왜 만나러 오지 않느냐고 합니다. 바라건대 가서 만나게 해 주십시오'라고 하시오. 왕이 허락하더라도 공께서는 많은 수레를 요구하지 말고 서른 대쯤 뜰에 늘어놓고 연나라와 조나라에 가는 것을 여기저기 떠벌이십시오."

그러자 위나라에 와 있던 연나라와 조나라의 유세객들이 이 말을 듣고 수레를 달려 그 왕에게 아뢰고, 사람을 시켜 서수를 맞이하게 했다. 초나라 왕이 이 소문을 듣고 매우 화를 내며 말했다.

"전수는 과인과 약속했다. 그런데도 서수가 연나라와 조나라에 가니, 이것은 과인을 속인 것이다."

초나라 왕이 화가 나 전수의 합종책을 듣지 않았다. 제나라에서는 서수가 북쪽으로 간다는 말을 듣고, 사람을 시켜 제나라의 일을 그에게 맡겼다. 서수가 드디어 그 일을 하게 되자 제나라와 연나라, 조나라 재상의 정사는 모두 서수에 의해서 결정되었다. 진진은 마침내 진나라에 도착했다.

그 무렵 한나라와 위나라가 서로 싸운 지 1년이 되었다. 진나라 혜왕이 이 싸움을 말리려고, 좌우의 신하들에게 물었다. 어떤 신하는 그 싸움을 말리는 것이 좋다고 하고, 또 어떤 신하는 말리지 않는 것이 좋다고 했다. 혜왕도 어떻게 해야 좋을지 결정하지 못했다. 진진이 그때 마침 진나라에 도착했으므로, 혜왕이 물었다.

"그대는 과인을 떠나서 초나라에 가 있는 동안에도 과인을 생각했소?"

진진이 대답했다.

"왕께서는 월나라 사람 장석(莊舃)에 대해 들어 본 적이 있으십니까?"

"듣지 못했소."

"월나라 사람 장석이 초나라에 벼슬하여 집규(執珪)가 되었다가, 얼마 뒤에 병이 들었습니다. 초나라 왕이 말하기를 '장석은 본래 월나라의 미천한 사람이다. 지금 초나라에 벼슬하여 집규가 되고 부귀하게 되었는데, 아직도 월나라를 생각하고 있을까?'라고 물었습니다. 그러자 곁에 모시고 있던 중사(中謝)가 대답하길 '대체로 사람들이 고국을 생각하는 것은 그가 병들었을 때입니다. 그가 월나라를 생각한다면 월나라 소리로 신음할 것이고, 월나라를 생각하지 않는다면 초나라 소리로 신음할 것입니다'라고 했습니다. 사람을 시켜서 듣게 했더니, 아직도 월나라 소리로 신음하고 있었습니다. 지금 신이 비록 버림받아 초나라로 쫓겨 갔지만, 어찌 진나라 말을 쓰지 않을 수 있겠습니까?"

혜왕이 말했다.

"좋소. 지금 한나라와 위나라가 서로 싸운 지 1년이 되어도 그치지 않소. 어떤 사람은 과인이 싸움을 말리는 것이 좋다고 하고, 또 어떤 사람은 말리지 않는 것이 좋다고 하오. 과인 혼자서는 결정할 수가 없으니, 그대는 그대의 임금인 초나라 왕을 위하여 계책 세우는 것처럼 과인을 위해서 계책을 세워 주시오."

진진이 대답했다.

"예전에 변장자卞莊子가 범을 찔러 죽인 이야기를 왕께 말씀드렸던 사람이 있었는지요? 장자가 범을 찌르려고 하자 여관의 머슴아이가 말리며 말했습니다. '호랑이 두 마리가 서로 소를 잡아먹으려고 합니다. 먹어 봐서 맛이 좋으면 반드시 서로 다툴 것입니다. 다투다 보면 반드시 싸울 것이고 그렇게 되면 큰 호랑이는 다칠 테고 작은 호랑이는 죽을 것입니다. 다친 호랑이를 찌르면, 한꺼번에 호랑이 두 마리를 잡았다는 명성을 들을 것입니다.' 변장자도 그럴 듯하게 생각하고, 서서 기다렸습니다. 조금 있자 과연 호랑이 두 마리가 싸워서, 큰 놈은 다치고 작은 놈은 죽었습니다. 변장자가 다친 놈을 찌르자 한꺼번에 두 마리를 잡게 되었습니다.

지금 한나라와 위나라가 서로 공격하여 1년이 되었는데도 그치지 않고 있으니, 큰 나라는 반드시 다치고 작은 나라는 멸망할 것입니다. 만일 다친 나라를 쳐들어간다면, 한꺼번에 두 나라를 얻게 되는 것입니다. 이것은 변장자가 범을 찌른 것과 같은 이치입니다. 신의 임금인 초나라 왕과 혜왕께 올리는 계책에 무슨 차이가 있겠습니까?"

혜왕이 말했다.

"옳은 말이오."

그러고는 결국 그 싸움을 화해시키지 않았다. 큰 나라는 과연 다

치고, 작은 나라는 멸망했다. 진나라가 군대를 일으켜 크게 이겼다. 이것이 진진의 계책이었다.

서수犀首는 위나라 음진陰晉 사람이다. 이름은 연衍이고 성은 공손씨公孫氏인데, 장의와는 사이가 좋지 않았다.

장의가 진나라를 위해 위나라에 가자, 위나라 왕이 장의를 재상으로 삼았다. 서수는 그것을 이롭지 않은 일이라고 생각했으므로, 사람을 시켜서 한나라 공숙公叔에게 이렇게 말하게 했다.

"장의가 이미 진나라와 위나라를 동맹 맺게 했습니다. 그가 말하길, '위나라는 한나라의 남양을 공격하고 진나라는 삼천을 칠 것이다'라고 했습니다. 위나라 왕이 장의를 소중히 여기는 까닭은 한나라의 땅을 얻으려고 하기 때문입니다. 이제 한나라의 남양 땅이 이미 위나라에게 빼앗길 판입니다. 그대는 어찌 저 공손연에게 조금이라도 일을 맡겨 주어서 한나라에 공을 세울 수 있게 하지 않습니까? 그렇게 되면 진나라와 위나라의 친교를 끊게 할 수 있습니다. 그런 뒤에는 위나라도 진나라를 칠 생각으로 반드시 장의를 버리고, 한나라와 한편이 되어 공손연을 재상으로 삼을 것입니다."

공숙이 그 말을 이롭게 여겼다. 그래서 남양 땅을 서수에게 맡겨 그에게 공을 세우도록 했다. 서수가 과연 위나라 재상이 되자, 장의는 위나라를 떠났다.

의거義渠의 왕이 위나라에 들어와 입조했다. 서수는 장의가 다시 진나라 재상이 되었다는 소문을 듣고 불리할 것으로 여겼다. 그래서 서수는 의거 임금에게 이렇게 말했다.

"당신은 멀리 있어 다시 위나라에 들르기 어려우실 테니까, 진나라의 동향을 말씀드리겠습니다. 중원에서 제나라나 위나라 같은 산동의 제후들이 함께 진나라를 치는 일이 없으면, 진나라는 반드시 임금의 나라를 불사르고 침략할 것입니다. 산동의 제후들이 함께 진나라를 치면, 진나라는 장차 민첩한 사신을 시켜 많은 선물을 가지고 가서 임금의 나라를 섬기게 될 것입니다."

그 뒤에 다섯 제후국이 진나라를 공격했다. 마침 진진이 진나라 왕에게 말했다.

"의거의 왕은 오랑캐 나라 가운데 어진 임금입니다. 그에게 뇌물을 주어서 그의 마음을 달래는 것이 좋겠습니다."

"좋소."

진나라 왕이 비단 1천 필과 부녀자 100명을 의거의 왕에게 예물로 보냈다. 의거의 왕이 여러 신하들을 모아놓고 의논했다.

"이게 바로 공손연이 말하던 것인가?"

그러고는 군대를 일으켜서 진나라를 습격하여, 이백李伯 기슭에서 진나라 군대를 크게 깨뜨렸다.

장의가 죽은 뒤에, 서수가 진나라에 들어가 재상이 되었다. 그는 나중에 다섯 나라 재상의 인印을 차고, 동맹의 우두머리가 되었다.

태사공은 말한다.

"삼진 晉에는 임기응변의 유세객들이 많았다. 합종책이나 연횡책을 말해 진나라를 강하게 만든 자들은 대개 삼진의 사람들이다. 장의가 한 일은 소진보다도 임기응변이 더 심하다. 그러나 세상 사람들이 소진을 미워하는 까닭은 그가 먼저 죽자 장의가 그의 단점을 들춰 내어, 자기의 주장을 강조하고 연횡의 길을 성공시켰기 때문이다. 요약해서 말한다면, 이 두 사람은 참으로 위험스러운 인물이었다."

합종파의 대표적 인물이 소진이라면 연횡파의 대표인물은 장의다. 전국 시대 중기 진나라가 국력을 증강시키자 이에 대항하기 위해 나머지 여섯 나라는 합종으로 맞섰고, 진나라의 장의는 각 나라와 개별적으로 동맹을 맺어 합종을 깨뜨리고 제나라와 초나라를 이간시켜 진나라가 천하를 통일하는 데 결정적으로 이바지했다.

뛰어난 유세가였던 장의의 유일한 무기는 세 치 혀였다. 그는 젊은 시절 초나라에서 곤욕을 치르면서도 자신에게 세 치 혀가 붙어 있는 한 훗날 언제라도 복수의 기회는 있다고 여길 정도로 자신의 입담에 자신을 가지고 있었다. 그러나 다시 생각해 볼 것은 그의 설득을 뒷받침해 준 것은 진나라의 힘이었다. 당시 진나라가 가진 힘이 아니었다면 과연 그의 세 치 혀가 먹혀들었을까?

# 【 저리자 · 감무 열전 】

● ─────────── 저리자樗里子의 이름은 질疾이다. 진나라 혜왕의 배 다른 동생으로 어머니는 한나라 사람이다. 저리자는 우스갯소리도 잘하고 지혜로워서, 진나라 사람들이 지혜주머니智囊라고 불렀다.

진나라 혜왕 8년에 저리자에게 우경右更 벼슬을 주고 장군으로 삼아 위나라 곡옥曲沃을 치게 했는데, 그는 그곳 백성들을 모두 쫓아내고 성을 빼앗아 진나라 영토로 만들었다.

진나라 혜왕 25년에 저리자를 다시 장군으로 삼아 조나라를 치게 했다. 조나라 장군 장표莊豹를 사로잡고 인藺을 함락시켰다. 그 이듬해에는 위장魏章을 도와 초나라를 공격해, 장군 굴개를 쳐부수고 한중 지역의 땅을 빼앗았다. 진나라가 저리자를 봉하여, 엄군嚴君이라고 불렀다.

진나라 혜왕이 죽고 태자 무왕武王이 즉위하자, 장의와 위장을 쫓아내고 저리자와 감무甘茂를 좌승상과 우승상으로 삼았다. 진나라는 감무를 시켜 한나라를 치게 해 의양을 빼앗고 저리자를 시켜 전차 100대를 가지고 주나라로 들어가게 했다. 주나라에서는 군사를 내보내 그를 매우 정중하게 맞이했다. 초나라 왕이 그 소문을 듣고 화를 내면서 진나라를 지나치게 높이 받든다고 주나라를 책망했다. 이때 유등游騰이 주나라를 위해 초나라 왕을 설득했다.

"옛날 진나라 지백知伯이 구유仇猶를 칠 때 길이 험해 병사들이 걸어가기 힘들어 하자 먼저 큰 종을 만들어 폭이 넓은 큰 수레에 실어 선물로 보내면서 그 뒤를 따라서 군대가 쫓아가서 공격하여, 나라를 빼앗았습니다. 결국 구유는 망했습니다. 왜 망했겠습니까? 그에 대한 대비를 못했기 때문입니다. 제나라 환공이 채나라를 칠 때에도 초나라를 친다는 핑계를 대고 실제로는 채나라를 습격했습니다. 지금 진나라는 호랑이나 이리 같은 나라인데, 저리자를 시켜서 전차 100대를 이끌고 주나라에 들어가도록 하니, 주나라에서는 이 일 때문에 구유나 채나라처럼 되는 것이나 아닌가 걱정하고 있습니다. 그래서 긴 창을 잡은 군사를 앞세우고, 강력한 쇠뇌를 가진 병사를 뒤에 있게 하여 명목상으로는 저리자를 호위한다고 했지만, 실상은 그를 가둔 것입니다. 주나라라고 어찌 나라의 앞날을 근심하지 않겠습니까? 주나라가 망하게 되면 왕에게까지 걱정을 끼치게 될까 두려워한 것입니다."

초나라 왕이 이 말을 듣고 기뻐했다.

진나라 무왕이 죽고 소왕(昭王)이 즉위하자 저리자는 더욱 존경받는 인물이 되었다. 소왕 원년에 저리자가 장군이 되어 포(蒲)를 치려고 하자 포의 태수가 두려워 호연(胡衍)에게 도움을 요청했고, 호연이 포를 위해 저리자에게 말했다.

"공이 포를 치는 것은 진나라를 위해서입니까? 아니면 위(魏)나라를 위해서입니까? 위나라를 위해서라면 좋습니다만, 진나라를 위해서라면 이롭지 않습니다. 위(衛)나라가 위(衛)나라로 존립하는 까닭은 포가 있기 때문입니다. 지금 포를 치면, 포는 화를 면하기 위해 위(魏)나라에 귀속할 것입니다. 그렇게 되면 위(衛)나라도 반드시 굽혀 위(魏)나라를 따르게 될 것입니다. 예전에 위(衛)나라가 서하(西河) 바깥의 땅을 잃고도 회복하지 못한 까닭은 군대가 약했기 때문입니다. 지금 위(衛)나라를 위(魏)나라에 합병시킨다면, 위나라는 반드시 강해질 것입니다. 위나라가 강해지는 날이면, 서하 바깥의 땅은 반드시 위태로워집니다. 게다가 진나라 왕이 장차 공이 한 일 때문에 진나라를 해롭게 하고 위나라를 이롭게 한 것을 안다면, 반드시 공에게 죄를 줄 것입니다."

저리자가 말했다.

"그러면 어떻게 해야 좋겠소?"

호연이 대답했다.

"공께선 포蒲를 내버려 두고 치지 마십시오. 제가 공을 위해 포蒲에 들어가 위衛나라 군주에게 공이 덕을 베풀었다고 말하겠습니다."

저리자가 말했다.

"좋소."

호연이 포에 들어가 그 태수에게 말했다.

"저리자는 포가 피폐한 것을 알고 있습니다. 그래서 '반드시 포를 함락시키겠다'라고 벼르고 있습니다. 제가 잘 말해서 포에 대한 공격을 그만두도록 하겠습니다."

포의 태수는 두려워하며 두 번 절하고 말했다.

"부디 그렇게 해 주시기 바랍니다."

그러고는 금 300근을 주면서 말했다.

"진나라 군대가 정말 물러간다면, 반드시 위衛나라 군주에게 말해, 당신이 높은 지위를 얻을 수 있도록 해드리겠습니다."

그래서 호연은 포에서 금을 받았으며, 위衛나라에서는 귀한 신분이 되었다. 그러자 저리자도 드디어 포에 대한 포위를 풀고 돌아가면서, 대신 위魏나라 고을인 피지皮氏를 쳤다. 피지가 항복하지 않자, 그대로 돌아갔다.

소왕 7년에 저리자가 죽자 위수渭水 남쪽 장대章臺의 동쪽에 장사지냈다. 저리자는 이런 말을 한 적이 있다.

"내가 죽은 지 100년이 지나면 내 무덤 양쪽에 천자天子의 궁이

둘러질 것이다."

저리자 질疾의 집은 소왕의 사당 서쪽 위수의 남쪽 음향陰鄕 저리樗里에 있었다. 그래서 세상 사람들이 그를 '저리자'라고 불렀던 것이다. 한漢나라가 일어났을 때에 장락궁長樂宮이 그의 집 동쪽에 세워지고 미앙궁未央宮이 그 서쪽에 세워졌으며, 무기고가 무덤 바로 앞에 세워졌다. 그래서 진나라 속담에 '힘은 임비任鄙, 지혜는 저리자'라는 말이 있다.

감무甘茂는 하채下蔡 사람이다. 그는 하채의 사거선생史擧先生에게 백가百家의 학설을 배우고 장의와 저리자를 통해 진나라 혜왕을 만났다. 혜왕은 그를 보고 기뻐하여 장군을 삼았고, 위장을 도와서 한중의 땅을 정벌하게 하였다. 혜왕이 죽고 무왕이 즉위하자, 장의와 위장이 진나라를 떠나 동쪽 위나라로 가 버렸다. 촉후蜀侯 휘輝와 그 재상 장壯이 배반하자, 진나라가 감무를 시켜 촉을 평정케 했다. 일을 마치고 돌아오자 감무를 좌승상으로 삼고, 저리자를 우승상으로 삼았다. 진나라 무왕 3년에 무왕이 감무에게 말했다.

"과인이 삼천(三川, 이수와 낙수와 황하)까지 길을 넓혀 휘장이 쳐진 수레를 타고 가서, 주나라 왕실을 엿보려고 하오. 그렇게만 된다면 과인은 죽어도 썩지 않을 것이오."

감무가 말했다.

"제가 위나라로 가서, 한나라를 치도록 약속하겠습니다. 상수向壽

에게 저를 돕도록 해 주십시오."

감무가 위나라에 이르러, 상수에게 말했다.

"그대는 진나라로 돌아가서, 왕께 이렇게 말하게. '위나라는 신의 제안을 듣겠지만, 왕께서는 한나라를 치지 마십시오'라고 말일세. 일이 이루어지면 모두 그대의 공으로 돌리겠네."

상수가 돌아가서 그대로 말하자, 진왕이 감무를 식양息壤에서 영접하였다. 감무가 도착하자, 진왕이 상수를 통해서 들었던 말의 까닭을 물었다. 감무가 대답했다.

"의양宜陽은 큰 고을이고, 상당上黨과 남양南陽에도 재물과 식량을 쌓아 놓은 지가 오래됩니다. 이름은 현縣이라고 하지만, 사실은 군郡입니다. 지금 왕께서 함곡函谷과 오곡五谷 등 몇 군데 험난한 곳을 뒤에 두고 천 리를 가서 공격하려 하니, 이는 참으로 어려운 일입니다. 옛날 효자로 유명한 증삼曾參이 비읍費邑에 있을 때, 노나라 사람 가운데 증삼과 이름이 같은 자가 사람을 죽였습니다. 어떤 사람이 증삼의 어머니에게 와서 '증삼이 사람을 죽였습니다'라고 말했지만, 그 어머니는 태연하게 계속 베를 짰습니다. 조금 뒤에 또 다른 사람이 와서 '증삼이 사람을 죽였습니다'라고 하자 그 어머니는 여전히 베를 짜면서 태연해했습니다. 조금 뒤에 또 다른 사람이 와서 '증삼이 사람을 죽였습니다'라고 말하자, 그 어머니가 베 짜던 북을 내던지고 베틀에서 내려와 담을 넘어 달아났다고 합니다. 증삼처럼 어진 아들이었기에 어머니는 그를 믿었지만, 세 사람이나 그를 의

심하자 그 어머니도 두려워진 것입니다. 그런데 지금 신이 증삼처럼 어질지 못하고, 왕께서 신을 믿는 것도 증삼의 어머니가 증삼을 믿었던 것보다 못합니다. 게다가 신을 의심하는 자도 세 사람뿐이 아닙니다. 신은 왕께서도 북을 내던지실까 봐 두렵습니다.

지난날 장의가 서쪽으로 파와 촉 땅을 병합하고 북쪽으로 서하 밖의 땅을 개척하였으며, 남쪽으로 상용上庸을 얻었습니다. 그러나 천하 사람들은 장의의 공이 크다고 말하지 않고, 선왕을 어질다고 말했습니다. 위나라 문후文侯가 악양樂羊을 장수로 삼아 중산中山을 공격하게 했는데, 3년 만에 함락시켰습니다. 악양이 돌아와 승전의 공을 논하게 되었는데, 문후가 악양을 비방하는 글 한 상자를 꺼내 보였습니다. 악양이 두 번 절하고 머리를 조아려 '이번 승리는 신의 공이 아니라, 주군의 힘입니다' 하고 말했습니다.

그런데 지금 신은 나그네로 와 있는 신하일 뿐이니 저리자와 공손석公孫奭 두 사람이 한나라 정벌의 일을 가지고 의논하면, 왕께선 반드시 그 말을 들으실 것입니다. 그렇게 되면 왕께선 위나라 왕을 속이게 되고, 신도 공중치公仲侈에게 원망만 듣게 될 것입니다."

무왕이 말했다.

"과인이 그들의 말을 듣지 않겠다고 그대에게 맹세하겠소."

무왕이 마침내 재상 감무를 시켜서 군대를 이끌고 의양을 치게 했다. 다섯 달이 지나도 함락시키지 못하자, 저리자와 공손석이 과연 다투기 시작했다. 무왕이 감무를 불러서 공격을 중지시키려고 하자 감무가 말했다.

"식양은 아직 저기 있습니다."

무왕이 말했다.

"맹약한 것이 있소."

그러고는 많은 군사를 동원해 감무로 하여금 공격하게 하였다. 적군 6만 명의 머리를 베고, 마침내 의양을 함락시켰다. 한나라 양왕襄王은 공중치를 사자로 보내 용서를 구하고, 진나라와 화친을 맺었다.

진나라 무왕이 마침내 주나라에 도착했으나 주나라에서 죽었다. 그 동생이 왕위에 올라 소왕昭王이 되었다. 어머니 선태후宣太后는 초나라 사람이다. 초나라 회왕이 예전에 진나라가 단양에서 초나라를 쳐서 물리쳤을 때 한나라가 구원해 주지 않은 것을 원망하여, 한나라 땅 옹지雍氏를 에워쌌다. 한나라가 공중치를 진나라로 보내, 위급한 사정을 호소하였다. 그러나 진나라는 소왕이 새로 즉위한데다 태후가 초나라 사람이라, 구원해 주려 하지 않았다. 공중치가 감무에게 부탁하자, 감무가 한나라를 위해 소왕에게 말했다.

"공중치는 지금 진나라의 도움을 얻을 수 있다고 생각하기 때문에 감히 초나라에 대항하는 것입니다. 지금 옹지가 포위되었는데도 진나라 군대가 효崤로 내려가지 않으면, 공중치는 앞으로 머리를 치켜세우고 진나라에 조회하러 들어오지 않을 것입니다. 그뿐 아니라 한나라 공자 공숙公叔도 나라를 들어 남쪽으로 초나라와 합할 것입니다. 초나라와 한나라가 하나로 되면 위나라도 감히 그들의 말을 듣지 않을 수 없습니다. 그러면 진나라를 공격할 형세가 이루어집니다. 앉아서 남이 쳐들어오는 것을 기다리는 편과 이쪽에서 남을 쳐들어가는 편 가운데 어느 편이 더 유리하겠습니까?"

진왕이 말했다.

"알겠소."

소왕은 즉시 군대를 효로 내려 보내 한나라를 돕자 초나라 군대는 물러갔다.

진나라가 상수를 시켜 의양을 평정하고, 저리자와 감무를 시켜 위나라의 피지皮氏를 치게 하였다. 상수는 선태후宣太后의 외척인데다가 소왕과는 어릴 때부터 함께 자랐으므로 임용되었다. 상수가 초나라에 가자, 초나라에서는 진나라가 상수를 귀중히 여긴다는 소문을 듣고 상수를 극진히 대접하였다. 상수가 진나라를 위해 의양을 지키면서 장차 한나라를 치려고 하자, 한나라 공중公仲이 소대蘇代를 시켜서 상수를 달래게 했다.

"짐승도 급하게 되면 수레를 뒤엎는다고 합니다. 공은 한나라를 깨뜨리고 공중치를 욕보이려 하시는데, 공중치는 지금 나라를 들어 다시 진나라를 섬기려 하고 있습니다. 그는 자기가 반드시 봉읍封邑될 것이라고 생각하고 있기 때문입니다. 그런데 지금 공은 초나라에다 진나라 해구解口의 땅을 주고, 역시 진나라 땅인 두양杜陽에다 초나라의 소영윤小令尹을 봉했습니다. 진나라와 초나라가 힘을 합해 다시 한나라를 치면, 한나라는 반드시 망할 것입니다. 한나라가 망하게 된다면, 공중치는 결국 자기를 개인적으로 따르는 무리들을 이끌고 진나라를 막으려고 할 것입니다. 공께서는 이 점을 깊이 생각하십시오."

상수가 말했다.

"내가 진나라와 초나라의 힘을 합하려는 까닭은 한나라를 치려고 하기 때문이 아닙니다. 그대는 나를 위해 공중을 만나서, '진나라와 한나라의 국교가 맺어질 것이다'라고 말해 주십시오."

소대가 대답했다.

"공에게 드릴 말씀이 있습니다. 사람들이 말하기를 '자기가 귀중하게 여겨지는 까닭을 소중히 여기는 자는 그 귀중함을 영원히 잃지 않는다'라고 합니다. 왕께서 공을 공손석만큼 아끼지 않고, 공의 지혜와 능력이 감무만 못하다고 평가하고 있습니다. 그런데 지금 그 두 사람이 다 진나라의 정사를 친히 다스리지 못하고, 공께서만 혼자 왕과 함께 나랏일을 결정하는 까닭이 무엇이겠습니까? 그 두 사람은 왕의 신임을 잃었기 때문입니다. 공손석은 한나라와 내통하고 감무는 위나라와 관계하기 때문에 왕이 신임하지 않는 것입니다. 지금 진나라와 초나라가 서로 강대해지길 다투고 있는데, 공께서 초나라와 관계하신다면, 공손석이나 감무와 같은 길을 걷는 셈입니다. 공께서 무엇을 가지고 그들과는 다르다고 하겠습니까? 남들은 다들 '초나라는 곧잘 약속을 지키지 않는다' 하고 탓하는데,

공께서만 반드시 그렇지 않다고 부인했습니다. 이것은 공께서 스스로 책임져야 되는 것입니다. 공께서 왕과 함께 의논하여 초나라의 변절을 대비하고, 한나라와 친선하여 초나라에 대비하는 것보다 못합니다. 이렇게만 한다면 근심이 없을 것입니다. 한나라가 전에는 나라를 들어 공손석에게 따랐고, 나중에는 나라를 감무에게 맡겼습니다. 그 두 사람이 공과는 사이가 좋지 않으니, 한나라는 공의 원수입니다. 그러나 지금 공께서 '한나라와 친하게 지내 초나라에 대비하자' 하고 말하면, 이것은 외부에서 사람을 추천할 때 자기 원수라도 꺼리지 않은 셈이 됩니다."

상수가 말했다.

"그렇소. 나도 진나라가 한나라와 연합하기를 바라오."

소대가 대답했다.

"감무는 공중치에게 진나라가 빼앗은 무수武遂를 돌려주겠다고 허락했으며, 의양에서 포로로 잡은 한나라 백성들도 돌려주겠다고 했습니다. 그런데 공께선 그저 말로만 한나라의 마음을 수습하려고 하시니, 참 어렵습니다."

"그러면 어떻게 해야 좋겠소? 무수를 내놓을 수는 없소."

소대가 대답했다.

"공께선 어째서 진나라의 위력을 가지고 한나라를 위해서 영천潁川의 땅을 돌려 달라고 초나라에다 요구하지 않으십니까? 이곳은 한나라가 의지하다가 초나라에게 빼앗긴 땅입니다. 공께서 그 땅을 초나라에 요구하여 얻는다면, 진나라의 명령이 초나라에 행해지고, 그 땅으로써 한나라에게 은덕을 끼치게 된 것입니다. 공께서 요구하여 얻지 못하게 된다면, 한나라와 초나라의 원한이 풀리지 않아서 서로 다투어 진나라로 달려올 것입니다. 진나라와 초나라가 서로 강대해지길 다투면서 공께서 천천히 초나라를 꾸짖어 한나라의 마음을 수습한다면, 이 편이 진나라에 유리합니다."

"어떻게 하면 좋겠소?"

"이렇게 하는 것이 좋겠습니다. 감무는 위나라의 마음을 수습해서 제나라를 취하려 하고, 공손석은 한나라의 마음을 수습해서 제나라를 취하려 하고 있습니다. 이제 공께서 의양을 취하여 공을 세운데다 초나라와 한나라를 수습하여 안정시키며 제나라와 위나라의 죄를 징계한다면, 공손석과 감무는 할 일이 없게 될 것입니다."

감무가 마침내 진나라 소왕에게 말해, 무수의 땅을 다시 한나라에 돌려주었다. 상수와 공손석이 다투어 반대했지만, 그 의견은 받아들여지지 않았다. 상수와 공손석이 이 일 때문에 원망하며 감무를 헐뜯었다. 감무가 두려워서 위나라 포판을 공격하는 일을 멈추고 진나라에서 도망쳤다. 저리자는 위나라와 화친을 맺고 군대를 거두었다.

감무가 진나라에서 도망쳐 제나라로 달아났는데 우연히 소대를 만났다. 소대가 제나라를 위해서 진나라에 사신으로 가던 참이었다. 감무가 말했다.

제3장 사람을 알아보는 눈

"저는 진나라에 죄를 짓고 두려워 도망 나왔는데, 몸을 맡길 곳이 없습니다. 제가 듣건대 가난한 여인과 부유한 여인이 함께 길쌈을 했는데 가난한 여인이 말하길, '나는 촛불을 살 돈이 없지만 당신의 촛불에 다행히도 남는 빛이 있으니, 당신은 내게 그 남는 빛을 나누어 주세요. 그러면 그대의 밝음을 손상시키지 않고도 나까지 편익을 얻을 수 있습니다'라고 하였답니다. 지금 저는 곤궁에 빠졌는데, 당신은 이제 진나라에 사신으로 가서 중요한 분들과 만나게 되었습니다. 저의 아내와 자식들이 그곳에 있으니, 당신께선 남는 빛으로 그들을 구해 주십시오."

소대가 허락하고, 진나라에 사신으로 갔다. 그리고 진나라 왕을 설득했다.

"감무는 비상한 인물입니다. 그는 진나라에 있는 동안 여러 임금에 걸쳐 높이 쓰였습니다. 효의 요새로부터 귀곡鬼谷에 이르기까지, 그 지형이 험난한 곳과 평탄한 곳을 다 알고 있습니다. 그가 만약에 제나라로 하여금 한나라와 위나라와 맹약하게 하고 도리어 진나라를 치게 꾸민다면, 진나라에 이롭지 않을 것입니다."

진나라 왕이 말했다.

"그러면 어떻게 해야 좋겠소?"

소대가 말했다.

"왕께서 예물을 많이 보내고 녹봉을 많이 주어 그를 맞아들이는 것이 가장 좋습니다. 그가 오면 귀곡에 머물게 하고, 죽을 때까지 나오지 못하게 하십시오."

"좋소."

진왕이 즉시 그에게 상경(上卿)의 벼슬을 주고 재상의 인(印)을 보내 그를 제나라로부터 맞아들이려고 했지만, 감무는 가지 않았다. 소대가 제나라 민왕에게 말했다.

"저 감무는 어진 사람입니다. 지금 진나라가 그에게 상경의 벼슬을 주고 재상의 인을 보내 그를 맞아가려고 하는데도, 감무는 왕께서 내려 주신 은덕을 감사하면서 왕의 신하가 되는 것을 기뻐하고 있습니다. 그래서 진나라의 재상 벼슬도 사양하고 돌아가지 않았습니다. 이제 왕께선 무엇으로 그를 예우하시렵니까?"

"좋소."

제왕이 즉시 그에게 상경 벼슬을 주고, 제나라에 머무르게 하였다. 그러자 진나라에서도 감무의 집안을 회복시켜 주면서, 제나라와 서로 감무를 데려가려고 다투었다.

제나라가 감무를 초나라에 사신으로 보냈는데, 초나라 회왕(懷王)이 마침 진나라와 새로 혼인 관계를 맺어 친하게 지냈다. 진나라에서는 감무가 초나라에 있다는 말을 듣고, 사람을 시켜 초나라 왕에게 말했다.

"감무를 진나라로 보내 주십시오."

초나라 왕이 범연(范蜎)에게 물었다.

"과인이 진나라에 재상을 추천하고 싶은데 누가 좋겠소?"

"신은 그런 인물을 알 만한 식견이 없습니다."

"과인은 감무를 재상으로 추천하려는데, 괜찮겠소?"

"안 됩니다. 감무의 스승인 사거史擧는 하채下蔡의 문지기였습니다. 크게는 임금을 섬기지 않았고, 작게는 제 집안을 보살피지 않았습니다. 구차하고 빈천하였으나 모나지 않은 것으로 세상에 그 이름이 알려졌습니다. 그런데 감무는 그런 인물을 묵묵히 따르고 스승으로 섬겼습니다. 그러므로 현명한 혜왕이나 명찰한 무왕, 말 잘하는 장의까지도 감무는 잘 섬겼으며, 열 가지 벼슬을 얻어 지내고도 죄를 입지 않았습니다. 감무는 참으로 현명한 사람입니다. 그렇지만 진나라에 재상으로 추천해서는 안 됩니다. 진나라에 어진 재상이 있으면 초나라에 이롭지 않습니다. 왕께서 예전에 소활召滑을 월나라에 재상으로 추천했다가, 속으로는 월나라가 초나라에 합병되기를 바라면서도 겉으로는 정의를 내세워 두 나라 사이에 싸움을 일으키는 바람에 월나라가 어지러워졌습니다. 그러므로 초나라가 남쪽으로 여문厲門을 막고, 월나라 땅 강동江東을 초나라의 군으로 만들었습니다. 왕의 공이 이처럼 성공한 까닭을 살펴보면, 월나라는 어지러웠지만 초나라는 잘 다스려졌기 때문입니다. 그런데 왕께서 이런 계책을 월나라에 쓰는 것은 알고 있었지만, 진나라에 쓸 것은 잊고 계십니다. 신은 왕께서 크게 잘못하고 계신다고 생각합니다. 그러니 왕께서 만약 진나라에 재상을 추천하려고 하시면, 상수만 한 사람이 없습니다. 상수는 진나라 왕과 친근합니다. 어려서는 옷을 함께 입었으며, 자라서는 수레를 함께 타고 다니며 나랏일을 처리했습니다. 왕께선 반드시 상수를 진나라의 재상이 되게 하십시오. 그렇게만 되면 초나라에게 이롭습니다."

이리하여 초나라 왕은 진나라에 사신을 보내, 상수를 진나라 재상으로 삼아 달라고 청하였다. 진나라가 드디어 상수를 재상으로 삼자, 감무는 끝내 진나라에 들어가지 못하고 위나라에서 죽었다.

감라甘羅는 감무의 손자이다. 감무가 죽은 뒤에, 감라는 열두 살 나이로 진나라 재상 문신후文信侯 여불위呂不韋를 섬겼다.

진나라 시황제始皇帝가 강성군剛成君 채택蔡澤을 연나라에 사자로 보내자, 3년 뒤에 연나라 왕 희喜가 태자 단丹을 진나라에 들여보내 볼모로 삼았다. 진나라에서는 장당張唐을 보내 연나라 재상이 되게 하고, 연나라와 함께 조나라를 쳐서 하간河間의 땅을 넓히려고 하였다. 장당이 문신후에게 말했다.

"저는 일찍이 진나라 소왕을 위해 조나라를 친 적이 있는데, 조나라가 신을 원망하여 말하길 '장당을 잡아오는 사람에게는 100리의 땅을 주겠다'라고 했습니다. 이제 연나라로 가려면 반드시 조나라를 거쳐야 하므로, 신은 갈 수가 없습니다."

문신후는 불쾌했지만, 억지로 보낼 수가 없었다. 그러자 감라가 말했다.

"군후君侯께서는 어찌 그다지도 불쾌해하십니까?"

문신후가 말했다.

"내가 강성군 채택을 시켜서 연나라를 섬기게 한 지 3년이 되어, 연나라 태자 단이 이미 진나라에 볼모로 들어왔다. 내 몸소 장경張卿에게 청하여 연나라에 재상으로 보내려 하는데도 그가 가려고 하지 않는다."

감라가 말했다.

"제가 그를 가게 하겠습니다."

문신후가 꾸짖어 말했다.

"저리 가거라. 내 몸소 청해도 가려고 하지 않는데, 네가 어떻게 그를 보낸단 말이냐?"

"저 항탁項橐은 일곱 살에 공자의 스승이 되었습니다. 지금 저의 나이는 열두 살이나 되었습니다. 군후께선 갑자기 꾸짖으실 것이 아니라 시험 삼아 저를 써 보십시오."

그러고는 감라가 장경을 보고 말했다.

"경의 공을 무안군武安君에게 견준다면, 누가 더 큽니까?"

장경이 말했다.

"무안군은 남쪽으로 가서 강한 초나라를 꺾었으며, 북쪽으로는 연나라와 조나라를 위압하였고, 싸우면 이겼고 치면 빼앗았소. 성을 깨뜨리고 고을을 무너뜨린 숫자를 알 수 없소. 내 공적은 그와 비교도 안 되오."

감라가 말했다.

"응후(應侯, 범저)가 진나라에서 높이 쓰이는 것과 문신후가 정권을 잡은 것은 어느 쪽이 더 큽니까?"

"응후의 쓰임이 문신후를 따를 수는 없소."

감라가 물었다.

"당신은 분명히 응후의 쓰임이 문신후가 정권을 마음대로 휘두르는 것보다 못하다는 것을 아십니까?"

"알고 있소."

"응후가 조나라를 치려고 하였을 때에 무안군이 이를 어렵게 여겼기 때문에, 함양에서 7리 되는 곳으로 쫓겨나 두우(杜郵)에서 죽임을 당했습니다. 지금 문신후가 몸소 당신에게 연나라 재상이 되라고 청했는데도 당신이 가려고 하지 않으니, 저는 당신이 죽을 곳을 알지 못하겠습니다."

장당이 말했다.

"젊은이 말대로 가겠소."

그러고는 길 떠날 채비를 했다.

떠나기까지 며칠이 남았을 때 감라가 문신후에게 말했다.

"신에게 수레 다섯 대만 빌려 주십시오. 장당을 위해 먼저 조나라로 가서 알리겠습니다."

문신후가 곧 왕궁으로 들어가서 시황제에게 말했다.

"옛날 재상 감무의 손자 감라가 아직 나이 어리지만, 이름난 집안의 자손이라고 제후들 사이에 알려져 있습니다. 이번에 장당이 병을 핑계대고 연나라 재상으로 가지 않으려는 것을 감라가 설득하여 가게 했습니다. 이제 먼저 가서 조나라에 알리겠다고 하니, 그를 보내 주십시오."

시황제는 감라를 불러 보고, 조나라에 사신으로 보냈다. 감라가 조나라 왕을 설득했다.

"왕께선 연나라 태자 단이 진나라에 들어가 볼모가 되었다는 소문을 들으셨습니까?"

"들었소."

"장당이 연나라 재상으로 간다는 소문도 들으셨습니까?"

"들었소."

"연나라 태자 단이 진나라에 인질로 들어간 것은 연나라가 진나라를 속이지 않겠다는 뜻입니다. 장당이 연나라 재상으로 가는 것은 진나라도 연나라를 속이지 않겠다는 뜻입니다. 연나라와 진나라가 서로 속이지 않게 되면 조나라를 칠 테니 위험해집니다. 연나라와 진나라가 서로 속이지 않는 것은 별다른 이유가 없습니다. 조나라를 쳐서 하간의 땅을 넓히려고 하기 때문입니다. 왕께서 미리 신에게 다섯 성을 떼어 주시어 하간의 땅을 넓히게 하는 것이 더 좋습니다. 그렇게 하신다면 연나라 태자 단을 돌려보내고, 강한 조나라와 함께 약한 연나라를 치게 하겠습니다."

조왕이 즉시 다섯 성을 스스로 진나라에 떼어 주어, 하간의 땅을 넓히도록 했다. 진나라에서는 연나라 태자를 돌려보냈다. 조나라는 연나라를 쳐서 상곡(上谷)의 성 서른 개를 빼앗고, 그 가운데 열 개의 성은 진나라가 가지게 했다.

감라가 진나라로 돌아와 보고하자, 진왕이 감라를 상경으로 삼고, 처음 감무에게 주었던 밭과 집을 다시 그에게 내려 주었다.

태사공은 말한다.

"저리자는 진나라 왕과 골육지간이니, 중용되는 것도 본래 일리가 있다. 진나라 사람들이 그의 지혜를 칭찬하므로, 그의 사적을 채록하였다. 감무는 하채의 미천한 집안 출신으로 제후들 사이에 이름을 드러내고, 강한 제나라와 초나라에 중용되었다. 감라는 나이가 어렸지만 기이한 계책을 내어 그 이름이 후세에 칭찬받았다. 비록 행실이 두터운 군자는 아니지만, 역시 전국 시대의 책사(策士)이다. 진나라가 강성해졌을 때, 천하는 권모와 사술(詐術)로 치달으려 했던 것이다."

저리자는 지혜주머니라 불리며 진시황이 여섯 나라를 통일하기까지 큰 공을 세운 인물이다. 그는 혜왕, 무왕, 소왕 등 3대에 걸쳐 군주를 보좌하면서 이인자로 군림했다. 저리자는 뛰어난 지혜로 다른 여섯 나라 사이에 싸움을 붙여, 진나라가 가만히 앉아 있으면서도 이익을 챙기도록 했다. 감무는 미천한 출신이나 저리자와 좌승상과 우승상을 역임할 정도의 자리에까지 오른 인물이다.

저리자와 감무 두 사람은 의리로 가득 찬 인물이라기보다는 오히려 적당한 사리사욕을 가지고 자신의 누울 자리는 반드시 챙겼으며 자신의 부가가치를 높이기 위해 끊임없이 권모술수를 발휘한 사람들이다. 어찌 보면 현실적이기까지 한 이들은 도덕군자라고 할 수는 없으나 뛰어난 책략가들이었음에는 분명하다.

## 【 염파·인상여 열전 】

● ─────── 염파(廉頗)는 조나라의 훌륭한 장수이다. 조나라 혜문왕(惠文王) 16년에 조나라 장수가 되어 제나라를 쳤는데, 양진(陽晉)을 빼앗았으므로 이 공로로 상경(上卿)이 되었다. 그의 용기는 제후들에게 널리 알려졌다. 인상여(藺相如)도 조나라 사람으로 환관의 우두머리인 무현(繆賢)의 사인(舍人)이었다.

조나라는 혜문왕 때 초나라의 화씨벽(和氏璧, 초나라 사람 변화가 옥복을 발견해 여왕에게 바쳤으나 돌이라 하여 왼쪽 발을 베이고, 무왕에게 바쳤으나 또 돌이라 하여 오른쪽 발도 베였다. 문왕이 즉위하자 변화는 초산 아래에서 사흘 낮밤을 통곡했는데, 문왕이 소문을 듣고 그 옥복을 다듬게 하니 마침내 천하의 보옥이 되었다. 이 보옥이 화씨벽이다.)을 손에 넣게 되었다. 진나라 소왕이 이 소문을 듣고 사신을 시켜 조나라 왕에게 편지를 보내, 성 열다섯 개와 화씨벽을 바꾸자고 청했다. 조나라 왕이 대장군 염파 및 여러 대신들과 이 문제를 상의했다. 그러나 화씨벽을 진나라에 주고 싶어도 진나라의 성을 얻지도 못한 채 속임만 당할까 두려웠고, 내주지 않자니 진나라 군대가 쳐들어올까 걱정되었다. 또 진나라에 가서 이 문제에 대한 답변을 할 만한 인물을 구했지만, 마땅한 사람이 없었다. 그러자 환관의 우두머리인 무현이 말했다.

"신의 사인 인상여를 사신으로 보낼 만합니다."

왕이 물었다.

"어떻게 그것을 알 수 있는가?"

"신이 일찍이 죄를 짓고 몰래 연나라로 도망가려 한 적이 있었습니다. 그러자 신의 사인인 인상여가 신을 말리면서, '당신께선 어떻게 연나라 왕을 알게 되었습니까?' 하고 물었습니다. 그래서 내가 '일찍이 왕을 따라 연나라 왕과 국경 근처에서 만난 적이 있는데, 그때 연나라 왕이 내 손을 가만히 잡으며 친구가 되고 싶다고 했소'라고 말하며 이 일로 연나라 왕을 알게 되었다고 말했습니다. 그랬더니 인상여가 '신에게 조나라는 강하고 연나라는 약합니다. 당신이 조나라 왕의 총애를 받고 있으므로, 연나라 왕이 군과 친구가 되자고 한 것입니다. 지금 당신께서 조나라에서 도망쳐 연나라로 달아나면 연나라는 조나라를 두려워하여, 감히 당신을 머무르게 두지 못하고 당신을 사로잡아 조나라로 돌려보낼 것입니다. 그러니 차라리 웃통을 벗고 처형대에 엎드려 벌을 받겠다고 청하는 것이 가장 좋습니다. 그렇게 하면 용서를 받을지도 모릅니다' 하고 말했습니다. 신이 상여의 말에 따랐더니, 왕께서도 다행히 신을 용서하셨습니다. 그래서 신은 '인상여가 용감하면서도 꾀가 있구나' 하고 속으로 생각해 왔습니다. 그래서 사신으로 보낼 만하다고 말씀드린 것입니다."

그래서 왕은 인상여를 불러 만나 보고 이렇게 물었다.

"진나라 왕이 성 열다섯 개와 과인의 화씨벽을 바꾸자고 청했는데, 화씨벽을 보내는 게 좋겠소, 보내지 않는 게 좋겠소?"

인상여가 대답했다.

"진나라는 강하고 조나라는 약하니, 받아들이지 않을 수가 없습니다."

"그러다가 우리 화씨벽만 받고 우리에게 성을 내주지 않으면 어떻게 하겠는가?"

인상여가 말했다.

"진나라에서 성과 바꾸자는 조건으로 화씨벽을 구하려고 하는데 조나라에서 허락하지 않는다면, 잘못은 조나라에 있습니다. 그러나 조나라에서 화씨벽을 주었는데도 진나라가 성을 내주지 않는다면, 잘못은 진나라에 있습니다. 이 두 가지 계책을 비교해 본다면, 차라리 저쪽 요구를 허락하여 잘못을 진나라에게 덮어씌우는 편이 낫습니다."

왕이 물었다.

"누구를 사신으로 보내는 게 좋겠소?"

"왕께서 적당한 인물이 없으시다면, 제가 화씨벽을 받들고 사신으로 가겠습니다. 성이 조나라에 들어오면 화씨벽을 진나라에 주겠지만, 진나라의 성이 들어오지 않으면 화씨벽을 온전히 지니고 조나라로 돌아오겠습니다."

조나라 왕이 이 말을 듣고 드디어 상여를 사신으로 삼아, 화씨벽을 받들고 서쪽의 진나라로 들어가게 했다.

진나라 왕은 장대(章臺)에 앉아 상여를 만났다. 상여가 화씨벽을 받들어 진나라 왕에게 바쳤다. 진나라 왕이 크게 기뻐하며, 차례차례 돌려가며 보여 주었고 곁에 있던 신하들이 모두 만세를 외쳤다. 상여는 진나라 왕이 조나라에 성을 내줄 생각이 없음을 알아채고, 앞으로 나서서 말했다.

"화씨벽에 흠이 있습니다. 왕께 그것을 가르쳐 드리겠습니다."

진나라 왕이 화씨벽을 내주자, 상여가 화씨벽을 가지고 물러서서 기둥에 기댄 채로 머리카락이 치솟아 관을 찌를 정도로 크게 화를 내며 이렇게 말했다.

"대왕께서는 화씨벽을 얻을 욕심으로 사신을 시켜 조나라 왕에게 편지를 보냈습니다. 조나라 왕이 여러 신하들을 모두 불러 논의했는데, 신하들은 한결같이 이렇게 말했습니다. '진나라는 탐욕스러워 그 강대함을 믿고 빈말로 화씨벽을 구하는 것이니, 그 대가로 성을 준다고 하지만 아마도 얻지 못할 것입니다.' 그래서 진나라에는 화씨벽을 주지 않기로 의견을 모았습니다. 그러나 신은 '일반 백성들의 사귐에서도 서로 속이지 않는데, 하물며 큰 나라 사이에서 그럴 수 있겠는가! 게다가 한 개의 화씨벽 때문에 강한 진나라의 환심을 거슬러선 안 된다'고 생각했습니다. 그래서 조나라 왕은 닷새 동안이나 목욕재계한 뒤 신을 사신으로 삼아 화씨벽을 받들고 진나라 조정에 편지를 보내게 했습니다. 왜 그랬겠습니까? 대국의 위엄을 존중하고 존경하는 마음을 다하려고 했기 때문입니다.

그런데 지금 신이 도착하고 보니, 대왕은 신을 별궁에서 만나고 대왕의 신하같이 여기며, 예절이 너무나 거만스럽습니다. 화씨벽을 얻자마자 비빈들에게 전해 주며, 신을 희롱했습니다. 신은 대왕이 그 대가로 조나라에 성을 줄 생각이 없다고 보았기 때문에, 화씨벽을 다시 가져온 것입니다. 대왕이 만약 신에게 협박하신다면, 신의 머리는 당장 이 화씨벽과 함께 기둥에 부딪쳐 깨어질 것입니다."

상여가 그 화씨벽을 가진 채로 기둥을 노려보며, 그 기둥에 자기 머리를 부딪치려고 했다. 진나라 왕은 그 화씨벽이 깨어질까 두려워, 자신의 잘못을 사과했다. 그러고는 관리를 불러 지도를 펼치게 하고 손가락으로 가리키면서, 여기서부터 저쪽까지 성 열다섯 개를 조나라에 주겠다고 진심으로 청했다. 상여는 진나라 왕이 다만 속임수로 조나라에 성을 준다고 할 뿐이지 실제로는 얻을 수 없음을 알았다. 그래서 진나라 왕에게 말했다.

"화씨벽은 천하가 모두 인정하는 보물입니다. 조나라 왕께서는 진나라가 두려워서 바치지 않을 수가 없었습니다. 조나라 왕은 화씨벽을 보낼 때 닷새 동안이나 재계했습니다. 이제 대왕은 닷새 동안 재계하고, 대궐 뜰에서 구빈九賓의 예를 베풀어야만 합니다. 그러면 제가 바로 화씨벽을 바치겠습니다."

진나라 왕은 도저히 화씨벽을 억지로 빼앗을 수 없다고 생각했다. 그래서 닷새 동안 재계할 것을 허락하고, 상여를 광성전廣成傳이라는 영빈관에서 머물게 했다. 상여는 진나라 왕이 비록 재계하고는 있지만, 끝내는 약속을 저버리고 성을 주지 않을 것이라고 판단했다. 그래서 자기를 따라온 사람에게 허름한 옷을 입혀 화씨벽을 품속에 숨겨 지름길로 달아나게 해 결국은 조나라로 돌려보냈다.

진나라 왕이 닷새 동안 재계한 뒤에, 궁정에서 구빈의 예를 베풀고 조나라 사자 인상여를 불러내 만났다. 상여는 진나라 왕에게 말했다.

"진나라에 목공穆公 이래로 20여 명의 군주가 있었지만, 지금까지 약속을 굳게 지킨 군주는 없었습니다. 신은 왕께 속임을 당하고 조나라를 저버리게 될까 두려웠습니다. 그래서 사람을 시켜 화씨벽을 가지고 몰래 조나라로 돌아가게 했습니다. 그런데 진나라는 강하고 조나라는 약합니다. 대왕이 한 사람의 사자를 조나라에 보내자, 조나라는 당장 화씨벽을 바치게 했습니다. 지금 강한 진나라가 먼저 성 열다섯 개를 조나라에게 떼어 준다면, 조나라가 어찌 감히 화씨벽을 가진 채로 대왕께 죄를 짓겠습니까? 신은 대왕을 속인 죄로 마땅히 죽게 될 것을 알고 있습니다. 신을 부디 가마솥에 삶아 죽여 주십시오. 다만 이 일은 여러 신하들과 충분히 의논해 주시길 바랄 뿐입니다."

진나라 왕과 여러 신하들은 서로 바라보면서 쓴웃음을 지었다. 곁에 있던 신하들 중에는 상여를 끌어내려고 하는 자도 있었다. 그러나 진나라 왕이 말했다.

"지금 상여를 죽이면, 끝내 화씨벽을 얻을 수 없다. 게다가 진나라와 조나라 사이의 우호 관계만 끊어질 것이다. 그보다는 상여를 후하게 대우하여 조나라로 돌려보내는 편이 낫다. 조나라 왕이 어찌 화씨벽 하나 때문에 진나라를 우롱하겠는가?"

그래서 마침내 상여를 빈객으로 대우해 대궐로 맞아들이고 예를 마친 후 돌려보냈다. 상여가 돌아오자 조나라 왕은 현명한 대부가 사신으로 갔기 때문에 제후에게 욕을 당하지 않았다고 여겨 상여를 상대부로 삼았다. 진나라가 조나라에게 성을 내주지 않았으므로, 조나라도 진나라에게 끝내 화씨벽을 주지 않았다.

그 뒤에 진나라가 조나라를 쳐서, 석성石城을 빼앗았다. 그 이듬해에 다시 조나라를 쳐서 2만여 명을 죽였다. 진나라 왕이 조나라 왕에게 사신을 보내 '왕과 우호 관계를 맺기 위해 서하西河의 남쪽 민지에서 만나고 싶다'고 알렸다. 조나라 왕이 진나라를 두려워하여 가지 않으려고 했다. 그러자 염파와 인상여가 상의한 후 이렇게 말했다.

"왕께서 가지 않으면, 조나라가 나약하고 비겁하다는 소리를 듣게 될 것입니다."

조나라 왕은 결국 상여와 함께 가기로 했다. 염파가 국경까지 따라 나와 왕을 전송하며 이렇게 말했다.

"왕께서 다녀올 길을 헤아려 보니, 회담의 예를 마치고 돌아올 때까지 30일 이상 걸리지 않습니다. 만약 30일이 지나도 돌아오지 못하시면, 태자를 왕으로 세워 진나라가 조나라를 차지하려는 야망을 끊도록 해 주십시오."

조나라 왕은 이 말을 받아들이고 드디어 진나라 왕과 민지에서 만났다. 진나라 왕은 술이 얼근히 취하자 이렇게 말했다.

"과인이 듣기로는 조나라 왕께서 음악을 좋아한다고 하던데, 거문고 연주를 부탁드려도 되겠습니까?"

조나라 왕이 거문고를 탔다. 진나라 어사가 앞으로 나와서 이렇게 적었다.

"어느 해 어느 달 어느 날에 진나라 왕이 조나라 왕과 만나 술을 마시고, 조나라 왕에게 거문고를 연주하게 했다."

그러자 인상여가 앞으로 나와서 말했다.

"조나라 왕께서는 진나라 왕께서 진나라 음악을 잘하신다고 하던데, 분부(盆缶, 옹기로 만든 악기)를 진나라 왕께 올려 서로 즐길 수 있도록 해 주십시오."

진나라 왕이 화를 내며 허락하지 않자 상여가 앞으로 나아가 분부를 바치고는, 무릎을 꿇어 진나라 왕에게 간청했다. 그러나 진나라 왕은 분부를 치려고 하지 않았다. 그러자 상여가 이렇게 말했다.

"왕과 신의 사이는 다섯 걸음밖에 안 됩니다. 신은 제 목을 찌른 피를 뿌려서라도 왕께 요청할 것입니다."

이 말을 듣고 진나라 왕의 주변에 있던 신하들이 상여를 베려고 하자, 상여가 눈을 부릅뜨고 꾸짖었다. 그러자 모두들 뒤로 물러섰다. 진나라 왕은 하는 수 없이 억지로 분부를 한 번 두드렸다. 상여가 돌아보고 조나라 어사를 불러 이렇게 적도록 했다.

"어느 해 어느 달 어느 날에 진나라 왕이 조나라 왕을 위해 분부를 두드렸다."

진나라의 여러 신하들이 말했다.

"조나라의 성 열다섯 개를 진나라에 바쳐, 진나라 왕의 장수를 축복해 주시기 바랍니다."

인상여가 또 말했다.

"진나라의 수도 함양을 조나라에 바쳐서, 조나라 왕의 장수를 축복해 주십시오."

결국 진나라 왕은 술자리가 끝날 때까지 조나라를 한 번도 이길 수가 없었다. 조나라 역시 많은 군사를 갖추고 진나라 군사에 대비하고 있었으므로 진나라가 함부로 움직일 수가 없었다.

회견을 마치고 돌아온 조나라 왕은 상여의 공이 크다고 치하하고 상경으로 삼았다. 상여의 지위가 염파보다도 위에 있게 되자, 염파가 말했다.

"나는 조나라 장군이 되어, 성을 공격하고 들판에서 싸워 큰 공을 세웠다. 그런데 인상여는 겨우 혀끝이나 놀렸는데도 나보다 위에 올랐다. 게다가 상여는 본래 비천한 출신이다. 나는 부끄러워서 그의 밑에 있는 것을 도저히 참을 수 없다."

그러고는 이렇게 다짐했다.

"내가 상여를 만나면 반드시 욕보이고 말겠다."

상여가 이 말을 듣고는, 그와 만나지 않으려 했다. 상여는 조정에 나가야 할 때마다 언제나 병을 핑계 대고 나가지 않았다. 염파와 서열을 다투려고 하지 않은 것이다. 얼마 뒤에 상여가 외출했다가 염파를 먼발치로 보았는데, 상여는 수레를 끌어 숨어 버리기도 했다. 그러자 사인들이 모두 이렇게 간했다.

"신들이 친척을 떠나와 당신을 섬기는 까닭은 오직 당신의 높은 뜻을 사모하기 때문입니다. 지금 당신께선 염파와 같은 서열에 있습니다. 그런데도 염파가 욕하면 당신은 두려워서 숨어 버립니다. 너무나 무서워하십니다. 하찮은 사람이라도 부끄러워할 만한 일인데, 하물며 장군이나 재상이 이럴 수가 있습니까? 못난 저희가 이만 물러가게 해 주십시오."

그러자 인상여가 말리면서 물었다.

"그대들은 염 장군과 진나라 왕 중 누가 더 무서운가?"

사인들이 대답했다.

"염 장군이 진나라 왕보다 못합니다."

"진나라 왕의 위세에도 불구하고, 나는 그를 궁정에서 꾸짖고 그의 신하들을 부끄럽게 만들었다. 상여가 비록 어리석기로, 염 장군 정도를 두려워하겠는가? 내가 곰곰이 생각해 보건대 강한 진나라가 조나라를 감히 공격하지 못하는 까닭은 오직 우리 두 사람이 있기 때문이다. 이제 호랑이 두 마리가 맞붙어 싸우면, 끝내는 둘 다 살지 못한다. 내가 염파를 피하는 까닭은 나라의 위급을 먼저 생각하고 사사로운 원수를 뒤로 미루기 때문이다."

염파는 이 말을 듣고 웃옷을 벗고 가시 채찍을 짊어지고, 빈객으로서 인상여의 문 앞에 이르러 사죄했다.

"비천한 저는 장군께서 이렇게까지 너그러우신 줄 알지 못했습니다."

이리하여 두 사람은 서로 화해하고, 죽음을 같이하기로 약속한 벗이 되었다.

이해에 염파가 동쪽으로 제나라를 쳐서 부대 하나를 깨뜨렸다. 2년이 지난 뒤 염파가 다시 제나라 기幾읍을 공격하여 손에 넣었다. 그로부터 3년 뒤에 염파가 위나라의 방릉防陵과 안양安陽을 공격하여 함락시켰다. 4년 뒤에는 인상여가 장군이 되어 제나라를 공격해, 평읍平邑까지 진격하고 돌아왔다. 그 이듬해에 조사趙奢가 진나라 군대를 알여閼與 부근에서 깨뜨렸다.

조사는 조나라 전답의 조세 징수를 맡은 관리였다. 그가 조세를 거두어들이는데 평원군 집안에서 조세를 내지 않으려 하자, 조사는 이를 법으로 다스려 평원군의 집에서 일보는 사람 아홉을 죽였다. 평원군이 노하여 조사를 죽이려 하자, 조사가 달래며 말했다.

"당신은 조나라의 귀공자입니다. 지금 당신의 집을 묵인하여 나라에 바치는 의무를 다하지 않는 것을 내버려 둔다면, 나라의 법이 손상될 것입니다. 나라의 법이 손상되면 나라가 약해지고, 나라가 약해지면 제후들이 침략할 것입니다. 제후들이 침략하면 조나라는 없어지게 됩니다. 그렇게 되면 군께서는 어떻게 이 많은 재물을 간직하시겠습니까? 당신 같은 고귀한 신분으로 법에 따라 나라에 의무를 다하면, 위아래가 공평하게 됩니다. 위아래가 공평해지면 나라가 강해지고, 나라가 강해지면 조나라가 튼튼해집니다. 당신께선 국왕의 친척이니, 어찌 천하 제후들이 가볍게 보겠습니까?"

평원군이 그를 현명한 사람이라고 생각하여, 조나라 왕에게 천거했다. 왕이 그를 등용하여 나라의 세금을 관리하게 했다. 나라의 세금이 매우 공평해지자, 백성은 부유해지고 나라의 창고도 가득차게 되었다.

진나라가 한나라를 치기 위해 연여에 주둔했다. 왕이 염파를 불러 물었다.

"연여를 구할 수 있겠는가?"

"길이 멀고 험난한데다 좁은 곳이어서 구하기 어렵습니다."

왕이 다시 악승을 불러서 물었지만, 악승도 염파의 말 그대로 대답했다.

왕이 다시 조사를 불러서 묻자, 조사가 이렇게 대답했다.

"길이 멀고 험난한데다 좁기까지 해서, 거기에서 싸운다는 것은 두 마리의 쥐가 구멍 가운데서 싸우는 것과 같습니다. 그러므로 결국 용감한 장군이 이길 것입니다."

그러자 왕이 조사를 장군으로 삼아 연여를 구하도록 했다.

조나라 군대가 한단을 떠나 30리쯤 왔을 때에 조사가 군에 이렇게 명령했다.

"군사軍事에 관해 간하는 자가 있으면 사형에 처한다."

진나라 군대가 무안武安의 서쪽까지 쳐들어와서 북을 치고 함성을 지르며 훈련하는데 그 소리가 어찌나 큰지, 무안의 기와들이 모두 진동했다. 조나라의 척후병 한 사람이 빨리 무안을 구원하자고 하자, 조사가 당장 그의 목을 베었다. 그리고 보루의 벽을 단단히 하고, 28일 동안이나 머물러 움직이지 않았다. 뿐만 아니라 보루를 더욱 늘려 쌓았다. 진나라 첩자가 들어왔지만, 조사는 좋은 음식을 먹여서 돌려보냈다. 첩자가 돌아가서 진나라 장군에게 실정을 아뢰자, 진나라 장군이 매우 기뻐하며 말했다.

"수도에서 겨우 30리만 진군한 채로 군사가 움직이지 않고 그저 보루만 늘려 쌓고 있다니, 연여는 이제 조나라 땅이 아니다."

조사는 진나라 간첩을 돌려보낸 뒤에 곧 병사들의 갑옷을 벗게 하고 가벼운 차림으로 진나라 군대를 향해 달리게 했다. 이틀 낮 하루 밤 동안 달린 뒤에, 활 잘 쏘는 자들에게 명해 연여에서 50리 떨어진 곳에 진을 치게 했다. 조나라 군대는 드디어 보루를 완성했다. 진나라 군대가 그 소식을 듣고 모두들 갑옷을 입고 쳐들어왔다. 허력이 군사에 관해 간하겠다고 청하자, 조사가 말했다.

"그를 들여보내라."

허력이 말했다.

"진나라 군대는 우리 군대가 여기까지 온 것을 생각도 못하고 있으니, 그 쳐들어오는 기세가 대단할 것입니다. 장군께선 반드시 군사를 두텁게 집결시켜, 적을 기다리십시오. 그렇게 하지 않으면 반드시 패할 것입니다."

조사가 말했다.

"그대의 의견대로 하겠다."

"신을 처형해 주십시오."

그러자 조사가 말했다.

"나중에 한단에서 명령을 기다려라."

그러자 허력이 다시 간할 것이 있다며 청했다.

"먼저 북산의 정상을 차지하는 자가 이깁니다. 뒤늦게 오는 자는 질 것입니다."

조사는 그의 간언을 받아들이고, 즉시 1만 군사를 출발시켜 그곳으로 달리게 했다. 진나라 군대가 뒤늦게 이르러 산 위로 올라가려고 다투었지만, 올라갈 수가 없었다. 조사가 군대를 출동시켜 그들을 쳐서, 진나라 군대를 크게 격파했다. 진나라 군대가 흩어져 달아났다. 조나라 군대는 그제야 연여의 포위를 풀고 돌아왔다.

조나라 혜문왕은 조사를 마복군馬服君에 봉하고, 허력을 국위(國尉, 장군 다음의 관리)로 삼았다. 이렇게 하여 조사는 염파, 인상여와 지위가 같아졌다.

4년 뒤에 조나라 혜문왕이 죽고, 그 아들 효성왕孝成王이 즉위했다. 혜문왕이 죽은 지 7년 뒤에는 진나라가 조나라 군대와 장평長平에서 대치했다. 이때 조사는 이미 죽었고, 인상여는 병이 위독했다. 조나라에서는 염파를 장군으로 삼아 진나라를 치게 했다. 진나라가 여러 차례 조나라 군대를 격파하자, 조나라 군대는 성벽을 견고히 지키면서 싸우지 않았다. 진나라 군대가 자주 싸움을 걸었지만, 염파는 맞싸우려 들지 않았다. 이때 조나라 왕은 진나라 첩자가 퍼뜨린 말을 믿게 되었는데 그 말은 이러했다.

"진나라가 두려워하는 것은 오직 마복군 조사의 아들 조괄趙括이 장군이 되는 것뿐이다."

조나라 왕이 이 말을 듣고 조괄을 장군으로 삼아, 염파를 대신하게 하려고 했다. 그러자 인상여가 말했다.

"왕께서 이름만 듣고 조괄을 쓰려는 것은 마치 거문고 기둥의 줄을 아교로 붙여서 고정시키고 거문고를 뜯는 것과 같습니다. 조괄은 겨우 자기 아버지가 남긴 병법의 이론이나 읽을 수 있을 뿐이지, 상황에 따라 처신할 줄은 모릅니다."

그러나 조나라 왕은 그의 말을 듣지 않고, 끝내 조괄을 장군으로 삼았다.

조괄은 젊었을 때부터 병법을 배워 병사에 대해 말한다면 천하에서 자기를 당해 낼 자가 없다고 생각했다. 일찍이 그의 아버지 조사와 함께 병사를 논한 적이 있었는데, 조사도 당해 내지 못했다. 그러나 아들 보고 잘한다고 말하지는 않았다. 조괄의 어머니가 조사에게 그 까닭을 묻자, 조사가 이렇게 말했다.

"전쟁이란 죽음이 달린 곳이다. 그런데 괄은 너무나 쉽게 말한다. 조나라가 괄을 장군으로 삼지 않았으면 좋겠다. 만약 괄을 장군으로 삼는다면, 조나라 군대는 파멸당할 것이다."

조괄이 떠나려고 하자 그의 어머니가 글을 올려 왕에게 이렇게 말했다.

"제 아들을 장군으로 삼아서는 안 됩니다."

왕이 물었다.

"무슨 까닭에서인가?"

"제가 처음 그의 아비를 섬길 때에 그의 아비도 장군이었습니다. 몸소 음식을 받들어 식사를 올리는 자가 수십 명이나 되었으며, 벗으로 사귀는 자는 수백 명이나 되었습니다. 왕이나 종실에서 상으로 내려 준 물품들은 모두 군대의 벼슬아치나 사대부들에게 주었습니다. 출전할 명령을 받으면 그날부터 집안일을 돌보지 않았습니다. 그런데 지금 제아들은 하루아침에 장군이 되어, 동쪽을 바라보고 앉아 부하들의 인사를 받게 되었지만 누구 한 사람 우러러보는 자가 없습니다. 왕께서 내려 주신 황금과 비단은 가지고 와서 자기 집에 간직하고, 날마다 이익이 될 만한 논밭이나 집을 봐 두었다가 살 수 있는 것들은 사들입니다. 왕께선 제 아들을 그 아비와 견주어 어떻게 생각하십니까? 아비와 자식이지만, 마음씨가 같지 않습니다. 왕께선 제 자식을 보내지 마십시오."

왕이 말했다.

"어머니는 더 이상 말하지 마시오. 나는 이미 결정했소."

그러자 괄의 어머니가 말했다.

"왕께서 끝내 제 자식을 보내시려면, 만약 제 자식이 책임을 감당치 못하더라도 저까지 그 죄에 연루시켜 벌을 받지는 않게 해 주십시오."

왕은 그렇게 하기로 했다.

조괄이 염파를 대신해 장군이 되자, 군령을 모두 바꾸고 군리를 갈았다. 진나라 장군 백기가 이 소문을 듣고, 기병奇兵을 보내 거짓으로 패해 달아나는 척하고, 조나라 군량미 수송로를 끊고 조나라 군대를 차단시켜 둘로 만들었다. 병졸들의 마음은 조괄에게서 떠나갔다. 40여 일이 지나자, 조나라 군대는 굶주렸다. 조괄이 정예병을 출동시키고 자신도 싸움터에 나섰지만, 진나라 군대가 조괄을 쏘아 죽였다. 조괄의 군대가 패하고, 수십만 군대가 결국 진나라에 항복했다. 진나라는 이들을 모두 땅에 묻어 죽였다. 조나라가 이 싸움을 전후해서 잃은 군사가 45만 명이나 되었다.

그 이듬해에 진나라 군대가 드디어 한단을 포위했다. 한단은 1년이 지나도록 포위를 벗어날 수 없었다. 조나라는 초나라와 위나라 제후들이 구해 주어, 겨우 한단의 포위를 풀 수 있었다. 조나라 왕은 조괄의 어머니가 앞서 했던 말 때문에 그 어머니까지 죽이지는 않았다.

한단의 포위가 풀린 지 5년 뒤에, 연나라에서는 '조나라 장정들은 장평 싸움에서 다 없어져 버리고, 그 고아들은 아직 장정이 되지 못했다'는 재상 율복栗腹의 건의를 받아들여, 군대를 일으켜 조나라를 쳤다. 조나라에서는 염파를 장군으로 삼아 출격케 하여, 연나라 군대를 호鄗에서 크게 깨뜨렸다. 율복을 죽이고, 연나라까지 포위했다. 연나라가 다섯 성을 떼어 주며 강화하기를 청하자, 그제야 허락했다. 조나라에서는 염파를 위문尉文 땅에 봉해 신평군信平君으로 삼고, 임시 상국相國으로 임명했다.

이보다 앞서 염파가 장평에서 파면되고 돌아와 권세를 잃었을 무렵에 오래된 빈객들은 모두 떠나갔다. 그러다가 다시 등용되어 장군이 되자, 빈객들이 다시 모여들었다. 이에 염파가 말했다.

"식객들은 물러가라!"

그러자 한 빈객이 말했다.

"아, 당신은 어찌 그리도 뒤늦게야 이치를 깨달으십니까? 천하 사람들은 시장으로 가는 길목에 모여듭니다. 당신께서 권세를 얻으면 우리는 군을 따르고, 당신께서 권세를 잃으면 떠나갈 뿐입니다. 이것은 당연한 이치인데 무슨 원망을 하십니까?"

그로부터 6년 뒤에 조나라에서 염파를 시켜 위나라 번양繁陽을 공격해 함락시켰다.

조나라 효성왕이 죽고 그 아들 도양왕悼襄王이 즉위하자, 염파 대신 악승樂乘을 장군으로 삼았다. 염파가 노하여 악승을 치자, 악승은 달아났다. 염파는 위나라 대량으로 달아났다. 그 이듬해에 조나라에서 이목李牧을 장군으로 삼아 연나라를 공격하여, 무수武遂와 방성方城을 함락시켰다. 염파가 대량에 오랫동안 머물렀지만, 위나라에선 그를 믿을 수가 없었다. 그러는 동안 조나라는 자주 진나라 군대에게 괴로움을 당하자, 조나라 왕이 염파를 다시 등용하려 했다. 염파도 역시 조나라에 다시 등용되기를 바랐다. 조나라 왕은 사자를 보내 염파를 아직도 장군으로 쓸 만한지 아닌지를 살피게 했다. 이때 염파의 원수인 곽개郭開가 사자에게 많은 금을 주어서, 염파를 모함하게 했다. 조나라 사자가 염파를 만나자, 염파가 한 번 식사에 밥 한 말과 고기 열 근을 먹고, 갑옷을 입고 말에 올라타, 아직도 쓸 만함을 보여 주었다. 그러나 조나라 사자는 돌아와서 왕에게 이렇게 아뢰었다.

"염 장군이 비록 늙었지만, 아직도 식사는 잘합니다. 그러나 신과 함께 앉아 있는 동안에 세 번이나 변소에 갔습니다."

조나라 왕은 염파가 쇠약해졌다고 생각했다. 그래서 끝내 부르지 않았다. 초나라에서는 염파가 위나라에 있다는 소문을 듣고, 몰래 사람을 보내 그를 맞이했다. 염파가 한 차례 초나라 장군이 되었지만 공을 세우지는 못했다. 그는 이렇게 말했다.

"나는 조나라 군사로서 싸우고 싶다."

염파는 결국 수춘壽春에서 죽었다.

이목李牧은 조나라 북쪽 변경 지방의 훌륭한 장군이다. 대군代郡과 안문군鴈門郡에 머물면서 흉노에 대비하고 있었다. 이목은 형편에 따라 임의로 관리를 두어 시중의 조세를 거둬, 막부로 가져다가 사졸들의 비용으로 썼다. 날마다 소를 몇 마리씩 잡아 병사들에게 먹이고, 활쏘기와 말타기를 익히도록 했다. 적의 침입을 알리는 봉화를 신중히 준비해 두고 많은 첩자를 보냈으며, 병사들을 정성껏 대우했다. 그리고 이렇게 명령했다.

"흉노들이 침입하여 약탈하면 급히 가축과 살림을 거둬 성안으로 들어오라. 감히 흉노를 사로잡는 자가 있으면 참형에 처한다."

그래서 흉노가 침입할 때마다 봉화 올리는 것을 삼가고, 급히 가축과 살림을 거둬 성안으로 들어왔고, 싸우지 않았다. 이렇게 몇 년을 지냈더니, 상처를 입거나 잃은 것은 없었다. 그러나 흉노들은 이목을 겁쟁이라고 여겼으며, 조나라 변방의 병사들까지도 우리 장군은 비겁하다고 생각했다. 조나라 왕이 이목을 꾸짖었지만, 이목의 방침은 여전했다. 조나라 왕이 노하여 이목을 불러들이고, 다른 사람을 대신 장군으로 삼았다. 이때부터 한 해가 넘도록 흉노가 쳐들어 올 적마다 조나라 군대가 나가 싸웠다. 나가 싸울 때마다 불리하여 잃은 것이 많았다. 변방의 백성들은 농사와 목축을 할 수가 없었다. 그래서 다시 이목을 보내 달라고 청했다. 이목은 문을 닫고 들어앉아서 병을 핑계로 벼슬을 굳이 사양했다. 조나라 왕이 그를 다시 강제로 조나라 군대의 장군으로 임명하자 이목이 말했다.

"왕께서 굳이 신을 쓰신다면 신은 예전처럼 하겠습니다. 그래도 좋으시다면 감히 명령을 받들겠습니다."

그러자 왕이 그렇게 하도록 허락했다.

이목이 다시 부임했지만, 군령은 예전처럼 내렸다. 흉노는 몇 해 동안 얻은 것이 없었고 끝내 그를 비겁하다고 생각했다. 변경의 병사들은 날마다 많은 상을 받기만 하고 자기들을 써 주지 않자, 모두들 한 번 싸우기를 원했다. 그래서 전차 300대와 기마 1만 3천 필을 골라 갖추었다. 그리고 싸움에 공을 세워 백금의 상을 받은 용사 5만 명과 사수 10만 명을 동원해 싸우는 기술을 훈련시켰다. 한편 많은 가축을 놓아먹이니 백성은 들에 가득 찼다. 적은 수의 흉노가 쳐들어오자 거짓으로 패해 이기지 못하는 척하고, 수천 명을 뒤에 버려둔 채로 달아났다. 흉노의 추장 선우單于가 이 소식을 듣자, 대군을 이끌고 쳐들어왔다. 이목이 많은 기병으로 좌우의 날개를 펴서 이들을 쳤다. 크게 격파하여 흉노 10여만 명을 죽였다. 또 담람襜襤을 멸망시키고 동호東胡를 격파하고 임호林胡를 항복시키자, 선우는 달아났다. 그 뒤 10여 년 동안 흉노는 감히 조나라 변방의 성에 가까이 오지 못했다.

조나라 도양왕 원년에 염파는 이미 망명하여 위나라로 들어갔으므로, 조나라에서는 이목을 시켜 연나라를 공격해 무수와 방성을 함락시켰다. 2년 뒤에는 조나라 장군 방훤龐煖이 연나라 군대를 격파하고, 극신劇辛을 죽였다. 그로부터 7년 뒤에는 진나라가 조나라를 격파하여 무수성에서 장군 호첩扈輒을 죽이고, 조나라 병사의 머리를 10만이나 베었다. 그러자 조나라가 이목을 대장군으로 삼아 의안宜安에서 진나라 군대를 공격하여, 크게 깨뜨리고, 진나라 장군 환의를 달아나게 했다. 조나라에서는 이목을 봉하여 무안군武安君으로 삼았다. 그로부터 3년 뒤에는 진나라가 파오番吾를 공격하자 이목이 진나라 군대를 격파하고 남쪽으로는 한나라와 위나라의 침입을 막았다.

조나라 왕 천遷 7년에 진나라가 왕전을 시켜 조나라를 공격했다. 조나라에서는 이목과 사마상을 시켜 이 공격을 막게 했다. 진나라는 조나라 왕이 남달리 아끼던 신하 곽개에게 많은 금을 주어, 이목과 사마상이 모반하려 한다고 이간질하게 했다. 그러자 조나라 왕이 이 말을 듣고 조총趙蔥과 제나라 장군 안추顏聚를 시켜, 이목을 대신하게 했지만 이목이 왕명을 따르지 않았다. 그러므로 조나라에서는 사람을 보내 이목을 몰래 체포해 베어 죽이고 사마상도 해임시켰다. 세 달이 지나 왕전이 갑자기 조나라를 습격하여 크게 격파하고, 조총을 죽였다. 조나라는 왕 천과 그의 장군 안추가 사로잡힘으로써 멸망하고 말았다.

태사공은 말한다.
"죽음을 각오하면 반드시 용기가 생긴다. 죽는 것 자체가 어려운 게 아니고, 죽음에 처하기가 어려운 법이다. 인상여가 화씨벽을 돌려받고 기둥을 노려보며 진나라 왕의 좌우 신하들을 꾸짖을 때엔 형세로 보아 죽을 수밖에 없었다. 선비 중에 어떤 이는 겁을 먹고 감히 용기를 내지 못한다. 그러나 상여가 용기를 내자 그 위세가 상대편 나라에까지 뻗쳤고, 돌아온 뒤에는 염파에게 양보하니 그의 이름이 태산보다도 무거워졌다. 그는 지혜롭고 용기 있게 처신했으니, 지혜와 용기 두 가지를 모두 갖춘 인물이라고 말할 만하다."

염파, 인상여, 조사 등은 조나라를 강성하게 만든 인물이었다. 특히 인상여는 강대한 진나라에 맞서 화씨벽을 완벽하게 지켜 냈고, 진나라 소왕과 조나라 왕이 만난 자리에서는 군왕의 위엄을 지켜 주었으며 라이벌 염파에게는 자신을 낮추는 아량을 보여 주었다. 죽음을 무릅쓰면서도 자신의 나라와 자신의 왕을 지켜 내는 과정은 진정한 충성이란 어떤 것인지 생각하게 한다.

또한 내용 중에 등장하는 화씨벽和氏璧은 〈한비자〉에 나오는 이야기인데, 옥을 감정하는 일을 하는 화씨라는 사람이 초산에서 귀한 옥을 발견해 왕에게 바치지만 왕들은 그것을 몰라보고 거짓을 고했다며 그의 발목을 잘라 버린다. 두 발목이 잘린 그는 슬피 울면서 "발목이 잘려서 슬픈 것이 아니라, 곧은 선비에게 거짓말을 했다고 벌을 준 것이 슬프다."고 말한다.

이처럼 인재를 알아보는 것은 어려운 일이다. 더불어 어리석은 군주를 깨우치게 하기 위해 힘썼던 당시 선비들의 고통을 짐작케 한다.

제4장

# 굴욕을 어떻게 견딜 것인가

● 무겁게 죽을 것인가,
치욕을 견디며 훗날을 기약할 것인가
오자서, 소진, 악의, 회음후

사람은 한 사람인데, 부귀해지면 친척도
두려워하고, 빈천해지면 깔보는구나.
하물며 세상 사람들이야 말해 무엇 하랴.
내게 낙양성 가까운 곳에 밭 두 마지기만
있었더라면 내 어찌 여섯 나라 재상의
인수(印綏)를 찰 수 있었으랴?

● 소진 열전 중에서

## 【 오자서 열전 】

오자서伍子胥는 초나라 사람으로 이름은 운員이다. 아버지는 오사伍奢이고 형은 오상伍尙이다. 그의 조상 중에 오거伍擧라는 사람이 있었는데, 초나라 장왕莊王을 섬기며 바른 말을 잘한 인물로 세상에 널리 알려졌다. 덕분에 후손들은 초나라의 이름 있는 가문이 되었다.

초나라 평왕平王에게 건建이라는 태자가 있었다. 평왕은 오사를 태자의 태부太傅로 삼고 비무기費無忌를 소부少傅로 삼았는데 비무기는 태자에게 마음을 다하지 않았다. 평왕이 비무기를 진秦나라로 보내 태자의 아내가 될 공주를 맞아 오게 했다. 비무기는 진나라 공주가 미인인 것을 보고 돌아와서 평왕에게 이렇게 아뢰었다.

"진나라 공주는 뛰어난 미인입니다. 왕께서 그 공주를 왕비로 맞으시고 태자에게는 다른 여자를 아내로 얻어 주십시오."

그러자 평왕은 진나라 공주를 아내로 삼고 그녀를 몹시 사랑해 아들 진(軫)까지 낳게 되었다. 그리고 태자에게는 다른 아내를 맞아 주었다.

비무기는 진나라 공주의 일로 평왕의 총애를 받았으므로 태자의 곁을 떠나 평왕을 섬기게 되었다. 하지만 갑자기 평왕이 죽고 태자가 왕이 되면 자기를 죽일까 두려웠다. 그래서 태자 건을 헐뜯기 시작했다. 건의 어머니는 채(蔡)나라 공주였는데 평왕에게 사랑을 받지 못했다. 평왕은 건을 차츰 멀리하다가 국경 지역인 성보 태수로 임명해 변방을 지키게 했다.

그로부터 얼마 뒤 비무기는 또 밤낮으로 평왕에게 태자의 허물을 말했다.

"태자는 분명 진나라 공주의 일 때문에 원망을 가지고 있을 것입니다. 왕께선 아무쪼록 태자를 경계하십시오. 태자가 성보에서 군사를 거느리고 있으므로 언젠가는 제후들과 사귀어 도성으로 쳐들어와 반란을 일으키려고 할 것입니다."

그러자 평왕은 태자의 태부인 오사를 불러 사실을 물었다. 오사는 비무기가 평왕에게 태자를 헐뜯은 사실을 알고 있었다.

"왕께서는 어찌하여 참소로 남을 해치는 하찮은 신하 때문에 혈육의 정을 멀리하십니까?"

그러자 비무기가 말했다.

"지금 당장 그들을 막지 못해 반란이 일어나면 왕께서도 사로잡히실 것입니다."

이 말을 듣고 평왕은 크게 화를 내며 오사를 감옥에 가두었다. 그러고는 성보의 사마(司馬)인 분양(奮揚)에게 태자를 잡아 죽이도록 했다. 분양은 성보에 이르기 전에 미리 태자에게 사람을 보내 이를 알렸다.

"태자께서는 빨리 달아나십시오. 그렇지 않으면 잡혀서 죽게 될 것입니다."

태자는 송나라로 달아났다.

비무기는 평왕에게 말했다.

"오사에게는 아들 둘이 있는데 둘 다 현명하므로 지금 없애지 않으면 초나라의 근심거리가 될 것입니다. 그들의 아비를 인질로 삼고 불러들이는 게 좋겠습니다. 그렇지 않으면 초나라의 화근이 될 것입니다."

평왕이 오사에게 사람을 보내 이렇게 말했다.

"너의 두 아들을 불러들이면 네가 살겠지만, 그렇지 않으면 네가 죽게 될 것이다."

그러자 오사는 이렇게 대답했다.

"상(尙)은 사람됨이 어질어서 내가 부르면 틀림없이 올 것입니다. 운(員)은 고집이 세어 남의 말에 대들기를 잘하고 욕을 참고 견디는 성격이라 커다란 일을 이룰 것입니다. 그 애는 오기만 하면 아비와 함께 잡히게 될 것이라는 것을 이미 알고 있을 것이니 분명 오지 않을 것입니다."

평왕은 그 말을 듣지 않고 사람을 보내 두 아들을 불러들였다.

"너희가 오면 내가 아비를 살려 줄 것이고, 오지 않으면 당장 죽이겠다."

오상이 가려 하자 오운이 말렸다.

"초나라에서 우리 형제를 부르는 것은 우리 아버지를 살려 주기 위해서가 아닙니다. 우리가 달아나면 후환이 생길까 두려워서 아버지를 인질로 잡아 두고 우리 둘을 거짓으로 부른 것입니다. 우리가 가자마자 아버지와 자식이 모두 죽게 됩니다. 그것이 아버지의 죽음에 무슨 보탬이 되겠습니까. 그곳에 가면 원수를 갚을 길도 없게 됩니다. 차라리 다른 나라로 달아났다가 힘을 빌려 아버지의 부끄러움을 씻어 내는 것이 더 나을 것입니다. 함께 죽으면 아무 일도 할 수가 없습니다."

그러자 오상이 말했다.

"내가 간다고 아버지의 목숨을 건질 수 없다는 것은 나도 안다. 그러나 아버지가 우리를 불러 목숨을 구하려 하는데도 가지 않고, 그렇다고 훗날 원수도 갚을 수 없게 되면 결국은 세상의 웃음거리가 될 터이니 그것이 싫어 나는 가려 한다."

그러고는 이렇게 덧붙였다.

"너는 달아나라. 그래서 아버지의 원수를 갚아 다오. 나는 아버지가 계신 곳으로 가서 죽음을 맞이하겠다."

이렇게 해서 오상은 스스로 나가 붙잡히자 사자는 오운까지 잡으려고 했다. 그러나 오운이 활을 당겨 겨누자 사자는 달려들지 못했다. 오운은 태자 건이 송나라에 있다는 말을 듣고 거기로 가서 그를 따랐다. 오사는 작은아들이 달아났다는 말을 듣고 이렇게 말했다.

"초나라는 이제 전쟁 때문에 어려움을 겪을 것이다."

평왕은 오사와 오상을 모두 죽였다.

오자서가 송나라에 도착했을 때 송나라에는 '화씨華氏의 난'이 일어났다. 그래서 오자서는 태자와 함께 정鄭나라로 달아났다. 정나라 사람들은 그들을 잘 대해 주었다. 그러나 태자 건은 다시 진晉나라로 떠났다. 진나라 경공頃公이 말했다.

"태자는 정나라와 사이가 좋고 정나라에서도 태자를 신뢰하고 있소. 태자가 나를 위해 안에서 응해 주고 내가 밖에서 친다면 반드시 정나라를 멸망시킬 수 있을 것이오. 정나라를 없애면 태자를 그곳 왕으로 봉하겠소."

결국 태자는 정나라로 되돌아갔다. 그러나 이 계획을 행동으로 옮기기도 전에 공교롭게도 태자가 사사로운 일로 자신이 데리고 있던 시종을 죽이려고 한 일이 일어났다. 시종은 태자의 계획을 알고 있었으므로 그 계획을 정나라에 고자질했다. 정나라 정공定公은 재상 자산子産에게 명해 태자 건을 목 베어 죽이게 했다.

태자에게는 승勝이라는 아들이 있었다. 오자서는 겁이 나서 승과 함께 오吳나라로 달아났다. 국경인 소관昭關에 이르자 소관의 관리들이 그들을 잡으려 했다. 오자서는 결국 승과 헤어져 혼자 달아났다. 거의 잡힐 듯할 때 강이 나타났다. 마침 강 위에서 한 어부가 배를 타고 있었다. 그는 오자서가 위급한 상황인 것을 알고 강을 건너게 해 주었다. 오자서는 강을 건넌 뒤에 갖고 있던 칼을 풀어 어부에게 주며 말했다.

"이 칼은 백 금의 가치는 될 터인데 당신에게 드리겠소."

그러나 어부는 이렇게 말하며 사양했다.

"초나라의 법에 오자서를 잡는 사람에게는 좁쌀 5만 석과 집규執珪의 벼슬을 준다고 했소. 내게 욕심이 있었다면 어찌 이까짓 백 금의 칼이 문제가 되겠소?"

오자서는 오나라에 도착하기도 전에 병이 났다. 그래서 가던 길을 멈추고 밥을 얻어먹었다. 오나라에 도착하고 보니 왕 요僚가 막 정권을 잡고 있었고 공자 광光이 장군으로 있었다. 오자서는 공자 광을 통해 오나라 왕을 만나게 되었다.

초나라 국경의 종리鍾離라는 마을과 오나라 국경에 있는 비량지卑梁氏라는 마을이 모두 누에를 치며 살았다. 이 양쪽 마을의 여자들이 서로 뽕잎을 차지하려고 싸우다가 마을 간에 싸움이 일어났다. 초나라 평왕은 몹시 화가 나서 두 나라 모두 군대를 일으켜 서로를 공격했다. 오나라에서는 공자 광에게 초나라를 치도록 했다. 공자 광이 초나라의 종리와 거소居巢를 함락시킨 후 돌아왔다. 이때 오자서가 오나라 왕 요에게 이렇게 권했다.

"초나라를 멸망시킬 수 있으니 공자 광을 다시 보내는 것이 좋겠습니다."

공자 광은 오나라 왕에게 말했다.

"오자서의 아버지와 형은 초나라에서 죽음을 당했습니다. 그가 왕께 초나라를 치라고 하는 까닭은 자기의 원수를 갚으려는 것뿐입니다. 초나라를 치더라도 아직은 멸망시킬 수 없습니다."

오자서는 공자 광이 오나라 왕을 죽이고 자신이 왕위에 오르려는 속셈을 알아차렸다. 그렇기에 아직은 나라 밖의 일을 이야기할 때가 아님을 알게 된 것이다. 그래서 오자서는 전제專諸를 공자 광에게 추천한 뒤에 자신은 물러나 태자 건의 아들 승과 함께 농사를 지었다.

그로부터 5년이 지난 뒤 초나라 평왕이 죽었다. 처음에 평왕이 태자 건에게서 빼앗은 진나라 공주가 아들 진을 낳았는데 평왕이 죽고 나자 진이 그 뒤를 이어 왕위에 올랐다. 그가 바로 소왕昭王이다. 오나라 왕 요는 초나라의 국상을 틈타 두 공자를 시켜 군대를 이끌고 초나라를 기습하게 했다. 그러나 초나라가 군대를 일으켜 오나라 군대의 뒤를 끊어 오나라 군대는 돌아갈 수도 없게 되었다. 텅 빈 오나라에서는 공자 광이 전제에게 오나라 왕 요를 암살하도록 하고 스스로 왕위에 올랐다. 그가 바로 오나라 왕 합려闔廬이다.

합려는 자신의 뜻대로 되자 곧바로 오자서를 불러 행인行人에 임명하고 나랏일을 의논했다.

초나라에서 대신 극완郤宛과 백주리伯州犁를 목 베어 죽이자 백주리의 손자인 백비伯嚭가 오나라로 망명해 왔다. 오나라에서는 백비를 대부에 임명했다. 앞서 오나라 왕 요의 명령에 따라 병사를 이끌고 초나라를 공격하러 갔던 두 공자는 합려가 오나라 왕을 죽이고 왕이 되었다는 소식을 듣고 군대를 거느린 채로 초나라에 항복했다. 초나라에서는 그들을 서舒란 땅에 봉했다.

합려는 왕이 된 지 3년이 되던 해에 군사를 일으켜 오자서, 백비와 함께 초나라를 쳤다. 그래서 서舒를 함락시키고 예전에 오나라를 배반한 두 장군을 사로잡았다. 합려는 초나라의 수도 영까지 쳐들어가려고 했지만 장군 손무가 말렸다.

"백성들이 고달프니 아직 적당한 시기가 아닙니다. 좀 더 기다리시지요."

그러자 합려는 군사를 물려 돌아왔다.

그로부터 4년 뒤 합려는 초나라를 공격해 육六과 첨灊이란 곳을 차지했다. 다음 해에는 월越나라를 쳐서 승리했다. 또 그다음 해는 초나라 소왕이 공자 낭와囊瓦를 시켜서 군대를 거느리고 오나라를 쳐들어가게 했다. 오나라는 오자서에게 이를 맞아 싸우도록 해 초나라 군사를 예장豫章에서 크게 무찌르고 초나라의 거소居巢까지 빼앗았다.

9년 되는 해에 오나라 왕은 오자서와 손무에게 이렇게 물었다.

"앞서 그대들은 초나라의 수도 영을 칠 때가 아니라고 했는데, 지금은 어떻소?"

두 사람은 이렇게 대답했다.

"초나라 장군 낭와는 탐욕스러워서 속국인 당唐나라와 채蔡나라가 원한을 품고 있습니다. 왕께서 참으로 초나라를 크게 치려면 먼저 당나라와 채나라의 마음을 얻어야 할 것입니다."

합려는 그 말을 받아들여 군사를 동원해 당나라와 채나라와 함께 초나라로 쳐들어갔다. 오나라는 한수漢水를 사이에 두고 진을 쳤다. 오나라 왕의 아우 부개夫槪는 병사를 이끌고 따라가기를 원했지만 왕이 들어주지 않자 자기가 거느리고 있던 병사 5천 명을 이끌고 초나라 장군 자상子常을 공격했다. 자상은 싸움에 패해 정나라로 달아났다. 오나라는 승기를 잡고 다섯 번 싸워서 마침내 영에 이르렀다. 기묘일에는 초나라 소왕이 달아났고, 경진일에는 오나라 왕이 영에 들어갔다.

소왕은 운몽雲夢으로 들어갔는데, 이번에는 도둑이 습격해 오는 바람에 다시 운鄖으로 달아났다. 운공鄖公의 동생 회懷가 이렇게 말했다.

"평왕이 우리 아버지를 죽였으니 내가 그 아들을 죽이는 게 옳지 않겠습니까?"

운공은 동생이 소왕을 죽일까 봐 겁이 나서 소왕과 함께 수隨나라로 달아났다. 오나라 군대가 수나라를 에워싸고서 수나라 사람들에게 말했다.

"주周나라 자손 가운데 한천漢川에 있던 나라들은 초나라에게 모두 멸망당했다."

그러자 수나라 사람들이 초나라 소왕을 죽이려 하자 왕자 기綦가 소왕을 숨겨 둔 채 자신이 소왕을 대신해 죽으려고 했다. 수나라 사람들이 점을 쳐 보니 오나라에 소왕을 넘겨주는 것은 불길하다는 점괘가 나왔다. 그래서 오나라의 요청을 거절하고 소왕을 넘겨주지 않았다.

예전에 오자서는 초나라 대부 신포서申包胥와 친했다. 오자서가 달아나면서 신포서에게 이렇게 말했다.

"나는 반드시 초나라를 뒤집어 엎고 말 것이오."

그러자 신포서가 대꾸했다.

"나는 반드시 초나라를 지켜 낼 것이오."

오나라 병사들이 영에 들어간 후 오자서는 소왕을 잡으려고 했지만 찾을 수가 없었다. 그래서 분풀이로 평왕의 무덤을 파헤쳐 시체를 꺼낸 후 300번이나 채찍질을 한 뒤에야 그만두었다. 산속으로 달아났던 신포서는 사람을 보내 오자서에게 이렇게 전했다.

"당신의 복수는 너무 지나치오. 나는 '사람이 많으면 한때 하늘도 이길 수 있지만 일단 하늘의 뜻이 정해지면 사람을 깨뜨릴 수도 있다'라는 말을 들었소. 당신은 원래 평왕의 신하로 그를 섬겼는데 지금 그 시신을 욕보였으니 이보다 더 천리에 어긋난 일이 어디 있겠소?"

그러자 오자서가 그 사람에게 말했다.

"신포서에게 가서 사과하고 '해는 지고 길은 멀어서 갈팡질팡 걸어가느라고 천도를 따질 겨를이 없었다'라고 전하도록 하게."

이 말을 듣고 신포서는 진秦나라로 달려가 초나라의 위급한 상황을 알리고 구원을 청했지만 진나라에서는 들어주지 않았다. 신포서는 진나라 대궐 앞뜰에서 이레 밤낮을 쉬지 않고 소리내 울었다. 신포서를 가엾게 여긴 진나라 애공哀公이 이렇게 말했다.

"초나라는 비록 도리를 모르기는 하지만 이렇게 충성스러운 신하가 있으니 지켜 주어야 하지 않겠는가?"

그러고는 전차 500대를 보내 초나라를 도와 오나라를 공격해 6월에 직稷에서 오나라 병사를 무찔렀다.

그때 오왕 합려는 소왕을 찾느라고 오랫동안 초나라에 머물고 있었다. 합려의 동생 부개가 먼저 도망쳐 와 스스로 왕위에 올랐다. 이 소식을 들은 합려는 초나라를 내놓고 돌아와 동생을 공격했다. 부개는 싸움에 져서 초나라로 달아났다. 초나라 소왕은 오나라에 내란이 일어난 것을 알고 서둘러 영으로 돌아와 부개를 당계堂溪에 봉하고 당계씨堂溪氏라고 불렀다. 초나라는 다시 오나라와 싸워 이겼다. 오나라 왕은 자기 나라로 돌아갔다.

2년 뒤 합려는 태자 부차夫差에게 군사를 거느리고 초나라를 치게 해 파를 점령했다. 초나라는 오나라가 다시 쳐들어올까 겁나서 영을 버리고 수도를 약郟으로 옮겼다. 이 무렵 오나라는 오자서와 손무의 계책에 의해 서쪽으로 강한 초나라를 깨뜨리고 북쪽으로는 제나라와 진나라를 위협했으며 남쪽으로는 월나라를 굴복시켰다.

그로부터 4년 뒤 공자孔子가 노魯나라의 재상이 되었다. 다시 5년 뒤에 오나라가 월나라를 공격했다. 월왕 구천句踐이 고소姑蘇에서 맞아 싸워 오나라를 무찌르고 합려의 손가락에 상처까지 입히자 오나라는 군대를 물렸다. 합려는 손가락에 난 상처가 덧나는 바람에 죽음에 이르게 되자 태자인 부차에게 이렇게 말했다.

"너는 구천이 네 아비를 죽인 일을 잊을 수 있겠느냐?"

부차가 대답했다.

"절대로 잊지 않을 것입니다."

그날 저녁 합려는 죽었다. 부차는 왕위에 올라 백비를 왕실 안팎의 일을 처리하는 태재太宰로 임명하여 군사들에게 싸우는 법과 활쏘기를 가르쳤다. 2년 뒤 그는 월나라를 쳐들어가서 부초산夫椒山에서 승리를 거두었다. 월나라 왕 구천은 패잔병 5천 명을 거느리고 회계산會稽山 꼭대기로 숨어들었다. 대부 문종文種을 시켜 오나라 태재 백비에게 많은 선물을 보내 화해를 청하고 월나라를 오나라에 바쳐 자신은 오나라 왕의 신하가 되고 자기 아내는 그의 첩이 되도록 하겠다고 했다. 오나라 왕이 이 요청을 받아들이려고 하자 오자서가 말렸다.

"월나라 왕은 아무리 힘들어도 잘 견디는 사람입니다. 지금 왕께서 없애 버리지 않으면 뒷날 반드시 후회할 것입니다."

그러나 오나라 왕은 오자서의 말을 듣지 않고 태재 백비의 계책에 따라 월나라와 평화를 맺었다.

그로부터 5년이 지난 후 제나라 경공景公이 죽었다. 오나라 왕은 제나라의 새 왕이 아직 어리다는 말을 듣고 제나라 대신들이 서로 권력 다툼을 하고 있는 틈을 타서 군사를 일으켜 제나라를 치려 했다. 그러자 오자서가 다시 말렸다.

"월나라 왕은 맛있는 음식도 먹지 않으며 죽은 사람을 문상하고 병든 사람을 문병한다고 합니다. 훗날 그들을 요긴하게 쓰려고 하기 때문입니다. 이 사람이 죽지 않은 한 반드시 오나라의 걱정거리가 될 것입니다. 지금 오나라에 월나라라는 존재가 있는 것은 마치 사람의 뱃속에 고질병이 들어 있는 것과 같습니다. 그런데도 왕께서는 먼저 월나라를 치지 않고 제나라에 힘을 기울이고 있으니 어찌 잘못된 일이 아니겠습니까?"

그러나 오나라 왕은 오자서의 말을 듣지 않고 제나라를 쳐들어갔다. 제나라 군사를 애릉艾陵에서 크게 물리친 다음 추鄒나라와 노魯나라 왕들까지 물리치고 돌아왔다. 그 뒤로 오왕은 오자서를 더욱 멀리했다.

그로부터 4년 뒤 오나라 왕은 또 북쪽으로 제나라를 치려 했다. 이때 월나라 구천은 자공子貢의 꾀를 써서 군사를 이끌고 오나라를 도왔다. 게다가 귀중한 보물을 태재 백비에게 바쳤다. 태재 백비는 월나라의 뇌물을 여러 번 받아 왔으므로 월나라를 매우 좋아하고 믿었다. 그러면서 밤낮으로 오나라 왕에게 월나라를 칭찬했다. 오나라 왕도 백비의 말을 그대로 믿고 따랐다. 오자서가 다시 말렸다.

"월나라는 우리 뱃속에 든 고질병입니다. 지금 월나라의 허튼 거짓말을 믿고 제나라를 탐내지만 제나라를 쳐부숴 봤자 그 땅은 자갈밭 같아서 아무런 쓸모가 없습니다. 《서경》 '반경盤庚'의 고誥에 보면 '옳고 그른 것을 거스르고 공손하지 않은 사람에게는 가볍게는 코를 베고 무겁게는 목을 베어 이 땅에 악의 씨가 자라지 못하게 하라'는 말이 있습니다. 이것이 상나라가 흥하게 된 까닭입니다. 바라건대 왕께서는 제나라를 내버려 두고 먼저 월나라부터 치십시오. 그렇게 하지 않으면 뒷날 뉘우쳐도 어쩔 수가 없을 것입니다."

그러나 오나라 왕은 이번에도 듣지 않았다. 그리고 오자서를 제나라 사신으로 보냈다. 오자서가 길을 떠나면서 아들에게 말했다.

"내가 여러 차례 왕에게 간언했으나 왕은 내 말을 듣지 않았다. 나는 머지않아 오나라가 망하는 것을 보겠지만 너까지 오나라와 함께 죽는 것은 덧없는 일이다."

그리하여 아들은 제나라 포숙鮑叔에게 맡기고 오나라로 돌아와 사신 갔던 일을 보고했다.

오나라의 태재 백비는 예전부터 오자서와 사이가 나빴기 때문에 오자서가 아들을 제나라에 맡기고 온 것에 대해 이렇게 헐뜯었다.

"오자서는 고집이 세고 사나우며 정이 없고 시기심이 강합니다.

그는 왕에게 원한을 품고 있어 큰 화근이 될까 걱정스럽습니다. 예전에 왕께서 제나라를 치려고 할 때 오자서는 반대했지만 결국 제나라를 쳐서 큰 공을 세우셨습니다. 오자서는 자기의 주장이 받아들여지지 않은 것을 부끄러워하여 오히려 왕을 원망했습니다. 지금 왕께서 다시 제나라를 치려 하는데 오자서는 고집스럽게 출병을 막으려고 합니다. 요행히 오나라가 패해서 자기의 주장이 옳았다는 것을 증명해 보일 수 있기만을 바랄 뿐입니다. 이제 왕께서 몸소 행군하시어 나라 안의 모든 병력을 모아 제나라를 치러 간다면 오자서는 자기의 꾀가 받아들여지지 않았기 때문에 병을 핑계 대고 따라가지 않을 것입니다. 왕께서 이에 대해 준비를 해야 합니다. 만약 그렇게 되면 그가 화를 일으키는 것도 어려운 일이 아닙니다. 게다가 제가 사람을 시켜 몰래 알아보았더니 오자서가 제나라에 사신으로 갔을 때 자기 아들을 제나라 포씨에게 맡겼다고 합니다. 남의 신하가 된 몸으로 안에서 뜻을 이루지 못하자 밖으로 제후들에게 기대는 짓입니다. 자신이 선왕의 정책을 세우던 신하였는데 이제는 버림받았다고 여겨 언제나 앙심을 품고 원망하고 있습니다. 바라건대 왕께서는 빨리 대책을 세우십시오."

그러자 오나라 왕이 말했다.

"그대의 말이 아니더라도 나 역시 그를 의심하고 있소."

그러고는 사람을 보내 오자서에게 촉루검을 내리며 말했다.

"그대는 이 칼로 자결하라."

오자서는 하늘을 우러러 탄식했다.

"아, 슬프구나. 간신 백비가 나라를 어지럽히는데 왕은 도리어 충신인 나를 죽이는구나. 나는 그의 아버지를 제후들의 우두머리로 만들었고 태자 자리를 놓고 다툴 때 내가 목숨을 걸고 선왕先王에게 간해 그를 후계자로 정하게 했다. 내가 아니었다면 그는 태자가 될 수 없었을 것이다. 그가 왕이 되어 오나라를 내게 나누어 주려 했지만 나는 그것을 바라지 않았다. 그런데도 지금 그는 아첨하는 신하의 말만 듣고 나를 죽이려 하는구나."

그러고는 자신의 식객들에게 명했다.

"내 무덤 위에는 반드시 가래나무를 심어서 왕의 관을 짤 때 목재로 쓰도록 하라. 내 눈알은 뽑아 내어 동문東門 위에 걸어 놓아라. 월나라 군대가 쳐들어와서 오나라가 멸망하는 것을 똑똑히 볼 수 있도록 하라."

그러고는 스스로 목을 찔러 죽었다.

오나라 왕은 그 말을 전해 듣고는 크게 화를 내어 오자서의 시체를 끌어다가 말가죽으로 만든 자루에 넣어 강물에 던져 버렸다. 오나라 사람들이 그를 가엾게 여겨 강물 기슭에 사당을 세워 주고는 그 산 이름을 서산이라고 불렀다.

오나라 왕은 오자서를 죽인 후 드디어 제나라를 공격했다. 이때 제나라에서는 마침 포씨가 왕인 도공悼公을 죽이고 양생陽生을 왕으로 세우고 있었다. 오나라 왕은 역적을 무찌른다는 명분을 내세웠지만 이기지 못하고 돌아왔다. 그로부터 2년 뒤에 오나라 왕은 노나라와 위衛나라의 왕을 불러 탁고橐皋에서 맹약을 맺었다. 그 이듬해 북쪽에 있는 황지黃池에 여러 제후들을 불러 모으고 마치 자기가 주나라 왕실의 보호자인 것처럼 설쳤다.

그 틈을 타서 월나라 왕 구천이 오나라를 습격해 태자를 죽이고 오나라 군대를 쳐부수었다. 오나라 왕이 그 소식을 듣고 돌아와 사신을 보내 많은 선물을 보내고 화친을 맺었다. 그로부터 9년 뒤에 월나라 왕 구천이 드디어 오나라를 멸망시키고 부차를 죽였다. 그러고는 자기 왕에게 충성하지 못하고 다른 나라로부터 많은 뇌물을 받으며 내통한 태재 백비까지도 죽였다.

이보다 앞서 오자서와 함께 달아났던 초나라 태자 건의 아들 승은 오나라에 있었다. 오나라 왕 부차 때 초나라 혜왕惠王은 승을 초나라로 불러들이려고 했다. 그때 초나라 귀족 섭공葉公이 이렇게 말했다.

"승은 용맹스러운 것을 좋아하는데 죽음을 각오한 사람들을 은밀히 찾고 있는 걸 보니 아무래도 음모를 꾸미고 있는 듯합니다."

그러나 혜왕은 섭공의 말을 듣지 않고 승을 불러들여 초나라 국경 지역인 언鄢에 살게 하고 백공白公이라고 불렀다. 백공이 초나라로 돌아온 지 3년 되던 해에 오나라에서는 오자서를 죽였다.

백공 승은 초나라로 돌아온 후부터 자기 아버지를 죽인 정나라에 원한을 품고 남몰래 결사대를 길러 정나라에 원수를 갚으려 했다.

그러다 초나라에 돌아온 지 5년 되는 해에 정나라를 치겠다고 청하자 초나라 영윤令尹 자서子西가 허락했다. 그러나 아직 출병도 하기 전에 진晉나라가 정나라에 쳐들어오는 바람에 정나라가 초나라에 구원을 청해 왔다. 초나라에서는 자서를 시켜 정나라에 가서 돕도록 했다. 자서는 화평을 맺고 돌아왔다. 그러자 백공 승이 화를 내며 말했다.

"이제는 정나라가 원수가 아니라 자서가 원수이다."

그러면서 직접 칼을 갈고 있는데 어떤 사람이 물었다.

"어떻게 하려고 하십니까?"

"자서를 없애려고 그런다."

이 말을 들은 자서는 웃으며 말했다.

"승은 아직도 알 같은 존재인데 무슨 일을 할 수 있겠나?"

그로부터 4년이 지난 뒤에 백공 승이 석걸石乞과 함께 조정에 나가 영윤 자서와 사마司馬 자기子綦를 습격해 죽였다. 그때 석걸이 말했다.

"왕을 죽이지 않으면 안 됩니다."

초나라 혜왕을 죽이려 하자 왕은 도성 안의 창고로 도망을 갔다. 석걸의 시종 굴고屈固가 혜왕을 업고 소부인昭夫人의 궁전으로 달아났다. 섭공은 백공이 난을 일으켰다는 소식을 듣고 자신의 병사들을 이끌고 백공을 공격했다. 백공의 무리는 싸움에 지자 산속으로 달아나 자결했다. 섭공이 석걸을 사로잡아 백공의 시체가 있는 곳을 물었으나 석걸은 말하지 않았다.

"일이 성공하면 대부가 되지만 실패했으니 삶겨 죽는 것이 떳떳할 것이다."

석걸은 끝내 백공의 시체가 있는 곳을 말하지 않자, 섭공은 석걸을 삶아 죽이고 혜왕을 찾아내 다시 왕으로 세웠다.

태사공은 말한다.

"원한이 사람에게 끼치는 해독은 너무나 심하다. 왕이라도 자기 신하에게 원한을 품게 하는 행동은 할 수 없다. 하물며 같은 신분끼리야 말해 무엇하랴. 처음 오자서에게 아버지 오사를 따라 함께 죽게 했다면 땅강아지나 개미와 무엇이 달랐겠는가. 그러나 그가 작은 의를 버리고 큰 치욕을 씻어 후세에까지 이름을 남겼으니 그 뜻이 참으로 슬프구나. 오자서는 장강에서 오도 가도 못하는 위급한 상황에 놓이고 길에서 밥까지 빌어먹을 때에도 마음속으로는 잠시라도 초나라 수도 영을 잊었겠는가. 그러나 그는 참고 견디어 공명을 이룰 수 있었다. 강인한 대장부가 아니고서야 누가 이런 일을 해낼 수 있겠는가. 백공도 만일 스스로 왕이 되려고만 하지 않았던들 그 공적 또한 이루 말할 수 없었을 것이다."

〈오자서 열전〉은 복수의 기록이다. 초나라 평왕이 오사를 인질로 잡고 두 아들을 부르자 형 오상과 오자서는 서로 다른 선택을 한다. 순순히 잡혀 아버지와 죽음을 같이하겠다는 형과 비록 고난과 수모를 겪더라도 훗날의 복수를 다짐하겠다는 오자서. 과연 누구의 선택이 옳았을까. 무겁게 죽는 것과 훗날을 기약하는 것! 사마천은 자신처럼 훗날을 기약한 오자서를 보며 자신의 삶을 떠올렸음이 분명하다. 그는 오자서를 칭찬하면서 오자서야말로 작은 의를 버리고 큰 부끄러움을 씻었다고 말한다. 물론 그러했기에 오자서는 복수에 성공할 수 있었다. 그러나 성공했기 때문에 오자서의 선택이 현명했다고 이야기할 수 있는 것인지도 모른다. 결국 선택은 각자의 몫이다.

## 【 소진 열전 】

　　　　　　　　　　　소진蘇秦은 동주東周 낙양雒陽 사람으로 스승을 찾아 동쪽의 제나라로 가서 귀곡선생鬼谷先生에게 배웠다.

　소진은 동주를 떠나 여러 해 동안 유세하러 돌아다니다가 어려움을 겪고 집으로 돌아왔다. 그러자 형제와 형수, 누이와 아내, 첩까지 모두 비웃으며 말했다.

　"주나라 풍속으로는 농사를 주로 하고 물건을 만들고 장사에 힘써 2할의 이익을 보는 것이 사람의 의무입니다. 그런데 당신은 그 본업을 버리고 입과 혀의 놀음만 일삼으니, 곤궁해진 것도 당연하지 않습니까?"

　소진이 이 말을 듣고 부끄럽고 슬펐다. 그래서 방문을 닫고 나오지 않은 채, 책들을 꺼내 두루 살펴보며 말했다.

"대관절 사내가 남에게 머리를 숙여 글을 배워 놓고 아무런 벼슬과 영화도 못 누린대서야, 아무리 많이 책을 읽은들 무슨 쓸모가 있겠나?"

그러더니 이때부터 주나라 때의 책 《음부陰符》를 찾아들고 머리를 파묻고 엎드려 읽었다. 1년쯤 되자 상대방의 심리를 알아내어 설득하는 방법을 터득하고는 이렇게 말했다.

"이것으로 이 시대의 군주들을 설득할 수 있겠다."

그는 주나라 현왕顯王을 설득하려고 했지만, 현왕의 좌우에 있는 신하들이 평소에 소진을 잘 알고 있었으므로, 모두 그를 과소평가하고 믿지 않았다.

소진은 서쪽의 진나라로 갔다. 때마침 진나라 효공이 죽자, 그는 그의 아들 혜왕을 설득했다.

"진나라는 사방이 요새로 둘러싸인 나라입니다. 산으로 둘러싸이고, 위수渭水가 띠처럼 둘러 있습니다. 동쪽에는 함곡관과 황하가 있고, 서쪽에는 한중漢中이 있으며, 남쪽에는 파巴와 촉蜀이 있고, 북쪽에는 대군代郡과 마읍馬邑이 있으니, 이곳이야말로 천연의 요지입니다. 진나라의 많은 선비와 백성들에게 병법을 가르친다면, 천하를 삼켜 황제라고 일컬을 수가 있습니다."

진나라 왕이 말했다.

"새도 털과 깃이 자라지 않고는 높이 날 수 없소. 우리 나라는 아직 문교와 정치가 정돈되지 않았으니, 천하를 통일할 수가 없소."

당시 진나라 왕은 상앙을 죽인 뒤 얼마 되지 않은 때였으므로, 유세하는 선비를 싫어하여 등용하지 않은 것이다.

소진은 다시 동쪽의 조趙나라를 찾아갔다. 조나라 숙후肅候는 동생 성成을 재상으로 삼고, 봉양군奉陽君이라 불렀다. 봉양군은 소진을 좋아하지 않았다. 그래서 그는 조나라를 떠나 연燕나라로 갔는데, 1년이 지나서야 왕을 뵐 수 있었다. 소진이 연나라 문후文候를 이렇게 설득했다.

"연나라 동쪽에는 조선朝鮮과 요동遼東이 있고, 북쪽에는 임호林胡와 누번樓煩이 있으며, 서쪽에는 운중雲山과 구원九原이 있고, 남쪽에는 호타嘑沱와 역수易水가 있습니다. 땅은 사방 2천 리인데다, 무장한 군대가 수십만, 수레가 600대에 말도 6천 필이나 되고, 군량미도 몇 년을 버틸 만합니다. 남쪽에는 풍요로운 갈석산碣石山과 안문산鴈門山이 있고 북쪽에는 대추와 밤이 많이 열려서, 백성들이 비록 농사짓지 않더라도 대추와 밤만으로도 살림이 넉넉합니다. 이곳이야말로 하늘이 만들어 준 곳입니다.

대체로 편안하고 별다른 일이 없어 싸움에 지고 장수를 죽이는 일이 없는 곳은 연나라뿐입니다. 왕께선 그 까닭을 아십니까? 연나라가 무장한 다른 나라 군대에게 침략당하지 않은 까닭은 조나라가 그 남쪽을 막아 주고 있기 때문입니다. 진나라와 조나라가 다섯 번 전쟁을 하여, 진나라가 두 번 이기고 조나라가 세 번 이겼습니다. 그래서 진나라와 조나라는 서로 피폐해졌으므로, 왕께선 온전하게 연나라로써 그 후방을 제압할 수 있었습니다. 이것이 바로 연나라가 침략당하지 않았던 까닭입니다.

또 진나라가 연나라를 치려면, 운중과 구원을 넘어 대代와 상곡上谷을 지나 수천 리를 행군해야 합니다. 비록 연나라의 성을 얻는다 하더라도 진나라로서는 그 성을 도저히 지킬 수가 없습니다. 그러니 진나라가 연나라를 해치지 못할 것은 분명합니다. 그런데 지금 조나라가 연나라를 친다면, 호령을 내린 지 열흘도 못 되어 수십만 군대가 동원東垣에 진을 치고, 호타를 건너고 역수를 건너, 나흘이나 닷새도 못되어 연나라 수도에 들이닥칠 것입니다. 그러므로 '진나라가 연나라를 치려면 천리 밖에서 싸워야 하지만, 조나라가 연나라를 치려면 100리 안에서 싸운다'라고 할 수 있습니다. 100리 안의 걱정거리를 근심하지 않고 천리 밖의 걱정거리를 더 근심한다면, 이보다 더 잘못된 계책은 없겠지요. 그러니 대왕께서 조나라와 종從으로 친하여 천하 제후와 하나가 된다면, 연나라는 반드시 걱정거리가 없을 것입니다."

문후가 말했다.

"그대 말이 옳소. 그러나 우리 나라는 작은데다 서쪽으로는 조나라와 맞닿았고 남쪽으론 제나라와 가까운데, 제나라와 조나라는 강한 나라들이오. 그대가 반드시 합종을 통해 연나라를 편안케 할 수 있다면, 과인은 온 나라를 걸고 그대 말에 따르겠소."

문후가 소진에게 수레와 말과 금과 비단을 주어 조나라로 가게 했다. 그때 봉양군은 이미 죽었으므로, 소진은 곧바로 조나라 숙후를 설득했다.

"천하의 대신, 재상, 신하들과 베옷 입은 선비들까지 모두들 왕께서 의로운 일을 행하는 것을 높고 어질게 여겨, 모두들 왕 앞에 나아가 가르침을 받들고 충성스러운 의견을 아뢰고 싶어한 지가 오래되었습니다. 그렇긴 하지만 봉양군이 질투하여 왕께서 왕으로서의 일을 할 수가 없었으므로, 빈객과 유세객들이 감히 왕 앞에 나아가 할 말을 다하지 못했습니다. 이젠 봉양군이 세상을 떠나 왕께서 다시 선비나 백성들과 가깝게 되셨기에, 신도 감히 어리석은 생각을 아뢰고자 합니다. 제가 왕을 위해 생각해 보니, 백성을 편안하게 하고 나라가 무사한 것보다 더 좋은 일은 없습니다. 그러니 일부러 일을 만들어 백성들을 괴롭게 하지 마십시오. 백성을 편안케 하는 근본방법은 사귈 만한 나라를 고르는 데 있습니다. 사귈 만한 나라를 잘 선택하면 백성이 편안하게 되지만, 잘못 선택하면 백성들은 죽을 때까지 편안하지 못합니다. 우선 나라 밖 걱정거리를 말씀드리지요.

제나라와 진나라를 둘 다 적으로 하면, 백성이 편안할 수 없습니다. 진나라와 한편이 되어 제나라를 쳐도 백성이 편안할 수 없고, 제나라와 한편이 되어 진나라를 쳐도 백성이 편안할 수 없습니다. 그러므로 다른 나라 왕을 꾀어 다른 나라를 치게 해야 하는데, 그런 경우에는 늘 비밀이 새어 나가 다른 나라와의 관계가 끊어질 수 있기 때문에 왕께선 삼가셔서 겉으로 드러내지 마십시오. 그러면 조나라의 이로움과 해로움을 백과 흑처럼 명확히 구분하여 말씀드리겠습니다.

왕께서 진실로 신의 말을 받아들이신다면, 연나라는 반드시 모직물과 갖옷과 개와 말 등이 나는 땅을 바칠 것이고, 제나라도 물고기와 소금이 나는 바닷가를 바칠 것입니다. 초나라는 귤과 유자가 나는 동산을 바칠 테고, 한나라와 위나라와 중산中山 등의 나라는 모두 왕과 후비들에게 부세를 거두는 사읍私邑을 바칠 것이니 왕이 존경하고 귀하게 여기는 친척과 부형들은 모두 봉읍을 받고 제후가 될 것입니다. 대체로 남의 나라 땅을 빼앗고 이익을 차지하는 일은 오패五霸가 적군을 깨뜨리고 적장을 사로잡으면서까지 구하던 것입니다. 또 왕의 한 집안을 제후에 봉하는 일은, 탕왕과 무왕이 천자를 내쫓고 죽이면서까지 다투던 것입니다. 이제 왕께서 팔짱을 낀 채로 이 두 가지를 얻을 수 있도록 하는 것이 신이 왕을 위해 이루고자 하는 일입니다.

지금 왕께서 진나라와 한편이 되면 진나라는 반드시 한나라와 위나라를 약하게 하고, 제나라와 한편이 되면 제나라는 반드시 초나라와 위나라를 약하게 할 것입니다. 위나라가 약해지면 하외河外의 땅을 갈라 진나라에게 바칠 것이며, 한나라가 약해지면 의양宜陽을 진나라에 바치겠지요. 의양이 진나라에 주어지면 곧 상군上郡의 길이 끊어지고, 하외의 땅을 갈라 주면 길이 통하지 않게 되며, 초나라까지 약해지면 조나라는 도움 받을 곳이 없어집니다. 이 세 가지에 대한 대책을 깊이 생각하지 않으면 안 됩니다.

만약 진나라가 지도(軹道)로 쳐내려오면 한나라 남양(南陽)이 위태롭게 됩니다. 한나라 땅을 빼앗고 주나라를 포위하게 되면, 조나라도 스스로 무기를 잡아야만 됩니다. 진나라가 위(衛)나라를 근거지로 하여 권(卷) 땅을 빼앗으면, 제나라도 반드시 진나라에 조공하게 됩니다. 진나라가 산동(山東)을 얻으려고 한다면, 반드시 군대를 끌고 조나라로 향할 것입니다. 진나라 군대가 황하를 건너고 장하(漳河)를 넘어 파오(番吾)를 차지하면, 군대는 반드시 조나라의 수도 한단(邯鄲) 아래에서 싸우게 됩니다. 이것이 바로 신이 왕을 위해 걱정하는 것입니다.

지금 산동에 있는 여러 나라 가운데 조나라보다 더 강한 나라는 없습니다. 조나라는 땅이 사방 2천 리이고, 무장한 군대가 수십만이며, 수레가 1천 대에 군마가 1만 필인데다 군량미도 몇 년을 견줄 만합니다. 서쪽에는 상산(常山)이 있고 남쪽에는 장하가 있으며, 동쪽에는 청하(淸河)가 있고 북쪽에는 연나라가 있습니다. 연나라는 본래 약한 나라이니, 두려울 게 없습니다. 진나라에서 본다면 조나라가 천하에서 가장 방해됩니다. 그런데도 진나라가 감히 군대를 동원해 조나라를 치지 못하는 까닭은 무엇입니까? 한나라와 위나라가 그 뒤쪽을 칠까 봐 두려워하기 때문입니다. 그렇다면 한나라와 위나라는 조나라의 남쪽 방패막이입니다. 만약 진나라가 한나라와 위나라를 친다면, 이름난 산과 큰 강이 없기 때문에 누에가 뽕 먹듯이 막아 내지 못하고, 반드시 진나라의 신하가 될 것입니다. 진나라에 한나라와 위나라의 후방을 교란할 염려가 없어진다면, 화는 반드시 조나라로 몰려듭니다. 이것이 바로 신이 왕을 위해 걱정하는 것입니다.

신이 들으니 요 임금은 세 사람 몫의 밭뙈기도 없었고, 순임금은 손바닥만 한 땅도 없었지만 천하를 차지했다고 합니다. 또 우왕은 사람이 100명도 안 되는 마을조차 못 가졌지만 제후들의 왕이 되었고, 탕왕과 무왕은 무사가 3천 명에 지나지 않고 수레는 300대를 넘지 못했으며 병사가 3만을 넘지 못했지만 천자가 되었다고 합니다. 이들은 참으로 왕의 도를 얻은 사람들입니다. 그러므로 현명한 왕은 밖으로 자기 적이 강한지 약한지를 헤아리고 안으로는 자신의 병사가 잘났는지 못났는지를 헤아려, 두 군대가 서로 부딪치기 전에 이기고 지는 것과 죽고 사는 관건이 자기 가슴속에 있게 됩니다. 어찌 자기의 총명이 여러 사람의 말에 가려져서 캄캄한 가운데 일을 결정하겠습니까?

신이 혼자 천하의 지도를 살펴보았더니, 제후들의 땅을 합치면 진나라의 다섯 배나 되고, 제후들의 군대를 헤아리면 진나라의 열 배나 됩니다. 여섯 나라가 하나 되고 힘을 합쳐 서쪽으로 진나라를 친다면, 진나라를 반드시 깨뜨릴 수 있습니다.

그러나 서쪽을 향해 섬긴다면, 진나라의 신하가 되는 것입니다.

남의 나라를 깨뜨리는 것과 남의 나라에게 깨뜨려지는 것, 남을 신하로 삼는 것과 남에게 신하 노릇을 하는 것을 어떻게 같이 놓고 논할 수 있겠습니까?

연횡을 내세우는 사람들은 한결같이 각 제후들의 땅을 나누어 진나라에 주려고 합니다. 진나라가 목적을 달성하면, 그들은 누대와 정자를 높이 짓고 궁궐을 아름답게 꾸민 다음, 온종일 피리와 거문고 소리를 들으며 앞에는 누대와 큰 수레가 있고 뒤에는 아름다운 미녀들이 있어, 자기 나라가 진나라에게 화를 입더라도 걱정하지 않을 것입니다. 그러기에 연횡을 주장하는 자들은 늘 진나라의 힘에 기대어 제후들에게 위협해 땅을 나누어 진나라에 바치게 하려고 힘씁니다. 그러니 왕께선 이 일을 깊이 생각해 보시기 바랍니다.

신이 들으니 현명한 왕은 의심을 끊고 참소를 물리치며, 유언의 자취를 감추게 하고 파벌의 문을 닫는 데 뛰어나다고 합니다. 그러므로 왕을 존경하고 땅을 넓히며 군대를 강하게 하는 계책을 왕 앞에서 충심으로 말할 수 있습니다. 잠시 왕을 위해 생각해 보면 한, 위, 제, 초, 연, 조의 여섯 나라가 하나로 합종하여 진나라를 배척하는 계책이 가장 좋겠습니다. 천하의 장군과 재상들을 원수洹水에 모이게 하여, 서로 인질을 교환하고, 백마를 죽여 그 피를 마시면서 맹약을 맺게 하십시오. 그 맹약은 이렇게 해야 합니다.

'진나라가 초나라를 친다면, 제나라와 위나라는 각기 정예 부대를 출병시켜 초나라를 돕고, 한나라는 진나라가 식량 운반하는 길을 끊으며, 조나라는 황하와 장수를 건너고, 연나라는 상산의 북쪽을 지킨다. 진나라가 한나라나 위나라를 친다면, 초나라는 그 후방을 끊고, 제나라는 정예 부대를 출병시켜 그들을 돕고, 조나라는 장하를 건너고, 연나라는 운중을 지킨다. 진나라가 제나라를 친다면, 초나라가 그 후방을 끊고, 한나라가 성고<sub>成皐</sub>를 지키며, 위나라는 그 길을 막고, 조나라는 장하와 박관<sub>博關</sub>을 건너며, 연나라는 정예 부대를 출병시켜 제나라를 돕는다. 진나라가 연나라를 친다면, 조나라가 상산을 지키고, 초나라가 무관<sub>武關</sub>에 군대를 머물게 하며, 제나라가 발해를 건너고, 한나라와 위나라가 모두 정예 부대를 출병시켜 연나라를 돕는다. 진나라가 조나라를 친다면, 한나라는 의양에 진치고, 초나라는 무관에 군대를 머물게 하며, 위나라는 하외에 진치고, 제나라가 청하를 건너며 연나라가 정예 부대를 보내 조나라를 돕는다. 제후 가운데 이 맹약대로 지키지 않는 자가 있으면, 다섯 나라의 군대가 함께 그를 친다'

여섯 나라가 합종하여 함께 진나라에 맞서면, 진나라의 군대도 감히 함곡관을 나와서 산동까지 위협하지는 못합니다. 이렇게만 된다면 패왕<sub>霸王</sub>의 위업이 이루어지는 것입니다."

조나라 왕이 말했다.

"과인이 나이가 젊고 왕의 자리에 오른 지도 얼마 안 되어, 아직 사직을 오래 보존할 계책을 들은 적이 없소. 이제 상객께서 천하를 보존하고 제후를 편안케 할 뜻이 있으니, 과인은 삼가 나라를 당신

말에 따라 이끌어 가겠소."

그리고는 조나라 왕은 수레 100대와, 황금 2만 냥, 백옥 100쌍, 비단 1천 필을 주어서 제후들과의 맹약을 추진하게 했다.

이 무렵 주나라 천자가 문왕과 무왕의 제사에 쓴 고기를 진나라 혜왕에게 보냈다. 혜왕이 서수犀首를 시켜 위나라를 치게 하여 장군 용고龍賈를 사로잡고, 위나라 조음雕陰 땅을 빼앗은 뒤에, 또 군대를 동쪽으로 보내려 했다. 소진은 진나라 군대가 조나라에 쳐들어올까 걱정되어, 장의의 화를 돋우어서 진나라로 들어가게 했다.

그리고 소진은 한나라 선왕宣王을 설득했다.

"한나라 북쪽에는 공鞏과 성고成皐 같은 험한 땅이 있고, 서쪽에는 의양과 상판商販 같은 요새지가 있으며, 동쪽에는 원宛과 양穰 두 고을과 유수洧水가 있고, 남쪽에는 경산陘山이 있습니다. 땅이 사방 900리에다 무장한 군대가 수십만이며, 천하의 강한 활과 굳센 쇠뇌가 다 한나라에서 나옵니다. 계자谿子에서 만든 산뽕나무 쇠뇌와 소부少府에서 만든 시력時力이나 거래距來는 모두 600보 밖까지 쏠 수 있습니다. 한나라 병사가 발로 쇠뇌를 쏘면, 백발이 잇달아 발사됩니다. 멀리 나간 것은 화살 끝이 적의 가슴속에 파묻힐 만큼 깊이 뚫고, 가까이 나간 것도 화살촉이 적의 가슴을 맞혀 보이지 않게 덮어 버립니다.

한나라 군사가 가진 칼과 창은 모두 명산冥山에서 만들어지는데, 당계棠谿, 묵양墨陽, 합부合賻, 등사鄧師, 완풍宛馮, 용연龍淵, 태아太阿의 명검들이 다 땅에서는 소나 말을 한칼에 베고, 물에서는 고니와 기러기도 한칼에 벱니다. 적을 만나면 단단한 갑옷과 철막(鐵幕)까지도 베어 버립니다. 활깍지와 방패 끈에 이르기까지 갖춰지지 않은 것이 없습니다. 한나라 군사는 용감해서, 단단한 갑옷을 입고 굳센 쇠뇌를 밟고 날카로운 칼을 차고 나서면, 한 사람이 100명의 적을 당해내리란 것은 말할 필요도 없습니다. 이러한 한나라의 굳센 힘과 대왕의 현명하심을 가지고도 서쪽을 향해 진나라를 섬기면서 두 손을 맞잡고 복종한다면, 사직을 부끄럽게 하고 천하의 웃음거리가 되기에 이보다 더한 짓은 없습니다. 그러니 대왕께서는 깊이 생각하십시오.

왕께서 진나라를 섬기게 되면, 진나라는 반드시 의양과 성고의 땅을 달라고 할 것입니다. 이제 그 땅을 바친다면, 내년엔 다시 다른 땅을 베어 달라고 할 테지요. 계속 주려니 줄 땅이 없고, 주지 않으면 앞서 바친 공은 잊어버리고 뒤의 화만 받게 될 것입니다. 왕의 땅은 다함이 있건만, 진나라의 요구는 다함이 없습니다. 다함이 있는 땅을 가지고 다함이 없는 요구를 받아들인다는 것은 원한을 사고 불행을 불러오는 격입니다. 싸워 보지 못하고 땅은 다 깎여 나갈 것입니다. 신이 들은 속담에 '닭의 부리가 될망정 쇠꼬리는 되지 말라'는 말이 있습니다. 이제 서쪽을 향해 두 손을 맞잡고 신하가 되어 진나라를 섬긴다면, 쇠꼬리와 무엇이 다르겠습니까? 현명하신 왕께서 강한 한나라 군대를 가지고도 쇠꼬리라는 이름을 듣게 된다면, 신은 왕을 위해 부끄럽게 여기겠습니다."

그러자 한나라 왕의 얼굴빛이 발끈 변하더니, 팔을 걷어붙이고 눈을 부릅뜬 채로 칼을 어루만지며 하늘을 우러러 탄식했다.

"과인이 비록 못났지만, 결코 진나라는 섬기지 않겠소. 지금 선생이 조나라 왕의 가르침을 전해 주었으니, 삼가 나라를 받들어 따르리다."

소진이 또 위나라 양왕襄王을 설득했다.

"왕의 땅은 남쪽으로 홍구鴻溝, 진陳, 여남汝南, 허許, 언鄢, 곤양昆陽, 소릉召陵, 무양舞陽, 신도新都, 신처新郪가 있고, 동쪽으로 회수淮水와 영수潁水, 자조煮棗와 무서無胥가 있으며, 서쪽에는 장성長城의 경계가 있고, 북쪽으로는 하외河外, 권卷, 연衍, 산조酸棗가 있어, 땅이 사방 천 리입니다. 땅이 비록 작다고 하지만 농사를 짓는 집들이 수없이 많아, 일찍부터 꼴을 베고 소를 먹일 만한 빈 땅이 없었습니다. 백성들이 많고 수레와 말도 또한 많아, 밤낮으로 통행이 끊이질 않습니다. 와글와글 울리는 소리가 마치 삼군이 행군하는 것 같습니다. 신이 헤아려 보니, 왕의 나라가 초나라보다 못하지 않습니다. 그런데도 연횡을 내세우는 사람들은 왕을 겁내게 해서, 강한 호랑이 같은 진나라와 친교를 맺어 진나라가 천하를 침략케 하고 있습니다. 결국엔 진나라에게 환난을 당할 텐데, 그 화는 돌아보지도 않습니다.

저들은 강한 진나라의 세력을 끼고서 안으로 자기 왕을 위협하니, 이보다 더 큰 죄는 없습니다. 위나라는 천하의 강국이고, 왕께 선 천하에 현명한 왕이십니다. 그런데도 왕께선 지금 서쪽을 향해 진나라를 섬기고, 스스로 동번東藩이라고 일컬으면서, 진나라 왕의 순행을 위해 궁전을 짓고, 진나라 왕으로부터 관대冠帶를 받아, 진 나라 종묘의 봄 가을 제사를 받들어 도우려는 생각을 하십니다. 신 은 왕을 위해 이것을 부끄럽게 여깁니다.

신이 들으니, 월왕 구천은 지친 군사 3천으로 오왕 부차를 간수干 遂에서 사로잡았고, 무왕도 군사 3천에 병거 300승으로 목야牧野에 서 주紂를 제압했다고 합니다. 어찌 그들의 사졸이 많아서 이겼겠 습니까? 참으로 그 위업을 떨쳤기 때문입니다.

지금 들으니 왕의 군대는 무사가 20만에 창두蒼頭가 20만이고, 분 격奮擊, 정예병이 20만에 시도廝徒, 잡역부가 10만이며, 수레가 600대 에 기마가 5천 필이라고 합니다. 이 정도라면 월왕 구천이나 무왕 의 군대에 비해 훨씬 많습니다. 그런데도 이제 여러 신하들의 말만 듣고서 진나라의 신하가 되어 섬기려고 합니다. 만약 진나라를 섬 기게 되면, 반드시 땅을 나누어 바쳐서 성의를 보여야 합니다. 그렇 게 되면 아직 군대를 써 보기도 전에 나라는 이미 기울어드는 것입 니다.

진나라를 섬기자고 말하는 신하들은 모두 간사한 자들이지, 충신 은 아닙니다. 남의 신하가 된 몸으로 자기 왕의 땅을 나누어 바쳐서 외교를 요구하고, 한때의 공을 훔치곤 그 뒷일을 돌아보지도 않습니다. 나라를 깨뜨려 자기 집안의 이익이나 성취하려 들고, 밖으로 강한 진나라의 세력을 끼고서 안으로 자기 왕을 협박하여, 땅을 나누어 주자고 요구하는 것입니다. 왕께선 깊이 생각하십시오.

《주서周書》에 이런 말이 있습니다.

'처음에 싹을 자르지 않아 무성해지면 어떻게 하나? 터럭같이 작을 때에 치지 않았다간 장차 도끼를 써야 하리라' 이처럼 일이 벌어지기 전에 생각해 두지 않았다간 나중에 큰 걱정이 생길 것이니, 장차 어찌 하시렵니까? 대왕께서 진정 신의 말을 들으시어 여섯 나라가 합종으로 친교를 맺고, 마음을 모아 힘을 합하고 뜻을 하나로 한다면, 아무리 강한 진나라라도 걱정할 것이 없습니다. 그러기에 저희 조나라 왕께서는 신을 보내, 어리석은 계책이나마 바치고 분명한 약속을 받들게 했습니다. 대왕께서 조칙을 내려 주십시오."

위나라 왕이 말했다.

"과인이 못나서, 이제껏 밝은 가르침을 듣지 못했소. 이제 선생이 조나라 왕의 조칙으로 가르쳐 주었으니, 삼가 나라를 걸고 따르겠소."

소진은 이어 동으로 가서 제나라 선왕宣王을 설득했다.

"제나라는 남쪽에 태산이 있고 동쪽에 낭야琅邪가 있으며, 서쪽에 청하淸河가 있고 북쪽에 발해가 있으니, 이야말로 사방이 요새로 둘러싸인 나라입니다. 제나라의 땅은 사방 2천 리나 되고, 무장한 군대가 수십만에다 군량미는 산더미같이 쌓여 있습니다. 삼군의 정예 부대와 오가家의 민병들은 화살처럼 빠르게 진격하고, 천둥 번개처럼 무섭게 싸우며, 비바람처럼 빠르게 흩어집니다. 군대를 징발하더라도, 태산을 넘고 청하를 건너거나 발해를 건넌 적은 없었습니다.

제나라 수도인 임치臨菑에만도 7만 호가 있으니, 신이 혼자 헤아리건대 한 집에 남자가 셋씩만 있다고 쳐도 21만 명이 됩니다. 먼 고을로부터 징발하지 않고 임치의 군사만 징발하더라도 벌써 21만이 됩니다. 게다가 임치는 매우 부유하고도 알차지요. 그 백성치고 피리를 못 불거나 거문고를 못 타거나 축을 두드리지 못하는 사람은 없습니다. 닭싸움과 개 경주를 즐기며 윷놀이와 공차기를 못하는 사람도 없습니다. 임치의 길은 수레바퀴가 서로 부딪치고, 사람의 어깨끼리 서로 부딪칩니다. 옷자락이 서로 이어져 휘장이 되고, 소매를 들면 장막이 되며, 땀을 뿌리면 비가 됩니다. 집집이 번창하고 사람들은 너그러우며, 뜻이 높고 기운은 드날립니다. 왕의 현명하심과 제나라의 강성함을 천하에서 당해 낼 나라가 없습니다. 그런데도 이제 서쪽을 향해 진나라를 섬긴다니, 신은 왕을 위해 그것을 부끄럽게 여깁니다.

또 한나라와 위나라가 진나라를 몹시 두려워하는 까닭은 진나라와 국경을 맞대고 있기 때문입니다. 그들의 경우에 군대를 동원하여 맞싸우게 한다면, 열흘도 못되어서 싸움의 승패와 국가 존망의 기틀이 판가름 납니다. 한나라나 위나라가 진나라와 싸워서 이기더라도, 군대의 절반이 꺾였을 테니 사방의 국경을 지킬 수가 없게 됩니다. 더군다나 싸워서 이기지 못한다면, 나라는 이미 위태로워지고, 그 뒤를 잇달아 멸망하겠지요. 이런 까닭에 한나라나 위나라는 진나라와 싸우기를 어렵게 여기고, 진나라의 신하 되기를 가볍게 여기는 것입니다.

 그러나 지금 진나라가 제나라를 치려고 할 경우엔 그렇지 않습니다. 진나라는 한나라와 위나라의 땅을 배후에 두고, 위衛나라 양진陽晉의 길을 거쳐서, 항보亢父의 험한 땅을 지나가야 됩니다. 수레는 두 대가 나란히 지나갈 수 없고, 기병도 두 줄로 행군할 수 없습니다. 100명이 험한 곳을 지키고 있으면, 1천 사람으로도 지나갈 수가 없습니다. 진나라가 비록 깊숙이 쳐들어오고 싶어도 겁 많은 이리처럼 뒤를 돌아보며, 한나라나 위나라가 그 후방을 어지럽힐까 봐 두려워합니다. 그러기에 진나라는 정작 쳐들어오기 두려워하면서, 허세를 부리며 위협하는 것입니다. 교만하게 거들먹거리기나 하지, 감히 쳐들어오진 못합니다. 그러니 진나라가 제나라를 해치지 못하는 것은 명백합니다.

 그런데도 진나라가 제나라를 어떻게 할 수 없다는 것은 깊이 생각지 않고 서쪽을 향해 진나라를 섬기려고 하니, 여러 신하들의 생각이 잘못된 것입니다. 이제 신하로서 진나라를 섬긴다는 오명을 없애고, 나라를 강성케 할 실리를 드리려고 합니다. 신은 그런 까닭에 왕께서 잠시 유의하여 헤아리시길 바랍니다."

제나라 왕이 말했다.

"과인이 어리석은데다 멀리 외진 곳에서 바닷가나 지키고 있다 보니 동쪽 변두리 나라엔 길도 막혀 이제껏 남의 가르침을 들을 수가 없었소. 이제 그대가 조나라 왕의 조칙을 가지고 와서 가르쳐주니, 삼가 나라를 들어 따르리다."

소진은 다시 서남쪽으로 가서 초나라 위왕威王을 설득했다.

"초나라는 천하에 강대한 나라이고, 대왕께선 천하에 현명한 왕이십니다. 초나라의 서쪽에는 검중黔中과 무군巫郡이 있고 동쪽에는 하주夏州, 해양海陽이 있으며, 남쪽에는 동정洞庭, 창오蒼梧가 있고 북쪽에는 형새陘塞, 순양郇陽이 있어, 땅이 사방 5천 리나 됩니다. 무장한 군대가 100만이고 수레가 1천 대이고, 기마가 만 필에다 군량미는 10년을 견딜 만합니다. 이만하면 패왕의 바탕이 갖춰졌습니다. 초나라의 강대함과 대왕의 현명함을 천하에서 당해 낼 자가 없습니다. 그런데도 이제 서쪽을 향해 진나라를 섬기려고 한다면, 천하 제후 가운데 서쪽을 향해 함양의 장대궁章臺宮에 조회하지 않을 자가 없게 될 것입니다.

진나라에서 볼 때에, 초나라만큼 방해되는 나라는 없습니다. 초나라가 강해지면 진나라가 약해지고, 진나라가 강해지면 초나라가 약해지니, 그 세력이 양립할 수는 없습니다. 그러니 왕을 위한 계책으로는, 여섯 나라가 합종하여 진나라를 고립시키는 것보다 나은 계책이 없습니다. 왕께서 합종책에 따르지 않으신다면 진나라는 반드시 두 갈래로 군사를 일으켜, 한 군대는 무관으로 나가게 하고 또 한 군대는 검중으로 내려보낼 것입니다. 그렇게 되면 언鄢과 영郢 일대가 동요할 것입니다.

신이 들으니 모든 일이 혼란스러워지기 전에 다스리고, 일이 일어나기 전에 수습하라고 합니다. 환난이 온 뒤에 걱정해 봐야, 이미 때는 늦습니다. 그러니 왕께선 빨리 깊이 생각하십시오.

왕께서 참으로 신의 말씀을 들으신다면, 신은 산동의 나라들로 하여금 철따라 조공을 바쳐 왕의 현명한 가르침을 받들게 하겠습니다. 그들의 종묘와 사직을 받들어 왕께 맡기고 그들의 군사를 훈련시켜 왕의 뜻대로 쓰도록 하겠습니다. 대왕께서 참으로 신의 어리석은 계획을 받아쓰신다면, 한, 위, 제, 연, 조, 위衛 여섯 나라의 아름다운 음악과 미인들이 반드시 왕의 후궁을 채울 것이며, 연과 대代에서 생산되는 낙타와 좋은 말들이 반드시 왕의 마구간을 채울 것입니다. 그러므로 합종이 이뤄지면 초나라가 천하의 우두머리가 되고, 연횡이 이뤄지면 진나라가 천하의 제나라 왕이 될 것입니다. 이제 대왕께서 패왕의 업을 버리고 남이나 섬긴다는 오명을 얻게 될까 봐, 신은 왕을 위해 그렇게 권할 수가 없습니다.

대체로 진나라는 호랑이 같은 나라라서, 천하를 삼키려는 야심이 있습니다. 진나라는 천하의 원수입니다. 연횡을 내세우는 사람들은 모두 제후의 땅을 베어 바쳐서 진나라를 섬기자고 합니다. 이들이야말로 원수를 기르고 원수를 받드는 자들입니다. 남의 신하가 되었으면서도 자기 왕의 땅을 베어 가지고 밖으로 강한 호랑이 같은 진나라와 사귀어서 천하를 침략하게 하고, 막판에 진나라 때문에 근심이 생기면 그 화를 돌아보지 않습니다. 밖으로 강한 진나라의 위세를 끼고 안으로 자기 왕을 위협하여 땅을 나눠 주라고 요구하니, 이보다 더 대역불충大逆不忠한 짓은 없습니다. 그러므로 합종하면 제후들이 땅을 나누어 진나라를 섬겨야 합니다. 이 두 계책의 차이는 매우 큽니다. 이 두 가지 가운데 왕께선 어느 쪽을 택하시겠습니까? 그러므로 저희 조나라 왕은 신을 시켜서 어리석은 계책을 바치게 하고, 분명한 약속을 받들어 오게 했습니다. 왕의 가르침을 듣고 싶습니다."

초나라 왕이 말했다.

"과인의 나라는 서쪽이 진나라와 국경을 맞대고 있는데, 진나라는 파와 촉을 빼앗고 한중을 병합하려는 야심을 가졌소. 진나라는 호랑이 같아서 친해질 수 없소. 한나라나 위나라는 진나라에 대한 근심이 절박하기 때문에, 그들과 함께 깊은 모의를 할 수가 없소. 깊이 모의하다간, 그들이 우리를 배반하고 진나라에 알리게 될까 두렵소. 그렇게 되면 모의한 일이 시작도 되기 전에 우리 나라가 이미 위태로워질 거요.

과인이 스스로 헤아려 볼 때, 초나라가 진나라와 맞선다면 승산이 없소. 안으로 군신들과 모의한대도, 믿을 만한 것이 못되오. 과인은 누워도 자리가 편안치 않고, 먹어도 입맛이 달지 않았소. 마음이 마치 높이 매달아 놓은 깃발처럼 흔들려서 도저히 안정할 수가 없었소. 지금 선생이 천하를 하나로 묶고 제후의 힘을 거둬 모아 위태로운 우리 나라를 보존코자 하니, 과인이 삼가 나라를 들어 당신 의견을 따르겠소."

이렇게 하여 여섯 나라의 합종이 이루어지고, 힘을 합치게 되었다. 소진은 합종 맹약의 우두머리가 되고, 여섯 나라의 재상을 겸하게 되었다.

소진은 북쪽으로 조나라 왕에게 일의 경과를 보고하러 가다가 낙양에 들렀는데, 제후들이 각기 사자를 보내 전송하는 자가 많고 수레와 기마와 짐수레들이 매우 많아서, 왕의 행차에 비길 만했다. 주나라 현왕이 이 소문을 듣고 두려워하여, 그가 지나가는 길을 쓸게 하고, 사자를 교외로 보내 그를 마중하고 위로케 했다. 소진의 형제와 아내와 형수가 눈을 내리뜨고, 감히 쳐다보지도 못했다. 그렇게 엎드린 채로 식사를 하자 소진이 웃으며 형수에게 말했다.

"어째서 예전엔 거만하더니 이제는 공손합니까?"

형수가 몸을 굽히고 기어와 얼굴을 땅에 대고 사과하며 말했다.

"아주버님께서 지위가 높고 돈이 많은 것을 보았기 때문입니다."

소진이 탄식하며 말했다.

"사람은 한 사람인데, 부귀해지면 친척도 두려워하고, 빈천해지면 깔보는구나. 하물며 세상 사람들이야 말해 무엇하랴. 내게 낙양성 가까운 곳에 밭 두 마지기만 있었더라면 내 어찌 여섯 나라 재상의 인수印綬을 찰 수 있었으랴?"

소진은 천금을 풀어 집안사람과 친구들에게 나눠 주었다.

전에 소진이 처음 연나라로 갈 때 다른 사람에게 100전을 빌려 노잣돈으로 썼는데, 부귀하게 되자 백 금으로 갚았다. 예전에 은혜를 입은 사람들에게도 골고루 보답했다. 그의 하인 가운데 한 사람만이 홀로 보답을 받지 못했는데, 그가 소진의 앞으로 나가서 스스로 그 사실을 말했다. 소진이 이렇게 대답했다.

"내가 너를 잊은 것은 아니다. 나와 함께 연나라에 갔을 때에, 너는 두세 번이나 나를 역수 가에다 버리려고 했다. 그때 나는 내 신세가 곤란한 처지라서 너를 몹시 원망했었다. 그랬기에 너에 대한 보답을 뒤로 미루었는데, 이제 네게도 보답해 주겠다."

소진이 여섯 나라의 합종 맹약을 성공시키고 조나라로 돌아오자, 조나라 숙후가 그를 무안군武安君으로 봉했다. 합종의 맹약서를 진나라로 보내자, 그로부터 15년 동안 진나라 군대가 함곡관 동쪽을 엿보지 못했다.

그 뒤에 진나라가 서수를 시켜, 제나라와 위나라를 속여 함께 조나라를 치게 하여 합종의 맹약을 깨뜨리려 했다. 제나라와 위나라가 조나라를 치자, 조나라 왕이 소진을 꾸짖었다. 소진이 두려워하며 자신이 연나라에 사신으로 가서 연나라 왕을 설득해 반드시 제나라의 배신을 보복하겠다고 청했다. 소진이 조나라를 떠나자 합종의 맹약은 완전히 깨져 버렸다.

진나라 혜왕은 자기의 딸을 연나라 태자에게 아내로 주었다. 그 해에 문후가 죽고 태자가 왕이 되니, 그가 연나라 역왕易王이다. 역왕이 처음 왕이 되었을 때에 제나라 선왕이 연나라의 국상을 틈타 연나라를 쳐서 성 열 개를 빼앗았다. 역왕이 소진에게 말했다.

"지난날 선생께서 연나라에 오셨을 때에 선왕先王께서 선생을 도와 조나라 왕을 만나 보게 하고, 드디어 여섯 나라가 합종의 맹약을 맺었소. 그런데 지금 제나라가 먼저 조나라를 치고 다음으로 연나라까지 치니, 선생 때문에 우리 연나라는 천하의 웃음거리가 되었소. 선생께서 연나라를 위해 제나라에게 빼앗긴 땅을 도로 찾아 줄 수 있겠소?"

소진이 몹시 부끄러워하며 말했다.

"왕을 위해 뺏긴 땅을 찾아오겠습니다."

소진이 제나라 왕을 만나 두 번 절하고, 엎드려 축하한 뒤에 곧 고개를 들어 조의를 표했다.

제나라 왕이 물었다.

"축하하자마자 조의를 표하는 것은 무엇 때문이오?"

소진이 대답했다.

"신이 들으니 배고픈 사람이 아무리 굶주려도 오훼烏喙라는 독초를 먹지 않는 까닭은, 그것이 당장 배를 채우는 데는 낫지만 결국은 굶어 죽는 것이나 마찬가지의 재앙을 당하기 때문이라고 합니다. 지금 연나라가 비록 약하고 작지만, 진나라 왕의 작은 사위입니다.

이제 약한 연나라가 선봉이 되고 강한 진나라가 그 뒤를 엄호하고 온다면, 천하의 정병을 불러들인 결과가 됩니다. 그렇게 되면 오훼를 먹은 것과 마찬가지이지요."

제나라 왕이 걱정스럽게 얼굴빛이 바뀌며 물었다.

"그렇다면 어떻게 해야 좋겠소?"

소진이 말했다.

"신이 들으니 예로부터 일을 잘 처리하는 사람들은 화를 바꾸어 복이 되게 하고, 실패를 통해 성공한다고 했습니다. 왕께서 진정 신의 계교를 들어주시려면, 연나라의 성 열 개를 곧 돌려주십시오. 연나라에선 까닭 없이 성 열 개를 얻었으니 반드시 기뻐할 테고, 진나라 왕도 자기 때문에 연나라의 성 열 개를 돌려준 것을 알게 되면 또한 반드시 기뻐할 테지요. 이게 바로 원수를 없애고 돌처럼 단단한 친구를 얻는 길입니다. 그리하여 연나라와 진나라가 함께 제나라를 섬긴다면, 왕께서 천하를 호령해도 감히 듣지 않을 자가 없을 것입니다. 왕께서 빈 말로 진나라를 따르게 하고 성 열 개로 천하를 취하게 되는 것이니, 이것이 바로 패왕의 위업입니다."

제나라 왕이 좋다고 하면서 연나라의 성 열 개를 곧 돌려주었다.

그러나 어떤 사람은 소진을 이렇게 헐뜯기도 했다.

"여기저기에 나라를 팔아먹고 배반하는 사람이라, 장차 반란을 일으킬 것입니다."

소진이 죄를 받을까 두려워 연나라로 돌아왔지만, 연나라 왕은 그를 복직시켜 주지 않았다. 소진이 연나라 왕을 뵙고 말했다.

"신은 동주(東周)의 시골사람으로 한 푼 한 치의 공도 없었는데, 선왕께서 친히 묘당에 절해 아뢰고 조정에서 예우해 주셨습니다. 그런데 이제 신이 왕을 위해 제나라 군대를 물리치고 성 열 개를 얻었으니, 더욱 아껴 주셔야 마땅할 것입니다. 신이 이렇게 왔는데도 왕께서 신에게 벼슬을 주지 않는 까닭은 누군가가 반드시 왕께 신을 불신(不信)한 자라고 헐뜯었기 때문입니다. 신이 불신한 것은 왕의 복입니다.

신이 듣기로 충신(忠信)은 자신을 위한 행동이고 진취(進取)는 남을 위한 행동이라고 합니다. 신이 제나라 왕을 설득한 것은 속인 것이 아닙니다. 신이 늙은 어머니를 동주에 버려 두고 연나라로 온 까닭은, 근본적으로 자신을 위해 행동하기를 저버리고 남을 위해 진취적으로 행하려 했기 때문입니다. 지금 여기에 증삼처럼 효도하고 백이처럼 청렴하며 미생(尾生)처럼 신실한 사람이 있는데, 이 세 사람이 왕을 섬긴다면 어떻겠습니까?"

왕이 말했다.

"매우 만족하겠소."

소진이 말했다.

"증삼처럼 효도하는 사람은 도리상 자기 어버이를 떠나선 하룻밤도 밖에서 자지 않습니다. 왕께선 어떻게 이런 사람을 천 리나 걸어오게 해서 약한 연나라의 위태로운 왕을 섬기게 할 수 있었겠습니까? 백이처럼 청렴한 사람은 의리상 고죽군의 후계자가 되지 않았고, 무왕의 신하 되기를 싫어하여 제후에 봉해지기를 거부했으며, 수양산 아래에서 굶어 죽었습니다. 이처럼 청렴한 사람에게 왕께서 어떻게 천 리나 걸어가게 하여 제나라에서 연나라 왕을 위해 진취적인 일을 행하게 할 수 있었겠습니까? 미생처럼 신의가 두터운 사람은 여자와 다리 밑에서 만나기로 약속했다가, 여자가 오지 않는다고 밀물이 들어와도 떠나지 않고 다리 기둥을 껴안은 채로 죽었습니다. 이처럼 신의가 두터운 사람에게 왕께서 어떻게 천 리나 걸어가게 하여 제나라의 강한 군대를 물리치게 할 수 있었겠습니까? 신은 충성스럽기 때문에 왕께 죄를 지은 것입니다."

연나라 왕이 말했다.

"그대는 충성스럽고 신실하지 않았던 것이오. 어찌 충성스럽고 신실하면서 죄를 얻겠소?"

소진이 대답했다.

"그렇지 않습니다. 신이 이런 얘길 들었습니다. 어떤 사람이 먼 곳에서 관리 노릇을 하는데, 그 아내가 다른 사람과 정을 통했습니다. 그 남편이 돌아올 때가 되어 정부(情夫)가 근심하자, 아내가 '근심하지 마세요. 내가 벌써 술에 독약을 타 넣고 기다리고 있었어요'라고 말했습니다. 사흘 뒤에 그녀의 남편이 과연 도착하자, 아내가 첩을 시켜서 독약 탄 술을 가져다가 남편에게 올리게 했습니다. 첩은 그 술에 독약이 들었다는 말을 하고 싶었지만 그러다 자기 주모

上母가 쫓겨날까 봐 두려웠고, 말하지 않으려고 하자 자기 주부主父를 죽이게 될 것이 두려웠습니다. 그래서 일부러 넘어지면서 술을 쏟아 버렸습니다. 남편이 몹시 성내면서 첩에게 매 쉰 대를 때렸습니다. 첩은 한 번 넘어지면서 술을 엎질러, 위로는 주부를 살아남게 하고, 아래로는 주모를 쫓겨나지 않게 했습니다. 그렇지만 자기 자신은 매맞는 것을 면치 못했습니다. 어찌 충성스러운 사람더러 죄 없다고 할 수 있겠습니까? 대체로 신의 허물이라고 하는 것들은 불행스럽게 이와 비슷합니다."

연나라 왕이 말했다.

"선생께서 다시 예전 벼슬에 오르시오."

그러고 나서 그를 더욱 더 예우했다.

연나라 이왕의 어머니는 문후의 아내인데, 소진과 정을 통했다. 연나라 왕이 그 일을 알면서도 소진을 더욱 잘 섬겼다. 그러나 소진은 죽게 될까 봐 겁나서, 연나라 왕을 설득했다.

"신이 연나라에 있으면 연나라를 무게 있게 할 수 없지만, 제나라에 가 있으면 연나라를 반드시 무게 있게 할 수 있습니다."

연나라 왕이 말했다.

"선생께서 하고 싶은 대로 하시오."

그래서 소진은 거짓으로 연나라에서 죄를 지은 것처럼 꾸미고, 제나라로 달아났다. 제나라 선왕이 그를 객경으로 삼았다. 제나라 선왕이 죽고, 민왕湣王이 왕위에 오르자 소진은 민왕을 설득해, 장례를 성대하게 치러 효심을 드러내게 했다. 또 궁전을 높이 짓고 동산을 크게 늘려, 자신이 뜻한 바를 드러내게 했다. 그러나 사실은 연나라를 위해 제나라를 황폐하게 만들려고 한 짓이었다. 연나라에서는 이왕이 죽고 쾌噲가 즉위했다.

　제나라 대부 가운데는 왕의 총애를 더 받으려고 소진과 다투는 자들이 많았다. 그 가운데 어떤 사람이 자객을 시켜 소진을 찌르게 했는데, 죽이지는 못하고, 치명상만 입힌 채로 달아났다. 제나라 왕이 사람을 시켜 자객을 찾았지만 잡지 못했다. 소진이 죽음을 눈앞에 두었을 때 제나라 왕에게 말했다.

　"신이 이제 죽으면, 제 시체를 수레로 갈기갈기 찢어 장터에서 여러 사람들에게 보이며 '소진이 연나라를 위해 제나라에서 반란을 일으켰다'라고 말하십시오. 그렇게만 하면 신을 죽인 자를 반드시 찾아낼 수 있을 것입니다."

　제나라 왕이 그의 말대로 했더니, 소진을 죽인 자가 과연 제 발로 나타났다. 제나라 왕이 그를 잡아 죽였다. 연나라에서 그 말을 듣고 말했다.

　"제나라가 소진을 위해 원수 갚는 방법이 너무나 가혹하구나."

　소진이 죽고 난 뒤에, 소진이 연나라를 위해 제나라를 피폐하게 만들었다는 말이 새어 나갔다. 제나라가 뒤에 이것을 알고, 연나라를 원망하며 노여워하자 연나라는 매우 두려워했다.

　소진의 동생은 소대蘇代이고, 소대의 동생은 소려蘇厲이다. 그들은 형이 성공한 것을 보고, 모두 학문에 힘썼다. 소진이 죽자 소대가 곧 연나라 왕을 뵙기 청하여, 형의 뒤를 이어 벼슬하고 싶다며 이렇게 말했다.

"신은 동주東周의 비천한 사람입니다. 왕께서는 의리가 매우 높다고 들었기에, 재주가 불민하지만 호미와 괭이를 놓고서 왕께 벼슬을 구하러 왔습니다. 처음 한단에 이르러 보니, 동주에서 듣던 것보다는 못했습니다. 신은 그래서 속으로 실망했습니다. 그러다 연나라 조정에 이르러 왕의 여러 신하와 관리들을 보니, 왕께선 천하에 현명한 왕이십니다."

연나라 왕이 물었다.

"그대가 말하는 '현명한 왕'은 어떠한 왕이오?"

"신이 듣기로, 현명한 왕은 자기 허물을 듣는 것에 힘쓰고, 자기 잘난 점은 들으려 하지 않는다고 합니다. 그래서 신은 왕의 잘못을 말씀드리려 합니다. 제나라와 조나라는 연나라의 원수이며, 초나라와 위나라는 연나라를 도와주는 나라들입니다. 지금 왕께서 원수의 나라를 받들어 모시면서 오히려 도와주는 나라를 치는 것은 연나라를 이롭게 하는 행동이 아닙니다. 왕께서도 스스로 생각해 보십시오. 이것은 잘못된 계책입니다. 그런데도 왕께 아뢰지 않는 것은 충신이 아닙니다."

연나라 왕이 말했다.

"제나라는 본래부터 과인의 원수이기에 언젠가는 치려고 하나 우리 나라가 피폐해져서 힘이 모자라는 것을 걱정하고 있을 뿐이오. 그대가 연나라로써 제나라를 칠 수 있다면, 과인은 온 나라를 그대에게 맡기겠소."

소대는 이렇게 대답했다.

"천하에 싸우는 나라가 일곱이나 있는데, 그 가운데 연나라는 약한 축입니다. 그러니 혼자 싸울 수는 없습니다. 그러나 어느 한 나라에 붙으면 그 나라는 무게 있는 나라가 될 것입니다. 남쪽으로 초나라에 붙으면 초나라가 무겁게 되고, 서쪽으로 진나라에 붙으면 진나라 무겁게 되며, 가운데로 한나라와 위나라에 붙으면 한나라와 위나라가 무게 있는 나라로 될 것입니다. 연나라가 가서 붙은 나라가 무게 있게 되면, 왕께서도 반드시 무게 있게 될 것입니다.

지금 저 제나라는 우두머리 제후로서 제멋대로 날뛰고 있습니다. 남쪽으로는 초나라를 친 지 5년이나 되어 저축했던 군량과 재물이 다 떨어졌으며, 서쪽으로는 진나라를 괴롭힌 지가 3년이나 되어 군사들이 모두 지쳐 있습니다. 북쪽으로는 연나라와 싸워서 연나라의 3군을 뒤엎고, 두 장수를 사로잡았습니다. 그런데도 그 나머지 군사로 남쪽을 향해 5천 승의 커다란 송나라를 치고, 12제후를 병합하려고 합니다. 이러한 계책은 그 왕의 욕심 때문에 백성들의 힘을 다 없애는 짓이니, 어찌 그럴 수 있겠습니까? 게다가 신이 듣기로는 자주 싸우면 백성들이 힘들고, 오래 전쟁하면 군사들이 지친다고 합니다."

연나라 왕이 물었다.

"내가 들은 바로는 제나라에는 맑은 제수濟水와 흐린 황하가 있어서 견고한 방패가 되고, 또 기다란 성과 거대한 방벽이 있어서 요새로 삼기에 넉넉하다고 하던데 정말 그런가?"

소대가 대답했다.

"하늘의 시운時運이 그들을 편들지 않으면, 맑은 제수와 흐린 황하가 있더라도 어찌 견고하다고 할 수 있겠습니까? 백성들의 힘이 다 지쳐 없어지면, 비록 기다란 성과 거대한 방벽이 있더라도 어찌 요새라고 믿을 수 있겠습니까? 일찍이 제나라가 제주濟州 서쪽에서 군사를 일으키지 않은 까닭은 조나라를 방비하기 위해서였습니다. 그런데 이제는 제주 서쪽과 황하 북쪽에서도 모두 병역을 감당케 해 영토가 피폐해졌습니다. 대체로 교만한 왕은 반드시 이익을 좋아하고, 망하는 나라의 신하는 반드시 재물을 탐내는 법입니다. 왕께서 만약에 조카나 동생을 볼모로 제나라에 보내 구슬과 비단을 선물하며 제나라 왕의 측근을 섬기는 일을 부끄러워하지 않으신다면, 제나라는 연나라를 덕스럽게 여기면서 송나라를 가벼이 보고 멸망시키려 할 것입니다. 그때쯤 되면 제나라를 멸망시킬 수 있습니다."

연나라 왕이 말했다.

"과인이 그대 덕분에 하늘의 뜻을 잇게 되었구려."

그러고는 한 아들을 제나라에 볼모로 보냈다. 소려는 볼모가 된 연나라 왕자를 데리고 가서, 제나라 왕에게 뵙기를 청했다. 제나라 왕은 소진을 원망하며, 소려까지도 가두려고 했다. 볼모로 온 연나라 왕자가 소려를 위해 사과하고, 소려는 몸을 굽히고 예물을 바쳐 제나라 신하가 되었다.

연나라 재상 자지(子之)가 소대와 인척 관계를 맺고 연나라에서의 정권을 굳히기 위해, 소대를 제나라에 볼모가 된 왕자의 시종으로 삼았다. 제나라가 다시 소대를 연나라로 보내 복명케 했다. 연나라 왕 쾌(噲)가 소대에게 물었다.

"제나라 왕은 천하의 우두머리가 될 수 있겠소?"

"될 수 없습니다."

"어째서 그렇소?"

"제나라 왕은 자기 신하를 믿지 않기 때문입니다."

그즈음 연나라 왕은 나라 정치를 모두 자지에게 맡겼다. 얼마 뒤에는 왕 자리까지 물려주었으므로, 연나라는 몹시 어지러워졌다. 제나라가 연나라를 치고, 연나라 왕 쾌와 자지까지 죽였다. 연나라에서는 소왕(昭王)을 세워 왕을 삼았다. 소대와 소려도 감히 연나라에 들어가지 못하고, 마침내 제나라로 돌아갔다. 제나라에선 그들을 잘 대우해 주었다.

소대가 위나라를 지날 때 위나라가 연나라를 위해서 소대를 붙잡았다. 그래서 제나라가 사람을 시켜 위나라 왕에게 말했다.

"제나라가 송나라를 함께 쳐서 그 땅을 진나라 왕의 동생 경양군澤陽君의 봉읍지로 바치려 해도, 진나라는 반드시 받아들이지 않을 것입니다. 진나라가 제나라와 가깝게 지내 송나라 땅을 얻는 것을 이롭지 않게 여겨서가 아니라 제나라와 소 선생을 믿지 않기 때문입니다. 지금 제나라와 위나라가 이처럼 불화가 심하면 제나라는 진나라를 속이지 않을 것입니다. 진나라가 제나라를 믿으면 제나라와 진나라가 합쳐질 것이고, 경양군은 송나라의 땅을 얻을 것입니다. 이것은 위나라에게 이롭지 않습니다. 그러니 왕께선 소대를 동쪽 제나라로 돌려보내, 진나라가 반드시 제나라를 의심하고 소대를 믿지 않게 하는 것이 더 낫습니다. 제나라와 진나라의 뜻이 맞지 않게 되면 천하에 변은 없을 테고, 제나라를 칠 수 있는 형편이 마련될 것입니다."

이 말을 듣고 위나라는 소대를 놓아주었다. 소대가 송나라에 가자, 송나라에선 그를 극진히 대접했다.

제나라가 송나라를 치자, 송나라가 위급해졌다. 소대가 곧 연나라 소왕에게 이렇게 편지를 보냈다.

"다같이 큰 나라의 지위에 있으면서 제나라에 볼모를 보낸 것은 이름을 떨어뜨리고 위엄도 손상시키는 짓입니다. 큰 나라의 신분으로 제나라를 도와서 송나라를 친다면 백성은 지치게 되고 재물은 낭비됩니다. 송나라를 깨뜨리고 초나라의 회수 북쪽 땅을 침범하여 제나라를 살찌게 만든다면, 원수를 강하게 하고 자기 나라를 해치는 결과가 될 것이 분명합니다. 이 세 가지는 모두 연나라로선 큰 실패입니다.

  왕께서 장차 이 일을 하려고 하는 까닭은 제나라로부터 신임을 얻으려 하기 때문입니다. 그러나 제나라는 더욱 더 왕을 신임하지 않고, 연나라를 점점 더 싫어할 것입니다. 왕의 계책이 잘못되었기 때문입니다. 송나라에 회수 북쪽 땅을 보태 준다면 그것만으로도 강한 만승의 나라가 될 것입니다. 만약 제나라가 이 땅을 아울러 가진다면, 결국은 또 하나의 제나라를 더해 준 것과 같습니다. 북쪽 오랑캐의 땅이 사방 700리인데 여기에 노나라와 위나라를 보탠다면, 강대한 만승의 나라가 될 것입니다. 그렇게 된 뒤에 제나라가 이 땅마저 아울러 가진다면, 결국은 두 개의 제나라를 더해 준 꼴이 될 것입니다.

  지금 강대한 제나라 하나만 가지고도 연나라가 마음을 놓지 못하고 절절매는데, 만약 제나라가 셋씩이나 되어 연나라 위에 군림한다면 틀림없이 피해가 올 것입니다.

  비록 그렇기는 하지만, 슬기로운 사람이 일을 처리할 때는 화를 복으로 만들고 실패를 바꾸어 성공으로 만듭니다. 제나라에서 나는 자주색 비단은 품질이 나쁜 흰 비단에 자주색 물을 들인 것인데, 그 값이 열 배나 비싸고, 월왕越王 구천句踐이 회계산으로 쫓겨나 숨어 살았지만, 다시금 강한 오나라를 멸망시키고 천하의 패자가 되었습니다. 이런 것이 바로 화를 복으로 만들고 실패를 성공으로 바꾼 경우입니다.

지금 왕께서 만약 화를 복으로 만들고 실패를 성공으로 바꾸려 한다면, 제나라를 패자로 떠받들어 높이는 것보다 더 좋은 방법이 없습니다. 그러니 사신을 주나라 왕실로 보내 제나라를 제후들의 맹주盟¹로 받들겠다고 맹세하게 한 뒤에, 진나라와의 서약서를 불태우며 이렇게 말하십시오.

'가장 좋은 계책은 진나라를 깨뜨리는 것이다. 그다음 가는 계책은 진나라를 오래오래 배척하는 일이다.'

진나라가 배척을 당해 파멸을 기다린다면 진나라 왕이 반드시 걱정할 것입니다. 진나라는 5대에 걸쳐 제후들을 쳤지만, 지금은 제나라 밑에 있습니다. 그러니 어떻게 해서든지 제나라를 궁지로 몰아넣을 수만 있다면, 진나라 왕이 온 나라의 힘을 기울여서라도 성과를 얻으려 들 것입니다. 그렇다면 왕께선 어째서 변사를 보내 이렇게 진나라 왕을 설득하지 않으십니까?

연나라와 조나라가 송나라를 깨뜨려 제나라를 살찌게 하고, 제나라를 높여 스스로 그 아래에 있는 까닭은 연나라나 조나라가 그러한 행동을 이롭게 여겼기 때문이 아닙니다. 연나라나 조나라가 불리한 것을 알면서도 사세가 그렇게 된 까닭은 진나라 왕을 믿지 않기 때문입니다.

그렇다면 왕께선 어째서 연나라나 조나라가 믿을 만한 사람을 내세워 그 두 나라를 한편으로 끌어들이지 않으십니까? 왜 왕의 동생인 경양군涇陽君이나 고릉군高陵君을 먼저 연나라나 조나라로 보내지 않으십니까? 진나라의 마음이 변할 경우엔 그들을 볼모로 잡으라고 하십시오. 그렇게 하면 연나라나 조나라도 진나라를 믿을 것입니다. 진나라는 서쪽의 제나라 왕이 되고 연나라는 북쪽의 제나라 왕이 되며 조나라는 중원의 제나라 왕이 되어, 세 제나라 왕이 들어서면 천하를 호령할 수 있을 것입니다.

만약에 한나라나 위나라가 그 호령을 듣지 않으면 진나라가 그들을 정벌하고, 제나라가 그 호령을 듣지 않으면 연나라와 조나라가 제나라를 정벌합니다. 그렇게 하면 천하 어느 나라가 복종하지 않겠습니까? 온 천하가 복종하게 되면 이어 한나라와 위나라를 뒤에서 몰아 제나라를 치면서 '송나라의 땅을 꼭 돌려주라. 회수 북쪽에 있던 초나라의 땅도 돌려주라'라고 말하십시오. 제나라가 송나라의 땅을 돌려주고 회수 북쪽에 있던 초나라의 땅도 돌려준다면, 연나라와 조나라에게 이익이 됩니다. 진, 연, 조 세 제나라 왕이 나란히 서는 것이 바로 연나라와 조나라 모두에게 이익이 되는 일입니다.

만약 연나라나 조나라가 실제로 이익을 얻고 바라던 제나라 왕의 지위마저 얻는다면, 그들은 제나라를 마치 헌신짝 벗어 버리듯 버릴 것입니다. 지금 왕께서 연나라와 조나라를 한 편으로 끌어들이지 못하신다면, 제나라가 반드시 패업을 이를 것입니다. 제후들이 모두 제나라를 돕는데 왕만이 복종하지 않는다면, 진나라는 제후들의 공격을 받게 될 것입니다. 제후들이 모두 제나라를 돕고 왕께서도 제나라에 복종한다면, 스스로 명성을 떨어뜨리게 됩니다.

만일 진나라가 연나라와 조나라를 한편으로 끌어들이면, 나라는 편안해지고 이름은 높아지겠지만 그 두 나라를 한편으로 끌어들이지 못한다면, 나라도 위태로워지고 이름도 떨어질 것입니다. 높고 편안해지는 길을 버리고, 위태롭고 낮아지는 길을 취하는 것은 슬기로운 사람의 할 일이 아닙니다.
  진나라 왕이 이러한 설득을 듣는다면 반드시 가슴이 찔릴 것입니다. 그런데 왕께선 어째서 유세객을 시켜 이러한 말로 진나라 왕을 설득하지 않으십니까? 그렇게 하면 진나라를 반드시 한편으로 끌어들일 수 있고, 제나라를 반드시 칠 수 있을 것입니다.
  진나라를 한편으로 끌어들이는 것은 중요한 외교이고, 제나라를 치는 것은 정당한 이익입니다. 중요한 외교를 진지하게 처리하고 정당한 이익에 힘쓰는 것이야말로 성왕의 사업입니다."
  연나라 소왕이 그 편지를 칭찬하면서 이렇게 말했다.
  "내 아버님께서 예전에 소씨(蘇氏)에게 은덕을 베풀었는데, 자지(子之)의 반란이 일어나자 소씨가 연나라를 떠나갔다. 연나라가 제나라에게 원수를 갚으려면, 역시 소씨가 아니고는 할 수 없다."
  그러고는 소대를 불러다가 다시 잘 대우하곤, 그와 함께 제나라를 칠 계획을 세웠다. 그들이 마침내 제나라를 깨뜨리자 제나라 민왕은 달아났다.
  그 뒤 오랜 시간이 흐른 뒤에 진나라에서 연나라 왕을 초대했다. 연나라 왕이 가려고 하자 소대가 말리며 이렇게 말했다.

"초나라는 지현杜縣을 얻고 나라가 망했으며, 제나라는 송나라를 얻고서 나라가 망했습니다. 제나라와 초나라가 지현과 송나라를 가졌다고 해서 진나라를 섬길 수 없게 된 까닭이 무엇이겠습니까? 공을 세운 자라면 바로 진나라와 큰 원수가 되기 때문입니다. 진나라가 천하를 취할 때는 의를 행하지 않고 폭력을 썼습니다. 진나라가 폭력 정치를 하면서 천하에 드러내 놓고 경고했습니다.

예를 들면 초나라에 대해서는 이렇게 경고했습니다.

'촉蜀 땅의 군대를 배에 태워 민강汶江에 띄우고 여름에 물이 불었을 때를 타서 양자강으로 내려가면, 닷새 만에 영郢에 이를 것이다. 한중漢中의 군대를 배에 태우고 파수巴水를 떠나 여름에 물이 불었을 때 한수漢水로 내려가면, 나흘 만에 오저五渚에 이를 것이다. 내가 군대를 완宛에서 싣고 수읍隨邑을 향해 동쪽으로 내려간다면, 슬기로운 사람도 대책을 세울 틈이 없고 용맹스러운 사람도 성내며 맞설 틈이 없을 것이다. 나는 이렇듯 매를 쏘는 것처럼 당신들을 재빨리 공격할 것이다. 그런데도 왕은 천하의 요새인 함곡관을 치러 오기를 기다리고 있으니, 너무나 먼 이야기가 아닌가?'

초나라 왕은 이 때문에 17년간이나 진나라를 섬겼습니다. 진나라가 한나라에 대해서는 이렇게 버젓이 경고했습니다.

'우리가 소곡少曲에서 군대를 일으키면 하루 만에 태행산 길목을 막을 것이다. 우리가 의양宜陽을 출발하여 한나라 평양平陽에 닿으면, 한나라 온 땅에 동요하지 않는 곳이 없을 것이다. 우리가 동주

東周와 서주西周를 지나서 정주鄭州에 닿으면, 닷새 만에 한나라 도성을 함락시킬 것이다.'

한나라는 그 말이 맞다고 생각했으므로, 진나라를 섬겼습니다. 또 진나라는 위나라에 대해서 이렇게 경고했습니다.

'우리가 안읍安邑을 함락시키고 여극女戟을 막아 버리면, 한나라의 태원太原도 끊길 것이다. 우리가 지도軹道로 내려가 남양南陽과 봉릉封陵과 기읍冀邑을 지나 동주와 서주를 포위하고, 여름에 물이 불었을 때를 가벼운 배를 띄워, 강한 쇠뇌를 앞세우고 날카로운 창을 뒤에 세우면서 형택滎澤 어구의 제방을 깨뜨리면 위나라의 도성 대량大梁은 물바다가 될 것이다. 백마白馬 어구의 제방을 깨뜨리면 위나라의 성읍인 외황外黃과 제양濟陽이 물바다가 될 것이며, 숙서宿胥 어구의 제방을 깨뜨리면 위나라의 허虛와 돈구頓丘가 물에 휩쓸려 없어질 것이다. 육지로 공격하면 바로 하내河內를 칠 것이고, 바다로 공격하면 대량을 함락시킬 것이다.'

위나라도 그렇게 생각했으므로, 진나라를 섬겼습니다.

진나라는 위나라 안읍을 공격하려고 했는데, 제나라가 구원하러 올까 봐 두려워 송나라를 제나라에 내맡기면서 이렇게 말했습니다.

'송나라 왕이 무도하여, 과인의 모습을 나무로 만들어 놓고, 그 얼굴에다 화살을 쏜다고 합니다. 과인의 나라는 송나라에서 멀리 떨어져 있어, 군대를 보내 공격할 수가 없습니다. 왕께서 송나라를 깨뜨려 소유한다면, 과인이 직접 얻은 것과 같이 알겠습니다.'

그렇게 말해 놓고는 안읍을 빼앗고 여극을 에워싼 뒤에, 송나라 깨뜨린 것을 도리어 제나라의 죄목으로 삼았습니다. 진나라가 한나라를 치고 싶었지만, 천하의 제후들이 구원해 주러 올까 봐 걱정이 되었습니다. 그래서 제나라를 천하 제후들에게 내맡기면서 이렇게 말했습니다.

'제나라 왕은 나와 네 번이나 약속하고도, 네 번 다 나를 속였습니다. 천하의 제후들을 이끌고 과인을 치려고 한 것이 세 번입니다. 제나라가 있으면 진나라가 망하고, 진나라가 있으려면 제나라가 망해야 합니다. 반드시 제나라를 정벌해야 하고, 반드시 제나라를 멸망시켜야 합니다.'

그러나 한나라 땅 의양과 소곡을 얻고 인藺과 석石을 차지한 뒤에는 도리어 제나라 깨뜨린 것을 천하 제후들의 죄목으로 덮어씌웠습니다.

진나라는 위나라를 치려고 했지만, 초나라가 구원해 주러 올까 봐 겁났습니다. 그래서 본래 한나라의 땅이던 남양南陽을 초나라에게 내맡기면서 이렇게 말했습니다.

'과인은 본래부터 한나라와 교제를 끊으려고 했습니다. 만약 균릉均陵을 깨고 맹액鄳阨의 요새지를 막는 것이 참으로 초나라의 이익이 된다면, 과인은 스스로 그곳을 점령한 것처럼 기쁠 것입니다'

그러나 이 때문에 위나라가 가깝게 지내던 한나라를 내버리고 진나라 편으로 돌아서자, 진나라는 맹액의 요새지를 막은 것을 초나라의 탓으로 돌렸습니다.

진나라의 군대가 위나라를 치다가 임중林中에서 곤경에 빠지게 되자, 연나라와 조나라가 적을 도울까 봐 걱정이 되었습니다. 그래서 교동膠東을 연나라에 내맡기고, 제서濟西를 조나라에 내맡겼습니다. 그러나 위나라와 강화를 맺은 뒤에는 위나라의 공자 연延을 볼모로 삼고 위나라 장군 서수犀首에게 군대를 조직하여 조나라를 치게 했습니다.

진나라의 군대가 조나라와 싸우다가 초석譙石에서 깨지고 양마陽馬에서 패하게 되자, 위나라가 적을 도울까 봐 걱정이 되었습니다. 그래서 섭葉과 채蔡를 위나라에 맡겼습니다. 그러나 조나라와 강화를 맺은 뒤에는 다시 위나라를 위협하여 약속해 준 섭과 채를 떼어 주지 않았습니다. 곤경에 빠졌을 때에는 태후太后의 동생인 양후穰侯를 시켜서 강화를 맺더니, 이기고 난 뒤에는 외삼촌도 어머니도 모두 속였습니다.

연나라를 꾸짖을 때에는 교동을 빼앗은 것을 구실로 삼고, 조나라를 꾸짖을 때에는 제수 서쪽을 빼앗은 것을 구실로 삼았습니다. 위나라를 꾸짖을 때에는 섭과 채를 빼앗은 것을 구실로 삼았으며, 초나라를 꾸짖을 때에는 맹액의 요새를 막은 것이 구실이었습니다. 제나라를 꾸짖을 때에는 송나라를 깨뜨린 것을 구실로 삼았습니다. 이처럼 진나라 왕이 남에게 시킬 때에는 반드시 둥근 고리처럼 돌고 돌아서 끝이 없게 했으며, 군대를 움직일 때에는 짐승의 피를 빠는 등에처럼 악랄했습니다. 어머니도 그를 말릴 수 없었고, 외삼촌도 그를 막을 수 없었습니다.

위나라 장수 용고(龍賈)와의 싸움, 한나라 군대를 격파한 안문(岸門)에서의 싸움, 위나라 군대를 패배시킨 봉릉(封陵)에서의 싸움, 고상(高商)에서의 싸움, 조나라 장수 조장(趙莊)과의 싸움 등에서 진나라가 죽인 삼진(三晉, 한나라, 위나라, 조나라)의 백성이 수백만이나 됩니다. 지금 그나마 살아남은 자들은 모두 진나라가 죽인 자의 고아들입니다. 서하(西河) 외에도 상락(上雒)의 땅, 삼천 일대 등 삼진의 땅 중에서 진나라에 침략된 땅이 그 절반이나 됩니다.

진나라가 만든 재앙이 이처럼이나 컸습니다. 그런데도 연나라나 조나라에서 진나라에 드나드는 유세객들은 모두 다투어 진나라를 섬기자고 자기 왕을 설득하고 있습니다. 이것이야말로 신이 가장 걱정하는 바입니다."

연나라 소왕은 진나라로 가지 않고 소대는 다시 연나라에서 중용되었다.

연나라는 소진이 활동하던 때처럼 제후들과 합종의 약속을 맺으려고 했다. 그랬더니 어떤 제후들은 합종책에 따르고, 어떤 제후들은 따르지 않았다. 그러나 천하 사람들이 이로 말미암아 소대의 합종책을 믿고 받들게 되었다. 소대와 소려는 모두 타고난 수명을 누리며 제후들 사이에 이름을 널리 알렸다.

태사공은 말한다.

"소진의 형제 세 사람은 모두 제후들에게 유세하여 이름을 드날렸으며, 특히 권모술수와 임기응변의 술책이 능했다. 그러나 소진이 반간(反間)의 이름을 뒤집어쓰고 죽임을 당하자 천하 사람들이 모두 그를 비웃었으며, 그의 술책을 배우기 꺼렸다. 그러나 세상에 퍼진 소진의 행적에 대해 논하는 사람들 가운데는 다른 주장이 많은데, 이것은 다른 시대에 발생한 일이라도 비슷한 점이 있으면 다들 소진에게 덧붙였기 때문일 것이다.

그러나 소진이 보통사람의 집에서 일어나 여섯 나라를 연결해 합종의 맹약을 맺게 했으니, 그의 지혜가 남보다 뛰어났기 때문이다. 그런 까닭에 나는 그가 행한 사적을 늘어놓고, 그것들을 시대 순서에 따라 그의 경력과 사적을 서술하여 유독 그만이 악평을 뒤집어쓰게 하지는 않았다."

세상에서는 소진을 나라를 팔아먹은 반역의 신하로 일컫지만 그는 합종에 성공하여 진나라 병사가 15년 동안 동쪽으로 쳐들어오지 못하게 하는 데 크게 공헌한 인물이다. 그러나 그가 성공하기까지는 수많은 서러움이 있었다. 오죽하면 형제와 형수뿐 아니라 누이와 아내, 첩에게서까지 비웃음을 살 정도였다. 당시에는 아무도 소진이 성공하리라고는 생각지 않았던 것이다. 겉모습과 배경을 중시하는 세상 인심은 그때도 마찬가지였을 테니까. 그러나 그가 이런 굴욕을 견디고 우뚝 서 여섯 나라의 재상이 되자 그를 비웃던 이들은 그의 앞에서 고개를 들지 못했다. 부유하고 귀하면 사람들이 모여들고 가난하고 지위가 낮으면 벗이 적어진다.

# 【 악의 열전 】

악의樂毅의 선조는 악양樂羊이다. 악양은 위나라 문후文侯의 장수였는데 그는 중산국을 정벌했다. 그러자 위나라 문후는 악양을 영수靈壽에 봉했다. 악양이 죽자 그를 영수에 장사 지냈는데 그 뒤 그의 자손들이 이곳에서 집안을 이루게 되었다. 한편, 중산은 다시 나라를 일으켰지만 조나라 무령왕武靈王 때 다시 멸망당했다. 악씨樂氏의 후손 중에 악의라는 사람이 있었다.

악의는 어진데다 병술을 좋아해 조나라에서 그를 천거했으나 무령왕 때 사구沙丘의 난이 일어나자 그는 조나라를 떠나 위나라로 갔다. 그때 연나라에서는 자지子之의 난이 일어났고, 이 틈을 타서 제나라가 연나라를 크게 격파했다. 이에 연나라 소왕은 제나라를 원망해 제나라에 보복할 것을 하루도 잊은 적이 없었다. 그러나 연나라는 나라가 작고, 제나라와 멀리 떨어져 있어 힘으로는 제압할 수 없자, 자신의 몸을 낮추어 우선 곽외郭隗라는 선비를 예우함으로써 어진 사람을 끌어들이려고 했다. 악의는 위나라 소왕의 사자가 되어 연나라로 갔는데, 연나라 왕은 그를 빈객의 예로써 대우하려고 했다. 그러나 악의는 이를 사양하고 예물을 바치며 그의 신하가 되고자 했다. 연나라 소왕은 그를 아경亞卿으로 삼았다. 그 뒤 오랜 세월이 흘렀다.

그 무렵 제나라의 민왕은 힘이 강성하여 남쪽으로는 중구重丘에서 초나라의 재상인 당말唐昧을 패퇴시켰고, 서쪽으로는 관진觀津에서 삼진三晉을 꺾었다. 그리고 마침내는 삼진과 힘을 합해 진나라를 쳤고, 조나라를 도와서 중산국을 멸망시켰으며, 송나라를 격파하여 1천 리가 넘는 땅을 개척했다. 그는 진나라의 소왕과 세력을 겨루어 황제라고 일컬었으나 얼마 후 그 칭호를 거두었다. 이리하여 제후들은 모두 진나라에 등을 돌리고 제나라에 복종하려고 했다. 민왕은 교만해졌고, 백성들은 그 고통을 견디기 어려웠다.

이러한 때 연나라 소왕이 제나라를 정벌하는 일에 대해 묻자 악의가 이렇게 대답했다.

"제나라는 세상을 제패한 업적이 있는 나라로서 땅이 넓고 백성이 많아서 혼자서는 공격하기가 쉽지 않습니다. 왕께서 반드시 제나라를 정벌하고 싶으시다면 조나라, 초나라, 위나라와 연합하는 것이 최상일 것입니다."

그래서 연나라 왕은 악의로 하여금 조나라 혜문왕과 동맹을 맺게 하고, 따로 사신을 보내 초나라, 위나라와도 연합을 하도록 했다. 그리고 조나라를 통해 진나라가 제나라를 치는 것이 유리하다고 설득하도록 했다. 제후들은 제나라 민왕이 교만하고 난폭한 것을 싫어하고 있었으므로 앞을 다투어 합종을 맺어 연나라와 함께 제나라를 정벌하려고 했다.

악의가 돌아와서 보고를 올리자 연나라 소왕은 병력을 총동원하고 악의를 상장군을 삼았다. 조나라 혜문왕은 상국相國의 직인을 악의에게 주었다. 악의는 조, 초, 한, 위, 연의 병사를 합해 통솔하여 제수濟水 서쪽에서 제나라를 격파했다. 제후들의 병사는 싸움을 마치고 돌아갔지만 악의는 연나라 군대를 이끌고 제나라 군대를 추격해 임치까지 쳐들어갔다. 그때 제나라의 민왕은 제수의 서쪽에서 패한 후 달아나 거莒를 지키고 있었다. 악의는 홀로 머무르며 제나라 땅을 공격했지만 제나라의 성은 모두 문을 닫고 수비를 할 뿐이었다.

악의는 임치를 공격해 제나라의 보물, 재화, 제기 등을 빼앗아 연나라로 보냈다. 그러자 연나라 소왕은 매우 기뻐하며 몸소 제수 기슭까지 나아가 군대를 위로하고, 상을 내리고 병사들에게 잔치를 베풀었으며, 악의를 창국昌國에 봉하여 창국군이라 불렀다. 연나라 소왕은 제나라의 노획물을 거두어 가지고 귀국했다. 그리고 악의에게 다시 군대를 이끌고 아직 함락시키지 못한 제나라의 나머지 성을 평정하게 했다.

　악의는 제나라에 머물면서 5년간 제나라의 70여 개 성을 함락시켜 모두 연나라의 군현으로 만들었다. 그러나 거와 즉묵만은 항복하지 않았다.

　그때 마침 연나라 소왕이 죽고 그의 아들이 왕위에 올랐는데, 그가 바로 혜왕이다. 혜왕은 태자 시절부터 악의에 대해 좋지 않은 감정을 가지고 있었다. 그가 왕위에 오르자 제나라의 전단田單이 이러한 소문을 듣고 연나라에 첩자를 보내 이런 말을 퍼뜨렸다.

　"제나라에서 함락되지 않은 성은 두 개밖에 없다. 그런데 들리는 말에 의하면, 그 두 성이 빨리 함락되지 않는 까닭은 악의가 연나라의 새로 즉위한 왕과 틈이 생겨서 다른 군대와 연합해 제나라에 남아 왕이 되려고 하기 때문이라고 한다. 그래서 연나라에서 다른 장수가 오지 않을까 두려워하고 있다고 한다."

　연나라 혜왕은 전부터 악의를 의심하던 터에 이제 제나라 첩자의 이간질하는 말까지 듣자 기겁騎劫을 대신 장군으로 삼아 보내고 악의를 불러들였다.

　악의는 연나라 혜왕이 좋지 못한 일 때문에 자신을 교체시켰다고 생각하고 죽임을 당할 것을 두려워하여 서쪽으로 달아나 조나라에 항복했다. 조나라는 악의를 관진觀津 땅에 봉하고, 그를 망제군望諸君이라 불렀다. 그들은 악의를 존중하고 총애하여 연나라와 제나라를 놀라게 했다.

한편 제나라의 전단은 그 뒤에 기겁과 전투를 하였는데, 위장 전술을 사용해 연나라 군대를 속이고 즉묵성 아래에서 격파했다. 그는 돌아다니며 연나라 군대를 추격해 북쪽으로 황하 근처에까지 진격했다. 그리하여 제나라의 성을 완전히 회복하고 거 땅에서 양왕을 맞아 임치로 들어갔다.

연나라 혜왕은 기겁을 악의와 교체시켰기 때문에 싸움에서 진데다, 장수를 잃었으며, 전에 빼앗았던 제나라마저 잃게 된 것을 후회했다. 또 악의가 조나라에 항복한 것을 원망스럽게 생각하고, 조나라가 악의를 시켜 연나라가 피폐한 틈을 타서 연나라를 정벌할까 두려워했다. 연나라 혜왕은 이에 사람을 보내 악의를 꾸짖는 한편, 그에게 사과하는 말을 전했다.

"선왕께서 온 나라를 장군에게 맡겼소. 장군은 연나라를 위하여 제나라를 격파하고 선왕의 원수를 갚아 주었으니 천하에 놀라지 않는 자가 없었소. 그러하니 과인이 어찌 감히 하루인들 장군의 공을 잊을 수가 있겠소! 그때 마침 선왕께서 여러 신하를 버리고 세상을 떠나 과인이 새로 왕위에 올랐는데 좌우의 사람들이 과인을 그른 길로 이끌었소. 과인이 기겁으로 장군을 교체시킨 까닭은 장군이 오랫동안 바깥에서 수고를 하고 있기에 장군을 불러들여서 잠시 휴식의 기회를 주기 위해서였소. 그런데 장군은 이러한 뜻을 잘못 전하여 듣고 과인과 틈이 생긴 것이라 판단해 연나라를 버리고 조나라로 갔소. 장군이 자기 자신을 위하여 그렇게 한 것은 좋은 일이겠으나 선왕이 장군에게 후히 대하여 준 마음에는 무엇으로 보답을 하겠소?"

그러자 악의는 연나라 혜왕에게 이렇게 답장을 보냈다.

"아무 재주도 없는 신은 왕명을 받들어 모시지 못하고 좌우 신하들의 마음을 따르지 못하여 선왕의 현명하심에 손상을 입히고, 왕의 높으신 덕을 해칠까 두려워서 도망해 조나라에 이르게 되었습니다. 지금 왕께서 사람을 보내 제 죄목을 헤아리시니, 지금 신은 왕을 모시는 신하들이 선왕께서 신을 총애한 까닭을 살피지 못하고, 또 신이 선왕을 섬긴 뜻을 명백히 하지 못할까 두려워 감히 글로 대답합니다.

신이 듣기에 현명하고 성스러운 군주는 친하다는 이유로 봉록을 주지 아니하고, 공로가 많은 사람에게만 주며, 그 임무를 감당할 수 있는 사람에게 그에 맞는 일을 맡긴다고 합니다. 그러한 까닭에 사람을 살펴본 뒤 능력이 있으면 그에게 관직을 주는 군주는 공적을 이루는 군주이고, 상대의 행동을 헤아려 본 뒤에 그와 교제를 하는 선비는 명성을 드날릴 선비인 것입니다. 신이 선왕께서 하신 일을 살펴보건대, 이 세상 군주들보다 높은 뜻을 가지고 있다는 것을 알았습니다. 그리하여 신이 위나라의 사신이라는 신분을 빌려 연나라로 갔던 것입니다.

선왕께서는 과분하게도 신을 등용하시어 빈객들 사이에 거하게 하고, 뭇 신하들의 위에 있는 지위를 주셨습니다. 종실의 군신들과 상의하지도 않고 저를 아경의 자리에 임명했습니다. 신은 속으로 그 책임을 감당할 수 있을지 자신이 없었지만 선왕의 명령을 받들고, 가르침을 실행하는 것만이 죄를 저지르지 아니하는 길이라고 여기었기 때문에 선왕의 명을 받들고 사양하지 않았습니다.

선왕께서는 저에게 '나는 제나라에 깊이 쌓인 원한과 깊은 노여움을 가지고 있어서 연나라의 힘이 나약하고 경미한 것을 생각하지도 않고 제나라에 복수를 하고 싶다'라고 했습니다.

그래서 신은 '제나라는 환공이 세상을 제패한 업적이 있으며 전쟁에서 언제나 이긴 나라이므로 무기와 장비가 잘 갖춰져 있고 싸움에도 익숙합니다. 왕께서 제나라를 치려면 반드시 천하 제후들과 함께 이 일을 꾀해야 합니다. 천하 제후들과 함께 꾀하려면 조나라와 맹약을 맺는 것이 가장 좋습니다. 또한 회수 북쪽의 옛 송나라 땅은 초나라와 위나라가 탐내는 땅입니다. 조나라가 만약 이 일에 가담하기로 허락하고 네 나라가 동맹을 맺어 친다면 제나라를 깨뜨릴 수가 있을 것입니다'라고 말씀드렸습니다.

선왕께서는 신의 말을 옳다고 여기시고 부절을 마련해 신을 남쪽 조나라에 사신으로 보냈습니다. 사신의 임무를 완성하고 돌아와 보고를 올린 뒤 군사를 일으켜 제나라를 공격했습니다.

하늘의 도움과 선왕의 신령에 힘입어서 황하 북쪽의 모든 지역이 선왕에게 복종했으므로 그곳 병사들을 제수 가에 모이도록 했습니다. 제수 가에 모인 군사는 명을 받들어 제나라를 공격하여 제나라 군사를 대패시켰습니다. 그리고 날랜 병사와 정예 군대가 멀리 적을 뒤쫓아 제나라의 수도 임치에 이르자 제나라 왕은 겨우 몸만 피해 거 땅으로 달아났습니다. 제나라의 주옥과 재물, 보배와 수레, 갑옷, 진기한 물건 등을 모두 거두어 연나라로 들여왔습니다. 제나라에서 가져온 기물을 연나라의 영대燕臺에 진열하고, 제나라의 큰 종은 연나라의 원영전元英殿에 전시하였으며, 제나라에게 빼앗겼던 옛 연나라의 정鼎은 연나라의 역실曆室로 되돌아왔으며, 연나라의 수도 계구薊丘에는 제나라 문수汶水 가에서 생산되는 대나무를 옮겨 심었습니다. 그리하여 오패 이래로 선왕보다 더 큰 공적을 세운 분은 없습니다.

선왕께서는 흡족하게 여기며 땅을 떼어 신에게 봉해 작은 나라의 제후와 비길 만한 지위로 만들어 주었습니다. 신은 책임을 감당할 수 있을지 잘 모르지만 왕의 명령을 받들고 가르침을 실천한다면 다행히 큰 허물은 없으리라고 생각해 명을 받고 사양하지를 않았던 것입니다.

신이 듣건대, 현명하고 어진 군주가 공을 세우면 그것이 무너지지 않기 때문에 역사에 이름이 남고, 선견지명이 있는 선비는 명성을 이룬 뒤에 그 명성을 허물어뜨리지 않기 때문에 후세까지 칭송을 받는다고 합니다. 선왕께서는 원수를 갚아 치욕을 씻고, 일만 대의 수레를 가진 강국 제나라를 무찔러 800년 동안 축적해 놓은 재화를 빼앗아 왔고, 세상을 떠나는 날까지도 가르침이 아직 시들지 않았습니다. 정사를 맡은 신하들이 그 법령을 준수하고, 적자와 서자를 신중히 지키게 하여 이를 하인들에게까지 미치게 한 것은 모두 후세에 교훈이 될 만합니다.

또 신은 듣건대, 일을 잘 꾸미는 사람이 반드시 완성을 잘하는 것은 아니고, 시작을 잘하는 사람이 끝을 잘 맺는 것은 아니라고 합니다. 옛날에 오자서의 의견이 오나라 왕 합려에게 받아들여져서 오나라 왕이 멀리 초나라의 수도 영 땅에까지 원정을 할 수 있었습니다. 그러나 그 아들 부차는 오자서의 의견이 그르다 하고 그를 죽여 그 시신을 말 가죽부대에 넣어 양자강에 띄웠습니다. 오나라 왕 부차는 선왕의 정책을 그대로 이어 가면 공을 이룰 수 있음을 깨닫지 못했기 때문에 오자서를 물에 빠뜨리고도 후회하지 않았습니다. 또 오자서도 군주의 도량이 똑같은 것이 아니라는 점을 빨리 깨닫지 못했기 때문에 자신의 몸이 강물에 던져지는 신세가 되도록 자신의 의견을 굽히지 않았던 것입니다.

그런데 신의 경우에는 재앙을 벗어나 공을 세워 선왕께서 남긴 공적을 분명하게 하는 것이 가장 좋은 일입니다. 신은 헐뜯음과 오욕의 비방을 받음으로써 선왕의 이름을 떨어뜨릴까 봐 가장 두렵습니다. 이미 연나라를 버리고 조나라로 가는 큰 죄를 지었는데, 또 연나라가 지친 틈을 타서 조나라를 위해 연나라를 쳐서 연나라에게 앞서 지은 죄를 요행으로 면해 보려는 것은 도의상 도저히 할 수 없는 일입니다.

신은 듣건대, 옛 군자는 사람과 관계를 끊더라도 그를 훼방하는 말은 입 밖에 내지 않으며, 충신은 그 나라를 떠나더라도 군주에게 허물을 돌리어 자신의 이름을 결백하게 만들지 않는다고 합니다. 신은 영리하지는 않지만 자주 군자의 가르침을 받았습니다. 다만 왕을 모시는 신하들이 주위 사람들의 말을 가까이하여 멀리 내쳐진 신의 행동을 살펴보시지 아니할까 두려워서 감히 글을 바쳐 회답을 하오니 왕께서는 헤아려 주시기를 바랄 뿐입니다."

그러자 연나라 왕은 악의의 아들인 악간(樂閒)을 창국군에 봉했다. 악의는 연나라와 조나라 사이를 왕래하여 다시 연나라와 친해졌다. 연나라와 조나라는 모두 악의를 객경으로 삼았다. 악의는 조나라에서 죽었다.

악간이 연나라에 산 지 30여 년이 되었을 때의 일이다. 연나라 왕 희(喜)는 재상인 율복(栗腹)의 계책을 써서 조나라를 치려고 창국군 악간에게 의견을 물었다. 악간은 이렇게 답했다.

"조나라는 사방의 적과 싸워 온 나라입니다. 조나라의 백성들은 전투에 익숙하니 그들을 정벌하는 것은 옳지 않습니다."

그러나 연나라 왕은 이 말을 듣지 않고 조나라를 쳤다. 조나라는 염파로 하여금 연나라의 군대를 공격하게 하여 호(鄗) 땅에서 율복의 군대를 대파시켰고 율복과 악승(樂乘)을 사로잡았다. 악승은 악간의 집안사람이므로 악간은 조나라로 달아났다. 조나라는 마침내 연나라를 포위했다. 연나라는 이에 많은 땅을 떼어 주고 조나라와 강화를 맺었다. 조나라는 그제야 포위를 풀고 돌아갔다.

연나라 왕은 악간의 말을 듣지 않은 것을 후회했지만 악간은 이미 조나라에 있었다. 이에 연나라 왕은 악간에게 편지를 보냈다.

"은나라 주왕 때에 기자箕子는 자신의 말을 들어주지 않는다 해도 왕의 뜻을 거스르면서까지 간하기를 게을리하지 않고 왕이 자신의 말을 들어주기를 갈구했소. 상용商容도 간언했으나 자기의 뜻을 전달하지 못하고 몸까지 치욕을 당했으나 주왕이 마음을 바꾸기를 바랐소. 그러다가 백성들의 마음이 떠나고 죄수들이 마음대로 옥문을 나서는 데까지 이르자 그 두 사람은 물러나 은거를 했소. 그러한 까닭에 주왕은 포악하다는 이름을 얻었음에도 두 사람은 충성스럽고 성스럽다는 명예를 잃지 않았던 것이오. 그 이유는 무엇이겠소? 두 사람은 나라를 근심하는 정성을 다했기 때문이었소. 지금 과인은 비록 어리석지만 주왕과 같이 포악하지는 않소. 그리고 연나라 백성도 비록 문란하기는 하지만 은나라 백성처럼 심하지는 않은 것 같소. 집안에서 말다툼을 했다고 각자의 노력을 해 보지도 아니하고 그 이웃 사람에게 불평을 늘어놓는 격이니 그대가 과인에게 간하지 않고 또 이웃 나라인 조나라로 달아난 두 가지 일은 그대를 위해 잘한 일이라 할 수 없소."

그러나 악간과 악승은 연나라가 자신들의 계책을 들어주지 않은 것을 원망하며 계속 조나라에 머물고 말았다. 조나라는 악승을 무양군武襄君에 봉했다. 그다음 해에 악승과 염파는 조나라를 위하여 연나라를 포위했다. 연나라는 후한 예물로써 강화를 하고자 했으므로 조나라는 포위를 풀었다. 그 5년 뒤에 조나라의 효성왕이 죽었다. 조나라 양왕은 염파 대신 악승을 장군으로 삼았으나 염파가 이에 따르지 않고 악승을 쳤다. 악승은 싸움에 져서 달아나고 염파는 위나라로 망명했다. 그로부터 16년 뒤에 진나라가 조나라를 멸망시켰다.

그로부터 20년이 지난 뒤 고제高帝가 조나라의 옛 땅을 지나면서 이렇게 물었다.

"악의의 후손이 남아 있는가?"

"악숙樂叔이라는 이가 있습니다."

고제는 악숙을 악경樂卿에 봉하고 화성군華城君이라 불렀다. 화성군은 악의의 손자다. 그 밖에 악씨의 집안사람으로는 악하공樂瑕公과 악신공樂臣公이 있는데, 조나라가 진나라에 멸망당할 무렵 그들은 제나라의 고밀高密 땅으로 망명했다. 악신공은 황제黃帝와 노자老子의 학문에 정통하여 제나라에서 이름이 높았고 현명한 스승으로 일컬어졌다.

태사공은 이렇게 말한다.

"일찍이 제나라의 괴통蒯通과 주보언主父偃은 악의가 연나라 왕에게 올리는 글인 보연왕서報燕王書를 읽을 때마다 책을 덮고 울지 아니한 적이 없었다고 한다. 악신공은 황제와 노자에 대하여 공부했다. 그의 원래 스승은 하상장인河上丈人이라고 불리는 사람으로, 그의 내력은 알 수가 없다. 하상장인은 안기생安期生을 가르쳤고, 안기생은 모흡공毛翕公을 가르쳤고, 모흡공은 악하공을 가르쳤으며, 악하공은 악신공을 가르쳤고, 악신공은 갑공蓋公을 가르쳤다. 그리고 갑공은 제나라의 고밀, 교서膠西 일대에서 그 학문을 전수해 조상국曹相國의 스승이 되었다.

연나라 소왕을 도와 제나라를 정벌했던 악의는 그가 이룬 공적에도 불구하고 위나라에서 태어나 조나라에서 벼슬을 했고 다시 위나라를 거쳐 연나라로 갔기 때문에 지조가 없다는 평가를 받는 인물이다. 하지만 그가 정말 지조가 없었던 것일까? 그는 연나라 소왕이 자신을 능력을 알아봐 주었기 때문에 그를 위해 일했다. 허나 소왕의 아들인 혜왕은 그를 내쳤고 생명의 위협을 느낀 그는 조나라로 망명해야 했다. 능력을 인정받지 못해 떠났을 뿐이다.

뒤늦게 제나라의 기습에 당한 연나라는 그제야 악의를 떠나 보낸 것을 후회하고 밀서를 보내 그의 마음을 돌리려 했지만 악의는 거절했다. 무릇 떠나야 할 때를 알고 떠나는 이의 뒷모습은 아름다운 법이다. 악의는 오자서가 오왕 협려에게는 중용을 받았지만 그의 아들 부차에게는 도리어 죽임을 당하는 것을 보면서 이는 모두 군주의 도량이 똑같지 않음을 깨닫지 못했기 때문이라며 연나라 혜왕의 제의를 거절했다. 악의가 썼던 거절의 편지가 바로 '보연왕서'인데, 이는 고전중국어 독본에 빠짐없이 등장하는 명문으로 제갈량의 '출사표'와 비교할 만하다.

## 【 회음후 열전 】

　　　　　　　　　　　　　　회음후 淮陰候 한신 韓信은 회음 사람이다. 벼슬을 하기 전에는 가난한데다 행실이 좋지 못했으므로 추천받아 관리도 될 수 없었고, 장사를 해 생계를 꾸릴 능력도 없어 언제나 남에게 빌붙어 먹고 사니, 그를 싫어하는 사람들이 많았다. 그중에서도 회음의 속현인 하향 下鄕의 남창 南昌 정장 亭長의 집에서 여러 번 얻어먹은 적이 있었다. 몇 달이 지나자 정장의 아내가 한신을 귀찮게 여겨, 새벽에 일찍 밥을 지어 이불 속에서 먹어 버렸다. 밥 먹을 시간에 한신이 가도 밥을 차려 주지 않았다. 한신도 그 속셈을 알아차리고 화가 나서 절교하고는 떠나 버렸다.

　한신이 회음성 아래에서 낚시질을 하고 있었을 때였다. 여러 아낙네들이 빨래를 하고 있었는데, 그 가운데 한 아낙이 한신이 굶주린 것을 보고 그에게 밥을 주었다. 그 아낙은 빨래를 마칠 때까지 수십일 동안이나 그렇게 했다. 한신이 고마워서 아낙에게 이렇게 말했다.

"내 반드시 당신의 은혜를 갚겠소."

그러자 아낙은 화를 내며 말했다.

"대장부가 제 몸 하나 건사하지 못하기에 내가 가엾게 여겨 밥을 주었을 뿐인데, 어찌 보상을 바라겠소?"

회음 백성들 가운데 한신을 업신여기는 젊은이가 있었는데, 그가 이렇게 한신을 놀렸다.

"네놈이 키는 커서 칼 차기는 좋아하나 보지만, 속은 겁쟁이일 것이다."

그러고는 여러 사람 앞에서 한신을 모욕하며 말했다.

"한신, 이놈아! 죽고 싶으면 나를 칼로 찔러라. 죽기 싫으면 내 가랑이 사이로 기어 가거라."

한신이 그를 한참 동안 바라보다가, 머리를 숙이고 가랑이 밑으로 기어 갔다. 시장 바닥에 있던 모든 사람이 한신을 겁쟁이라고 비웃었다.

항량이 회수를 건너오자 한신은 칼 한 자루에 의지해 그의 밑으로 들어갔지만, 이름은 알려지지 않았다. 항량이 패하자 이번에는 항우 밑으로 들어갔다. 항우는 그를 낭중郞中으로 삼았다. 한신이 여러 차례 항우에게 계책을 올렸지만, 항우는 받아들이지 않았다.

한나라 왕 유방이 촉蜀에 들어오자, 한신은 초나라에서 도망쳐 한나라로 갔다. 그러나 아직 이름이 알려지지 않았으므로, 연오(連敖, 곡식창고를 관리하는 직책)라는 보잘것없는 벼슬을 받았다. 그러다 어느 날 법을 어겨 목을 베이는 형벌을 받게 되었는데, 같은 죄를 지은 무리 열세 명이 이미 목을 베이고 한신의 차례가 되었다. 한신이 고개를 들어 하늘을 쳐다보다가, 마침 등공騰公 하후영夏侯嬰과 눈이 마주쳤다. 한신이 말했다.

"주상께서는 천하를 차지하려고 하시지 않으십니까? 어째서 장사를 죽이려 하십니까?"

등공이 그의 말을 기특하게 여기고 그를 풀어 주었다. 그리고 한신과 함께 이야기를 나누어 보더니 그를 매우 좋아하여 한나라 왕에게 그에 대해 말했다. 한나라 왕은 그를 치속도위(治粟都尉, 식량과 말먹이를 관리하는 군관)로 삼았으나 그를 비범하게 여기지는 않았다.

한신은 소하蕭何와 자주 이야기를 나누었는데 소하는 그가 뛰어난 인물임을 알아보았다. 한나라 왕이 한중漢中 땅을 영토로 받고 남정南鄭까지 오는데, 달아난 장군이 수십 명이나 되었다. 한신도 소하 등이 이미 주상에게 여러 번 자신을 추천했지만 주상이 자신을 등용하지 않는다고 생각하고 달아났다. 소하는 한신이 달아났다는 말을 듣고 그 사실을 한나라 왕에게 보고할 겨를도 없이 스스로 그를 뒤쫓았다. 어떤 사람이 한나라 왕에게 말했다.

"승상 소하가 달아났습니다."

한나라 왕은 크게 화내며, 마치 양손을 잃어버린 것처럼 실망했다. 며칠 뒤에 소하가 와서 한나라 왕을 만나자 한나라 왕은 노여움과 기쁨이 뒤섞여 소하를 꾸짖었다.

"그대는 어째서 도망쳤소?"

소하가 대답했다.

"신은 달아난 것이 아니라 달아난 자를 뒤쫓아 간 것입니다."

"그대가 뒤쫓아 간 자가 누구요?"

"한신입니다."

한나라 왕이 다시 꾸짖었다.

"여러 장수 가운데 달아난 자가 몇십 명이나 되었지만, 공이 뒤쫓아간 적은 없었소. 그러니 한신을 뒤쫓아 갔다는 말은 분명 거짓이오."

"보통의 장수들은 얻기 쉽습니다. 그러나 한신 같은 자는 나라 안에 다시없는 인물입니다. 왕께서 한중의 왕으로만 만족하신다면, 한신을 가지고 문제 삼을 필요는 없습니다. 그러나 반드시 천하를 다투려고 한다면, 한신 말고는 함께 일을 의논할 사람이 없습니다. 왕의 생각이 어느 쪽에 달려 있는가의 문제입니다."

"나도 또한 동쪽으로 가고자 할 뿐이오. 어찌 마음 답답하게 여기에만 머물러 있겠소?"

"왕께서 반드시 동쪽으로 가실 계획이라면, 한신을 잘 쓰십시오. 그러면 한신도 머무를 것입니다. 쓰시지 않는다면 한신은 끝내 달아날 뿐입니다."

"내가 공을 위해 그를 장군으로 삼겠소."

"그런다 하더라도 한신은 남아 있지 않을 것입니다."

"그러면 대장으로 삼겠소."

"정말 다행한 일입니다."

한나라 왕이 한신을 불러서 대장으로 삼으려고 했다. 그러자 소하가 말렸다.

"왕께서는 본래 오만하고 예를 모르십니다. 지금 대장을 임명하시면서 어린아이를 부르는 것처럼 하시니, 바로 이 때문에 한신이 달아나려고 하는 것입니다. 왕께서 정말 그를 대장으로 임명하려고 한다면, 좋은 날을 가려 목욕재계하고, 광장에 단을 설치해 예를 갖추셔야 합니다."

한나라 왕이 그렇게 하겠다고 했다. 여러 장수들은 모두 기뻐하며 제각기 자신이 대장이 될 것이라고 했다. 그런데 막상 한신이 대장으로 임명되자 모두 놀랐다.

한신이 예를 마치고 자리에 올라가자 한나라 왕이 말했다.

"승상이 자주 장군의 이야기를 했소. 장군은 무엇을 가지고 과인에게 계책을 가르치겠소?"

한신이 감사하다고 인사하고 한나라 왕에게 물었다.

"지금 동쪽을 향해 천하의 대권을 함께 다툴 상대자는 항왕이 아니겠습니까?"

"그렇소."

"대왕께서 스스로 생각하기에, 용감하고 사납고 어질고 굳세기가 항왕과 견주어 누가 더 낫다고 생각하십니까?"

한나라 왕이 한참동안 잠자코 있다가 말했다.

"내가 항왕만 못하오."

한신이 두 번 절하고 치하하며 말했다.

"네, 그렇습니다. 신도 또한 대왕께서 그만 못하다고 생각합니다. 그러나 신은 일찍이 그를 섬겼기에, 항왕의 사람됨을 말씀드려 보겠습니다. 항왕이 성내어 큰소리로 꾸짖으면 천 명의 사람이라도 모두 꿇어 엎드릴 지경입니다만, 어진 장수를 믿고서 병권을 맡기지 못하니 이것은 그저 필부의 용기에 불과할 뿐입니다.

항왕이 사람을 대하는 태도는 공경스럽고 자애로우며, 말씨도 부드럽습니다. 누가 병에 걸리면 눈물을 흘리며 음식을 나누어 줍니다. 그러나 자기가 부리는 사람이 공을 이루어 마땅히 봉작을 주어야 할 경우가 되면, 그 인장이 다 닳아 망가질 때까지 망설이며 선뜻 내주지를 못합니다. 이것은 이른바 아낙네의 인仁일 뿐입니다.

항왕이 비록 천하의 패자가 되어 여러 제후를 신하로 삼았지만, 관중關中에 머무르지 않고 팽성에 도읍을 정했습니다. 또 의제義帝와의 약속을 저버리고 자기가 친애하는 정도에 따라 제후들을 왕으로 삼은 것은 공정치 못한 일입니다. 제후들은 항왕이 의제를 옮겨 강남으로 내쫓는 것을 보고, 모두 자기 나라로 돌아가서 그 임금을 쫓아내고 자신이 좋은 땅의 왕이 되었습니다. 항왕의 군대가 지나간 곳이라면 학살과 파괴가 없는 곳이 없어, 천하의 많은 사람이 그를 원망하고 백성들은 가깝게 따르지 않습니다. 다만 그의 강한 위세에 위협당하고 있을 뿐입니다. 그러니 항왕이 비록 패자라고 불리지만, 사실은 천하의 민심을 잃은 것입니다. 그렇기 때문에 그 위세는 약해지기 쉽습니다.

지금 대왕께서 항왕의 정책과는 반대로 천하의 용맹한 자들에게 믿고 맡긴다면, 멸하지 못할 적이 어디 있겠습니까? 천하의 성읍을 공신들에게 봉한다면 심복하지 않을 신하가 어디 있겠습니까? 정의를 내세운 군사를 거느리고 동쪽으로 돌아가고 싶어 하는 병사를 따른다면 흩어져 달아나지 않을 적이 어디 있겠습니까?

삼진三秦의 왕들은 본래 진나라의 장군이었습니다. 그들이 진나라의 자제들을 거느린 여러 해 동안 죽고 도망친 사람의 수를 다 헤아릴 수가 없습니다. 그러고도 휘하의 병사들을 속여 제후에게 항복하게 하고 신안新安으로 왔는데, 항왕이 진나라에서 항복해 온 병졸 20여만 명을 속여서 구덩이에 묻어 죽였습니다. 이때 오직 장한, 사마흔, 동예만이 죽음을 벗어났습니다. 그래서 진나라의 부모형제들은 이 세 사람을 원망해 그 원한이 뼛속에 사무쳐 있습니다. 지금 초나라가 위력으로 이 세 사람을 왕으로 삼았습니다만, 진나라 백성 가운데 그들에게 애정을 가진 사람은 없습니다. 그런데 대왕께서는 무관에 들어가셔서 터럭만큼도 백성들을 해치는 일이 없었으며, 진나라의 가혹한 법을 폐지하고 진나라 백성들에게 삼장三章의 법만을 두겠다고 약속했습니다. 그래서 진나라 백성 가운데는 왕께서 진나라의 임금이 되는 것을 바라지 않는 자가 없습니다.

제후들끼리 먼저 관중에 들어간 자가 왕이 된다고 약속한 만큼, 왕이 마땅히 관중의 왕이 되셔야 합니다. 관중의 백성들도 이 사실을 다 알고 있습니다. 왕께서 항왕 때문에 정당한 직책을 잃고 한중으로 들어가자, 관중의 백성 가운데 원망하지 않는 자가 없었습니다. 이제 왕께서 군사를 이끌고 동쪽으로 쳐들어가신다면, 저 삼진의 땅은 격문 한 장으로도 평정될 것입니다."

한나라 왕이 이 말을 듣고 매우 기뻐하며 한신을 너무 늦게 얻었다고 생각할 정도였다. 마침내 그의 계책을 듣고 여러 장군이 공격할 곳을 나누어 정했다.

한나라 원년 8월에 한나라 왕이 군대를 동원하여 동쪽 진창陳倉에 진출해 삼진을 평정했다. 한나라 2년에 함곡관을 나와서 위나라의 황하 이남의 땅을 점령했다. 한나라와 은나라 왕도 모두 항복했다. 제나라와 조나라의 군대와 연합해 초나라를 공격했다. 4월에 팽성까지 이르렀지만 한나라 군대가 패하자 모두 흩어져 퇴각했다. 한신이 다시 병사를 모아 한나라 왕과 형양에서 합류해, 초나라 군대를 경수와 삭수 사이에서 격파했다. 이리하여 초나라 군대는 더 이상 서쪽으로 나아갈 수가 없게 되었다.

한나라 군대가 팽성에서 패해 물러나자 새왕塞王 사마흔과 적왕

翟王 동예가 한나라에서 도망 나와 초나라에 항복했다. 제나라와 조나라도 또한 한나라를 배반하고 초나라와 화친했다. 6월에는 위나라 왕 표豹가 한나라 왕에게 배알하고 부모의 병을 돌본다는 핑계로 휴가를 얻어 고향으로 돌아가더니 그 나라에 이르자 곧장 하관河關을 폐쇄하고 한나라를 배반해 초나라와 화친 조약을 맺었다. 한나라 왕이 역생酈生을 시켜 위나라 왕을 달랬지만, 그는 뜻을 굽히지 않았다.

한나라 왕이 그해 8월에 한신을 좌승상으로 삼아 위나라를 공격했다. 위나라 왕이 포판에 군비를 강화하고, 임진으로 통하는 물길을 막았다. 한신은 대군을 거느린 것처럼 위장해, 배를 줄지어 임진에서 황하를 건너려는 것처럼 꾸몄다. 그러나 실은 하양에서 나무로 만든 통에 군사를 태워 황하를 건너게 하여 위나라의 도성인 안읍을 습격했다. 위나라 왕이 놀라 군사를 이끌고 한신을 맞아 싸웠지만, 한신은 그를 사로잡아 위나라를 평정하고, 한나라의 하동군으로 만들었다.

한나라 왕은 장이張耳를 파견해, 한신과 함께 병사를 이끌고 동북으로 진격해 조나라와 대代나라를 치게 했다. 윤년 9월에 그들은 대나라 군대를 격파하고, 알여閼與에서 대나라 재상 하열夏說을 사로잡았다. 한신이 위나라를 항복시키고 대나라를 격파하자, 한나라 왕이 사자를 보내 그의 정병을 이끌고 형양으로 가서 초나라 군대를 막게 했다.

한신은 장이와 함께 병사 수만 명을 이끌고 동쪽으로 진격해 정형에서 내려와 조나라를 치려고 했다. 조나라 왕과 성안군成安君 진여陳餘는 한나라 군대가 장차 습격할 것이란 보고를 듣고 병사를 정형 어귀에 집결시켰는데, 그 수가 20만이나 되었다. 광무군廣武君 이좌거李左車가 성안군에게 말했다.

"들리는 바로 한나라 장군 한신이 서하를 건너 위나라 왕 표를 사로잡고, 하열을 사로잡아, 알여를 피로 물들였다고 합니다. 이번엔 장이의 보좌를 받아 우리 조나라를 항복시키려고 의논하고 있다니, 승세를 타고 고국을 떠나 멀리서 싸우는 그들의 예봉을 막아내기가 어려울 것입니다. 신이 듣기로는 '천리 밖에서 군량미를 보내면 운송이 곤란해 병사들에게 주린 빛이 돌고, 땔나무를 하고 풀을 베어 밥을 지을 수 있게 되면 군사들이 저녁밥을 배불리 먹어도 아침까지 가지 못한다'라고 합니다. 지금 정형으로 가는 길이 좁아서 두 대의 수레가 함께 지나갈 수 없으며, 기병도 줄을 지어 갈 수가 없습니다. 이러한 길이 수백 리나 되기 때문에, 그 형세로 보아 군량미를 나르는 수레는 반드시 그 뒤쪽에 있을 것입니다. 신에게 기습병 3만 명만 빌려 주신다면, 지름길로 가서 그들의 군량미 수송대를 끊어 놓겠습니다. 군께서는 물길을 깊이 파고 성벽을 높이 쌓고 진영을 굳게 지켜 한나라 군대와는 맞서 싸우지 마십시오. 이렇게 하면 적군은 전진해서 싸울 수가 없으며, 후퇴하고 싶어도 돌아갈 수가 없습니다. 그때 우리 기습병이 적의 뒤쪽을 끊고 들판에서 적이 약탈할 만한 식량을 치워 버리면, 열흘도 못 돼서 적의 두 장군 한신과 장이의 머리를 휘하에 바칠 수 있습니다. 군께서는 신의 계책에 유의해 주십시오. 이렇게 하지 않는다면 반드시 적의 두 장군에게 사로잡힐 것입니다."

성안군은 유자(儒者)여서 언제나 정의의 군대라고 일컬으면서 속임수를 쓰지 않았다. 그는 이렇게 말했다.

"내가 들으니 병법에 병력이 열 배가 되면 적을 포위하고, 두 배가 되면 싸우라고 했소. 지금 한신의 병력이 수만이라고 하지만, 실제로는 수천에 지나지 않소. 게다가 천 리 먼 곳에서 와서 우리를 치는 것이니, 벌써 아주 지쳤을 것이오. 지금 이런 적을 피하고 치지 않는다면, 나중에 대군이 쳐들어올 때에 어찌 맞서 싸우겠소? 그렇게 되면 제후들이 우리를 비겁하게 여기고 함부로 덤벼들어 칠 것이오."

그러고는 광무군의 계책을 듣지 않았다.

한신이 첩자를 보내 그 계책이 채용되지 않은 것을 알고는 매우 기뻐하며, 군대를 이끌고 드디어 정형을 향해 내려갔다. 정형 어귀에서 30리 떨어진 곳에 멈춰 야영하고, 그날 밤에 군령을 전해 가볍게 무장한 기병 2천 명을 선발한 후 사람마다 붉은 깃발 한 개씩을 가지고 들어가 지름길로 해서 산속에 숨어 엎드려 조나라 군대를 바라보게 했다. 그러고는 이렇게 명령했다.

"조나라 군대는 우리가 달아나는 것을 보면 반드시 성벽을 비워 놓고 우리를 쫓아올 것이다. 너희들은 그 사이에 빨리 조나라 성벽으로 들어가서 조나라 깃발을 뽑아 버리고 한나라의 붉은 깃발을 세우라."

그리고 비장을 시켜서 가벼운 음식을 모든 군사에게 나누어 주면서 이렇게 말하게 했다.

"오늘 조나라 군대를 격파한 뒤에 모여 실컷 먹자."

장수들은 대부분 그 말을 믿지 않았지만, 그래도 건성으로 그렇게 하겠다고 대답했다. 한신은 군리(軍吏)에게도 이렇게 말했다.

"조나라 군대는 우리보다 먼저 편리한 지점을 골라서 성벽을 구축했다. 또 저들은 우리 대장의 깃발과 북을 보기 전에는 우리의 선봉을 공격하려고 하지 않을 것이다. 왜냐하면 우리가 좁고 험한 곳에 부딪쳐 돌아가 버릴까 봐 두려워하기 때문이다."

그래서 한신은 군사 만 명을 먼저 가도록 하고, 정형 어귀로 나가서 물을 등지고 배수진을 치게 했다. 조나라 군대는 이것을 보고 병법을 모른다며 크게 비웃었다.

새벽이 되자 한신이 대장의 깃발을 세우고 진을 치면서 정형 어귀로 나갔다. 조나라 군대가 성벽을 열고 그들을 공격하여 한참 동안 크게 싸웠다. 한신과 장이가 거짓으로 북과 깃발을 버리고 강가의 진으로 달아나자, 강가의 진에서는 문을 열어 그들을 들어오게 했다. 그러고는 다시 치열하게 싸웠다. 조나라 군대는 과연 성벽을 비워 놓고 한나라의 북과 깃발을 빼앗으려고 한신과 장이를 뒤쫓아

왔다. 그러나 한신과 장이가 이미 강가의 진으로 들어간 후에는 한나라 군대가 죽기를 각오하고 싸웠으므로 깨뜨릴 수가 없었다. 한신이 앞서 보냈던 기습병 2천 명은 조나라 군대가 성벽을 비우고 전리품을 쫓는 틈을 엿보아 곧 조나라 성벽 안으로 달려 들어갔다. 그들은 조나라 깃발을 다 뽑아 버리고, 한나라의 붉은 깃발 2천 개를 세워 놓았다. 조나라 군대는 이기지도 못하고 한신 등을 사로잡을 수도 없었으므로, 성벽으로 돌아가려고 했다. 그러나 조나라의 성벽에는 모두 한나라의 붉은 깃발만 세워져 있었다. 매우 놀란 조나라 군대는 한나라 군대가 이미 조나라 왕의 장군들을 다 사로잡았을 것이라고 생각하여 어지럽게 달아났다. 조나라 장군들이 달아나는 군사를 베어 죽이면서 막으려고 했지만, 막을 수가 없었다. 이에 한나라 군대가 앞뒤에서 협공해 조나라 군대를 크게 깨뜨리고 병사들을 사로잡았다. 성안군을 지수泜水 부근에서 베고, 조나라 왕 헐歇을 사로잡았다.

이때 한신이 군중에 명령을 내렸다.

"광무군을 죽이지 말라. 그를 사로잡는 자가 있으면 1천 금으로 사겠다."

그러자 광무군을 결박해 휘하로 끌고 오는 자가 있었다. 한신이 광무군의 포승을 풀어 주고 동쪽을 보고 앉게 한 뒤, 자신은 서쪽을 향해 마주 보며 광무군을 스승으로 섬겼다.

여러 장수들이 적의 머리와 포로를 바치며 축하하고는 한신에게 물었다.

"병법에는 산과 언덕을 오른쪽으로 등지고, 물과 못을 앞으로 해 왼쪽에 두라고 했습니다. 그런데 이번에 장군께서는 저희들에게 도리어 물을 등지고 배수진을 치라고 명하고는, 조나라 군대를 깨뜨린 뒤에 모여서 실컷 먹자고 했습니다. 그래서 저희들은 마음속으로 받아들이지 않았습니다. 그런데 마침내 이겼습니다. 이것이 무슨 전술입니까?"

한신이 말했다.

"이것도 병법에 있는데 여러분이 살펴보지 않았을 뿐이다. 병법에 이런 말이 있지 않던가? '죽을 땅에 빠뜨린 뒤에라야 살게 할 수 있으며, 망할 땅에 둔 뒤에라야 생존하게 할 수 있다'라고. 또 내가 평소부터 사대부들을 길들여 따르게 하는 것이 아니라, 평소 아무런 훈련도 받지 않았던 시장 바닥의 사람들을 몰아다가 싸우게 한 것이다. 그들을 죽을 땅에 두어서 사람마다 자신을 위해 싸우도록 만들지 않고, 이제 그들에게 살아남을 수 있는 땅을 준다면 모두 달아났을 것이니 어떻게 적을 이길 수 있었겠는가?"

여러 장수들이 다 탄복해 말했다.

"훌륭하십니다. 저희들이 미처 따를 수가 없는 일입니다."

그런 뒤 한신이 광무군에게 물었다.

"내가 북쪽으로 연나라를 치고 동쪽으로 제나라를 치려는데, 어떻게 하면 공을 세우겠습니까?"

광무군이 사양하며 말했다.

"신이 들으니 패장은 용기에 대해 말할 수 없으며, 망한 나라의 대부는 나라를 존속시킬 일을 도모할 수 없다고 합니다. 지금 신은 싸움에서 진 포로인데 어찌 대사를 의논할 수 있겠습니까?"

한신이 말했다.

"내가 들으니 백리해가 우나라에 있었지만 우나라는 망했고, 진나라에 있을 때엔 진나라가 패자가 되었다고 합니다. 백리해가 우나라에 있을 때엔 어리석었다가 진나라에 있을 때엔 슬기로워졌기 때문이 아닙니다. 그 임금이 그를 등용했는지 등용하지 않았는지, 또는 그의 계책을 들었는지 듣지 않았는지에 원인이 있을 뿐입니다. 만약 성안군이 공의 계책을 들었다면, 나 같은 자는 벌써 포로가 되었을 것입니다. 성안군이 공을 쓰지 않았기 때문에 내가 공을 모실 수 있게 되었을 뿐입니다."

그러면서 한신은 애써 그의 가름침을 구했다.

"내가 마음을 다해 공의 계책을 따르겠습니다. 공은 사양하지 마십시오."

광무군이 말했다.

"신이 들으니 슬기로운 사람도 1천 번 생각하면 반드시 한 번은 실수가 있고, 어리석은 사람도 1천 번 생각하면 반드시 한 번은 얻음이 있다고 합니다. 그래서 미치광이의 말도 성인은 가려서 듣는다고 했습니다. 신의 계책이 반드시 채용될 만한 것은 못되지만, 그래도 충심으로 아뢰겠습니다. 저 성안군은 백 번 싸워서 백 번 이길 계책이 있었으면서도, 한 번의 실수로 그 군대가 호의 성 밑에서 격파되고 자신은 지수 부근에서 죽었습니다. 지금 장군께서는 서하를 건너 위나라 왕을 사로잡았으며, 하열을 알여에서 사로잡았습니다. 또한 단번에 정형으로 내려와 하루아침에 조나라 20만 대군을 깨뜨리고 성안군을 베어 죽였습니다. 그 이름이 온 나라에 들리고 그 위엄은 천하에 떨쳤습니다. 농부들도 나라의 앞날이 머지않다고 생각해 농사를 그치고 쟁기를 내버린 채, 아름다운 옷에 맛있는 음식을 먹으면서 장군의 명령을 귀 기울여 기다리지 않는 자가 없습니다. 이러한 상황은 장군에게 유리한 점입니다. 그러나 백성들은 피로하고 병졸들은 지쳐서 실은 쓰기가 어렵습니다. 그런데도 지금 장군께서는 싸움에 지친 군대를 몰아서 갑자기 연나라의 견고한 성 아래로 쳐들어가려 합니다. 싸우려고 해도 아마 시일이 오래 걸려 힘으로 함락시킬 수 없을 것입니다. 오히려 우리 군대의 피폐한 실정을 드러내고 기세가 꺾인 채로 시일만 오래 끌다가 군량미가 다 떨어질 것입니다. 그러다가 약한 연나라조차 항복하지 않게 되면 제나라는 반드시 국경의 방비를 갖추고 자기 나라를 강화시킬 것입니다. 그렇게 되어 연나라와 제나라가 서로 의지해 항복하지 않는다면, 유씨劉氏와 항씨項氏의 권력 쟁탈은 그 승부가 분명해지지 않을 것입니다. 이러한 상황은 장군에게 불리한 점입니다. 신의 어리석은 생각으로는 연나라와 제나라를 치는 것은 잘못이라고 봅니다.

그러므로 용병을 잘하는 자는 이쪽의 단점을 가지고 적의 장점을 치는 것이 아니라, 이쪽의 장점을 가지고 적의 단점을 칩니다."

"그렇다면 어떠한 계책을 써야 할까요?"

광무군이 대답했다.

"지금 장군을 위한 계책으로는 싸움을 멈추고 군대를 쉬게 하며, 조나라의 백성을 안정시키고 전쟁 고아들을 어루만지고, 백 리 안의 땅에서 소고기와 술로 날마다 잔치를 벌여 사대부들을 대접하고 군사들에게 술을 먹인 뒤에 그들의 사기를 북돋워 북쪽으로 연나라를 치는 것이 가장 좋겠습니다. 그런 뒤에 변사를 시켜 편지를 받들고 가서 장군의 장점을 연나라에 알린다면, 연나라가 감히 복종하지 않을 수 없습니다. 연나라가 복종하게 되면 변사를 동쪽으로 보내 연나라가 복종했다는 사실을 제나라에 알리게 하십시오. 그러면 제나라는 바람에 휩쓸리듯 따라서 복종할 것입니다. 비록 슬기로운 자가 있더라도 제나라를 위한 계책을 낼 수 없을 것입니다. 이렇게만 한다면 천하의 일을 다 도모할 수 있습니다. 용병에서 본래 큰소리를 먼저 치고 실전은 나중에 한다는 것은 바로 이런 경우를 말하는 것입니다."

"좋습니다."

한신은 이렇게 말하고 그의 계책을 따랐다. 사자를 연나라에 보내자 연나라는 바람에 쓰러지듯 복종했다. 또한 한신은 사자를 보내 한나라 왕에게 아뢰고, 이 기회에 장이를 세워 조나라 왕으로 삼아 그 나라를 어루만지기를 청했다. 한나라 왕이 그 청을 허락하고, 장이를 세워 조나라 왕으로 삼았다.

초나라는 여러 차례 기습병을 보내, 황하를 건너서 조나라를 치게 했다. 조나라 왕 장이와 한신은 여기저기 쫓아다니며 조나라를 구원했다. 가는 곳마다 조나라 성읍을 평정했으며, 병사를 징발해 한나라로 보냈다.

초나라가 갑자기 한나라 왕을 형양에서 포위했다. 한나라 왕이 남쪽으로 달아나다가 원宛과 섭葉 사이에서 경포를 만나 성고成皐로 함께 들어갔다. 그러자 초나라가 또다시 그곳을 급히 포위했다. 6월에 한나라 왕이 성고를 나와, 동쪽으로 황하를 건너 등공만을 데리고 수무脩武에 있는 장이의 군대에 몸을 맡기려고 찾아갔다. 수무에 이르자 역사驛舍에서 잠자고는, 새벽에 자신을 한나라 사자라고 칭하면서 말을 달려 조나라 성벽 안으로 들어갔다.

장이와 한신은 아직 일어나지 않았는데 한나라 왕이 그들의 침실로 들어가 그들의 인부印符를 빼앗고는, 여러 장군들을 소집해 그들의 배치를 바꾸어 놓았다. 한신과 장이가 일어나 한나라 왕이 와 있는 것을 알고는 매우 놀랐다. 한나라 왕은 두 사람의 군대를 빼앗고는 장이를 시켜 조나라 땅을 지키게 하고, 한신을 상국으로 임명했다. 그러고는 조나라 병사 가운데 아직도 징발하지 않은 자를 거두어 제나라를 치게 했다.

한신이 군대를 이끌고 동쪽으로 진격해 아직 평원진을 건너기 전에, 한나라 왕이 역생을 시켜서 이미 제나라를 달래 항복받았다는 소문이 들려왔다. 그래서 한신은 제나라 치는 일을 멈추려고 했다. 이때 범양(范陽)의 변사 괴통(蒯通)이 한신을 설득하며 이렇게 말했다.

"장군이 조책을 받고 제나라를 공격하려는데, 한나라 왕이 독단으로 밀사를 보내 제나라를 항복시켰습니다. 그러나 장군에게 공격을 중지하라는 조서가 어디 있었습니까? 그러니 어찌 진격하지 않을 수 있겠습니까? 게다가 역생은 한낱 변사일 뿐인데도 수레 앞의 가로나무에 기대어 세 치 혀를 놀려서 제나라 70여 성의 항복을 받았습니다. 그러나 장군께서는 수만 군대를 거느리고 한 해가 넘도록 겨우 조나라의 50여 성의 항복을 받았을 뿐입니다. 장군이 되신 지 벌써 여러 해가 되었는데, 보잘것없는 한낱 선비의 공보다도 못하단 말입니까?"

이 말을 듣고 한신도 옳다고 생각했다. 제나라를 치라는 그의 계책에 따라 드디어 황하를 건넜다. 제나라는 이미 역생의 말을 듣고 그를 머물게 한 뒤에 술잔치를 벌여, 한나라에 대한 방비를 하지 않고 있었다. 한신이 이 틈을 타서 역하(歷下)에 있던 제나라 군대를 습격하고, 드디어 수도인 임치에 이르렀다. 제나라 왕 전광(田廣)은 역생이 자기를 속였다고 생각해 그를 삶아 죽이고 고밀(高密)로 달아났다. 그리고 그곳에서 초나라에 사자를 보내 구원을 청했다. 한신은 임치를 평정한 뒤에 동쪽으로 전광을 추격해, 고밀 서쪽에 이르렀다. 초나라도 용저(龍且)를 장군으로 삼아 20만 대군을 이끌고 제나라를 구하게 했다.

제나라 왕 전광과 용저가 군사를 합쳐 한신과 싸우려는데, 싸움이 벌어지기 전에 어떤 사람이 용저를 이렇게 설득했다.

"한나라 군대는 멀리서 싸우러 왔으니, 있는 힘을 다해서 싸울 것입니다. 그렇게 되면 그 예봉을 막아내기가 어렵습니다. 제나라와 초나라 군대는 자기 나라 땅에서 싸우기 때문에, 병사들이 패해 흩어지기가 쉽습니다. 그러니 성벽을 높이 쌓아 지키면서, 제왕으로 하여금 그가 신임하는 신하를 보내서 제나라가 이미 잃어버린 성을 이쪽으로 돌아오게 하는 것이 좋겠습니다. 함락된 성의 군사들이 자기 왕이 건재하다는 것과 초나라 군대가 구원하러 왔다는 소식을 들으면, 반드시 한나라를 배반할 것입니다. 한나라 군대는 2천 리나 떨어진 남의 나라에 와 있습니다. 제나라 성들이 모두 배반하면 그 정세로 보아 식량도 얻을 수 없을 테니, 싸우지 않고도 항복시킬 수 있을 것 입니다."

용저가 말했다.

"내가 평소부터 한신의 사람됨을 알고 있는데, 그는 상대하기가 쉽소. 게다가 제나라를 구원한다면서 싸우지도 않고 한나라 군대를 항복시킨다면 내게 무슨 공이 되겠소? 지금 싸워서 승리하면 제나라의 절반은 내 것이 되는데 어찌 이대로 그만두겠소?"

그래서 싸우기로 하고, 유수澨水를 사이에 두고 한신과 마주해 진을 쳤다. 한신이 밤에 사람을 시켜 1만여 개의 주머니를 만들고, 거기에 모래를 가득 채워서 유수의 상류를 막게 했다. 그러고는 한나라 군대를 이끌고 반쯤 건너가서 용저를 공격하다가 거짓으로 지는 척 돌아서서 달아났다. 용저가 기뻐하며 말했다.

"나는 한신이 겁쟁이라는 것을 예전부터 알고 있었다."

그러고는 한신을 뒤쫓아 유수를 건너가기 시작했다. 한신이 사람을 시켜 막아 놓았던 모래주머니를 트자, 갑자기 물살이 세져 용저의 군사는 절반도 건너지 못했다. 한신은 급히 습격해 용저를 죽였다. 용저가 죽자 유수 동쪽에 남아 있던 용저의 군사도 흩어져 달아나고, 제나라 왕 전광도 도망갔다. 한신은 달아나는 초나라 군사들을 뒤쫓아 가서 성양에 이르러 초나라 병사들을 모두 사로잡았다.

한나라 4년에 한신이 드디어 제나라를 모두 항복시켜 평정하고, 사자를 보내 한나라 왕에게 말하도록 했다.

"제나라는 거짓이 많고 변절이 심한 나라입니다. 게다가 남쪽으로는 초나라와 변경을 맞대고 있습니다. 가왕(假王, 임시로 왕 노릇하는 것)을 세워서 진정시키지 않으면, 정세가 안정되지 않겠습니다. 원컨대 신을 가왕으로 삼아 주시면 일이 순조롭겠습니다."

이때 초나라가 급습해, 한나라 왕을 형양에서 포위하고 있었다. 그런데 한신의 사자가 오자 그 편지를 펴 보고는 한나라 왕이 매우 화를 내며 꾸짖었다.

"나는 여기서 곤경에 빠져 어서 빨리 와서 도와주기를 바라는데, 왕이 되겠단 생각이나 하고 있다니!"

장량과 진평이 한나라 왕의 발을 일부러 밟아 사과하는 척하고는 귓가에 입을 대고 소곤거렸다.

"한나라는 지금 불리한 처지에 있습니다. 어찌 한신이 왕 되는 것을 막을 수 있습니까? 차라리 그대로 세워서 왕을 삼고 그를 잘 대우해, 자진해서 제나라를 지키게 하는 편이 낫습니다. 그렇게 하지 않으면 변이 일어납니다."

이에 한나라 왕도 이를 깨닫는 바가 있어 다시 이렇게 꾸짖었다.

"대장부가 제후를 평정했으면 진짜 왕이 될 것이지 어찌 거짓왕이 된단 말이냐?"

그러고는 장량을 보내 한신을 세워 제나라 왕으로 삼고, 그의 군대를 징발해 초나라를 쳤다.

용저를 잃은 초나라 항왕은 겁을 먹었다. 그래서 우이盱眙 사람인 무섭武涉을 보내 제왕 한신을 설득하게 했다.

"온 천하 사람들이 모두 진나라로부터 괴로움을 당한 지가 오래되었습니다. 그래서 서로 힘을 합해 진나라를 쳤습니다. 진나라가 무너지자 공을 헤아려 땅을 분할하고, 그 나누어진 토지에 왕을 봉해 병사들을 쉬게 했습니다. 그런데 지금 한나라 왕이 다시 군사를 일으켜 동쪽으로 진격해, 남에게 나누어 준 땅을 침범하고 남의 땅을 빼앗았습니다. 그는 이미 삼진三秦을 깨뜨렸으며, 군대를 이끌고 함곡관을 나와 제후의 군대를 거두어 동쪽으로 초나라를 공격하고 있습니다. 천하를 죄다 삼키지 않고선 그의 뜻이 그치지 않을 것입니다. 그의 탐욕은 끝이 없습니다.

　게다가 한나라 왕은 믿을 수 없는 자입니다. 그의 몸이 항왕의 손안에 여러 번 쥐어졌지만, 항왕은 늘 그를 가엾게 여겨 살려 주었습니다. 그런데도 위기를 벗어나기만 하면 번번이 약속을 어기고 다시 항왕을 공격했습니다. 그를 가까이하고 믿을 수 없음이 이와 같습니다. 지금 왕께선 스스로 한나라 왕과 두터운 친교가 있다고 생각하고 그를 위해 있는 힘을 다해 군대를 부리고 있지만, 끝내는 그의 포로가 되고 말 것입니다. 왕께서 지금까지 살아남을 수 있었던 까닭은 항왕이 아직 건재한 덕분입니다. 지금 항왕과 한나라 왕 두 사람의 싸움에서 승리의 저울추는 왕에게 달려 있습니다. 왕께서 오른쪽으로 추를 던지면 한나라 왕이 이기고, 왼쪽으로 추를 던지면 항왕이 이길 것입니다. 항왕이 오늘 망하면 다음엔 왕을 멸하려 할 것입니다. 왕께서는 항왕과 옛 연고가 있습니다. 어째서 한나라를 배반하고 초나라와 화친을 맺어, 천하를 셋으로 나누어 왕이 되지 않으십니까? 지금 이 기회를 버리고 스스로 한나라를 믿으며 초나라를 치다니, 지혜로운 분이 어찌 그럴 수가 있습니까?"

　한신이 사절하며 말했다.

　"내가 항왕을 섬긴 적이 있지만, 벼슬은 낭중에 지나지 않았으며 지위도 집극執戟에 불과했습니다. 바른 말을 아뢰어도 들어주지 않았고, 계책도 채용되지 않았습니다. 그런 까닭에 초나라를 배반하고 한나라로 갔습니다. 그런데 한나라 왕은 나를 상장군으로 삼고,

나에게 수만의 군대를 주었습니다. 자기의 옷을 벗어서 나에게 입히고 자기의 밥을 주어 내게 먹였습니다. 나의 말은 받아들여지고, 계책도 채용되었습니다. 그러므로 내가 오늘에 이를 수 있었습니다. 남이 나를 가까이 여기고 신뢰하는데 내가 그를 배반하는 것은 옳지 못한 짓입니다. 내가 비록 죽을지라도 마음을 바꿀 수는 없습니다. 나를 위해 항왕에게 거절의 뜻을 전해 주면 좋겠습니다."

무섭이 떠나간 뒤 제나라 사람 괴통이 천하 대권의 방향이 한신에게 달린 것을 알아차리고, 기이한 계책으로 한신을 움직이려 했다. 그는 자기가 관상을 잘 본다고 하면서 한신에게 말했다.

"제가 일찍이 관상 보는 법을 배운 적이 있습니다."

"선생은 어떤 방법으로 관상을 봅니까?"

"고귀하게 되느냐 비천하게 되느냐 하는 것은 골상에 달렸고, 걱정거리가 생기느냐 기쁜 일이 생기느냐 하는 것은 얼굴 모양과 얼굴빛에 달렸으며, 성공과 실패는 결단력에 달렸습니다. 이러한 것을 참고하면, 만에 하나도 어긋나지 않습니다."

"좋소. 그러면 선생은 과인의 상을 어떻게 보십니까?"

"잠시 주위 사람을 물려 주십시오."

한신이 말했다.

"다들 물러가라."

괴통이 말했다.

"장군의 상을 보니 제후에 불과합니다. 그것마저도 위태로워 안정된 상이 아닙니다. 그러나 장군의 등을 보니 고귀하기가 이를 데 없습니다."

"그게 무슨 말이오?"

괴통이 말했다.

"천하가 처음 어지러워졌을 때에 영웅 호걸들이 왕이라고 일컬으면서 한번 외치자, 천하의 선비들이 구름처럼 모여들어 물고기 비늘처럼 겹치고 불길이나 바람처럼 일어났습니다. 이 당시의 걱정은 오직 진나라를 멸망시키는 데에 있었을 뿐입니다. 그런데 지금 초나라와 한나라가 서로 다투게 되자, 천하의 죄 없는 백성들이 죽어나게 되고 들판에 나뒹구는 해골만 해도 이루 다 헤아릴 수가 없습니다. 초나라 사람 항우가 팽성에서 일어나, 여기저기 돌아다니며 달아나는 적을 쫓아다녀 형양까지 이르렀습니다. 그 승세를 타고 곳곳을 휩쓸고 지나가니, 그 위세가 천하를 진동시켰습니다. 그러나 그의 군대가 경수와 삭수 사이에서 곤경에 빠지고 서산에 궁박하게 틀어박혀 전진할 수 없게 된 지 이제 3년이나 되었습니다. 그런데 한나라 왕은 수십만 군대를 거느리고 공鞏과 낙양에서 험준한 산하를 방패삼아 하루에도 여러 차례 전투를 했습니다만, 작은 공도 세우지 못했습니다. 좌절하고 패배해도 구원해 주는 사람이 없어 형양에서 패하고 성고에서 군사를 잃은 채 드디어 완宛과 섭葉 사이로 달아났습니다. 이것이 이른바 슬기로운 한나라 왕도 용맹스러운 항왕도 다 함께 괴로움을 당하는 것입니다. 그 날카로운 기세는 험준한 요새에서 꺾이고, 양식은 창고에서 다 떨어졌으며, 백성들은 매우 피폐해져서 원망합니다. 이리저리 떠돌면서 의지할 곳조차 없습니다. 신이 생각하기에 이러한 형세는 천하의 성현이 아니고서는 이런 환란을 그치게 할 수 없을 것입니다. 그런데 지금 한나라 왕과 항왕의 운명은 왕에게 달렸습니다. 왕께서 한나라를 위하면 한나라가 이기고, 초나라 편이 되면 초나라가 이길 것입니다. 신의 속마음을 터놓고 목숨을 걸고 어리석은 계책을 말씀드리고 싶지만, 왕께서 받아들이지 않을까 걱정됩니다. 왕께서 신의 계책을 써 주신다면, 한나라와 초나라를 모두 이롭게 하고 두 임금을 그대로 두어, 천하를 셋으로 나누는 것이 가장 좋습니다. 세 세력이 솥발처럼 대립하면 누구도 움직이지 못할 것입니다.

왕께서 재능과 덕을 바탕으로 수많은 병사를 거느리고 강한 제나라에 의지해 연나라와 조나라를 복종시키고, 주인이 없는 땅으로 나아가 한나라와 초나라의 후방을 견제하는 것이 좋습니다. 백성들이 바라는 대로 서쪽으로 진격해 두 나라의 전투를 끝내게 하고 백성들의 생명을 구해 준다면, 천하가 바람처럼 달려오고 메아리처럼 호응할 것입니다. 누가 감히 왕의 명령을 듣지 않겠습니까? 이렇게 되면 큰 나라는 나누고 강한 나라는 약하게 해 제후를 세우십시오. 제후가 서게 되면 천하가 복종하며, 그 은덕을 제나라에 돌릴 것입니다. 그렇게 되면 왕께서 제나라의 옛 땅인 것을 생각해 교(膠)와 사(泗)의 땅을 보유하고, 덕으로써 제후들을 회유하십시오. 궁중 깊은 곳에서 두 손 모아 예를 다하면, 천하의 군주들이 앞 다투어 제나라에 입조할 것입니다. 하늘이 주는 것을 받지 않으면 도리어 벌을 받고, 때가 왔을 때 단행하지 않으면 도리어 그 재앙을 받는다고 합니다. 왕께서는 깊이 생각하시기 바랍니다."

한신이 말했다.

"한나라 왕이 나를 매우 후하게 대해 주었습니다. 자기의 수레로 나를 태워 주며, 자기의 옷으로 나를 입혀 주고, 자기가 먹을 것으로 나를 먹여 주었습니다. 내가 들으니 남의 수레를 타는 자는 그의 걱정을 제 몸에 싣고, 남의 옷을 입는 자는 그의 걱정을 제 마음에 품으며, 남의 밥을 먹는 자는 그의 일을 위해 죽는다고 합니다. 내 어찌 이익을 바라고 의리를 저버릴 수 있겠습니까?"

괴통이 말했다.

"왕께서는 스스로 한나라 왕과 친한 사이라고 생각해 만세 불멸의 공업을 세우려 하시지만, 신은 그것이 잘못이라고 생각합니다. 처음에 상산왕 장이와 성안군 진여가 벼슬이 없었을 때에는 서로 목을 베어 줄 만큼 가깝게 사귀었습니다. 그러나 나중에 장염과 진택의 일 때문에 다투어 두 사람은 서로 원망하게 되었습니다. 상산왕은 항왕을 배반하고, 항영의 머리를 베어 들고 도망쳐서 한나라 왕에게 갔습니다. 한나라 왕이 장이에게 군대를 주어 동쪽으로 내려가서 성안군을 지수 남쪽에서 죽이자 천하의 웃음거리가 되었습니다. 상산왕과 성안군의 사귐은 천하에 둘도 없는 사이였지만 서로 죽이려고 한 까닭은 무엇일까요? 걱정거리는 욕심이 많은 데서 생기고, 사람의 마음은 예측할 수 없기 때문입니다. 지금 왕께서는 충성과 신의를 다해 한나라 왕과 친하게 사귀려고 하지만, 그 사귐이 아무래도 상산왕과 성안군의 사귐보다 든든하지는 못할 것입니다. 그리고 왕과 한나라 왕 사이에 틀어진 일은 장염과 진택의 일보다도 많고 큽니다. 그래서 신의 생각으로는 왕께서 한나라 왕이 결코 자신을 위태롭게 하지 않을 것이라고 기대하는 것은 역시 잘못이라고 여겨집니다. 대부 종種과 범려范蠡는 망해 가는 월나라를 존속시키고 월왕 구천을 패자로 만들어 공을 세우고 이름을 날렸지만, 자기 몸은 죽었습니다. 들짐승이 다 없어지면 사냥개도 쓸 데 없어져 삶아 먹히기 마련입니다. 교분으로 말한다면 장이와 성안군보다 더 친하지 못하며, 충성과 신의로 말하더라도 대부 종과 범려가 월왕 구천에게 한 것만 못합니다. 이 두 가지의 일은 거울로 삼을 만합니다. 왕께서는 깊이 생각해 보십시오.

또 신이 들으니 용기와 지략이 군주를 떨게 만드는 자는 그 자신이 위태롭고, 공로가 천하를 덮는 자는 상을 받지 못한다고 합니다. 신이 왕의 공과 지략을 말씀드려 보겠습니다. 왕께서는 서하를 건너가서 위나라 왕과 하열을 사로잡았으며, 군대를 이끌고 정형으로 내려와서 성안군을 베어 죽이고 조나라를 항복시켰습니다. 연나라를 위협하고 제나라를 평정했으며, 남쪽으로 내려와 초나라 20만 대군을 꺾었습니다. 또한 동쪽으로 진격해 용저를 죽이고 서쪽으로 향해 한나라 왕에게 승리를 아뢰었으니, 이것이 이른바 공로는 천하에 둘도 없고, 지략은 아무 때나 나타나는 것이 아니라는 것입니다. 지금 왕께서는 군주를 떨게 할 만한 위력을 지녔으며, 상 받을 수 없을 정도의 공로를 이루셨습니다. 그러니 왕께서 초나라로 돌아가더라도 항왕이 믿지 못할 것이며, 한나라로 돌아가더라도 한나라 왕은 떨며 두려워할 것입니다. 왕께서는 그런 위력과 공로를 가지고 어디로 가려 하십니까? 남의 신하의 위치에 있으면서도 군주를 벌벌 떨게 할 만한 위력이 있고, 그 이름은 천하에 드높아졌으니 제 생각에 왕께서는 위태롭습니다."

한신이 감사의 예를 표하면서 말했다.

"선생께서는 잠시 쉬시지요. 나도 이 일에 대해 한번 생각해 보겠습니다."

며칠 뒤 괴통이 다시 한신에게 설득했다.

"남의 의견을 듣는 것은 일의 성공과 실패의 조짐이고, 계획을 세우는 것은 일의 성공과 실패의 기틀이 됩니다. 진언을 잘못 받아들이고 계략에 실패했는데도 오래도록 편안히 지낸 자는 드뭅니다. 진언을 분별해 한두 가지도 실수하지 않으면 말로도 어지럽힐 수가 없고, 계략이 처음과 끝을 잃지 않으면 교묘한 말로써 분란을 일으킬 수 없습니다.

대체로 나무를 하고 말을 먹이는 자는 만승의 천자가 될 만한 권위도 잃어버리고, 한두 섬의 봉록이나 지키기에 급급한 자는 경상

卿相의 지위를 지키지 못합니다. 그래서 지혜는 일을 결단하는 힘이 되며, 의심은 일하는 데 방해만 됩니다. 터럭 같은 작은 계획이나 자세히 따지고 있으면, 천하대세를 잊어버립니다. 지혜로 그것을 알고 있으면서도 결단해 감행하지 않는 것이 바로 모든 일의 화근이 됩니다. 그래서 '아무리 맹호라도 머뭇거리고 있으면 벌이나 전갈만한 해도 끼치지 못하며, 아무리 준마라도 주춤거리고 있으면 노둔한 말이 느릿느릿 걷는 것만도 못하며, 맹분孟賁같이 용감한 자라도 여우처럼 의심하고만 있으면 보통 사람들이 일을 결행하는 것만 못하며, 비록 순임금이나 우임금 같은 지혜가 있더라도 입을 다물고 말하지 않으면 벙어리나 귀머거리가 손짓 발짓으로 말하는 것만 못하다'라는 말이 있습니다.

이것은 그만큼 실행하는 것이 귀하다는 말입니다. 대체로 공은 이루기 힘들고 실패하기는 쉬우며, 시기란 얻기 어렵고 잃기는 쉽습니다. 좋은 때는 다시 오지 않습니다. 원컨대 부디 이것을 자세히 살피십시오."

그러나 한신은 망설이면서 차마 한나라를 배반하지 못했다. 또한 자신의 공이 많으니 한나라가 끝내 나의 제나라를 빼앗지는 않을 것이라고 생각해 괴통의 말을 거절했다. 괴통은 한신이 자기의 말을 들어주지 않자, 거짓으로 미친 척하고 무당이 되었다.

한나라 왕이 고릉固陵에서 궁지에 몰리자, 장량의 계책을 따라 제나라 왕 한신을 불렀다. 한신은 군대를 이끌고 해하垓下에서 한나라 왕과 만났다. 항우가 패하고 나자, 고조가 제나라 왕의 군대를 습격하여 빼앗았다.

한나라 5년 정월에 제나라 왕 한신을 옮겨서 초나라 왕으로 삼고, 하비下邳에 도읍하게 했다.

한신이 초나라에 도착하자, 예전에 빨래를 하다 자기에게 밥을 먹여 준 아낙네를 불러 1천 금을 내렸다. 그리고 하향의 남창 정장에게도 백전을 내리면서 말했다.

"그대는 소인이다. 남에게 은덕을 베풀면서 끝까지 하지 않고 중도에서 그만두었기 때문이다."

자기를 욕보이던 젊은이들 가운데 가랑이 밑으로 지나가라고 모욕한 자를 불러 초나라 중위中尉로 임명하고, 여러 장군과 재상들에게 말했다.

"이 사람은 장사다. 나를 욕보일 때에 내가 어찌 이 사람을 죽일 수 없었겠는가? 죽인다 하더라도 이름을 얻을 수 없었기에, 꾹 참고 오늘날과 같은 공업을 성취한 것이다."

항왕에게서 도망해 온 장군 종리매鍾離昧의 집이 이려伊廬에 있었다. 종리매는 본래 한신과 사이가 좋았으므로, 항왕이 죽은 뒤에 도망해 한신에게 온 것이다. 한나라 왕은 종리매에게 원한이 있었으므로, 그가 초나라에 와 있다는 말을 듣고는 초나라에 조서를 내려 종리매를 체포하라고 했다. 당시 한신은 처음으로 초나라에 왔기 때문에 현과 읍을 순행할 때면 군대를 거느리고 드나들었다. 한나라 6년에 어떤 사람이 글을 올려 초나라 왕 한신이 모반했다고 말했다.

고제高帝가 진평의 계책을 채용해 천자가 순행한다고 하면서 제후를 모두 불러 모으기로 했다. 그리고는 남방에 운몽長夢이란 큰 호수가 있는 것을 이용해 사자를 보내 제후들에게 거짓으로 이렇게 말하게 했다.

"모두 진陳에 모이라. 내가 운몽으로 갈 것이다."

사실은 한신을 습격하려고 한 것이지만, 한신은 그 사실을 알지 못했다. 고조가 초나라에 도착할 무렵, 한신이 병사를 일으켜 모반하려고 했다. 그러나 자기에겐 죄가 없다고 생각하고, 고조를 만나려고 하면서도 사로잡힐까 봐 걱정이 되었다. 어떤 사람이 한신을 달래며 말했다.

"종리매의 목을 베고 황제를 뵙는다면, 황제께서 반드시 기뻐하실 것입니다. 그러면 걱정할 게 없습니다."

한신이 종리매를 만나서 의논하자, 종리매가 말했다.

"한나라가 초나라를 공격해 빼앗지 못하는 까닭은 내가 당신 밑에 있기 때문입니다. 만약 당신이 나를 체포해 한나라에 잘 보이고 싶다면, 나는 오늘이라도 죽겠습니다. 그러나 그다음엔 당신도 망할 것입니다."

그러고는 한신에게 호통을 쳤다.

"당신은 훌륭한 인물이 아닙니다."

그러고는 마침내 자기 목을 찔러서 죽었다. 한신이 그의 목을 가지고 진으로 가서 고조를 만나자, 고조가 무사를 시켜 한신을 결박하게 하고 뒷수레에 실었다. 그제야 한신이 말했다.

"사람들의 말에 '교활한 토끼가 죽고 나면 훌륭한 사냥개를 삶아 죽이고, 높이 나는 새가 없어지면 훌륭한 활도 치워 버린다. 적국을 깨뜨리고 나면 지모 많은 신하를 죽인다'라고 하더니, 천하가 평정되었으니 내가 삶겨 죽는 것은 당연하구나."

고조가 말했다.

"그대가 모반했다고 고한 사람이 있소."

그러고는 드디어 한신에게 차꼬와 수갑을 채웠다. 그는 낙양에 도착한 뒤에야 한신의 죄를 용서하고 회음후로 삼았다.

한신은 한나라 왕이 자기의 능력을 두려워하고 미워하는 것을 알았으므로, 늘 병을 핑계 대고 조회하지도 않았으며 수행하지도 않았다. 한신이 이로부터 밤낮으로 고조를 원망하며 늘 불만을 품고, 강후絳侯 주발周勃이나 관영灌嬰 등과 같은 위치에 있는 것을 부끄럽게 여겼다. 한신이 언젠가 장군 번쾌의 집에 들렀더니, 번쾌가 무릎을 꿇고 절하면서 마중하고 배웅했다. 또한 한신에게 자신을 신臣이라고 일컬으면서 이렇게 말했다.

"대왕께서 신의 집까지 왕림하실 줄은 몰랐습니다."

한신이 문을 나와서 쓴 웃음을 지으며 말했다.

"내가 살아생전에 번쾌와 같은 반열이 되었다니."

고조가 일찍이 한신과 함께 여러 장수의 능력을 마음 놓고 말하면서 각각 등급을 매긴 적이 있었다. 고조가 물었다.

"나 같은 사람은 능히 얼마나 되는 군대를 거느릴 수 있겠소?"

한신이 말했다.

"폐하는 그저 10만을 거느릴 수 있을 정도입니다."

"그대는 어떤가?"

"신은 많으면 많을수록 더욱 좋습니다."

고조가 웃으며 말했다.

"하하. 많으면 많을수록 더욱 좋다면서, 어째서 나에게 사로잡혔는가?"

"폐하께서 많은 병사를 거느릴 수는 없지만, 장수는 잘 거느리십니다. 이것이 바로 신이 폐하에게 사로잡힌 까닭입니다. 폐하는 하늘이 주는 것이지, 사람의 힘으로는 안 되는 것입니다."

진희陳豨가 거록군 태수로 임명되어 회음후 한신에게 작별 인사를 하러 왔다. 회음후가 그의 손을 잡고 좌우를 물리친 뒤에, 그와 함께 뜰을 거닐면서 하늘을 우러러 탄식하며 말했다.

"그대에게는 말할 수 있겠지? 그대와 함께 하고 싶은 말이 있소."

진희가 말했다.

"예. 장군께서는 명령만 하십시오."

회음후가 말했다.

"그대가 태수로 부임하는 곳에는 천하의 정병이 모여 있소. 그리고 그대는 폐하가 신임하는 신하요. 누군가 그대가 모반했다고 고하더라도, 폐하는 반드시 믿지 않을 것이오. 두 번쯤 그런 밀고가 들어와야 폐하가 의심할 테고, 세 번쯤 밀고가 들어온 뒤에라야 화를 내면서 직접 치실 것이오. 내가 그대를 위해 안에서 일어나면, 천하를 도모할 수 있을 것이오."

진희는 본래부터 그의 능력을 알고 있었기 때문에, 그를 믿고 말했다.

"삼가 말씀대로 하겠습니다."

한나라 10년에 진희가 과연 모반했다. 고조는 장수가 되어 직접 정벌하러 갔다. 한신은 병을 핑계 대고 따라가지 않았다. 그러고는 아무도 모르게 진희에게 사람을 보내 말했다.

"군사를 일으키면 내가 여기서 그대를 돕겠다."

한신이 그의 가신들과 짜고 밤중에 거짓 조서를 내려 각 관아의 관노들을 풀어놓고, 이들을 동원해 여후와 태자를 습격하려고 했다. 각기 맡을 부서가 정해지자, 진희에게서 올 회답만을 기다렸다. 그런데 한신이 그의 가신 중 죄지은 자를 죽이려 하자 그 가신의 아우가 변이 일어났다고 고발하고, 한신이 모반하려는 상황을 여후에게 아뢰었다. 여후가 한신을 불러들이려 했지만, 그가 혹시라도 오지 않을까 봐 염려되었다. 그래서 상국 소하와 의논하고, 거짓으로 사람을 시켜 고조에게서 온 것처럼 말하게 했다.

"진희가 벌써 사형 당했습니다. 여러 제후와 뭇 신하들이 모두 축하하고 있습니다."

상국 소하도 다시 한신에게 속여 말했다.

"병중이긴 하지만, 부디 들어와서 축하하시오."

한신이 궁 안에 들어가자, 여후가 무사를 시켜 그를 포박한 뒤 장락궁 종실에서 그를 목 베었다. 한신은 죽으면서 이렇게 말했다.

"괴통의 계책을 쓰지 못한 것이 후회스럽다. 아녀자에게 속았으니, 어찌 운명이 아니랴?"

여후는 한신의 삼족을 멸했다.

고조가 진희를 토벌하고 돌아와 한신이 죽은 것을 보았다. 한편으로는 기뻐하면서도 한편으로는 가엾게 여기며 물었다.

"한신이 죽으며 무슨 말을 하던가?"

여후가 대답했다.

"괴통의 계책을 쓰지 못한 것이 한스럽다고 했습니다."

고조가 말했다.

"그는 제나라의 변사이다."

이에 제나라에 조서를 내려 괴통을 체포했다. 괴통이 잡혀 오자, 고조가 물었다.

"네가 회음후에게 모반하라고 가르쳤는가?"

"그렇습니다. 신이 가르쳤습니다. 그러나 그 못난이가 신의 계책을 쓰지 않았기 때문에 자멸해 버렸습니다. 만약 그가 신의 계책을 썼던들 폐하께서 어찌 그를 무찌를 수 있었겠습니까?"

고조가 화를 내며 말했다.

"이놈을 삶아 죽여라."

괴통이 말했다.

"삶겨 죽는 것은 억울합니다."

고조가 말했다.

"네가 한신을 모반하게 해 놓고는, 무엇이 원통하단 말이냐?"

"진나라의 기강이 해이해지자 산동 땅이 크게 어지러워지고, 이성(異姓, 성이 다른 사람)이 아울러 일어나 영웅 준걸들이 까마귀 떼처럼 모여들었습니다. 진나라가 그 사슴(황제의 권한)을 잃어버리자, 천하가 모두 그 사슴을 쫓았습니다. 이리하여 키가 크고 발이 빠른 자(고조)가 먼저 그 사슴을 잡았습니다. 도척의 개가 요 임금을 보고 짖는 까닭은 요 임금이 어질지 않아서가 아닙니다. 그 개는 자기 주인이 아니기 때문에 짖는 것입니다. 그때 신은 오직 한신만 알았을 뿐이지, 폐하를 알지는 못했습니다. 게다가 천하에는 칼끝을 날카롭게 갈고 폐하가 하신 일을 자기도 해 보려고 하는 사람이 많았습니다. 그러나 그들의 힘이 모자랐을 뿐입니다. 폐하께서 그들을 모두 삶아 죽이시겠습니까?"

고조가 말했다.

"이 사람을 풀어 주어라."

드디어 괴통의 죄를 용서했다.

태사공은 말한다.

"내가 회음에 갔을 때 그곳 사람들이 내게 한신은 벼슬하기 전에도 그 뜻이 여느 사람들과는 달랐다고 했다. 자기 어머니가 죽었을 때 너무 가난해서 장사도 지낼 수 없었지만 높고 넓은 땅에 무덤을 만들어, 그 곁에 1만 호의 집이 들어앉을 수 있게 했다고 한다. 내가 그의 어머니 무덤을 보니 정말 그러했다. 만약 한신이 도리를 배우고 겸양해 자기의 공로를 자랑하지 않고 자기의 능력을 자랑하지 않았더라면, 한나라에 대한 공훈은 주공周公, 소공召公, 태공太公 등의 공훈과 견줄 수도 있었을 것이다. 그리고 자자손손 제사도 끊이지 않았을 것이다. 하지만 그는 이렇게 되려고 힘쓰지 않고 천하가 안정된 뒤에 반역을 꾀했으니, 온 집안이 멸망한 것은 당연하지 않은가."

한나라를 세우는 데 큰 역할을 했던 한신은 젊은 시절 초나라의 가난한 유랑자에 불과했다. 그러나 큰 뜻을 이루기 위해 남의 가랑이 사이도 기어 갈 정도의 치욕을 견디며 때를 기다렸다. 진정 살아남는 자가 기회를 잡는 법이다. 그는 항우 밑에서는 인정받지 못하다가 유방의 참모 눈에 띄어 승승가도를 달렸다. 출세 후에는 자신에게 가랑이 밑을 기어 가게 한 자에게도 벼슬을 줄 정도로 겸허하게 처신하려고 했으나 결국 현실에 만족하지 못하고 유방에게 자신을 제나라 왕으로 책봉해 달라고 요구해 화를 불렀다. 자신의 요구가 받아들여지지 않자 반역을 꾀한 그는 '높이 나는 새가 없어지면 좋은 활도 거두어 치운다'는 말대로 비극적으로 삶을 마감하고 말았다.

제4장 굴욕을 어떻게 견딜 것인가

인생 공부가 되는 중국 오천년의 지혜
# 사기열전

홍문숙 박은교 엮음

초판 1쇄 발행 · 2011. 9. 7.
초판 2쇄 발행 · 2014. 11. 10.

발행인 · 이상용
발행처 · 청아출판사
출판등록 · 1979. 11. 13. 제9-84호
주소 · 경기도 파주시 문발동 출판문화정보산업단지 507-7
대표전화 · 031-955-6031
팩시밀리 · 031-955-6036
E-mail·chungabook@naver.com

Copyright ⓒ2011 by chunga publishing Co.
저자의 동의없이 내용의 일부를 인용하거나 발췌하는 것을 금합니다.

ISBN 978-89-368-1018-4   03910

· 값은 뒤표지에 있습니다.
· 잘못된 책은 구입한 서점에서 바꾸어 드립니다.
· 본 도서에 대한 문의사항은 홈페이지나 이메일을 통해 주십시오.